人口计生谱史篇，
国策路上铸辉煌。

中共绍兴市柯桥区委书记

绍兴市柯桥区地方志编纂委员会

《绍兴县人口和计划生育志》编纂委员会

顾　　问　李杏芬　董根源　朱潮美

主　　任　徐国娣　李　敏

编　　委　姚兴海　丁吉庆　祝彩芳　孟万龙

主　　编　孟万龙

编写人员　（按姓氏笔画排序）

叶　江　田　华　朱明明　余雅娟　沈建华

陈　娟　孟万龙　俞林萍　俞国祥　董水芬

摄　　影　孟万龙　方国良

编　　审　何鸣雷

一、国家人口计生委领导在绍兴县考察

1996年2月3日，国务委员、国家计生委主任彭佩云（中）在副省长徐志纯，市委书记鲁志强，市委常委、县委书记陈敏尔陪同下，到绍兴县考察。前往福全镇富强村、中国轻纺城等地考察新家庭计划活动、流动人口计划生育管理和计生协工作。

图为彭佩云（中）在福全镇富强村上门走访计划生育家庭老同志。

图为彭佩云（左一）与福全镇富强村育龄群众亲切交谈。

2001年11月8日，国家计生委党组书记、主任张维庆（右二）考察绍兴县人口与计划生育综合改革工作，寄语绍兴县“全国上水平，希望在绍兴”。图为张维庆与杨汛桥镇庙上村育龄妇女亲切交谈。

2012年9月23日，国家人口计生委党组书记、主任王侠(左二)在省人口计生委党组书记、主任王文娟（右二）陪同下，考察绍兴县优生促进工作。

2005年10月29日，国家人口计生委副主任潘贵玉（左二）考察绍兴县流动人口计划生育管理服务工作。

2008年5月13日，国家人口计生委副主任江帆（右二）在绍兴县调研优生促进工作。

2009年4月23日，中国计生协会副会长席小平（左四）在绍兴县农村调研计生协会和生育文化建设工作。

1997年7月8日，国家计生委办公厅副主任李加龙（右二）在绍兴县调研计划生育工作。

二、省人口计生委领导在绍兴县指导工作

1994年，省计生委主任徐爱光（左三）在绍兴县调研计划生育工作和新家庭计划活动情况。

1998年4月，省计生委主任徐八达（左一）在绍兴县东浦镇走访新家庭计划活动的新家庭户。

2004年7月12日，省人口计生委主任陈艳华（右）为绍兴县党政干部作人口安全与生育文化专场报告。

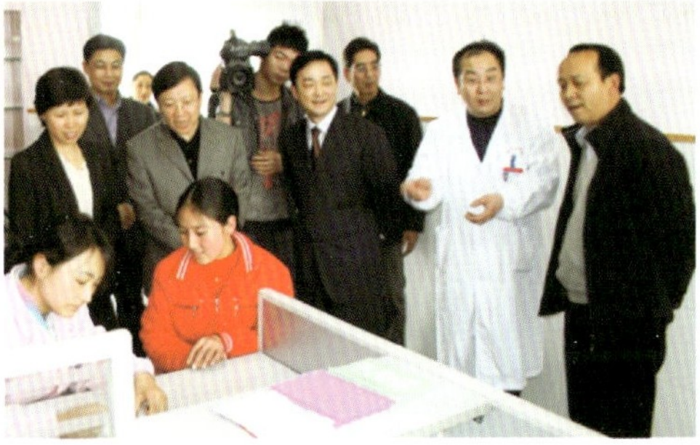

2008年3月12日，省人口计生委党组书记、主任章文彪（右四），省政府副秘书长马林云（右一）在绍兴县调研提高出生人口素质、推进优生检测工作。

2012年9月23日，省人口计生委党组书记、主任王文娟（左二）在绍兴县钱清镇梅东村上门走访育龄群众，调研优生促进工作。

三、市领导及市人口计生委领导在绍兴县指导工作

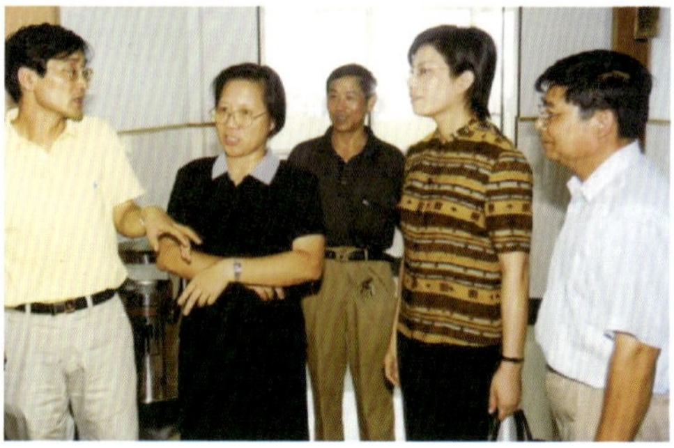

2003年8月，副市长李露儿（左二）在市人口计生委主任余利明（右二）陪同下考察绍兴县计生指导站计生服务工作。

2005年5月27日，市委常委、市公安局长王海仁（左一）在绍兴县调研人口计生工作。

1998年2月25日，市计生委主任宋梅玉（左三）参加绍兴县计划生育工作表彰会。

2003年1月8日，市计生委主任车晓端（右一）到钱清镇上门慰问计生家庭。

2009年6月5日，市人口计生委主任叶锦茹（左一）在绍兴县调研“优生两免”工作和县计生指导站标准化建设情况。

2012年3月8日，市人口计生委党组书记、主任陈玲芳（左二）在绍兴县湖塘街道开展“进村入企”大走访活动。

四、人口和计划生育活动剪影

县委、县政府每年召开人口与计划生育工作总结表彰大会。图为2004年1月29日县四套班子主要领导出席会议。

1994年6月15日，中国轻纺城成立计划生育协会，成为全市首家大市场计划生育协会。

2008年7月10日，全县举行纪念改革开放30周年人口和计划生育成果展。

2000年2月，全县部署开展“争做新时期育龄群众贴心人”活动。

1997年12月2日，绍兴县承办的全省新农村新家庭建设表彰会暨大型广场文艺演出《越过越红火》在东浦镇举行。

2008年2月28日，县委副书记、县长冯建荣（左）与各镇、街道及有关部门签订人口与计划生育目标管理责任书。

1984年4月，县计生委主任李杏芬（中）在袍谷乡调研指导计划生育规范化管理工作。

2005年5月31日，全县在柯桥街道举行流动人口计划生育亲情管理、真情服务宣传咨询活动。

2010年9月22日，全县举行第二届绍兴县人口奖颁奖典礼。

2005年5月26日，绍兴县举行“合作银行杯”“我爱我家”人口与计划生育专场文艺演出。

2012年5月29日，副县长祝静芝宣布绍兴县创建幸福家庭活动正式启动。

1994年8月，县计生委举行镇（乡）计生服务站工作人员上岗培训班。

2006年8月25日，县政府在县广播电视总台举行农村部分计划生育家庭奖励扶助金首发仪式。

2004年7月11日，县政府在中国轻纺城大剧院隆重举行首届“人口•生育文化节”开幕式暨文艺晚会。

2008年5月15日，县计划生育协会举行生育关怀冠名基金认捐仪式。

2006年7月11日，全县在华舍街道兴越小区启动“生育关怀进社区”活动。

2002年，全县在中国轻纺城北市场举行《人口与计划生育法》大型宣传活动。

2007年10月22日，全县开展违法生育大清理专项整治行动“进百村、入万户”巡回宣传活动。

2004年7月12日，全县首个人口生育文化广场在夏履镇落成。

五、荣誉

奖 状
绍兴县
全国计划生育先进集体
国家计划生育委员会

奖 状
全国婚育新风进万家活动
先进县(市、区)

奖状
奖给全国计划生育协会
先进集体
中国计划生育协会

全国计划生育优质服务
先 进 县
中华人民共和国
国家人口和计划生育委员会
二〇〇三年十二月

浙江省绍兴县
全国计划生育工作先进单位
国家计划生育委员会
一九九三.九

荣誉证书
授予 绍兴县人口计生局:
全国流动人口计划生育工作先进集体称号。
中华人民共和国国家人口和计划生育委员会
二〇〇九年一月

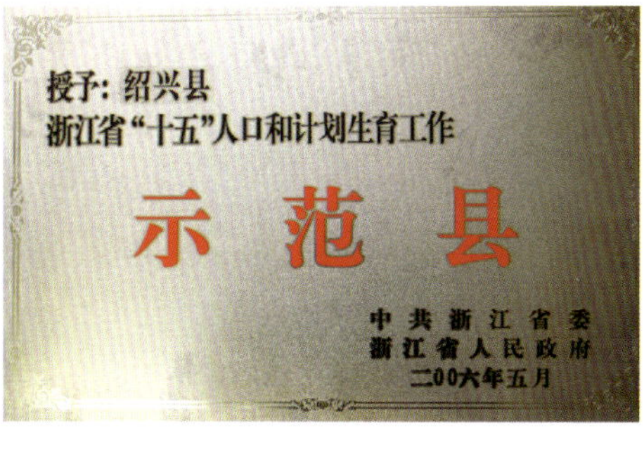
授予: 绍兴县
浙江省“十五”人口和计划生育工作
示 范 县
中共浙江省委
浙江省人民政府
二〇〇六年五月

红旗单位
绍兴县

六、绍兴县新老计生工作者合影

2009年9月29日，绍兴县在县计生指导站举行“老计生人看新县城变化”喜迎祖国60华诞联谊活动。本县范围内已退休的第一代计生专职干部、县人口计生局和县计生指导站全体退休干部职工共50余人，欢聚一堂庆国庆、话计生。

序一

《绍兴县人口和计划生育志》历经两载，数易其稿，付梓问世。这是绍兴县人口和计划生育事业发展中一件意义深远的大事，其编纂出版填补了绍兴县人口和计划生育领域志书编纂史上的一大空白。

人口问题关系到中华民族的生存和发展，关系到人类社会的稳定和繁荣。1980年9月25日《中共中央关于控制人口增长问题致全体共产党员共青团员的公开信》问世，这是全国计划生育史上的里程碑，为计划生育基本国策的确立和人口计生事业的发展奠定了基石，更为推进绍兴县人口计生事业纵深发展指明了前进方向。

岁月不居，天道酬勤。历届绍兴县委、县政府高举邓小平理论伟大旗帜，以“三个代表”重要思想和科学发展观为指导，切实将控制人口增长、稳定低生育水平、统筹解决人口问题纳入经济社会发展大局，积极探索和完善人口和计划生育服务管理新机制，坚持稳定现行生育政策不动摇，坚持党政一把手“亲自抓、负总责”不动摇，坚持稳定计划生育工作机构、队伍不动摇，坚持不断创新人口和计划生育工作思路、机制和方法不动摇，推进依法行政，深化优质服务，实施计生惠民工程和优生促进工程，提升人口信息化、队伍职业化和群众自治化建设水平，建立和完善计划生育利益导向机制，促进人口长期均衡发展，人口和计划生育事业取得显著成绩，全县人口出生率、育龄妇女总和生育率大幅下降，人口均衡发展环境良好，整体实现国家计划生育优质服务先进县和国家婚育新风进万家活动先进县目标，有效促进绍兴县人口与资源、环境、经济、社会协调发展，让全县广大人民群众过上幸福安康生活。

成绩来之不易，硕果鼓舞人心。绍兴县人口计生事业长足发展，是历届县委、县政府正确领导、大力支持的结果，是全县广大干部群众精诚团结、艰苦努力的结果，是全体计生工作者求真务实、开拓进取的结果。功绩不可磨灭，历史永远铭记。绍兴县的人口和计划生育工作始终与经济社会发展密切相连，在绍兴县人民昂首阔步迈向高水平全面小康社会的关键时期，人口和计划生育工作在挑战和机遇中充满信心和决心，知难而上，扎实工作，开拓创新，与时代同步，与改革同行，将各项人口和计划生育工作研究好、完成好，坚持计划生育基本国策不动摇，健全和完善人口和计划生育工作新机制，更加注重宣传倡导，更加注重利益引导，更加注重服务关怀，为促进绍兴县经济社会又好又快发展创造良好的人口环境。

“修志之举，旨在资治、教化和存史”。人口和计划生育部门的资深工作者，广泛涉猎，及时编纂《绍兴县人口和计划生育志》，以强烈的历史责任感、使命感投身此项工作，不辞辛苦，查阅资料，认真推敲，反复修改，终成其稿。特别是搜集新中国成立以来60多年的大量史料，本着“详古略今、贯穿古今”的原则，全面系统地描述绍兴县人口和计划生育工作的历史，精辟客观地总结人口和计划生育工作的经验和教训。相信本志的出版，对各级政府及其人口和计划生育部门的工作起到“补世之缺、续世之无”的作用。真诚祝愿本志的出版能激流扬波，推动全县人口和计划生育事业新发展。在此，向全体编纂人员及所有指导本志编纂的专家学者和有关人士表示真挚的感谢！

2013年11月，绍兴县撤县设柯桥区。2014年11月，绍兴市柯桥区人口和计划生育局与绍兴市柯桥区卫生局合并，新成立绍兴市柯桥区卫生和计划生育局。机构虽然合并，但人口和计划生育工作并没有划上句号，而是从此翻开新的一页。坚持计划生育基本国策不动摇，人口和计划生育工作任何时候仍不能忽视。在《绍兴县人口和计划生育志》问世之际，希望广大计生工作者继续努力，开拓进取，为高水平全面建成小康社会和建设“时尚柯桥、印象柯桥、幸福柯桥”再立新功。让我们以此相互激励，携手奋进。

是为序。

绍兴市柯桥区
人民政府副区长

2017年7月28日

序二

2013年9月，绍兴县开始编纂《绍兴县志》（1990－2013），绍兴县人口和计划生育局承担提供人口与计划生育编目资料任务。2013年11月，绍兴县撤县设柯桥区。2014年11月，绍兴市柯桥区卫生局与绍兴市柯桥区人口和计划生育局机构合并，新成立绍兴市柯桥区卫生和计划生育局。根据人口和计划生育工作的专业性、特殊性，绍兴市柯桥区人口和计划生育局有所选有所不选地于2014年11月向《绍兴县志》提供约1万余字的人口和计划生育编目缩写资料。编纂部门专业志《绍兴县人口和计划生育志》（1983－2013）始于2014年初，以新中国成立后绍兴县内人口和计划生育工作为概述篇起始存志，以1983年12月绍兴县计划生育委员会单设至2013年11月为起讫界限，着重对全县人口和计划生育工作的三十年发展历程进行史志性记述。书中记述的内容骨架结实、有血有肉。每项工作起承转合、有头有尾，谈何容易！读后甚觉本志言之凿、史之详，以志为主，观点正确，资料丰富，融思想性、科学性于一体，具有鲜明的时代特征和地方特色，是第一部系统记述绍兴县人口和计划生育工作的专业志书。阅卷观止，令我震撼，不得不有感而序。

由部门承担全面开展对专业志的编纂其意义在修志之外。编纂《绍兴县人口和计划生育志》很有必要，很有意义。按照编纂计划，柯桥区卫生和计划生育局落实人员着手编纂本志，全面系统地将绍兴县人口和计划生育的发展历程记述下来，既旨总结，更蕴探索，使其前有所稽，后有所鉴，其编纂不仅起到存史、资政、教化的作用，更体现绍兴县人口和计划生育工作是功在当代、利在后世、具有里程碑意义的一件大事。

缜密细致、实事求是是《绍兴县人口和计划生育志》的一大特点，编纂准备、编纂内容及校审修改很精很细，且在编修中坚持言必有理，书必有据，筛选过的事件、人物、数据亦多次座谈、访问知情人和亲历者，反复比对，图文印证，去芜存菁。更令我感动的是本志的主要编纂者孟万龙同志，功底深厚，殚精竭虑，在编纂中广征博采，雄心不已，历时一年，辛苦付出，终成50余万字的大志，实在是才高德高，值得敬佩。

《绍兴县人口和计划生育志》即将付梓出版，这是一部既有可读性又有史存价值的好方志。然而毋庸讳言，因历史原因，资料归属不齐，以及编者水平有限，本志肯定有不足和遗漏之处，但瑕不掩瑜，这部志还是真实反映了绍兴县当时的人口和计划生育工作的基本状况，为今后探索人口和计划生育发展规律，开创绍兴市柯桥区卫生和计划生育工作新局面作史鉴。

牢记前人的史绩，继承前人的辉煌。真诚祝愿今后全区的卫生和计划生育工作，不忘初心，服务百姓，“百尺竿头，更进一步”！愿《绍兴县人口和计划生育志》为今后柯桥区的卫生和计划生育事业发展提供科学、有益的存史价值。

绍兴市柯桥区卫生和计划生育局
党工委书记　局长

2017年8月8日

凡例

一、本志以马克思列宁主义、毛泽东思想、邓小平理论、“三个代表”重要思想、科学发展观、习近平新时代中国特色社会主义思想为指导，坚持辩证唯物主义和历史唯物主义的立场、观点和方法，实事求是地记述绍兴县人口和计划生育工作的历史和现状，全面系统记载各级党委、政府及其人口和计划生育部门贯彻落实计划生育工作方针、政策的工作实绩和广大干部群众执行计划生育基本国策的实践活动。

二、本志记事上自1949年10月中华人民共和国成立，下讫2013年11月8日绍兴县撤县设绍兴市柯桥区。

三、本志记述地域范围，以1983年12月至2013年11月7日的绍兴县行政区域为界。

四、本志按社会主义新方志的体例要求，采用“横排门类、竖写史实”的记述方法，采用“述、记、志、图、表、录”等形式，以志为主体，结构分章、节、目、子目；文字以记述为主，辅以表格。

五、本志统计数据除注明来源外，均以县统计部门资料为准。部分调查、专业数据采用县计生委(人口计生局)及有关业务部门提供的数据。

六、本志所述“党”、“国家”、“政府”分别指中国共产党、中华人民共和国、中央人民政府(含各级人民政府)或国务院之简称；“省”、“市”、“县”指浙江省、绍兴市、绍兴县。

七、本志凡涉及历史纪年、数字、标点符号、称谓等均按国家有关规定执行。

八、本志凡涉及各级领导及绍兴县人口和计划生育部门工作人员参与的活动，除有特殊情况，点名一般只到副处级。各级单位、组织名称、工作人员职务，以及各级重要文件名称，第一次出现时冠以全称，以后均使用简称。

九、本志凡涉及人口普查数据，精确到个位数，其他统计数字以万为单位，小数点后保留两位。引用的资料一般不注明出处。

十、本志严格遵守《中华人民共和国保密法》以及人口和计划生育有关对外宣传口径。

目录

概述

一

1949年5月7日，绍兴解放，全县总人口67.97万人。

1951年，开始婚前健康检查，但为数极少。据记载，婚前检查171人，发证161人。

1956年，《全国农业发展纲要（草案）》颁布后，绍兴县人民委员会贯彻《纲要》精神，节制生育工作普遍开展，工作重点是避孕。

1957年，全县加强节制生育工作，各地成立节育领导组织18个，避孕节育技术指导站20个，接受指导356人。全县各乡镇供销社出售供应子宫帽192只，阴茎套2.12万只，避孕胶囊1899丸，避孕栓989盒，绝育89人，人工流产9人。

1958年5月，绍兴县人民委员会和绍兴市人民委员会成立避孕节育推广委员会，各区、乡成立推广小组或委员会，聘请血防队员为阴茎套推销员与技术指导员。为大力推行各种避孕工具和使用方法，县卫生局于同年9月15日在工人文化宫举办“儿童保健与避孕展览会”，参观者达30万人次。后又从广州买来全套计划生育模型，在各区巡回展览进行形象化教育，接受教育万余人，输卵管结扎261人，放置节育环40余人。城关和农村也广泛开展宣传教育活动，柯桥镇上商联、东湖区凌山社、富盛区倪家溇村、齐贤区等采取典型经验介绍、算账对比、展览会等形式开展群众自我教育活动和广泛宣传，推动全县节制生育工作普遍开展。

但由于党和政府采取一些客观上鼓励生育的社会政策，以及受人多力量大、人越多越好等思想的错误影响，人口生育处于无政府主义状态，人口急剧增长。1952年至1962年，绍兴县净增人口17.01万人，总人口增至84.98万人，其中1957年为新中国成立后绍兴第一个生育高峰，总人口突破80万，出生人口2.11万人，人口出生率达26.36‰，自然增长率达19.58‰。“大跃进”和三年困难时期过去后的1962年，由于工农业生产的恢复和节制生育工作的放松，人口出生出现补偿性回升。1962年，全县出生人口2.57万人，出生率高达30.49‰，自然增长率为19.86‰，形成第二个人口生育高峰。

二

1962年12月,中共中央、国务院针对全国人口增长过快的状况，发出《关于认真提倡计划生育的指示》。为贯彻这一指示精神，改变生育的无计划状态，1963年1月，绍兴县成立节育工作委员会，下设宣传推销小组和技术指导小组。这一组织成立后，县供销社、县商业局、县卫生局在全县加强避孕用品供应工作。同年3月9日，县人民委员会发出《关于认真提倡计划生育的通知》，要求各级政府把这一工作列为议事日程之一。中共绍兴县委对计划生育工作提出“加强领导、积极开展、保证质量、稳步前进”的指导思想，为加强当时的计划生育工作提供保障。卫生、商业、民政、文化、教育等有关部门和妇联、青年团、工会等团体，在当地党委的统一领导下，分工协作，做好宣传教育、技术指导、药物供应等工作。县卫生局与妇联、法院共同联合，以先城关镇，后齐贤、安昌、钱清、柯桥、孙端、皋埠、漓渚、平水的顺序，举办为期一个月的“婚姻法和计划生育展览”，大力营造提倡计划生育工作氛围。同时，为探索计划生育工作经验，全县通过选择富盛公社、柯桥镇第四居委会、东浦公社横江大队、城关镇北海麻纺厂为计划生育工作试点单位，把群众中带头实行计划生育的积极分子组成小分队，现身说法，讲述亲身经历和体会，让群众教育群众，这一做法对全县计划生育工作的开展起到推动示范和引导作用。同年4月，全县在富盛公社召开现场会议，县委将富盛公社的总结材料批转全县各公社予以推广。

1963年2月，柯桥区举办为期15天的避孕节育展览会，参观人数达3.8万人次，有的已婚妇女当场要求放置节育环。城关镇由点到面开展送避孕药具上门服务。县第四医院专设计划生育床位，接受人工流产、绝育手术。绍兴县第一医院派妇产科医师深入基层辅导，共销售阴茎套1.15万只，放置节育环132人，绝育手术382人，接受指导2.8万人次。全县在各医院、卫生院（所）及工厂保健部中开设14个避孕指导门诊所，避孕节育工作在全县得到稳步推进。同年3月，为规范和加强避孕节育工作，绍兴县人民委员会对人工流产和绝育作出规定：凡夫妇有绝育要求，向医生请求，检查无禁忌症，应予同意；凡要求人工流产者，如具备孕期在三个月以内，没有手术禁忌症，12个月内没有做过人工流产，也应同意进行手术。同时，为减轻群众负担，县卫生医疗主管部门，对收费进行一次审核，适当降低。对经济困难者，也可给予适当减免。县供销社、商业局、卫生局联合发出通知，进一步做好避孕用品供应工作，扩大经营、代销范围。同年6月，绍兴专署举办计划生育技术指导人员训练班，各医院选派二人参加，在绍兴县第一医院举办。同年8月，县卫生局、工交局推广介绍新建布厂、绍兴绸厂少数服用中药苦丁茶避孕的情况并开展苦丁茶避孕科研项目，由第一医院等单位组成“苦丁茶避孕科研小组”，共11人组成，制定具体的研究计划，选定新建布厂、绍兴瓷厂、绍兴绸厂为重点服用科研单位，绍兴茶厂为一般服用观察单位。是年，全县农村党员干部带头绝育，富盛公社32名有生育能力的多子女大队党支部书记、大队长第一批全部做绝育手术，第二批189名党员和贫下中农社员报名绝育，1963年至1966年绝育617人，占多子女总数的75%。其中方潜桥大队社员大会通过激励政策鼓励避孕节育：经济困难的贫农、下中农上节育环每人补贴六角，由生产队公益金支出；上环后一星期，生产队照顾干轻活，当天休息一天，对照同等劳力评分。这是绍兴县对避孕节育奖励措施的雏形。自此，全县各医院派出小分队到农村，边宣传边做手术，全县施行绝育手术的人数越来越多，1964年11月底，女子绝育1641人，男子绝育3411人，其中男子绝育人数比1963年增加10倍。

在认真提倡计划生育的背景下，1963年10月，绍兴县计划生育委员会成立，并制定《关于计划生育和节制生育工作的规划》，提出男人30岁、女人25岁结婚，鼓励适龄结婚，限制早婚，这是绍兴县第一个对晚婚年龄的规定。随着全县计划生育工作的全面开展，是年，结婚登记有5886对，晚婚322对，占5.4%。1963年以后，县人民委员会提出“结婚晚一点，生育少一点，间隔稀一点”的要求。

1964年3月，县人民委员会转发省人民委员会《关于实行计划生育若干问题的暂行规定》，规定以男子30岁、女子25岁结婚为宜。同年4月，县人民法院、妇联、团县委、民政科、文教局、卫生局举办婚姻法展览会，其中第一部分为“计划生育和晚婚的意义、好处”，晚婚风气逐步形成，结婚人数显著减少。是年12月15日止，登记结婚共3129对，比1963年同期减少2757对，减少47%。城关镇结婚393对，其中到达晚婚214对，占54%。是年，全县计划生育技术工作得到规范和加强，县卫生局指定3个月以内的人工流产术由县第一、二、四医院妇产科有经验的专门人员进行。县卫生局又颁发“节育技术鉴定合格者名单”，医师19名，医士9名，助产士25名，初级卫生员35名。到1965年，计划生育手术可以4个区四项手术不出区，32个公社三项手术不出社。

1965年，全县制定施行各种节育手术后假期、工资待遇等政策。规定城乡居民施行男女绝育手术、放置节育环和人工流产的手术全部免费。人工流产不需证明，但住院费、检查费、药品费、挂号费仍自理。如交付确有困难者，凭生产大队或街道证明，可酌情减免。

1966年，计划生育处于无人顾问状态，人口出生又有回升。县卫生局、县总工会执行《省企业职工施行绝育手术有关问题的通知》的精神，职工施行绝育手术，所需挂号费、住院检验、手术和医药费全部由企业、行政在医疗卫生补助费项目中支出。女职工绝育后休息15天，男职工绝育后给假3－7天。

1966年，全县开始试用口服药物和针剂避孕。1970年，绍兴县革命委员会政治工作组转发《全省计划生育工作现场会纪要》，并在稽东乡车头召开现场会，提出

“不单要少生，还要生得迟一些、间隔稀一些、养得好一些，把好三关”的要求，全县绝育工作普遍开展，全年女子绝育1633人，比1969增加1633人，男子绝育6495人。从是年起，全县人口出生率开始有所下降，1970年出生率为25.32‰，比1969年的28.70‰下降3.38个千分点。

这一时期,虽然在提法上是计划生育,有一些避孕节育工作措施，但实质上还没有控制人口的计划和生育政策。后期又受到“文革”的影响，人口出生水平居高不下，1963年至1970年,全县累计出生22.98万人,年均出生2.87万人，年均出生率31.07‰，年均自增率23.67‰，“两率”均处于历史最高位。到1970年，全县的总人口突破百万大关，达到100.75万人。

三

1971年，全县推行“晚”（结婚晚一点）、“稀”（两孩间间隔长一点）、“少”（最好一孩、最多两孩）的生育要求。

1972年1月，为贯彻执行浙江省革委会《关于贯彻国务院对计划生育工作指示的通知》精神,县革委会下达《关于迅速落实1973年全县人口增长规划的通知》，从1973年起，人口计划纳入全县国民经济计划，要求全县农村人口出生率降至18‰以下，城镇降到12‰以下，开始实行有计划控制人口增长的目标，迈出具有划时代意义的计划生育工作步伐。同年5月，县革委会发出凭证生育的通知，要求各公社人口指标分配到村，规划到人，做到该生的有指标，不该生的有避孕措施，一对夫妇安排生育两个孩子，间隔四年。是年，计划生育的指标首先落实到已到晚婚年龄的新婚夫妇或结婚多年未生育者，以及有一个孩子、相隔已四年以上者。按照“晚、稀、少”的计划生育政策，1974年起逐年下达人口规划，生育指标层层下达到区、镇、公社，再落实到大队和个人，且实行凭证生育。1975年，皋埠区制订《十年人口规划》，实行有计划的生育。

1973年4月，绍兴县调整晚婚年龄，较1963年规定的晚婚年龄有所降低，并开始城市、农村有别。城市男青年26－27周岁，女青年24－25周岁；农村男青年24－25周岁，女青年22－23周岁。1976年3月6日，中共绍兴县委作出“把好晚婚关”指示，红湖、双梅等公社规定“三八”“五一”“国庆”“元旦”“春节”为结婚日期，举行新式婚礼，婚事新办，让计划生育和晚婚在群众中扎根。同年4月，全县开展实行晚婚和计划生育大检查，男晚婚率为91.7%，女晚婚率为76.68%。但到1978年，县革委会对男女结婚年龄又作调整：农村男25周岁，女23周岁；城关镇、柯桥镇、安昌镇以及一切吃商品粮的职工、居民，男27周岁，女25周岁。同时加强晚婚教育，严格婚姻登记制度，不准开后门。在招工时，不符合晚婚而结婚的不予招收。在学习和未转正期间，未到晚婚年龄而坚持结婚者，应动员退工退学。对干部、共产党员、共青团员、职工（包括社、队企业职工）提出达到晚婚要求，把晚婚要求列入组织部门干部考核内容之一。同年12月，县革委会又对城镇职工、居民晚婚年龄作出具体规定，提出严禁非法同居，不到晚婚年龄、未办理结婚登记手续而同居的，不准迁户口、不准生育。政治上要严肃处理，经济上予以罚款。同年，红山公社上旺大队党支部在全省计划生育工作会议上受到表彰。1973年10月至1974年4月，为加强计划生育技术工作，县计划生育委员会举办为期半年的计划生育技术骨干班，对从事节育技术服务的40名工作人员进行技术操作培训,这批人在1978年全部被招收为计划生育专职干部。

1974年2月，绍兴县重新建立县计划生育委员会。在工作机构得到加强的同时，全县实行免费供应避孕药具和工具，促进避孕措施有效落实。同年7月，成立绍兴县计划生育技术指导小组。后计划生育工作机构几易其名，1977年4月，县计划生育委员会改称为绍兴县计划生育领导小组，1978年7月更名为绍兴县计划生育委员会。

1975年，胜利公社党委、红山公社上旺大队党支部重视男女同工同酬，积极支持男到女家落户，极大地促进计划生育工作开展。1976年驻红旗公社东方红大队工作组在农业学大寨中做到计划生育“男和女、老年和青年、多子女和少子女、先进队和后进队”的“四个齐发动”，全大队116对育龄夫妇有111对落实节育措施，节育率为95%。1977年，绍兴县第二医院设立男子计划生育门诊，第四医院开放男女计划生育门诊，县妇保院建立计划生育科。同年4月，县卫生局开展全县计划生育并发症病人鉴定、治疗至今。据不完全统计，到1977年上半年，全县有生育能力妇女14.23万对，已落实各种节育措施11.66万对，节育率为81.7%。1977年9月，全县有326个大队、395个单位没有出现超规划三胎。

随着计划生育工作的深入开展，绍兴县认真贯彻党的计划生育政策和一系列文件精神，经过全县上下的共同努力和艰辛工作，这一时期的计划生育工作成效比较明显，为以后全县计划生育工作的进一步开展奠定了坚实的基础。1973年至1978年，全县人口出生率和自增率开始下降，人口出生率由18.07‰下降到13.46‰，自增率由11.52‰下降到7.08‰，人口增长得到较好的控制。

四

1979年1月，全县统一晚婚年龄和开展婚前检查。是年起，全县大张旗鼓地宣传中央〔1978〕69号、省委〔1979〕108号、县委〔1979〕187号等文件精神，做到“两个生产”一起抓。各乡镇组织计划生育宣传小分队，进村入户宣传新的婚育观、计划生育政策，苦口婆心改变群众多年来形成的“多子多福、养儿防老、传宗接代”的封建旧俗，使计划生育从“最好一个、最多两个”的要求转到一对夫妇只生一个孩子的生育轨道上来。同年7月，县革委会印发《浙江省计划生育若干问题的试行规定》（讨论稿），把全县计划生育工作推进一步。同年10月，全县先在城关镇宣传提倡一对夫妇只生育一个孩子，到12月，又重申晚婚晚育、少生优生有关政策，规定“对自愿终身只生一个孩子，并落实可靠节育措施的育龄夫妇，发给独生子女证，每年发给独生子女保健费30-50元。对领有独生子女证的家庭，小孩可优先入托、入幼儿园，可优先安排住房，面积按两个孩子分配。全民、集体单位招工时优先录用”等优惠措施。

1980年9月，中共中央发出《关于控制我国人口增长致全体共产党员共青团员的公开信》，号召一对夫妇只生一个孩子。全县由县委副书记亲自挂帅，开展两次声势浩大的计划生育宣传月活动。自此，全县只生一个孩子的光荣风气逐步形成。自愿终身只生一个孩子的夫妇逐渐增多。到年底，全县2.59万对一孩夫妇有1.30万对领取独生子女证，占50.32%，城关镇达86.90%。出生率也从上年的13.26‰下降到8.56‰，为以后的计划生育工作打下坚实的基础。此后“按大力提倡一孩，严格控制两胎，坚决杜绝多胎”的原则安排生育指标，控制人口过快增长。1980年，新婚姻法颁布后，规定：“凡按婚姻法规定结婚年龄推迟3年结婚者为晚婚”，即女23周岁，男26周岁。1981年规定，已婚妇女24周岁以上生育第一个子女为晚育。1981年，全县在东湖、袍谷、梅山三个公社开展群体调查，了解近亲婚配所生子女发病情况。1982年3月起，妇幼保健部门开展孕产妇系统管理。1982年6月，《浙江省计划生育条例(试行草案)》颁布实施，规定“大力提倡和推行晚婚晚育”，“对实行晚育的，除国家规定的产假外，可增加产假15天；按婚姻法规定结婚年龄推迟3年结婚者为晚婚，国家干部和职工双方符合晚婚条件，除国家规定的婚假外，增加婚假12天”。自此，晚婚率列入当年人口规划内容。

1982年底和1983年冬，全县开展声势浩大的计划生育宣传月活动，凡是36周岁以下已有两个孩子的夫妇基本上要求一方施行结扎手术，仅1983年做男女结扎8722例，为杜绝多胎、减少计划外怀孕打下基础。此后“一孩上环、两孩结扎”成为经常性工作，并为广大育龄妇女接受。

1983年，全县在1979年每个乡镇配备1名计划生育专职人员的基础上，又招用15名计划生育工作人员，到1984年2月，决定继续留用一年。1984年，在樊江乡、柯桥镇进行避孕药具管理改革试点，总结“建立联系员、服务到社员”经验。同年2月，全县评出第二次计划生育宣传月先进集体56个，先进个人377名。同年4月，全县加强计划生育工作队伍，请示省计生委给予补齐15名计划生育专职人员缺额，按全民职工录用。自计划生育列为基本国策后，全县的人口自然增长率控制在10‰左右，1980年至1984年最低，人口出生率、自增长分别为8.5‰、1.92‰和7.86‰、1.29‰，绍兴县先后获得全国计划生育工作先进集体2次，省计划生育红旗单位3次。1985年起，全县规定“国家干部、全民、集体单位职工和城镇居民除特殊情况外，一对夫妇只生育一个孩子；对农村夫妇双方务农女儿户及有特殊困难夫妇照顾生育两胎，进一步完善生育政策，并更加合乎民心。”全县围绕贯彻中央（84）七号文件精神，继续完善生育政策，安排16个山区乡345个女儿户生育第二胎，照顾生育903人，占全年人口计划的10%左右，无计划二胎和多胎有所下降，年初表彰一大批计划生育积极分子。计划生育联系员队伍达4291人，基层工作网络基本形成。1985年，绍兴县被国家计生委列为对外开放点。同年7月，美国议院代表团在绍兴县考察计划生育工作。同年，县建立病残儿鉴定小组，动员对疑有遗传病孩之父母进行产前诊断和染色体检查，以防止和减少续生遗传病儿。1986年，引进荷兰产节育环及“T”铜环等多种型号，以适应不同对象。1987年，在东浦镇开展优生系列服务试点。1989年在全县开展人口与计划生育基础知识教育，宣传晚婚晚育、优生优育。自1979年以来，全县育龄妇女总和生育率持续下降。到1989年，十年间共上环1.02万人次，结扎3.92万人次，节育率达到89.52%，计划生育工作由被动转为主动，朝孕前型管理方向迈进。

1989年12月，省人大常委会通过《浙江计划生育条例》规定“提倡晚婚，推行晚育。已婚妇女24周岁以上生育或晚婚后怀孕生育第一个子女的为晚育”，把晚婚晚育正式纳入法制轨道，全县按此规定执行晚育政策。

五

1990年1月，《浙江省计划生育条例》颁布实施。县计生委印发宣传提纲、标语，在全县掀起学习、宣传《省条例》的热潮。同年4月，县政府下发《绍兴县关于实施〈浙江省计划生育条例〉的若干规定》，计划生育各项政策得到进一步完善，全县计划生育工作走上法制化管理轨道。90年代初，全县加强对计划生育工作的领导，每年召开计划生育工作会议，先后建立计划生育协调会议制度、人口与计划生育领导小组，坚持党政“一把手”亲自抓、负总责，实施计划生育“一票否决制”，突出抓人口与计划生育目标管理责任制与考核。各级政府层层签订人口与计划生育目标管理责任书，同时抓实流动人口计划生育管理，落实部门管理职责，并把做好计划生育工作和完成目标管理责任制作为考核各级党政干部政绩的重要指标。之后，针对全县各地计划生育工作新情况、新问题、新特点，全县切实加强计划生育宣传教育工作，成立普及人口与计划生育基础知识教育组织领导，积极实施“新家庭计划活动”。狠抓计划生育后进乡（镇）的转化，推进乡镇计划生育服务站阵地建设，全面推广节育新技术、新方法和避孕节育知情选择，逐步建立育龄妇女管理信息系统，不断加强计划生育依法管理，建立计划生育工作新秩序，实行计划生育合同管理，实施计划生育行政执法责任制，探索计划生育养老保险制度，创新和完善工作机制，全县的计划生育取得长足的发展，人口得到有效控制，低生育水平持续稳定。

六

进入21世纪，全县人口与计划生育工作进入新时期，全面贯彻落实中共中央、国务院《关于加强人口与计划生育工作稳定低生育水平的决定》和《关于全面加强人口和计划生育工作统筹解决人口问题的决定》以及历次中央人口资源环境工作座谈会精神，进一步加强对人口与计划生育工作的领导，突出以人为本的工作理念，深化优质服务体系，深入推进计划生育行政执法责任制，积极争创全国计划生育优质服务先进县，深化优质服务承诺制，广泛开展“婚育新风进万家”活动和新型生育文化建设，扎实开展生育文明建设和“阳光计生”行动，大力实施免费孕前优生健康检查，提高出生人口素质。全面深化人口和计划生育综合改革，有效落实部门综合治理机制，创新流动人口计划生育服务均等化工作机制，实施免费计划生育技术服务政策。不断创新计划生育利益导向机制，实施农村部分计划生育家庭奖励扶助、特别扶助和特殊家庭关爱制度，完善独生子女家庭和“双农”独女户家庭养老保险制度。实施计划生育公益金救助制度，开展生育关怀行动，设立生育关怀冠名基金。强化计划生育政务公开和行政审批工作，健全人口和计划生育干部队伍建设，保障计划生育工作的有效投入。全县建立和完善“依法管理、村(居)民自治、优质服务、政策推动、综合治理”的工作新机制，人口和计划生育工作成绩斐然，人口增长得到有效控制，出生人口素质和育龄群众的生殖健康水平稳步提高，出生人口性别比趋于正常，人口和计划生育工作的服务管理水平不断提高，群众对计划生育工作的满意度较高，全县形成政府调控人口计划、职能部门管理服务、社会各界积极参与的人口和计划生育工作综合治理、统筹解决人口问题的良好局面。

大事记

1983年

12月　绍兴县计划生育委员会成立，主任李杏芬，副主任宋引娣。

1984年

2月7日　县计生委下发《关于病残小孩鉴定检查的通知》，规定每季组织一次检查。同月20日至21日，全县对病残儿进行鉴定。

2月27日　县委、县政府表彰计划生育宣传月活动先进集体54个、积极分子336名。

3月7日　县政府下发《关于建立县计划生育宣传（技术）指导站的通知》。明确县计生指导站是县计生委隶属下的事业单位，人员编制7－8人，主要开展计划生育宣传的各项业务活动，积极创造条件，开展节育技术指导和避孕药具的发放管理工作。

4月6日　全县开始在樊江乡、柯桥镇进行避孕药具管理改革试点。

4月23日－26日　绍兴县柯桥镇、樊江乡“经费包干”“落实专人”的避孕药具管理试点做法在全省避孕药具管理现场会上被推广。

5月10日　县人事局同意60位乡镇计划生育专职人员转为国家正式干部。

5月20日　县委、县政府召开计划生育工作表彰大会，表彰1983年度计划生育红旗单位5个，先进集体132个，先进工作者143名。单燕玉副县长作《开创计划生育工作新局面》的报告。

8月31日　县委批复同意县计生委首次执行《绍兴县计划生育委员岗位责任制》。

10月5日　省编委、省劳动人事厅、省财政厅、省计生委确定绍兴县计划生育专职干部编制总数73人，其中1979年下达数为63人，1984增加编制人数10人。

11月　县计生委在全国避孕药具管理改革会议上作《建立联系员、服务到社员》经验介绍。国家计生委、化工部等领导及各省、市计生委，医药公司代表近200人，赴樊江乡、双梅乡、阮社乡、柯桥镇等试点乡镇实地参观。

11月27日　县委、县政府召开全县计划生育宣传教育活动广播电话动员大会。县委宣传部部长骆国法主持会议，县长陈礼安作动员报告。各区、乡脱产干部及机关各局办主要负责人，县、区属事业单位负责人参加收听。

12月1日　县委下发《关于成立绍兴县计划生育宣传教育活动领导小组的通知》，钱信浩任组长，单燕玉、骆国发、李杏芬任副组长。

12月8日　县计划生育宣传教育领导小组召开计划生育宣传教育工作会议，各区计划生育宣传教育领导小组组长，14个任务较重乡的乡长及参加宣传教育活动的联络员参加会议。

1985年

1月21日－26日　全县抽调各区计划生育专职干部和19名县计生委干部，分三个组，以抽样的方式检查中央（84）七号文件宣传贯彻落实情况。

3月5日　全县召开计划生育工作会议，总结1984年度工作，部署1985年计划生育工作。各区、乡计划生育专职干部参加。

3月　县计生委主任李杏芬参加全国避孕药具工作会议并在会上发言。

4月2日　县计生委、县财政局、县卫生局联合下发《关于节育手术优质安全评奖的意见》。

4月30日　全县开展《浙江省计划生育条例》（以下简称《省条例》）宣传贯彻和落实1985年人口规划、避孕药具管理、计划生育档案等检查。

8月2日－3日　县计生委召开外事接待工作会议，学习、研讨接待美国议院代表团来绍兴县考察计划生育工作有关事宜。省计生委宣传处处长黄鑫楣到会并讲话。

9月16日　县计生委召开计划生育工作研讨会，传达省、市计划生育工作会议精神，部署下半年计划生育工作。

9月27日　县计生委、县财政局、县审计局联合部署开展1979年至1985年6月由乡（镇、街道）、村征收的超生子女费的清理、整顿工作。

9月30日　全县部署迎接全省计划生育统计质量检查工作。

10月　泰国司法部部长助理在福全乡沈家畈村考察计划生育工作。

10月　国家计生委主任王伟考察绍兴县计划生育工作。

11月10日－11日　全县召开今冬明春计划生育宣传服务活动部署会，研讨生育政策。

11月20日　县政府下发《关于进一步完善计划生育政策的暂行规定》。

1986年

1月2日　县计生委、县财税局要求各区、乡镇建立征收超生子女费账册。

2月27日　全县表彰1985年度计划生育先进集体和先进个人，其中红旗单位9

个、先进单位37个，先进个人178名。

3月5日　副县长单燕玉赴京参加全国计划生育“双先会”，绍兴县被国家计生委授予“全国计划生育先进单位”称号。

3月10日　县计生委主任李杏芬参加全国计划生育基层工作经验交流会，作《把计划生育工作管理型转向服务型》的经验介绍。

4月17日　全县15名市级“五好”计划生育专职干部、市优秀联系员出席绍兴市“五好”专干、优秀联系员经验交流会。

5月15日　县计生委、县卫生局决定自6月1日起，全县计划生育四项手术经费实行凭卡记账。

7月5日　绍兴县计划生育协会成立。

9月　国家计生委副主任常崇煊来绍兴县东浦镇考察计划生育工作。

11月29日　全县召开计划生育宣传教育活动领导小组组长会议。

12月2日　县计划生育宣传教育活动领导小组部署全县计划生育宣传服务活动。

1987年

2月4日　县委、县政府表彰13个计划生育红旗单位、43个计划生育先进集体、14个计划生育宣传教育活动先进集体和300名计划生育先进个人。

3月1日　单燕玉副县长代表县政府赴京出席全国计划生育工作“双先会”。

3月11日　县计生委、县文联、县广电局在全县范围内开展征集摄影、美术、书法、文学等计划生育宣传作品活动。

5月12日　全县15个乡镇、企业和11名计划生育先进工作者受到市政府表彰。

7月2日　县计生委在全县开展“世界50亿人口日”纪念活动。

7月14日　县政府下发《关于计划生育政策的补充规定》。

7月27日　县委调整计划生育协调会议成员，召集人顾玲菊、章榴先，成员26人。

7月　省计生委在绍兴县召开优生系列服务试点工作会议，东浦镇被确定为优生系列服务试点镇。

9月29日　中国人民保险公司绍兴市分公司、县计生委开展独生子女健康保险工作。

11月3日　县委调整县计划生育宣传教育技术服务活动领导小组，顾玲菊任组长，章榴先、陈敏尔、李杏芬任副组长。

11月16日　县计生委、县卫生局调整县计划生育技术指导成员。

1988年

3月27日　绍兴市第一个村级计划生育协会在上灶乡铸铺岙村成立。

4月11日—13日　县计生委组织部分区、乡专职干部对19个乡镇的计划生育工作进行检查，对1988年人口规划的执行情况进行监测。

4月22日　县计生委、县妇联联合举办“家庭娱乐赛”活动。

4月25日—27日　全县在县计生指导站召开计划生育宣传工作研讨会，提出“改革要深化，计划生育宣传也要深化”的课题。

6月8日　县计生委、县妇联、县体委联合举行全县首届“妇幼乐”母子运动会。

6月22日　县计生委、县公安局、县统计局等在全县成立生育节育抽样调查领导小组，李杏芬任组长。

7月13日—15日　县计生委举办为期3天的全国生育节育抽样调查互审会议。

8月8日　县计生委在县计生指导站召开人口素质调查汇总审查会议。

10月18日　县委下发《关于逐步撤销县机关工作部门党组的通知》，撤销县计生委党组。

10月24日　县委、县政府召开部分乡党委书记座谈会，讨论如何从严从紧控制人口增长。县委常委、宣传部长陈敏尔主持会议，副县长章榴先部署工作，县委书记陈礼安作重要讲话。

10月27日　绍兴县荣获“浙江省计划生育红旗单位”称号。

11月2日　国家计生委副主任吴景春，省计生委副主任马道真一行六人在市计生委副主任蒋文平陪同下，考察绍兴县计划生育工作，听取县长钱宝荣，副县长章榴先及县计生委的工作汇报，后到安昌镇计划生育技术咨询服务站参观、指导。

11月20日—22日　县政府召开计划生育工作会议。县委副书记顾玲菊，县人大常委会主任马岳樵、副主任杨立人，县政协主席朱毓秀，县纪委书记陈元芳，县委常委、宣传部长陈敏尔，副县长章榴先出席会议。马山区、皋埠区、稽东乡、安城乡作经验介绍。各区、乡（镇）及有关局办分管领导与计划生育专职干部参加会议。

11月28日—30日　县委、县政府召开全县计划生育工作会议，县纪委书记陈元芳、副县长章榴先出席会议并讲话。

12月12日　县政府印发《绍兴县流动人口和个体工商户计划生育管理实施细则》。

12月20日　县政府召开计划生育宣传教育活动汇报会，副县长章榴先提出宣传教育活动扫尾工作的具体要求。

12月26日—31日　县计生委对20个乡镇的20个村开展计划生育工作检查。

1989年

2月23日　县政府同意与各区签订计划生育目标管理责任书，所需奖金列入县长奖励基金开支范围。

3月29日　县政府召开由各区区长参加的全县计划生育工作会议，与各区签订计划生育目标管理责任书。

4月10日　县委宣传部、县计生委在皋北乡开展为期23天的人口与计划生育基础知识教育试点工作，对15－49周岁的育龄人群，分青春期、新婚期、孕产期、育儿期、更年期“五期”进行卫生保健、避孕节育、优生优育等基础知识教育。

4月14日　县委宣传部、县计生委联合召开中国“十一亿人口日”座谈会。副县长章榴先、宣传部长陈敏尔出席并讲话。

4月23日　县计生委、县财税局、县供销社、县物价局联合下发《关于做好避孕药具零售供应工作的通知》。

4月　绍兴县被省政府授予“浙江省计划生育红旗单位”称号。

5月14日　县计生委、县妇联、县文化馆举行“家家乐”文娱选拔赛，14个家庭参加选拔演出。

6月19日　县府办批复同意在袍谷乡进行计划生育合同公证试点，县司法局、县公证处参加，并邀请县法院参加，建立计划生育合同违约仲裁小组（设在县计生委）。

6月28日　县计生指导站举行对外开业仪式。副县长章榴先，市计生委、县卫生局及医院、计划生育干部等参加。

6月29日　县计生委开展全县1988年计划外出生、弃溺婴儿、处罚款、兑现独生子女保健费等专题调查，并作出《关于生育政策问题的调查报告》。

7月6日－7日　县委、县政府召开全县计划生育工作会议，部署全县开展人口与计划生育基础知识教育工作。

8月2日　县计生委、县财税局、县供销社、县物价局对计划生育手术收费管理作出规定。

10月14日　县委、县政府召开广播电话会议，部署开展计划生育宣传技术服务活动。县委副书记顾玲菊主持会议，副县长章榴先讲话。各区、乡（镇）长，分管领导，专职干部、区（乡）卫生院负责人，县机关有关部门负责人参加会议。

12月2日　县计生委、县广播电视局等8个单位部署“人口与健康”科教电影汇映活动，共49部科教电影，由县电影公司统一组织放映。

12月20日　县人事局、县计生委请示省计生委帮助解决20名计划生育干部招聘指标。

1990年

2月10日　全县表彰20个计划生育工作红旗单位、36个计划生育工作先进单位、297名计划生育工作先进个人。

3月5日　县政府第48次常务会议同意成立计划生育复议小组，县司法局参加。

4月13日　县计生委下发《关于成立绍兴县计划生育复议小组的通知》，李杏芬任组长。

3月21日—4月5日　县计生委会在南池乡开展《省条例》宣传试点，落实计划生育合同、不再生育通知书、未婚青年男女须知三项工作。

4月23日，经县政府第48次常务会议研究，成立县计划生育复议小组。

5月4日　县计生委举行全县人口与计划生育知识竞赛。

5月8日　省计生委主任徐爱光到绍兴县检查指导工作，并到南池乡、安昌镇计生服务站了解、指导工作。

5月29日　县计生委、县计生协会、县保险公司联合在县计生指导站举行“人口与计划生育知识及保险知识竞赛”。

5月21日　县计生委、县卫生局下发《关于更换计划生育四项手术卡的通知》，决定从7月1日起使用新的四项手术卡。

5月24日　县计生委、县工商局、县个体劳动者协会出台《关于加强个体工商计划生育管理的意见》。

5月25日　县计生委开展对计划生育的父母实行养老金保险工作。

6月4日　县人大常委会审议听取县计生委贯彻实施《浙江省计划生育条例》工作汇报。

6月20日—23日　县计生委对9个乡镇贯彻《省条例》的情况进行检查。

6月29日　县政府制定《贯彻〈浙江省计划生育条例〉的若干规定》，共三十三条。

7月20日　县计生委举办纪念《公开信》发表十周年“计划生育演讲会”。村、厂计划生育联系员、计生协会会员、计生专干、优秀乡镇干部、优秀共产党员、共青团员、从事计划生育的医务人员参加。

7月27日　县计经委同意迁建县计划生育宣传技术指导站，建筑面积1200平方，总投资50万元。

8月2日　县计生委、县文广局开展区、乡（镇）计划生育宣传教育先进广播站评比活动。

8月10日　县计生委联合县委宣传部开展纪念《公开信》发表十周年活动。

8月15日—17日　市计生委在绍兴县召开计划生育孕前型管理现场会，县计生委介绍《做好孕前型管理、提高计划生育工作质量》经验，与会人员到南钱清乡、龙峰乡、孙端镇现场参观、指导。

9月3日—6日　县计生委、县卫生局在县妇保所举行计划生育业务知识竞赛，共145人参加。

9月4日　绍兴市人大教科文卫办一行四人检查绍兴县贯彻《省条例》情况。

9月11日—13日　县委宣传部、县计生委举行学习贯彻《公开信》计划生育黑板报评比活动。

9月25日—27日　县计生委对16个乡镇开展计划生育执法检查，推动落实人口政策和计划生育法律法规的贯彻实施。

10月24日　县计生委开展创建计划生育合格村活动。创建标准为计划完成好、宣传教育好、技术服务好、队伍建设好、建立制度好、目标管理好、干群关系好。

11月19日—25日　县计生委主任李杏芬参加全国计划生育先进集体先进个人表彰会暨基层工作经验交流会，作《大力推进孕前型管理、努力提高计划生育工作质量》经验介绍。李杏芬获“全国计划生育系统劳动模范”称号。

12月28日　县计生委在省计划生育宣传工作会议上作《开展基础知识教育、推进孕前管理工作》典型发言。

1991年

1月　全县恢复健康检查，并对青年男女进行婚前教育。

1月20日　县人事局批复区、乡计生干部在事业性质不变的前提下，从1月1日起享受行政待遇，凡与事业有关的待遇、职改等同时停止执行。

2月4日　全县表彰1990年度计划生育工作红旗单位38个、先进单位25个、先进个人308名。

3月18日　县计生委召开计划生育专职干部会议，参观马山镇“合格村”“合格户”评选活动。

4月　绍兴县被省人民政府授予“浙江省计划生育红旗单位”称号。

4月4日　县计生委、县文广局联合开展计划生育广播宣传先进单位评选活动，命名表彰13个县、区、乡（镇）先进广播站。

5月8日—9日　县政府召开计划生育工作会议，总结“七五”工作，研究“八五”人口计划。县委、县人大、县政府、县政协、县纪委的主要领导，各区区长、乡（镇）长，计划生育专职干部，有关部、委、局办负责人等参加。

5月13日　县妇联、县计生委联合在村妇代会主任中逐步试行养老保险办法。

7月8日　县计生委请示县政府，与县城建局、县民政局、县卫生局、县工商局、县乡企局、县劳动局、县公安局、县交通局签订计划生育目标管理责任书。

8月30日　省计生委副主任徐八达一行五人，检查、指导漓渚镇“一步到位”计划生育合同管理工作。

10月11日　县计生委、县保险公司在双梅乡启动独生子女父母养老保险试点工作。

10月30日　全县开展超生、党员干部违法生育处理和非法生育、非法同居、非法领养以及搞假手术、假证明等专项检查。

11月5日—8日　县计生委、县卫生局举行由县、区医疗单位妇产科主任或妇幼外勤人员参加的计划生育技术研讨会。期间赴江苏太仓县考察节育新技术。

11月18日　县政府召开计划生育协调会议。副县长章榴先主持会议。会议通报1—10月全县计划生育工作，部署计划生育宣传服务月活动。

11月19日　绍兴县计划生育特约通讯员指导组成立，第一批成员共15名。

11月19日　绍兴市市长张启楣，副市长宋益康，市计生委、市卫生局领导检查绍兴县计划生育工作，听取袍谷乡计划生育宣传服务月活动筹备工作汇报。

11月19日　县政府召开计划生育广播电视电话会议，部署计划生育宣传技术服务月活动，县计生委主任李杏芬主持会议，副县长章榴先讲话。各区、乡（镇）分管领导、计生专职干部和区、乡卫生院院长参加。

11月26日—27日　市政府副秘书长冯远琪率市计生委、市司法局、市卫生局、市民政局、市人大办公室等领导赴双梅乡、富盛乡检查贯彻执行《省条例》情况，听取县政府、县计生委及两个乡镇工作汇报，并到育龄妇女家中走访座谈。

11月26日　县计生委主任李杏芬在县委党校宣讲全县总人口、人口发展、年龄结构、人口密度等内容的计生基础工作。

12月28日　县计生委公布714个计划生育“合格村”。

1992年

1月16日　县委组织部、县人事局、县计生委决定招聘25名计划生育专职干部。

3月5日—6日　全县召开招聘计生专干对象会议。各区、乡（镇）推荐、符合招聘干部条件的对象参加。

4月28日　县委办下发《关于计划生育验收核实的通报》。62个乡镇抽调60名计生干部，用一个月时间进行计划生育工作全面检查验收，由各乡镇党委书记签字核实。

5月5日　县计生委下发《关于在撤区扩镇并乡之前必须抓好计划生育工作的紧急通知》。

6月24日　国家计生委宣传教育司司长江亦曼在省、市计生委领导陪同下到东浦镇考察计划生育宣传教育工作。

6月10日　县委、县政府成立绍兴县人口与计划生育领导小组，纪根立任组长，章榴先任副组长。

9月22日　县委、县政府召开计划生育工作座谈会。副县长章榴先主持会议，县委常委、组织部长李会鹏，县委常委、宣传部部长宣传中出席。柯桥、皋埠、齐贤、王坛、福全等乡镇的党委书记参加。

10月14日　县委、县政府召开全县计划生育工作广播电视电话会议。县委副书记顾玲菊主持会议，县长陈敏尔作工作报告。各乡镇人口与计划生育领导小组成员，计生专职干部、各村（厂）党支部书记、村主任、厂长参加收听。

10月25日　国家计生委科技司司长朱耀华在省计生委副主任徐八达，市计生委主任蒋文平等陪同下，考察安昌镇计划生育服务站、鉴湖镇及任家塔村、县计生指导站的计划生育服务工作。

10月30日　全县在鉴湖镇召开新婚学校现场会。

11月2日　县委、县政府召开计划生育协调会。副县长章榴先主持会议，县计生委通报计划生育工作情况，县委副书记顾玲菊总结前段工作及提出今后抓好流动人口管理的意见。10个县机关部门负责人参加会议。

11月3日　县政府召开计划生育宣传技术服务活动月汇报会，副县长章榴先主持会议。25个镇（乡）汇报工作经验与实绩。市计生委蒋文平、宋梅玉到会指导并讲话。

11月10日　县计生委下发《关于办理“蓝印户口”中执行计划生育有关规定的通知》，根据绍县政303号文件精神，在办理手续时，须持户籍地政府计生办出具的计划生育证明，办理后一律按城镇居民生育政策执行，由“蓝印户口”所在地政府管理。

12月1日　县委下发《关于进一步加强计划生育工作的决定》。

12月8日　县计生委下发《关于开展计划生育合格村、先进村、红旗村创建活动的通知》。

12月8日　县政府同意在全县25个镇(乡)建立计划生育服务站。

1993年

1月18日　全县表彰计划生育红旗单位7个，先进单位15个，先进个人220名。

2月22日－24日　全县召开计划生育专职干部会议，探讨计划生育工作新方法。

2月25日　联合国人口基金会CPR（90）P17项目执行机构顾问赛沙博士，亚洲新闻基金会记者王琳达女士在国家、省、市计生委领导陪同下，考察绍兴县计划生育工作。听取县计生委、鉴湖镇的计划生育工作汇报，到任家塔村走访农户。

3月9日　县计生委主任李杏芬赴京参加第八届全国人代会。

4月2日　绍兴县规定照顾二胎生育一律征收计划生育调节费。

4月12日　全县召开计划生育工作会议，贯彻中央计划生育工作会议精神。县计生委主任李杏芬传达全国八届人大一次会议精神。副县长章榴先布置征收计划生育调节费工作。

5月28日　县委下发《关于调整县人口与计划生育领导小组成员的通知》，组长纪根立，副组长赵六四、李德忠、李杏芬。

5月30日　县委下发《关于调整县计划生育协调会议人员的通知》，召集人赵六四、李德忠、李杏芬。

6月14日　县政府出台《关于贯彻落实浙江省流动人口计划生育管理实施办法》的通知。

6月17日－19日　县政府召开全县计划生育工作会议。各镇（乡）长，分管领导，全体计划生育专职干部、计生协秘书长及县计划生育协调会议组成人员参加。

6月18日　县计划生育协会召开第二届会员代表大会，选举产生第二届理事会。李德忠当选为会长，李杏芬当选为副会长，范宝娟为秘书长。

9月1日　县委办下发《关于计划生育协调部门职责分工的意见》，对流动人口计划生育实行综合治理和分工负责制。

9月1日　全县召开计划生育工作会议。县委常委、宣传部长、副县长李德忠作工作报告，县委副书记李会鹏部署全县计划生育工作大检查活动。市计生委主任宋梅玉出席并讲话。

9月16日　县委副书记李会鹏赴北京参加全国计划生育工作“三为主”经验交流会。会上作《推进孕前管理，提高工作质量》经验介绍。绍兴县获“全国计划生育先进单位”称号。

10月9日　县委、县政府召开广播电视电话会议，部署全县计划生育宣传技术服务月活动。副县长齐宽明主持会议，县委副书记赵六四作动员讲话，王坛镇作典型发言。

10月　县编委同意全县建立乡镇计划生育服务站，共定编83名。

10月16日　广东省计生委方刚主任一行四人在省计生委副主任徐八达陪同下，考察绍兴县计划生育工作。

11月2日－3日　县政府分片在湖塘、漓渚两地召开计划生育宣传技术服务活动汇报会。25个镇（乡）分管领导参加。县委副书记赵六四、副县长齐宽明分别出席和讲话。

11月24日　省计生委主任徐爱光率宣教、科技等处室负责人到绍兴县调研计划生育工作思路，召开镇长及计生专干座谈会。县委书记纪根立到会并讲话，县委常委、宣传部长李德忠参加座谈会。

12月20日　县委宣传部、县计生委下发《关于调整县计划生育宣传教育联席会议成员的通知》，召集人李为民、董正志，成员15名。

1994年

2月5日　县计生指导站被市计生委授予“百日双优”活动先进集体称号。

2月18日　县委、县政府表彰计划生育红旗单位10个、先进单位15个、先进个人256名。

2月28日　县计生委下发《关于调整绍兴县计划生育复议小组人员的通知》。

3月16日　县委召开计划生育工作会议。县委书记纪根立讲话，县委副书记赵六四主持，县委常委、宣传部长李德忠，副县长傅建祥，以及各镇（乡）党委书记参加。

4月　县计生委在东浦镇开展以“少生优生、富裕文明、健康幸福”为主要内容的新家庭计划活动试点工作。

4月19日　县委书记纪根立，副县长傅建祥到王坛镇、稽江乡检查计划生育工作。

6月14日　县委办下发《关于开展全县计划生育宣传技术服务月活动的通知》，由点到面开展计划生育新家庭活动，建立县流动人口计划生育管理检查小组，落实转制企业计划生育工作责任。

6月15日　中国轻纺城计划生育协会成立，成为全市首个市场计生协会。

6月30日　浙江省北片计划生育工作会议在绍兴县召开。县委、县政府在会上作《围绕孕前管理，抓好“热点”“难点”，积极探索计生工作新路子》经验介绍。

7月31日—8月6日　县计生委举办镇（乡）计划生育服务站新招录人员业务培训班。

9月24日　县府办成立绍兴县流动人口计划生育稽查领导小组。副县长傅建祥任组长，县委宣传部、县交通局、县城建局、县乡企局、县劳动局、县农业局、县工商局、轻纺城建管委、城南开发委、县文广局、县计生委等部门为成员。

10月6日　县政府召开由各镇（乡）长，分管领导，计划生育专职干部及县机关有关部门负责人参加的计划生育工作会议，总结全县计划生育工作，部署计划生育宣传技术服务活动。

10月25日—29日　县计生委在县计生指导站举办村妇女主任培训班，全县58位村妇女主任参加。培训参照P35项目要求，开设人际交流、避孕节育、优生优育、政策法规、村级计生管理等培训课程。

11月　县计生委在皋埠镇开展微机信息管理试点，下发《关于开展全县计划生育先进、红旗镇（乡）和优秀专职干部创评活动的通知》，推动计划生育工作再上新台阶。

11月5日—7日　国家计生委副主任彭玉及全国计生基层队伍建设经验交流会的全体代表，在省计生委主任徐爱光和副主任徐八达的陪同下，视察轻纺城、斗门镇、皋埠镇计划生育工作。

12月14日　绍兴县获“浙江省计划外生育费清理整顿工作先进单位”称号。

1995年

1月　县政府成立新家庭计划活动领导小组。

2月　绍兴县被市人民政府授予“1993—1994计划生育先进集体”称号。

3月1日　国家计生委规划统计司司长张二力等七位同志在省计生委主任徐爱

光，副主任徐八达陪同下考察绍兴县计划生育工作。

3月30日　县委、县政府召开计划生育工作座谈会。县委书记陈敏尔作重要讲话，东浦镇、王坛镇、柯桥镇等作典型发言。县委副书记、代县长茹关筠主持会议并讲话，副县长赵兴旺代表县政府与各镇（乡）签订计划生育管理目标责任书。县委副书记赵六四，各镇（乡）党委书记、镇（乡）长及县人口与计划生育领导小组成员参加。

4月17日　全县召开“新家庭计划活动”研讨会。县新家庭计划活动领导小组副组长董根源主持会议。省计生委宣教处黄鑫楣、市计生委宋梅玉，副县长赵兴旺，县委宣传部副部长李为民，县新家庭计划活动领导小组全体成员，10个镇计生分管领导及计生专干参加会议。

4月　县公安局、县计生委、县劳动局等部门在华舍镇开展流动人口计生管理“四统一”试点，开始实行流动人口综合治理。

5月22日　县委办下发《关于调整绍兴县县级机关人口与计划生育领导小组的通知》，组长尹邦胄，副组长董根源、沈亦全。

6月　绍兴县被省计生委确定为全省计划生育优质服务试点县，县计生委确定钱清、鉴湖、东浦、杨汛桥等四个镇为县级计划生育优质服务试点单位。

8月9日　县委办决定在全县范围内开展以“少生优生、富裕文明”为主要目标的“新家庭计划活动”。

9月　绍兴县被省人民政府授予“计划生育孕前型管理达标县”，成为全省首批达标的20个县（市、区）之一。

10月10日　县委召开计划生育工作会议。县委副书记赵六四主持会议，县委副书记、县长茹关筠作工作报告。钱清、斗门、王坛三个镇党委书记发言。各镇（乡）党委书记，分管副镇长以及县人口与计划生育领导小组成员参加。

10月11日　国家计生委科技司肖绍博一行四人在省计生委副主任王洪江陪同下，考察绍兴县计划生育工作。县委副书记赵六四陪同考察。

11月2日　县政府召集县工商局、县公安局、县劳动局、县城建局、县文广局、县计生委等13个部门的主要负责人，专题部署今冬明春全县流动人口计生管理工作。副县长赵兴旺作重要讲话，县计生委通报流动人口管理工作情况，县工商局、县城建局、县劳动局、县公安局等部门作工作交流。

11月15日　县计生委印发《绍兴县计划生育优质服务实施方案》。

11月24日　县委下发《关于调整人口与计划生育领导小组成员的通知》，组长陈敏尔，副组长赵六四、赵兴旺。

11月25日　县委下发《关于调整县计划生育协调会议成员的通知》，召集人赵六四、赵兴旺、董根源。

11月25日　县委下发《关于成立县新家庭计划活动领导小组的通知》，组长赵六四，副组长赵兴旺、董根源。

11月28日　国家计生委副主任杨魁孚在省、市计生委领导陪同下，考察绍兴县计划生育工作和福全镇计划生育服务站。副县长齐宽明陪同考察。

12月29日　县计生委下发《关于在计划生育系统开展双优活动的实施意见》，部署开展优秀计划生育干部、优秀计划生育服务站（室）“双优”创评活动。

1996年

1月23日　县计生委主任董根源出席全国计划生育协会代表大会。县计划生育协会和中国轻纺城计划生育协会被中国计划生育协会授予“全国计划生育协会工作先进集体”称号。

1月29日　全县纪念《公开信》发表十五周年知识竞赛活动揭晓。

2月3日　国务委员、国家计生委主任彭佩云视察绍兴县计划生育工作。副省长徐志纯，市委书记鲁志强，县委书记陈敏尔陪同。

3月9日－12日　县计生委组织镇（乡）分管领导，全体计生专职干部一行111人赴张家港市学习考察计划生育工作。

3月25日　县委办下发《<关于转发省委办公厅、省政府办公厅关于实行计划生育“一票否决制”的通知>的通知》。

3月27日　县政府与县公安局、县工商局等23个部门（单位）签订计划生育目标管理责任书，签约部门比上年增加11个。

3月30日　省计生委主任徐八达在绍兴县考察安昌、孙端等镇新家庭计划活动。市计生委主任宋梅玉，副县长赵兴旺陪同考察。

4月2日　全县召开计划生育工作座谈会。县委副书记赵六四主持会议。县委副书记、县长茹关筠作工作报告，市计生委主任宋梅玉到会并讲话。各镇（乡）党委书记，分管领导，计生专职干部及县机关有关部门负责人参加。

4月26日　全省计划生育优质服务研讨现场会在绍兴县福全镇召开，听取福全镇经验介绍，实地考察福全镇计生服务站。

6月5日－15日　全县开展计划生育政策法规执行、先进村和红旗村验收、1995年1月至1996年4月婚育生育情况大检查。

6月18日　县府办决定从6月20日至7月10日，在全县开展计划生育宣传技术服务活动。

6月25日　县计生委下发《关于做好计划生育行政执法检查的通知》，检查内容为执行“七个不准”、规范性文件清理、计划外生育费征收情况等。

7月　县计生委会同县人事局面向社会公开招考10名计划生育干部。

8月2日　县府办成立绍兴县计划外生育费“乡收县管”领导小组，赵兴旺任组长。

8月28日　新华社、《今日浙江》、《浙江科技报》、浙江电视台、《当代家庭报》等5家新闻单位来绍兴县专题采访实施新家庭计划活动情况。

9月7日　全县召开计划外生育费“乡收县管”专题动员会，开始对计划外生育费实行“乡收县管，财政审计监督”管理体制。

9月18日　市人大常委会副主任、计生协会会长潘琴娣率市计生委老同志专题考察马山镇计生协会工作。

10月　县委副书记赵六四参加全省新农村新家庭建设电视电话会议。会上作《围绕新农村建设，大力推进新家庭计划活动》的经验介绍。绍兴县被省政府授予“‘八五’计划生育工作红旗县”称号。

11月12日　县法院、县计生委下发《关于在受理离婚案件时实行查验计划生育证明制度的通知》。

11月26日　县政府出台《绍兴县贯彻执行〈浙江省计划生育条例〉的实施细则》，共七章五十九条，从严从紧细化生育节制规定。

11月27日　尼泊尔人口与环境代表团考察绍兴县计划生育工作及安昌镇计生服务站。省计生委副主任陈燕萍，市政府秘书长刘德秋、市计生委主任宋梅玉陪同。

12月4日　县府办下发《关于调整县流动人口计划生育稽查领导小组成员的通知》，组长章生建，副组长董根源、张增龙。

12月5日　县委下发《关于调整县计划生育协调会议成员的通知》，召集人为赵六四、章生建、董根源，共28个成员单位。

12月5日　县委下发《关于成立新农村新家庭建设协调小组的通知》，组长赵六四，共16个成员单位。

12月5日　县委下发《关于调整人口与计划生育领导小组成员的通知》，组长陈敏尔，副组长赵六四、章生建，共9个成员单位组成。

12月19日　县计生委下发《关于在计划生育系统开展双优活动的实施意见》，成立“双优”活动领导小组。

12月25日　县计生协会召开第三次会员代表大会，选举县人大常委会副主任单燕玉为会长，副县长章生建为名誉会长。县委副书记赵六四到会祝贺。

12月28日　县计生委印发《绍兴县计划外生育费“乡收县管”管理制度》。

12月31日　县政府下发《绍兴县计划生育优质服务实施方案》，标志着优质服务工作在全县全面推行。

1997年

1月25日　全县表彰1996年度计划生育红旗单位9个、先进单位20个、先进个人234名。

2月6日　绍兴县获全市1996年度人口与计划生育目标管理考评一等奖。

3月3日　县计生委召开计划生育专职干部大会，首次与89位计生专干签订岗位责任书。

3月14日　县委、县政府召开全县计划生育工作会议。县委副书记、县长茹关�作重要讲话，副县长章生建代表县政府与各镇镇长签订计生目标管理责任书，县委副书记赵六四部署工作。市计生委主任宋梅玉到会并讲话。县人大常委会副主任汪传昌、县政协副主席马张林出席会议。各镇党委书记、镇长，计生分管领导，计生专职干部和县计划生育协调小组成员近150人参加会议。

3月24日　县计生委决定自4月10日起执行调换、转签生育证新规定。

3月26日—28日　县委、县政府组织各镇分管领导和县机关宣传、计生、卫生等有关部门负责人共50余人，由县委副书记赵六四、副县长章生建带队赴江苏吴江、昆山考察计划生育优质服务工作，并在昆山召开计划生育优质服务研讨会。安昌、齐贤两镇作典型介绍，副县长章生建作考察小结，提出抓好服务阵地建设、科普知识宣传、知情选择试点、微机信息管理等要求。

5月20日　县计生委、县卫生局、县财政局、县物价局联合制定《关于实行计划生育手术经费包干的意见》，期限自6月1日至12月31日。

6月13日　县计生委、县委宣传部、县文广局、县计生协会联合举办“越峰杯”庆回归人口与计划生育知识电视大奖赛。

7月8日　省计生委在绍兴县召开全省计划生育信访工作现场会。国家计生委办公厅副主任李加龙、省计生委副主任陈燕萍、省信访局副局长龚昌余以及各地市和部分县计生委负责人共50人参加会议，实地参观县计生委和鉴湖镇信访接待室。章生建副县长出席会议并讲话。

7月21日　县委组织部、县人事局同意12位镇计生专干由事业编制转为行政编制。

8月19日　县计生委召开计划生育特约通讯员会议，20名特约通讯员参加。

9月5日　市计生委在绍兴县安昌镇召开计划生育优质服务座谈会。市计生委主任宋梅玉，副主任王麟敏、陈坤木，各县（市、区）计生委主任，分管副主任和部分本县优质服务试点镇领导参加。县计生委主任董根源介绍全县开展计划生育优质服务试点情况，与会者还实地参观安昌镇计生服务站。

9月15日　县计生委召开1996—1997年分配、招聘的19名计生专职干部会。县委副书记赵六四到会并讲话。

10月6日　国际知名人口学家、西班牙大学社会学家、历史学教授芮达维，美国加利福尼亚大学社会学教授王丰在省计生委副主任陈燕萍陪同下，考察安昌镇计划生育服务站。

10月17日　县政府召开计划生育宣传技术服务动员大会。县委副书记赵六四主持会议，副县长章生建作专题动员。各镇镇长，分管副镇长及计生办主任，县人口与计划生育领导小组成员、县新农村新家庭建设领导小组成员参加。

10月27日　国家计生委政策法规司施春景、省计生委政策法规处陈德芳处长考察柯桥镇新家庭计划活动开展情况。

11月4日　省新农村新家庭建设采访团一行八人，在马鞍镇寺桥村采访新家庭计划活动情况。

12月2日　省新农村建设协调小组主办，中共绍兴县委、县政府承办的全省新农村新家庭建设表彰会暨大型广场文艺演出《越过越红火》在东浦镇举行。省委常委、副省长刘锡荣，省人大常委会副主任孔祥有，省长助理李长江，绍兴市代市长董君舒，市委副书记陈章方，县委副书记、县长茹关筠等领导出席。

12月　全县25个乡镇计生办全部配备微机，并通过政府信息网络中心实现县、镇联网，计划生育信息管理体系初步建立。

12月29日　县计生委公布275个村级计划生育示范服务室。

1998年

1月5日　县府办下发《关于进一步加强春节期间流动人口计划生育管理工作的通知》，开展“见一次面、发一封信、查一次孕、出（换）一本证”的“四个一”服务。

1月19日　县计生委下发《关于开展申报计划生育统计质量达标镇的通知》。

2月25日　县政府召开全县计划生育工作会议，总结经验、表彰先进、部署任务。县委副书记陈月亮主持会议。市委常委、县委书记顾秋麟，县委副书记、代县长徐纪平，县人大常委会副主任单燕玉、副县长车晓端、县政协副主席章榴先出席会议，市计生委主任宋梅玉到会指导。华舍镇、斗门镇作典型发言。各镇党委书记、镇长，计生分管领导及计生文卫办主任、计生专干业务负责人，23个县计生协调会议成员单位负责人参加会议。

3月10日　县计生委召开计划生育专职干部会议，贯彻全县计生工作会议精神，部署当前计划生育工作。副县长车晓端出席并讲话。县计生委主任董根源部署全年工作任务，与各计生专职干部签订岗位责任书，3名计生专职干部作交流发言。

3月19日　县委、县政府召开计划生育协调会议。县委副书记陈月亮主持会议，副县长车晓端代表县政府与县公安局等23个部门签订计划生育目标管理责任书。县计生委、县工商局、县二轻总公司作大会发言。

4月8日　县编委下发《关于建立绍兴县中国轻纺城流动人口计划生育管理服务中心的批复》，同意建立绍兴县中国轻纺城流动人口计划生育管理服务中心，性质为全民事业单位，经费自理，定编5名。

4月27日　县委下发《关于调整人口与计划生育领导小组成员的通知》，顾秋麟、徐纪平任组长，陈月亮、车晓端任副组长。

4月26日－27日　国家计生委刘妲东副司长在省计生委主任徐八达及县有关领导陪同下，考察绍兴县中国轻纺城、安昌镇计划生育优质服务和及外来人口管理情况，走访东浦镇新家庭计划活动示范户。

5月14日　全县召开计划生育分管领导座谈会。副县长车晓端对清理“一流二非”、开展查孕查环、深化优质服务、提高统计质量、形成工作认识等提出要求。

6月16日　县计生委、县人事局印发《绍兴县计划生育干部教育培训计划》。

6月27日　县委、县政府举行“解放思想、转变观念、促进人口与经济社会协调发展”座谈会。县委副书记陈月亮、副县长车晓端出席并讲话。柯桥镇等8个镇党委书记和县计生委、县教委、县环保局等负责人参加。

6月29日　副市长李露儿在市计生委主任宋梅玉陪同下到绍兴县东浦镇及东浦村调研计生服务站建设。副县长车晓端，县计生委主任董根源汇报工作。

7月3日－4日　国家计生委在绍兴县召开浙江省新家庭计划活动理论论证会，听取全县新家庭计划活动情况，实地到东浦镇东浦村参观和指导新家庭计划活动。

7月6日－9日　县计生委抽调百名人员对全县计划生育统计执法情况特别是1997年以来人口与计划生育目标管理责任制执行情况进行检查。

7月7日　县委下发《关于调整县计划生育协调会议成员的通知》，召集人陈月亮、车晓端、董根源，成员28人。

7月14日　县流动人口计划生育稽查领导小组调整组成成员，组长车晓端，副组长董根源、刘越敏，成员11人。

8月15日　县委副书记陈月亮、副县长车晓端在县计生委主任董根源陪同下，到王坛、稽东、稽江等镇调研计划生育工作。

9月7日　县计生委、县计生协会在斗门镇召开创建计划生育“双合格”村现场会。

9月22日　县计生协会在斗门镇召开基层协会组织建设现场会。各镇计生协会专职副会长，秘书长参加会议。斗门镇、夏履镇、平水镇计生协作典型发言。

10月9日　县计生委成立计划生育行政执法责任制工作领导小组。

10月17日　县委、县政府召开全县四轮创建迎检大会暨计划生育工作会议。县委副书记李杏芬主持会议并讲话，副县长车晓端讲话。各镇镇长，分管副镇长参加会议。

11月　县计生委主任董根源出席全国计划生育基层工作经验交流会暨“双先”表彰会，并获国家人事部、国家计生委授予的“全国计划生育系统劳动模范和先进工作者”称号。

11月3日　县委组织部、县人事局同意将全县乡镇计划生育专职干部改用行政编制。

1999年

1月12日　县计生委举行特邀行风监督员座谈会，通报自1998年7月计生系统推行政务公开制度情况。

1月20日　县计生委请示县编委要求建立绍兴县流动人口计划生育稽查大队。

1月26日　县政府批复同意实施《绍兴县计生委行政执法责任制实施方案》。

1月26日　县计生委在平水镇开展“三下乡”服务，宣传普及优生优育知识。

1月29日　县委副书记李杏芬和县委常委、副县长陆连生率领县机关第三批推行政务公开现场会代表，观摩县计生委政务公开栏。

2月24日，县委宣传部、县计生委下发《关于调整计划生育宣传教育联席会议成员的通知》，县委宣传部、县计生委、县文广局、县教委、县委党校、县司法局、团县委、县妇联、县文化馆、县广播电台、县电视台、县报社、县机关工委等13个部门的17名人员为新一任计划生育宣传教育联席会议成员。

2月25日　县委、县政府召开计划生育工作会议。县委副书记陈月亮主持会议，市委常委、县委书记顾秋麟，县委副书记、县长徐纪平作重要讲话，县委副书记、县长徐纪平代表县政府与各镇镇长签订人口与计划生育目标管理责任书，副县长车晓端宣读1998年度全县计划生育工作先进单位和先进个人名单。市计生委副主任陈坤木到会并讲话。各镇党委书记、镇长，计生分管领导，计生文卫办主任、计生专干，县计划生育协调会议成员参加。

3月3日　县计生委公布1998年度计划生育专职干部岗位责任制考核结果，一等奖19名，二等奖48名，三等奖16名，取消考核资格6名。

3月16日　市计生委主任宋梅玉率规统处等人员在稽江镇开展“走百村、访万户、婚育新风进万家”活动。

4月5日　县政府召开计划生育部门协调会议，学习新颁布的《流动人口计划生育工作管理办法》。副县长车晓端代表县政府与24个部门签订1999年部门计划生育目标管理责任书并作重要讲话。县计生委通报流动人口计生工作情况，县建设局、县公安局、县卫生局等部门负责人作交流发言。县级机关有关部门分管领导参加。

4月　全县成立柯桥暂住人口综合管理领导小组及其由公安、计生、劳动等部门和柯桥镇组成的综合管理办公室，实现流动人口劳动就业、计划生育、社会治安“三位一体”。

7月12日　绍兴市“婚育新风进万家”暨优质服务现场会在绍兴县马山镇召开。省计生委主任徐八达，市人大常委会副主任杨明志、副市长李露儿、市政协副主席李永生，市计生委主任宋梅玉，副县长车晓端等领导出席会议。会议听取车晓端副县长及马山镇的工作情况介绍，参观“一镇三村”计生服务站。各县（市）计生委分管主任、相关科长及越城区和绍兴县计划生育专干负责人参加现场会。

8月9日　县计生协会被省计生协评为1998年度“一流协会”。

8月10日－11日　市政府对绍兴县流动人口计划生育管理工作进行专项检查，抽查福全、平江两个镇和县工商局、县公安局两个部门，走访5家房屋出租户。

8月12日　县政府召开半年度计划生育工作会议，贯彻落实全省计划生育优质服务试点工作会议精神。副县长车晓端讲话。马山镇、钱清镇、华舍镇、王坛镇等作交流发言。各镇计划生育分管领导参加会议。

8月28日　中国计生协项目部生殖健康处处长、副研究员、医学博士齐玉玲女士在省计生协秘书长徐文平、市计生协常务副会长宋梅玉、专职副会长魏鹏程等陪同下，考察齐贤镇计生协生殖健康服务中心。县计生协会会长单燕玉、副县长车晓端陪同。

9月3日　县计生委成立计划生育系统推行政务公开工作领导小组。聘请政务公开监督员10名。

9月5日　县政府法制局首次在全县范围内开展行政处罚“双十佳”评选活动，县计生委被评为“十佳办案规范单位”，一件行政处罚案被评为“十佳行政处罚案件”。

9月22日－23日　县计生委举办计划生育公务员专门业务知识培训班。培训课程为《中国计划生育概论》《计划生育法制》《计划生育宣传教育》《计划生育技术与生殖保健》《计划生育规划统计与考核评估》。

9月29日　县计生委举行国庆50周年畅谈计生工作成就座谈会。县委副书记、原计生委主任李杏芬应邀出席并讲话。

10月9日　县委、县政府召集有关部门和部分镇负责人，举行人口、资源、环境协调发展和可持续发展座谈会。副县长车晓端主持会议，县委副书记陈月亮作重要讲话。县计生委、县教委、县环保局、县委党校、县报社等部门和杨汛桥、安昌、柯桥、齐贤、马山、福全等镇负责人参加座谈会。

10月12日　县计生委举办“世界60亿人口日”宣传黑板报比赛活动，鉴湖镇获一等奖，马山镇、钱清镇获二等奖，齐贤镇、皋埠镇、夏履镇、稽江镇获三等奖。

12月17日　县计生委下发《关于建立以现居住地为主的流动人口计生工作管理机制的意见》。

2000年

2月12日　县委、县政府召开全县计划生育工作会议。县委副书记陈月亮主持会议，县委副书记、县长徐纪平作工作报告，市委常委、县委书记顾秋麟作重要讲话。县政府与各镇签订人口与计划生育目标管理责任书，表彰1999年度计划生育工作先进集体和先进个人。市计生委主任宋梅玉，县人大常委会副主任戴弋明、副县长车晓端、县政协副主席谢承恩出席会议。县人口与计划生育领导小组和协调会议成员，各镇党委书记、镇长，计生工作分管领导，文教卫计生办主任，计生业务负责人及受表彰的先进单位负责人参加会议。

2月15日　县计生委召开流动人口计划生育工作会议，贯彻落实国家《流动人口婚育证明管理规定》和《浙江省流动人口计划生育管理办法》，传达全市计划生育政策法规工作会议精神。

2月29日　县计生委召开计划生育干部大会，贯彻落实全县计划生育工作会议精神，部署“争做新时期育龄群众贴心人”活动。省计生委副主任严掌法出席并讲话。市计生委副主任陈坤木作“新时期人口与计划生育工作”辅导报告，副主任魏鹏程作规划统计业务辅导。8位计生干部宣读《争做新时期育龄群众贴心人倡议书》。各镇计划生育专职干部、联片助理员、服务站负责人和流动人口专管员共160余人参加会议。

3月15日　市计生协专职副会长魏鹏程、副会长沈光达专程到绍兴县齐贤镇检查计生协项目点工作。

3月31日　全省计划生育工作会议在绍兴县召开。绍兴县作《加强领导、增强服务、努力稳定低生育水平》经验介绍。

5月15日　县流动人口计划生育稽查领导小组调整成员名单，组长吴晓，成员11人。

6月23日　国家计生委对绍兴县开展计划生育系统公务员专门业务知识培训情况进行检查，并给予高度评价。

7月11日　县计生委部署纪念第13个“世界人口日”宣传活动。

7月21日　全市婚育新风进万家活动现场经验交流会在绍兴县钱清镇召开。各县（市）分管副县（市）长，县计生委主任，副主任，宣教科长以及部分镇（乡）分管领导参加。

7月25日　县计生委召开半年度计划生育工作暨表彰从事计生工作15年人员会议，4个镇作典型介绍。各镇计生专职干部、助理员、服务站人员共180人参加会议。

8月20日　县委、县政府下发《关于调整绍兴县人口与计划生育领导小组成员的通知》，顾秋麟、徐纪平为组长，副组长为陈月亮、吴晓，成员部门15个。

8月20日　县委下发《关于调整绍兴县计划生育协调会议成员的通知》，召集人为陈月亮、吴晓、董根源，28个部门负责人为成员。

8月25日　县计生委制定《绍兴县人口与计划生育工作“十五”发展规划》。

9月5日　县计生委部署开展纪念《公开信》发表20周年宣传活动。

10月21日－11月22日　县计生委在县委党校分四期举办村级计划生育专管员（妇女主任）培训班，贯彻中央〔2000〕8号文件精神。

11月　绍兴县被评为全国“百佳协会”工作先进县，县计生协会被中国计生协会授予“全国计划生育协会县级先进单位”称号。

12月29日　县政府第30次常务会议决定，在柯桥新建县计划生育宣传技术指导站，列入2001年全县重点工程建设项目。

12月　全县顺利完成计划生育信息脱离手工档案工作，初步实现计划生育信息计算机管理。

2001年

1月11日　绍兴县接受省人口与计划生育工作目标管理责任制考核。

2月6日　县委、县政府出台《关于进一步加强人口与计划生育工作稳定低生育水平的意见》，提出新时期人口计生工作十个方面的意见。首次作出对获得国家计生委颁发的荣誉证书的工作人员给予一次性奖励2000元的规定。

2月6日　县委、县政府召开计划生育工作会议。市委常委、县委书记顾秋麟讲话，县委副书记、县长徐纪平作工作报告。市计生委主任车晓端及县领导单燕玉、吴晓、章宝齐等出席。

3月12日　全县命名39名“新时期育龄群众贴心人”。

3月30日　县编委下发《关于绍兴县计划生育协会机构编制事宜的批复》，同意县计划生育协会设立协会秘书科。

4月17日　县计生指导站被省人事厅、省计生委授予“‘九五’计划生育工作先进集体”称号。

4月20日　绍兴县被省政府授予“‘九五’计划生育工作先进县”称号。

4月26日—27日　省计生委副主任宋贤能等一行4人在绍兴县调研婚育新风进万家活动。

4月28日　县计生协会召开第四次会员代表大会，选举产生第四届理事会。县人大常委会副主任戴弋明当选为会长，董根源、姚明、孙建焕、裘黄富当选为副会长。理事会聘请县人大常委会副主任、前任会长单燕玉和副县长吴晓为名誉会长。

4月29日　国家计生委宣教司副司长石海胜在省计生委副主任宋贤能陪同下考察绍兴县婚育新风进万家活动。

5月23日—25日　全省计划生育协会会长座谈会在绍兴县召开。县计生协会会长戴弋明作《开拓进取争创一流》典型发言。中国计生协会常务副会长杨魁孚，省计生协会会长许行贯，省人大教科文卫工委副主任、省计生协会副会长徐爱光，省计生委主任徐八达，省计生协会专职副会长、省计生委副主任严掌法出席会议。与会人员实地考察齐贤镇、安昌镇计生协工作。各市计生协会会长、计生委主任，各县（市、区）计生协会会长共200余人参加座谈会。

5月31日　国家计生委党组成员、国际合作司司长赵白鸽在省计生委主任徐八达陪同下，考察绍兴县杨汛桥镇计划生育优质服务工作。

6月4日　国家计生委宣教司司长陈胜利考察绍兴县婚育新风进万家活动情况，实地到钱清镇、杨汛桥镇现场考察。

6月18日　县计生协会召开计划生育协会工作会议。县人大常委会副主任、计生协会会长戴弋明，县委宣传部副部长张光潮，常务副会长董根源、专职副会长裘黄富等参加。期间举行万名会员知识竞赛抽奖仪式。

6月19日　市人事局批复同意绍兴县计划生育协会秘书科依照公务员制度管理。

7月　国家计生委政策法规司在绍兴县调研流动人口计划生育管理工作。

10月　省计生委副主任严掌法调研绍兴县人口与计划生育工作。

10月　绍兴县被中宣部、国家计生委授予“全国婚育新风进万家活动先进县”称号。

11月　绍兴县计划生育委员会更名为绍兴县人口与计划生育局。

11月8日　国家计生委主任张维庆在省计生委主任徐八达，副市长李露儿陪同下，考察绍兴县人口与计划生育综合改革工作，实地到杨汛桥镇庙上村考察。县委副书记、县长徐纪平，副县长吴晓作工作汇报。张维庆寄语绍兴县“全国上水平，希望在绍兴”。

12月9日－11日　全省婚育新风进万家活动总结表彰大会在绍兴县召开。各市宣传部副部长，市人口计生委主任，各县（市、区）人口计生局负责人共160余人参加会议。

2002年

1月28日　县委、县政府表彰2001年度11个“计划生育工作红旗单位”、17个“计划生育工作先进集体”和206名“计划生育工作先进个人”。

2月1日　全县启用新的《绍兴市二孩生殖健康服务证》。

2月8日　县委下发《关于调整绍兴县人口与计划生育领导小组成员的通知》，顾秋麟、徐纪平为组长，成员16人。

2月8日　县委下发《关于调整绍兴县计划生育协调会议成员的通知》，成员26人。

2月26日　县政府召集县府办、县人口计生局、县劳动保障局、县公安局柯桥分局、柯桥街道办事处、柯岩街道办事处等负责人，召开柯桥城区流动人口计划生育管理工作会议，形成《关于加强柯桥城区流动人口计划生育管理工作专题会议纪要》。

3月17日　县委、县政府召开人口与计划生育工作会议。县委书记顾秋麟作重要讲话，县长徐纪平作工作报告。柯桥街道、华舍街道、杨汛桥镇作大会发言。各镇（街道）党委书记、镇长（办事处主任），计划生育分管领导，文教卫计生办公室主任、计生业务负责人，县人口与计划生育领导小组成员和计划生育协调会议全体成员参加。

4月27日　县委、县政府出台《关于人口与计划生育工作综合改革的意见》，围绕稳定低生育水平目标，提出“改革人口与计划生育管理体制，改进和完善人口与计划生育管理与服务工作机制，逐步建立和完善计划生育利益导向机制和社会保障制度，完善人口与计划生育保障机制”等人口与计划生育综合改革的目标、任务和措施。

4月30日　县编委批复同意撤销绍兴县中国轻纺城流动人口计划生育管理服务中心，建立绍兴县流动人口计划生育稽查大队，定编3名，为财政全额拨款的事业单位。

6月28日　县计生协会与县人寿保险公司联合召开计划生育系列保险工作会议，部署计划生育系列保险工作任务。

8月15日　绍兴县计划生育宣传技术指导站正式动工新建。

9月7日　县政府在华舍街道召开深化计划生育村民自治、民主管理工作现场会。各镇（街道）计生分管领导，计生业务负责人、计生协会秘书长、县人口计生局有关负责人参加。

10月16日　县政府出台《关于实施农村计划生育社会养老保险工作的意见》。

10月31日　全县召开镇级计划生育协会会长会议。传达全市县级计生协会会长会议精神，参观福全镇现场。县人大常委会副主任、县计生协会会长戴弋明，县计生协会名誉会长、副县长吴晓，县计生协会常务理事，各镇（街）计生协会会长出席会议。

11月23日　全县召开农村计划生育社会养老保险工作现场会。各镇（街道）分管计划生育工作的领导，县人口计生局有关负责人参加。

12月13日　绍兴市计划生育村民自治工作会议在绍兴县华舍街道召开。

12月18日　全县23名村、镇计生协会会长被市计生协授予“基层计生协会先进工作者”称号。

2003年

1月　绍兴县被市政府命名为“计划生育优质服务示范县”。

1月21日　县委下发《中共绍兴县委绍兴县人民政府关于调整绍兴县人口与计划生育领导小组成员的通知》，组长徐纪平、冯建荣，副组长章长胜、马芳妹，成员8人。

2月11日　县人口计生领导小组下发《关于表彰2002年度人口与计划生育工作先进集体和先进个人的决定》。

2月26日　县流动人口计划生育稽查领导小组调整成员，马芳妹任组长，副组长为丁兵康、朱潮美、章松青。

2月26日　县建设新型生育文化指导组成立，组长马芳妹，副组长朱潮美、叶加林。

2月　绍兴县被列为浙江省实施计划生育公益金制度试点县。

3月1日　县政府召开人口与计划生育工作会议。总结经验、表彰先进，部署工作。县委副书记章长胜主持会议，县领导徐纪平、冯建荣、李会鹏、赵六四、马芳妹等出席会议，市人口计生委主任车晓端到会指导。

3月4日　县政府出台《关于争创国家计划生育优质服务先进县的意见》，提出具体的创建目标、任务和措施。

3月4日　县委办、县府办联合下发《关于成立县创建国家计划生育优质服务先进县工作领导小组的通知》，县委副书记、县长冯建荣任组长，章长胜、马芳妹任副组长，成员18人。

3月4日　县府办出台《绍兴县计划生育公益金管理实施办法（试行）》，标志着绍兴县在全省率先建立县级计划生育公益金制度。

4月10日　县府办下发《关于调整县创建国家计划生育优质服务先进县工作领导小组成员的通知》，组长冯建荣，副组长章长胜、王义，成员18人。

4月28日　全县举行计划生育公益金首批认捐与发放仪式。县委副书记章长胜讲话。县计生公益金管理办公室成员单位负责人，各镇（街道）分管计生工作的领导，计生办主任，计划生育公益金捐助者和受助者代表参加。

5月19日　县政府出台《绍兴县人口与计划生育工作若干规定》。

7月10日　县人口计生局下发《关于进一步深化计划生育技术服务的有关意见》。

7月30日　县政府召开创建计划生育优质服务先进县预查情况通报会。副县长王义通报创优预查情况并部署工作。各镇（街道）分管领导，计生业务负责人参加。

8月　易地新建的县计生指导站竣工启用。

8月　县人口计生局被评为“全国计划生育系统法制建设先进集体”。

8月19日　绍兴市企业计划生育协会建设现场会在绍兴县举行。市计生协会副会长沈光达主持会议。省计生协秘书长杨辉，市计生协会会长杨明志出席并讲话。副县长王义致欢迎词。县计生协会和安昌镇计生协会作经验介绍。

9月8日—9日　全省城镇社区人口与计划生育工作现场会在绍兴县召开。推广绍兴县社区计生管理经验。省计生委副主任宋贤能、胡玉璋出席会议，各市人口计生委分管主任，职能处室负责人及部分县（市、区）人口计生局负责人参加会议。

9月15日—20日　国家财政部、国家人口计生委对绍兴县婚育新风进万家示范项目进行为期6天的绩效评估，专家组对绍兴县项目实施取得的成效给予高度评价。

10月14日　省人口计生委副主任王洪江率队对绍兴县创建国家计划生育优质服务先进县情况进行评估，抽查安昌镇及盛陵村、前畈村计划生育工作。

11月10日　全县人口与计划生育知识竞赛总决赛在县计生指导站举行。县政协常务副主席李杏芬到现场观看。

11月12日　国家人口计生委国际司副司长郝琳娜在省、市人口计生委领导和副县长王义的陪同下，考察绍兴县计划生育优质服务工作。

11月20日—22日　全县举办村级计生干部培训班，部署推进“依法管理、村（居）民自治、优质服务、政策推动、综合治理”工作机制建设。

11月26日　国家人口计生委优质服务先进县评估验收组对绍兴县“创优”工作进行评估和检查，听取冯建荣县长关于经济社会文化发展情况和王义副县长关于“创优”陈述报告，检查县计生指导站、杨汛桥镇和钱清镇计生服务站工作情况。

12月19日　县政府召开计划生育工作考核汇报会。各镇（街道）分管领导汇报2003年人口与计划生育目标管理责任制执行情况。

12月24日　绍兴县获首批“全国计划生育优质服务先进县”称号。

2004年

1月29日　县委、县政府召开全县人口与计划生育工作会议。各镇（街道）党政主要负责人，文教卫副镇长（副主任），文教卫计生办主任、计生业务负责人，县人口计生领导小组和协调会议全体成员及签约部门负责人等参加。

3月10日　省人口计生委副主任陈燕萍调研绍兴县实施驻村指导员制度后的人口计生工作，市人口计生委主任余利民和党组书记魏鹏程陪同调研。副县长王义，县委组织部副部长孙爱保、县人口计生局局长朱潮美汇报驻村指导员制度情况，在福全镇和兰亭镇召开镇、村干部座谈会。

3月25日　县编委批复同意绍兴县流动人口计划生育稽查大队更名为绍兴县流动人口计划生育管理服务中心。

3月26日　县府办出台《关于推进计划生育技术服务和社区卫生服务合作的意见》。对计划生育服务的内容和职责分工作出调整，规定各镇（街道）计划生育服务站的计划生育四项手术改由社区卫生服务中心承担。

4月28日　县人口计生局、县环保局联合下发《关于举办绍兴县“生态杯”“人口·生育”书法摄影公益广告作品大赛的通知》，获奖作品将公开展出并录入《绍兴县首届人口·生育文化节精品录》。

5月16日　绍兴市副市长李露儿，市政府副秘书长陆鹰在绍兴县调研人口与计划生育综合改革进展情况，听取县政府开展人口与计划生育综合改革专题汇报，了解县财政局、县教育局等部门落实人口与计划生育综合改革情况。市人口计生委党组书记魏鹏程等陪同调研。

6月2日　县人口计生局、县教育局联合举办绍兴县“独生子女家庭才艺表演”电视大奖赛，参赛内容为单项表演、组合表演和综合素质考核。共评出一等奖1

名，二等奖3名，三等奖6名。

6月9日　县府办下发《关于举办绍兴县首届人口生育文化节的通知》。绍兴县首届“人口·生育文化节”由县人民政府主办，县人口计生局承办，从7月11日开始到7月19日结束。

6月10日　县政府召开国家人口与计划生育综合改革中期评估迎检工作会议。各镇（街道）分管领导，计生办业务负责人，县人口计生局、县财政、县劳动保障局、县教育局、县卫生局、县公安局、县建设局、县文广局、县环保局、县人事局、县妇联、县文联等部门负责人参加。

6月25日　县人口计生局、县环保局联合举办的“人口·生育文化”书法、摄影、公益广告作品大赛揭晓，共1800多人参赛，121位作者分获成人组和少年组一、二、三等奖及优秀奖。

6月19日　县委办、县府办下发《绍兴县人口与计划生育“一票否决”试行办法》，与年度人口与计划生育目标管理责任制考核相一致。

7月11日　县政府在轻纺城大剧院隆重举行首届“人口·生育文化节”开幕式暨文艺晚会。省人口计生委主任陈艳华，副主任宋贤能，副市长李露儿等出席开幕式。

7月12日　省人口计生委主任陈艳华为绍兴县近400名干部作《人口安全和生育文化》的专题报告。

7月12日　全县首个“人口·生育文化广场”在夏履镇落成。省人口计生委副主任宋贤能，宣教处处长金成，宣教中心主任郑学毅，市人口计生委主任余利明、党组书记魏鹏程，副县长刘勇，以及县人口计生局、夏履镇机关干部和部分群众共200余人参加落成典礼。

7月13日　绍兴县首届人口生育文化节组委会举办人口论坛。副县长刘勇主持。部分镇（街道）党（工）委书记、镇长（办事处主任），县有关部门负责人，人口研究工作者及基层优秀计生干部等参加，共交流15个重大课题。

7月19日　绍兴县首届“人口·生育文化节”在市区稽山宾馆隆重闭幕。

9月10日　省计生协会副会长、省人口计生委副主任严掌法专程调研绍兴县计划生育村（居）民自治工作。市计生协会副会长沈光达、沈荣根，县人口计生局局长朱潮美、副局长裘黄富陪同调研。

9月15日　全县召开人口与计划生育工作座谈会。县府办副主任丁兵康主持座谈会，副县长刘勇出席座谈会。部分镇（街道）分管领导，计生办主任及县人口计生局中层以上干部参加座谈会。

10月19日　县委办、县府办下发《关于调整绍兴县人口与计划生育领导小组成员的通知》，组长徐纪平，副组长冯建荣，成员部门22人。

10月20日　县人口和计划生育宣传教育联席会议调整组成人员，由县委宣传部、县人口计生局等10个部门人员组成。

10月22日　县委、县政府召开人口与计划生育工作专题会议。副县长刘勇主持会议，县委副书记、县长冯建荣作重要讲话，县委副书记章长胜作工作报告，县人大常委会副主任陆钰馨、县政协副主席于庆国出席会议。柯岩街道、孙端镇、杨汛桥镇和县公安局作大会发言。各镇(街道)党委书记、镇长(主任),分管领导,计生办负责人,县人口与计划生育领导小组成员单位领导参加会议。

10月22日　国家人口计生委宣教司实地考察县计生指导站、安昌镇计生服务站和齐贤镇阳嘉龙村、羊山村的人口与计划生育宣传教育工作。省人口计生委宣教处处长徐文平、市人口计生委党组书记魏鹏程等陪同考察。

10月26日　全县举行人口与计划生育宣传教育联席会议。县委常委、宣传部长吴晓，副县长刘勇出席会议并讲话。10个成员单位负责人参加会议。

11月11日　县委办、县府办下发《关于建立人口与计划生育工作联席会议制度的通知》，召集人章长胜、刘勇，部门成员单位16个。

11月17日　绍兴县接受国家人口计生委的计划生育优质服务先进县复评。

12月14日　县人口计生局开展流动人口计划生育稽查服务月活动，共检查19个镇（街道）的38家企业。

2005年

1月6日－12日　县人口计生局开展中国13亿人口日宣传周活动。

1月19日　县人口计生局荣获“绍兴县十佳办案规范化单位”称号。

2月16日　县委、县政府召开人口与资源、环境工作座谈会。市委常委、县委书记徐纪平作重要讲话。各镇(街道)党政主要负责人、县人口与计划生育领导小组全体成员，县人口计生局、县环保局、县国土局局、县水电局、县水务集团、滨海工业区、柯桥开发委、柯岩旅游度假区等主要负责人参加。

2月21日　县人口计生局命名绍兴县2004年度计划生育优秀随访员，共40名。

2月28日　县政府召开人口与计划生育工作会议。副县长刘勇讲话。各镇（街道）分管人口计生工作领导，社会事业和保障办公室主任，人口计生工作业务负责人、计生服务站负责人，以及县有关部门分管领导参加会议。

3月9日　县人口计生局召开流动人口信息交换平台工作专题会议。

3月29日　副县长刘勇赴马鞍镇调研人口与计划生育工作。

3月30日　绍兴县人口与计划生育局更名为绍兴县人口和计划生育局。

3月31日　县计生公益金管理办公室出台《关于扩大绍兴县计划生育公益金救助范围的通知》。规定自4月份开始，全县公益金补助对象取消户籍限制，外来创业者符合相应条件也可得到救助。

4月1日　县人口计生局建立干部工作月报告制。

4月5日　县政府出台《绍兴县流动人口计划生育免费服务实施办法》，规定自4月1日起，凡持有规范《流动人口婚育证明》来绍兴县创业的已婚育龄人员，可免费享受基本的避孕药具、计划生育四项手术、查孕查环、宣传咨询和随访服务，实现市民化待遇。

4月7日　县府办牵头召开人口和计划生育联席会议。副县长刘勇讲话，县人口和计划生育联席会议成员单位的分管领导参加。

4月28日　县委、县政府召开流动人口计划生育“亲情管理、真情服务”活动动员会。县委副书记孙云耀主持会议并讲话，副县长刘勇作动员报告。会上，柯桥街道、马鞍镇作典型介绍。各镇(街道)人口计生分管领导，业务负责人，各镇(街道)派出所所长，县人口和计划生育工作联席会议全体成员，柯桥开发委、滨海工业区、柯岩旅游度假区、国资公司等分管人口计生工作的负责人参加会议。

5月15日　北大人口研究中心主任穆光宗在市人口计生委党组书记、副主任魏鹏程陪同下考察绍兴县人口和计划生育综合改革工作。

5月26日　全县在柯桥明珠广场举办“合作银行杯”“我爱我家”人口和计划生育专场文艺晚会。市计生协副会长杨明志，市人大常委会教科文卫工委主任李文龙，市人口计生委副主任杨越忠，县委常委、宣传部长吴晓，副县长刘勇等领导观看演出。

5月27日　市委常委、公安局长王海仁在绍兴县调研人口计生和外来人口登记管理工作，市人口计生委副主任杨越忠，副县长刘勇，县人口计生局有关领导陪同调研。

6月18日　绍兴县第一个社区计划生育协会在柯桥街道福东社区成立。

6月30日　县人口计生局实施《绍兴县计划生育有奖举报制度》。

7月10日　省人口计生委副主任王洪江，科技处处长郑德芳等在市人口计生委党组书记、副主任魏鹏程陪同下，专题调研绍兴县“十一五”人口发展规划编制工作。

7月13日　绍兴县成立首支外来育龄人员“计生志愿者”队伍，共115名。

7月18日　县人口计生局在县调频广播电台举行广播行风对话活动。聘请8位同志为全县人口计生工作特约行风监督员。

7月23日　县政府办公室牵头，县人口计生局、县公安局、县工商局、县卫生局、县建设局等六个部门到杨汛桥、钱清、安昌等三个镇开展为期三天的流动人口计划生育管理联合执法稽查活动。副县长刘勇亲临钱清镇指导执法稽查活动。

8月16日　绍兴市企业计生协会建设现场会在绍兴县举行。省计生协会秘书长薛维江，市人口计生委党组书记、副主任魏鹏程，市计生协会副会长沈光达、沈荣根等出席，副县长刘勇致欢迎词。

8月17日　县十二届人大常委会第二十次会议审议和听取县政府《关于贯彻实施

中华人民共和国人口与计划生育法情况的报告》。

8月18日　全县召开流动人口计划生育工作现场会暨半年度人口形势分析会。副县长刘勇，市人口计生委副主任杨越忠出席会议并讲话。县人口计生局局长朱潮美作半年度人口形势分析报告。

9月6日　县委办、县府办下发《关于开展首届绍兴县人口奖评选活动的通知》，每三年开展一次，评选名额不超过10个，为常设的个人荣誉奖。共评选出10名首届“人口奖”获得者。

10月9日　华东师大教授、著名人口学家桂世勋在市人口计生委副主任杨越忠陪同下，调研绍兴县农村“养老”可持续问题。

10月9日　副县长刘勇赴孙端镇调研婚育新风进万家活动，专题听取孙端镇政府工作汇报，并到三条娄村现场指导村生育文化园建设。

10月18日　市人口计生委党组书记、副主任魏鹏程一行在副县长刘勇，县人口计生局朱潮美局长等陪同下，实地调研和指导柯桥街道计划生育服务中心工作及锦湖社区流动人口计划生育管理工作。

10月29日　国家人口计生委副主任潘贵玉率专家组在绍兴县调研计生利益导向机制、倡导诚信生育、建设新型生育文化、打造流动人口和谐计生新平台等工作。

11月14日　绍兴县再次被中宣部、国家人口计生委命名为“全国婚育新风进万家活动先进县”，孙端镇被评为“全国婚育新风进万家活动先进镇”。

11月28日　省人口计生委副主任宋贤能在绍兴县调研新型生育文化建设工程，征求《关于进一步推进新型生育文化建设，促进生育文明的意见》的意见建议。

12月10日　绍兴县举行“关爱女孩一结对帮扶献爱心”受助仪式。首期100名特困女孩（包括19名外来建设者女孩）获得资助。县人大常委会副主任孙黎明、副县长刘勇、县政协副主席于庆国出席会议并讲话。

12月23日　县委下发《中共绍兴县委绍兴县人民政府关于进一步加强人口与计划生育工作的意见》，共15条措施。

2006年

1月7日　全县召开2005年度人口和计划生育工作情况通报会。会议由县法制办主任胡斌钦主持，副县长刘勇讲话。各镇（街道）计划生育分管领导，业务负责人，县人口计生局中层以上干部参加会议。

1月9日　副县长刘勇到县计生指导站调研指导工作。

1月10日　省人口计生委一行四人来绍兴县检查、指导计划生育行政执法工作。

1月19日　县人口计生局、县卫生局、县公安局、县药监局等联合开展打击非法行医专项活动。

2月5日　县委、县政府召开人口资源环境工作会议。

2月9日　县人口计生局召开人口和计划生育事业发展恳谈会，县人口计生局历任老领导参加。副县长刘勇、县政协副主席李杏芬参加。

3月3日　省人口计生委副主任宋贤能在市人口计生委主任余利明，党组书记、副主任魏鹏程陪同下，考察柯桥街道计生服务站、柯岩街道河塔村的生育文明建设，听取县人口计生局生育文明建设工作汇报。

3月27日　绍兴县召开人口和计划生育工作会议。会议由副县长刘勇主持，县委副书记孙云耀讲话，县人口计生局朱潮美局长作工作报告。

4月4日　国家人口计生委原宣教司司长，“关爱女孩”行动专家组组长陈胜利率社科院、人口专家杨子慧、林盛中调研绍兴县生育文明建设情况。省人口计生委副主任宋贤能，市人口计生委主任余利明，党组书记、副主任魏鹏程，副县长刘勇陪同调研。

4月10日　市人口计生委、市计生协、市教育局联合督查指导绍兴县青少年青春健康教育工作。

5月10日　绍兴县召开实施农村部分计生家庭奖励扶助制度动员会。副县长刘勇作动员报告。各镇（街道）分管领导，计生业务负责人，县奖扶制度实施工作领导小组全体成员参加会议。

5月16日　绍兴县被省政府授予“‘十五’期间浙江省人口和计划生育工作示范县”称号，县人口计生局被市政府授予“‘十五’期间绍兴市人口计生工作先进集体”称号。

6月1日　省委宣传部、省人口计生委一行8人到绍兴县夏履镇验收省级生育文化园区－绍兴县夏履生育文化广场。

6月22日　县人大常委会副主任孙黎明一行调研全县人口计生“五五普法”工作。

7月4日　市人口计生委主任余利明在副县长刘勇陪同下，专题调研绍兴县农村部分计划生育家庭奖励扶助制度实施工作。

7月11日　全县在华舍街道兴越社区启动“生育关怀进社区”活动。副县长刘勇亲临现场指导并上门慰问计生困难家庭。

7月27日　全县召开半年度人口形势分析会。县府办副主任胡斌钦主持会议，副县长刘勇讲话。各镇（街道）分管领导，计生办业务负责人参加会议。

8月23日　全县召开“助学献爱心、励志促成才”关爱女孩行动座谈会。县委常委、宣传部部长吴晓、副县长刘勇讲话，县关工委、县教育局领导到会，受助女孩代表作表态发言。各镇（街道）计生办业务负责人和六所受助学生毕业学校负责人参加。

8月25日　县政府在县电视台精功演播厅举行“幸福人生”农村部分计划生育家庭奖励扶助金首发仪式。首发式由副县长刘勇主持，县人口计生局局长朱潮美通报奖励扶助制度实施情况。省人口计生委副主任宋贤能，县委副书记、县长冯建荣，市人口计生委党组书记、副主任魏鹏程，市人口计生委副主任杨越忠、县人大常委会副主任张建林、县政协副主席李杏芬等领导出席并授奖。各镇（街道）分管领导、计生业务负责人，县奖扶制度实施工作领导小组成员，奖励扶助对象代表共150余人参加。

9月15日　绍兴市计划生育基础信息评估情况交流会在绍兴县钱清镇举行。

9月21日－22日　县人口计生局、县公安局、县局工商、县卫生局、县劳动和社会保障局联合赴湖塘街道、华舍街道开展流动人口计划生育联合执法稽查活动。

10月10日　中国人民大学教授杜鹏在市人口计生委党组书记、副主任魏鹏程陪同下，调研绍兴县“人口发展与新农村建设”，实地考察柯岩街道新风村新农村建设情况。

10月24日　市人口计生委、市计生协、市教育局联合对鉴湖中学、实验小学、马鞍镇中学、柯桥初中的创建市青少年青春健康教育示范学校进行评估验收。

10月28日　县人口计生局在杨汛桥镇展望村青少年教育活动中心举办青少年青春健康教育知识讲座。

11月10日　省人口计生委副主任宋贤能一行3人在市人口计生委党组书记、副主任魏鹏程陪同下，调研绍兴县人口计生工作综合改革工作。

12月7日，市人口计生委领导率队赴绍兴县验收优质服务示范镇（街道）、生育文化特色镇（街道）、便民维权示范镇（街道）、计划生育协会“双示范”村（居）的创建工作，实地抽查华舍街道和福全镇的相关创建工作。

12月22日－23日　全市各县(市、区)人口计生局局长会议在绍兴县召开。

12月25日　市人口计生目标管理责任制考核组对绍兴县人口计生工作目标责任制进行年度考核。

2007年

1月15日　全县召开2006年度镇（街道）人口计生目标管理责任制考核汇报会。副县长马芳妹、刘勇出席会议并讲话，各镇（街道）计生分管领导参加会议。

1月19日　县人口计生领导小组办公室召开2006年度部门人口与计划生育工作目标管理责任制考核汇报会。

2月10日　绍兴县召开关爱女孩座谈会，10名励志助学女大学生代表参加并受助。

3月27日　县委、县政府召开人口资源环境工作会议。市委常委、县委书记徐焕明出席并讲话。县委副书记、县长冯建荣与各镇（街道）和相关部门负责人签订2007年人口和计划生育目标管理责任书。

3月27日　国家人口计生委宣教司副司长施春景在省、市人口计生委领导的陪同下，调研绍兴县生育文明建设，听取绍兴县生育文明建设的情况汇报，实地考察夏履镇生育文化广场、钱清镇人口学校和计生服务站。

3月26日—30日　县人口计生局、县外管办、县公安局等部门分管领导和职能科室长分三组赴各镇(街道)开展外来人口管理服务工作专项督查。

4月20日　全县在马鞍镇、孙端镇开展流动人口计划生育“一盘棋”服务管理试点工作。

4月29日　县府办出台《关于对落实长效节育措施的育龄群众实行奖励的意见》。

4月30日　全市人口计生宣传教育工作会议在绍兴县召开。

5月11日　省人口计生委副主任、省计生协专职副会长严掌法一行三人在市人口计生委领导陪同下，调研绍兴县生育关怀和计生协会建设情况。听取钱清镇生育关怀和计生协会建设情况汇报并观看计生纪录片，实地参观钱清镇人口学校和浙江金蝉服饰有限公司计生“协会之家”。副县长刘勇陪同调研。

5月28日　县人口计生局在杨汛桥镇的浙江电子工程学校举行纪念“5·29”计生协会活动日暨“青春健康教育”系列活动启动仪式。

6月18日　全县成立生育力抽样调查工作小组。孙端镇、平水镇的6个调查小区共300户家庭成为全省2007年生育力抽样调查样本点。

6月27日　全县召开人口计生宣传教育联席会议，明确各成员单位的工作职责。13个成员单位的分管领导参加。

7月10日　全县召开半年度人口形势分析会暨外来人口生殖健康救助中心成立仪式。副县长马芳妹出席并讲话。各镇（街道）分管领导，计生业务负责人，局机关中层以上干部共50余人参加会议。

7月10日　全县在县文化发展中心音乐剧场举办以“男性参与孕产妇保健”为主题的纪念“7·11”世界人口日专场文艺晚会。市人口计生委副主任杨越忠、县人大常委会副主任于庆国、副县长马芳妹、县政协副主席骆学新，以及来自柯桥街道的500多名观众观看晚会。

8月31日　县计生公益金管理办公室修订完善《绍兴县计划生育公益金管理实施办法》和《绍兴县计划生育公益金日常管理制度》，扩大公益金救助范围，由三大类扩大到六大类，并提高救助额度。

9月4日　全市流动人口服务管理工作现场会在绍兴县召开。县委副书记孙云耀介绍全县流动人口服务管理经验。市委副书记史济锡，市委常委、公安局长王海仁，市委常委、县委书记徐焕明，副市长廖卷清，县委常委、常务副县长陈吉安等参加会议。与会人员实地参观柯桥街道流动人口办证中心、安昌镇国际村流动人口服务管理站等。

9月4日　绍兴县召开计划生育协会第五次会员代表大会，县委副书记孙云耀参加。会议选举产生第五届县计划生育协会理事会48名，常务理事29名，会长1名，副会长4名，秘书长1名。章生建当选为会长。

9月27日　县人口计生局举行“绍兴县人口网”开通仪式，副县长张荣社点击开通，全县人口计生信息化建设工作迈上一个新台阶。

10月17日　全县召开“整治违法生育、巩固创优成果”专项治理行动动员大会。县委常委、常务副县长陈吉安出席会议并讲话，副县长张荣社作动员报告。会上，县人口计生局、县法院、钱清镇、福全镇、县卫生局等作表态发言。各镇（街道）镇长（主任），分管领导，人口计生工作业务负责人和20个相关部门分管领导共80余人参加。

11月1日　县人大常委会副主任、县计生协会会长章生建调研计划生育协会工作。

11月10日　绍兴县召开计划生育协会五届一次会长会议。会议由常务副会长朱潮美主持。县人大常委会副主任、县计生协会会长章生建出席会议并讲话，副县长张荣社到会致辞，市计生协会专职副会长沈荣根，县人口计生局班子成员应邀出席会议，各镇（街道）计生协会会长参加。

11月13日　副县长张荣社赴王坛镇、福全镇对违法生育专项整治行动进展情况进行现场督查，并召开进展情况督查会。

11月24日　县人口计生局聘请浙江越光律师事务所、县政府法制办、县司法局等单位长期从事法律事务的8位同志为县人口和计划生育工作法律指导顾问。

12月10日　绍兴市市内流动人口计划生育“一盘棋”服务管理机制建设工作会议在绍兴县召开。市人口计生委副主任杨越忠主持会议，省人口计生委政法处副处长徐昱敏出席会议并讲话。

12月18日　全县召开企业计生协会建设现场会暨生育关怀公益金认捐仪式。

2008年

1月8日　市人口计生目标管理责任制考核组对绍兴县2007年度人口计生工作进行考核。听取副县长张荣社和县人口计生局、县公安局、县民政局的工作汇报，实地检查考核华舍街道人口计生工作。

1月24日　全县召开2007年度人口计生工作通报会暨计生协会年会。会议由县府办副主任胡建恩主持，县人大常委会副主任、县计生协会会长章生建出席会议并讲话。各镇（街道）分管领导，业务主任，县计生指导站正副站长，县人口计生局全体干部共60余人参加。

3月6日　省人口计生委党组书记、主任章文彪应邀为绍兴县各级干部作人口和计划生育专场报告。县人大常务副主任、县计生协会会长章生建主持报告会。市人口计生委主任余利明，县人大常委会主任徐林土，副县长张荣社，各镇（街道）专职人大主席（主任），副主席、计生分管领导，计生业务主任，县机关相关部门负责人，县人大常委会及县人口计生局全体机关干部共130余人聆听报告。

3月12日　全县召开人口和计划生育工作会议。县人大常委会副主任于庆国、副县长张荣社、县政协副主席骆学新等出席。各镇（街道）计生分管领导，业务负责人、服务站站长，县有关部门分管领导，县级人口计生先进工作者代表参加会议。

3月27日　省人口计生委副主任、计生协专职副会长严掌法一行四人到绍兴县调研生育关怀行动情况，实地参观县新得丝纺织服饰有限公司、柯岩街道河塔村“会员之家”，听取绍兴县计生协会建设和生育关怀行动开展情况。市计生协会专职副会长沈荣根、副县长张荣社，县计生协会常务副会长朱潮美陪同调研。

3月31日　省人口计生委副主任宋贤能在绍兴县调研计划生育优质服务工作。市人口计生委主任余利明和党组书记、副主任魏鹏程，副县长张荣社陪同调研。

4月15日　县委、县政府出台《贯彻落实中共中央国务院关于全面加强人口和计划生育工作统筹解决人口问题的决定的实施意见》。

4月16日　市人口和计划生育技术服务工作会议在绍兴县召开。各县（市、区）人口计生局分管局长，技术科长，县（市、区）计生指导站站长，绍兴经济开发区、袍江工业区、镜湖新区等计生工作负责人参加会议。

4月29日　省人口计生委副主任胡玉璋在绍兴县调研流动人口服务管理协作试点工作。专题听取县人口计生局、县流动人口服务管理办公室、县公安局关于流动人口综合治理工作情况汇报。市人口计生委副主任杨越忠、市公安局分管领导、副县长张荣社陪同调研。

5月13日　国家人口计生委副主任江帆在省人口计生委党组书记、主任章文彪，副主任姜建鸿，绍兴市市长助理丁晓燕陪同下，考察县计生指导站、外来人员生殖健康服务救助中心，听取市委常委、县委书记徐焕明，副县长张荣社关于绍兴县人口计生优质服务工作汇报。市人口计生委主任余利明，党组书记、副主任魏鹏程等陪同调研。

5月15日　县计生协会在柯岩街道新风村劲牛广场举行生育关怀冠名基金认捐仪式。省人口计生委副主任、省计生协专职副会长严掌法考察柯岩街道两家生育关怀冠名基金认捐企业。县人大常委会副主任、计生协会会长章生建，副县长张荣社陪同考察。

5月19日　县人口计生局全体干部职工聚集在会议室，向在“5•12”地震灾害中不幸罹难的同胞默哀三分钟，表示深切哀痛。

5月29日　省人口计生委及下属单位的党员干部，县人口计生局全体干部共100余人，在绍兴小百花艺术中心举行廉政教育课——观看越剧《一钱太守》。

6月11日　县府办出台《关于独生子女父母奖励费发放管理的意见》。首次明确独生子女父母奖励费由县、镇二级财政予以保障，标志着全县城乡独生子女父母奖励费发放全覆盖。

6月20日　县政府出台《关于独生子女家庭参加社会养老保险实行补贴的实施意见》《关于优生促进工程的实施意见》。

7月1日　全县启用《绍兴县优生服务券》。

7月10日　绍兴县举行纪念改革开放30周年人口和计划生育成果展，全面展示在稳定低生育水平、弘扬新型生育文化、服务经济、推进生育文明建设等方面取得的成就。县政协主席李杏芬，县委常委、宣传部部长孙君，副县长张荣社参观成果展。

7月11日　全省流动人口服务管理协作试点工作座谈会在绍兴县召开。省人口计生委副主任宋贤能出席并作讲话。县委常委、公安局长邢黎平致欢迎词。六个试点县（市、区）及所在地市人口计生委、公安局流动人口工作分管领导，流管处长或治安支队分管领导、业务部门负责人等50余人参加会议。

7月12日　全县举行人口计生系统干部“我歌我赞爱计生”演讲比赛，19名计生干部参加比赛。

7月29日　全县召开半年度人口形势分析会暨深化计划生育利益导向机制工作会议。副县长张荣社主持会议并讲话。各镇（街道）人口计生工作分管领导，计生业务负责人，县人口计生局中层以上干部、下属事业单位负责人共50余人参加会议。

8月15日　县人口计生局开展人口文化文艺节目巡演，邀请浙江传化人口文化艺术团在8个镇（街道）举行8场演出，5000多名群众观看演出。

8月22日　绍兴县召开流动人口公安计生信息共享工作部署会。县公安局、县人口计生局、县流动办相关负责人，各镇（街道）派出所分管领导、计生业务负责人共50余人参加会议。

9月24日　省人口计生委副主任胡玉璋一行四人在绍兴县调研人口和计划生育综合改革情况，市人口计生委主任余利明，副县长张荣社陪同调研。

10月14日　市人口计生委副主任杨越忠在绍兴县调研计划生育家庭特别扶助制度、城乡居民养老保险计生补贴、流动人口信息平台运用工作。

10月15日　省人口计生委政法流管处处长张仲仁在市人口计生委主任余利明，副主任杨越忠陪同下，调研绍兴县流动人口计划生育服务管理协作工作。

11月4日　县人口计生局编印《他乡是我家》一书。县委副书记、县长冯建荣题写书名，县委副书记孙云耀作序。

11月11日　省人口计生委科技处毛伟民调研员在绍兴县检查指导“全国第三批避孕药具不良反应监测试点”工作。

11月11日　全县在柯桥街道开展流动人口计划生育“大宣传、大调查、大服务”活动，开展现场咨询活动，召开民主恳谈会，举办育龄妇女生殖健康讲座。市人口计生委副主任杨越忠、副县长张荣社等亲临现场指导。

12月11日－12日　县人口计生局在省计划生育干部培训中心举办全县镇（街道）人口计生干部业务培训班。培训内容为当前人口和计划生育工作面临的形势和主要任务、人口和计划生育政策法规、规划统计、技术服务、艾滋病预防等五个方面。

2009年

1月4日　全县召开计划生育基层基础工作经验交流会。副县长李海洋主持会议。县人大常委会副主任、县计生协会会长章生建到会并讲话，县人口计生局局长朱潮美通报工作。柯岩街道、马鞍镇、漓渚镇、王坛镇作经验交流。各镇(街道)计生分管领导，业务负责人、计生协会秘书长，县计生协会常务理事共60余人参加会议。

1月4日　县人口计生局被国家人口计生委授予“全国流动人口计划生育工作先进集体”称号。

1月6日　县人大常委会副主任、县计生协会会长章生建，县人口计生局局长朱潮美获“第三届绍兴人口奖”。

1月15日　县委宣传部举行2008年度绍兴县“宣传思想工作创新奖”评审会，县人口计生局“建生育文化园、树婚育文明风”获县“宣传思想工作创新奖”。

2月5日　市人口计生委主任叶锦茹，副主任杨越忠等一行三人，调研绍兴县人口计生工作。副县长李海洋陪同调研。

2月23日　县人口计生局获绍兴县首批“依法行政示范单位”称号。

2月27日　县政府召开全县人口和计划生育工作会议。县人大常委会副主任施平平、副县长李海洋、县政协副主席陈忠尧出席。市人口计生委主任叶锦茹到会并讲话。

3月16日　县委办、县府办联合下发《关于开展第二届绍兴县人口奖评选活动的通知》。本届绍兴县人口奖评选名额不超过10名，提名奖5名。

3月20日　县人口计生局召开深入学习实践科学发展观活动动员大会，全局党员干部和部分退休党员共50人参加。

3月26日　省人口计生委副主任包保根在绍兴县调研流动人口服务管理协作试点工作。市人口计生委主任叶锦茹，副主任杨越忠陪同调研。副县长李海洋，县人口计生局、县公安局、县流动办汇报协作试点工作情况。

4月23日　中国计生协副会长席小平在县人大常委会副主任、县计生协会会长章生建陪同下，赴兰亭镇里木栅村调研基层计生协会工作。

4月24日　国家人口计生委国际合作司对外联络处处长史远明、中国人民大学人口学教授宋健在省人口计生委副主任胡玉璋，市人口计生委主任叶锦茹等陪同下，调研绍兴县人口计生综合改革工作。副县长李海洋致欢迎词。

5月15日　全县在平水镇开展“优生六免两补政策”大型宣传活动启动仪式。

6月5日　省人口计生委副主任宋贤能在市人口计生委主任叶锦茹陪同下，在绍兴县调研优生“两免”和县计生指导站标准化建设情况。

7月7日　绍兴市流动人口计划生育工作“一盘棋”机制建设推进会暨《流动人口计划生育工作条例》培训会在绍兴县召开。

7月10日，第二届绍兴县人口奖颁奖典礼暨纪念“7·11”世界人口日20周年文艺演出在县文化发展中心音乐厅举行。市人口计生委主任、党组书记叶锦茹，县委副书记、代县长孙云耀出席颁奖典礼并讲话，副县长李海洋宣布第二届绍兴县人口奖获奖名单。县政协主席李杏芬，县人大常委会副主任章生建等出席。第二届县人口奖获奖人员，历届省、市、县人口奖获得者，各镇（街道）人口计生工作分管领导，人口计生工作业务负责人，县人口计生系统干部，部分育龄群众代表共400余人参加颁奖典礼。颁奖典礼后举行纪念“7·11”世界人口日20周年文艺演出。

7月13日－17日　县人口计生局联合县人民法院、县公安局及相关镇（街道）开展社会抚养费征收集中强制执行行动，对13起案件当事人进行强制执行。

8月14日　绍兴县举行“助学献爱心、励志促成才”关爱女孩座谈会。县人口计生局党组书记、局长朱潮美主持会议并讲话。县关工委副主任张建林出席会议。22名受助女大学生参加。

8月18日　市人口计生委副主任沈荣根一行专程在绍兴县指导统计监测工作。

9月10日　省新农村生育文化建设工作督查组督查绍兴县新农村生育文化建设工作。专题听取县人口计生局、县委宣传部、县农办、县文广局的新农村生育文化建设工作汇报并查阅资料，实地到县计生指导站、鉴湖中学、齐贤镇光明村检查，对绍兴县新农村生育文化建设给予高度评价。

9月29日　县人口计生局举行“老计生人看新县城变化”喜迎祖国六十华诞联谊活动。县人口计生局已退休的历任领导，第一代计生专职干部代表共50余人参加。

10月21日　全县召开人口和计划生育工作联席会议。副县长李海洋主持会议，县委副书记、联席会议召集人阮建尧讲话。会议听取县人口计生局关于全县人口计划生育工作的情况通报，讨论并通过《绍兴县人口与计划生育联席会议成员单位职责》。

10月28日　全市流动人口计划生育工作现场会在绍兴县召开。市人口计生委副主任杨越忠主持会议。省人口计生委副主任包保根，市人口计生委主任叶锦茹出席并讲话。县委常委、政法委书记、公安局长何伟仕致欢迎辞。县人口计生局、县流动办作大会发言。

11月30日　县人口计生局、县计生协会召开全县基层计生协评估认定工作推进会。听取湖塘街道计生协工作经验介绍。市计生协会秘书长赵祖康出席。

12月11日　全县举行绍兴县“金蝉杯”《流动人口计划生育工作条例》知识竞

赛决赛。省人口计生委副厅级领导郑德芳，市人口计生委党组书记、主任叶锦茹，县委副书记阮建尧、县人大常委会副主任于庆国、副县长丁生产、县政协副主席骆学新等出席。县委副书记阮建尧致辞。县计划生育联席会议全体成员，各镇（街道）计生分管领导，计生业务主任及柯桥城区群众代表共200多人观看决赛。

2010年

1月19日　县人大常委会副主任、县计生协会会长章生建率县人口计生局有关领导及浙江华港染织有限公司领导共10余人，在稽东镇龙西村开展春风送暖生育关怀慈善行动，稽东镇有关领导陪同慰问。

1月26日　省人口计生委副主任包保根等一行五人在市人口计生委副主任杨越忠、阮兴桥陪同下，检查评估绍兴县流动人口计划生育“一盘棋”工作。副县长陈德洪致辞。检查评估组听取县人口计生局和柯桥街道工作汇报，实地检查柯桥街道计生服务站、流动人口办证中心工作情况。

2月22日　省人口计生委副主任宋贤能在市人口计生委主任叶锦茹陪同下调研绍兴县优生“两免”工作。听取县优生促进工程领导小组成员单位工作汇报。副县长陈德洪陪同调研。

3月1日　县委、县政府召开人口和计划生育工作会议。回顾总结去年工作，安排部署今年工作，表彰2009年度全县人口计生工作先进集体、先进个人。副县长陈德洪主持会议，县委副书记阮建尧讲话，县人口计生局党组书记、局长朱潮美作工作报告。县人大常委会副主任、县计生协会会长章生建，县政协副主席骆学新出席会议。

5月27日　县人口计生局举行优生优育优教讲师团成立仪式。六位计生业务骨干、儿科、妇科专家、资深幼儿教师成为县“三优”讲师团成员。

5月28日　县计生协会在柯桥鉴湖园社区开展“生育关怀－促进优生优育优教”主题宣传活动。市计生协专职副会长沈荣根亲临现场指导，县计划生育协会会长章生建讲话。

7月9日　县人口计生局在马鞍镇开展“生育关怀，与爱同行”宣传服务活动。

7月29日　全县召开半年度人口形势分析会。副县长陈德洪到会并讲话。县人口计生局局长朱潮美通报工作。各镇（街道）分管领导，人口计生业务负责人，县人口计生局中层以上干部及下属事业单位负责人参加会议。

9月20日　全县举行纪念中央《公开信》发表30周年暨文艺演出活动。副县长陈德洪出席并讲话。各镇（街道）计生业务负责人和服务站站长、优秀计生干部代表、老计生干部代表、柯桥城区育龄群众代表300余人观看演出。

10月20日　全县在福全镇召开部分镇（街道）社会抚养费征收工作座谈会。县人口计生局通报全县违法生育集中整治社会抚养费征收情况。县府办、县法院行政庭、部分镇（街道）分管领导，计生业务负责人共30余人参加会议。

2011年

2月22日　全县召开人口和计划生育工作会议。回顾总结去年工作，安排部署今年工作，表彰2010年度全县人口和计划生育工作先进集体、先进个人。副县长陈德洪主持会议，县委副书记阮建尧讲话。县人大常委会副主任、县计生协会会长章生建等出席会议。

5月11日　县人口计生局在杨汛桥镇的浙江电子工程学校举办首堂“塑造阳光心灵、共享健康青春”的青春期健康教育讲座，拉开全县“关注青春期健康、关爱青少年成长”青春期健康教育系列活动序幕。

6月23日　市人口计生委在绍兴县柯岩街道调研指导市级阳光计生示范点建设工作，参观新风村、余渚居委会生育文化园。

8月3日　副县长陈德洪一行在县人口计生局党组书记、局长徐国娣陪同下，在齐贤镇、华舍街道专题调研人口计生工作。

8月18日　全县召开半年度人口计生工作会议暨流动人口计划生育基本公共服务均等化工作推进会。副县长陈德洪讲话。县人口计生局局长徐国娣通报全县上半年人口计生工作情况。会上，滨海工业区（马鞍镇）作试点工作经验介绍。市人口计生委副主任阮兴桥到会指导。

10月20日—21日　省人口计生委行政执法检查组对绍兴县人口计生行政执法工作进行检查。听取县人口计生局行政执法情况汇报及钱清镇创建全国人口和计划生育依法行政示范镇工作汇报。

2012年

1月10日　市人口计生委党组书记、主任陈玲芳一行在绍兴县调研基层人口计生工作，听取绍兴县2012年人口计生工作思路。副县长周树森，县人口计生局局长徐国娣陪同调研。

2月20日　国家人口计生委流动人口司服务维权处处长胡强强一行在绍兴县调研评估流动人口计划生育基本公共服务均等化试点工作。听取全县流动人口基本公共服务均等化工作汇报，参观县计生指导站、县流动人口计划生育管理服务中心。市人口计生委主任陈玲芳，副主任阮兴桥，副县长祝静芝陪同调研。

3月5日　全县召开人口和计划生育工作会议。副县长祝静芝主持会议。县委副书记马芳妹讲话。县人大常委会副主任于庆国、县政协副主席钱月美出席会议。县人口计生局党组书记、局长徐国娣作工作报告。市人口计生委主任陈玲芳到会指导并讲话，各镇（街道、开发区）人口计生工作分管领导，社会事业和保障办公室主任，人口计生业务负责人，县机关人口计生目标管理责任书签约单位分管领导、计生管理员，部分受表彰个人参加会议。

3月8日　市人口计生委党组书记、主任陈玲芳一行三人，在湖塘街道开展“进村入企”大走访活动。县人口计生局党组书记、局长徐国娣陪同走访。

4月6日　全市流动人口计划生育均等化服务工作现场会在绍兴县召开。市人口计生委副主任阮兴桥出席会议并讲话。县人口计生局作工作经验介绍。与会人员参观柯桥街道鉴湖景园社区“一站式”便民服务大厅。各县（市、区）人口计生局分管局长、各开发区（新区）社会事业局局长，流动人口业务负责人共30余人参加会议。

4月20日—6月10日　县人口计生局开展“人口、和谐、幸福”主题宣传服务月活动。

4月11日　省人口计生委主任王文娟一行在市人口计生委主任陈玲芳陪同下，调研绍兴县人口计生工作。实地考察钱清镇三西村计生服务室，听取县、镇人口计生工作汇报，召开镇、村计生干部及村主要干部座谈会。副县长祝静芝陪同调研。

5月24日　国家人口计生委政法司司长赵延配一行3人在省人口计生委副主任包保根陪同下，调研绍兴县人口计生利益导向政策体系建设。市人口计生委党组书记、主任陈玲芳，副主任杨越忠，副县长祝静芝等陪同调研。

5月29日　绍兴县创建幸福家庭活动启动仪式暨纪念全国第十四个“5·29”会员活动日活动在富盛镇举行。县人口计生局局长徐国娣主持启动仪式，副县长祝静芝宣布绍兴县创建幸福家庭活动正式启动并讲话。市人口计生委主任陈玲芳，县计生协会会长章生建讲话。富盛镇党委书记章金尧代表试点单位作表态发言。县创建幸福家庭活动成员单位领导，各镇（街道、开发区）分管领导及计生业务负责人，县人口计生局、富盛镇及村居负责人共130余人参加启动仪式。

6月18日　县人口计生局开通“12356”阳光计生24小时语音留言服务热线。

7月11日　绍兴县人口和计划生育知识竞赛揭晓。产生一等奖2名，二等奖5名，三等奖20名，纪念奖100名。

7月18日　市人口计生委副主任沈荣根一行5人在绍兴县检查行政执法和“一票否决”制执行情况。县人口计生局副局长姚兴海作行政执法案卷和行政自由裁量权自查情况、行政执法工作汇报，副局长丁吉庆作计划生育“一票否决”制执行情况汇报。

8月1日　全县全面启动免费孕前优生健康检查和免费孕前基因筛查工作。

9月23日　国家人口计生委党组书记、主任王侠一行在绍兴县调研人口计生工作。省人口计生委主任王文娟，市委书记张金如，市委常委、县委书记何加顺，副市长丁晓燕，市人口计生委党组书记、主任陈玲芳，县委副书记、县长徐国龙，副县长祝静芝等陪同调研。调研组一行考察绍兴县婚育服务中心和钱清镇梅东村优生促进工作。

12月4日　市人口计生委评估绍兴县流动人口计生绩效工作，实地考察柯桥开发委光明居委会便民服务中心。

12月5日　县人口计生局首次开展人口计生规范化办案室评估验收，17个镇（街道）达标，其中7个镇（街道）规范化办案室通过省、市人口计生委评估验收。

2013年

1月17日　县人口计生局举办国家免费孕前优生健康检查项目培训班。各镇（街道、开发区）计生服务站负责人参加培训。

1月23日　县人口计生局开展“春风送暖”活动。县人口计生局党组书记、局长徐国娣带领慰问组在陶堰镇、孙端镇等慰问6户计生困难家庭。

3月14日　全县召开人口和计划生育工作会议。副县长祝静芝主持会议，县委副书记马芳妹讲话，县人口计生局党组书记、局长徐国娣作工作报告。会议表彰2012年度人口和计划生育先进集体和先进个人。县领导沈祖卫、钱月美等出席。各镇（街道、开发区）人口计生工作分管领导，社会事业和保障办公室主任，人口计生业务负责人，县人口计生目标管理责任书签约单位分管领导等参加。

3月26日　全市流动人口计划生育工作会议在绍兴县召开。市人口计生委副主任阮兴桥，各县（市、区）人口计生局分管领导，人口计生业务负责人等20余人参加。

3月28日　县委、县政府召开全县人口资源环境工作会议。副县长祝静芝部署人口和计划生育工作。各镇（街道、开发区）党政主要负责人，县机关各部门主要负责人，部分村（居）、企业代表参加会议。

5月15日　国家卫计委人口与发展研究中心人口研究部公共管理研究室主任王晖一行三人在绍兴县督查指导流动人口动态监测工作。省人口计生委流动人口服务管理处副处长葛小寒、市人口计生委副主任阮兴桥，县人口计生局等有关领导陪同。

5月31日　省人口计生委副主任包保根等一行3人在绍兴县调研流动人口计划生育规范化服务中心创建工作。市人口计生委副主任阮兴桥，县人口计牛局有关领导陪同。调研组实地参观柯桥街道流动人口计划生育规范化服务中心。

6月26日　县人口计生局开展“夯实基本功、提升服务力”人口计生业务技能大比武活动，共86位计生干部参加大比武，评出先进集体6名，先进个人11个。

7月10日—11日　县人口计生局、县卫生局、县公安局、县食品药品监督局等部门在柯桥街道、华舍街道、钱清镇、马鞍镇等重点区域开展涉嫌“两非”地下黑诊所集中整治行动。

8月18日—20日　县人口计生局组织各镇（街道、开发区）人口计生业务主任、局全体干部、下属单位负责人共35人，参加省计划生育干部培训中心举办的人口计生干部素质提升培训班。

第一章 机构人事

20世纪80年代，绍兴县全面开展计划生育工作。人口和计划生育工作机构经历从建立、撤销、恢复、巩固、健全的过程。人口和计划生育工作机构作为县政府的组成部门，积极履行职责，为稳定低生育水平、提高人口素质、改善人口结构、促进家庭幸福和繁荣经济社会作出了不可磨灭的功绩。

第一节　机构沿革

人口和计划生育工作机构由领导机构和职能部门组成。

1983年12月，绍兴县计划生育委员会成立。

1992年6月10日，为加强对计划生育工作的领导，县委决定成立绍兴县人口与计划生育领导小组，领导小组组长、副组长由县委、县政府主要领导和分管领导担任，领导小组成员由相关部门负责人兼任，以后每逢县委、县政府主要领导调整后作出相应的领导班子调整。

1994年，全县建立计划生育宣传教育联席会议制度，由县委宣传部、县计生委、县文广局、县教委、县委党校、县司法局、团县委、县妇联、县报社、县广播电台、县电视台等11个部门组成，明确各成员单位的职责。

2001年11月，县委制定《绍兴县机构改革实施方案》，将绍兴县计划生育委员会更名为绍兴县人口与计划生育局。

2005年3月，县委办下发《绍兴县深化完善政府机构改革方案》，将绍兴县人口与计划生育局更名为绍兴县人口和计划生育局。

第二节　　人事更迭

县人口和计划生育工作机构是县政府的组成部门。县人口与计划生育协调会议、县人口与计划生育领导小组的主要领导由县委、县政府任命，县计生委、县人口计生局的主要领导由县人大常务委员会任命。

绍兴县人口与计划生育领导小组及其领导成员任职情况一览表

表1－1

姓　名	职　务	任职起讫时间
纪根立	组　长	1992.6－1995.1
陈敏尔	组　长	1995.11－1997.10
顾秋麟	组　长	1998.4－2003.1
徐纪平	组　长	1998.4－2007.3
冯建荣	组　长	2003.1－2004.10
徐焕明	组　长	2007.3－2012.5
何加顺	组　长	2012.5－2013.11
章榴先	副组长	1992.6－1993.5
赵六四	副组长	1993.5－1998.4
李德忠	副组长	1993.5－1995.1
李杏芬	副组长	1993.5－1995.1
赵兴旺	副组长	1995.11－1996.12
章生建	副组长	1996.12－1998.4
陈月亮	副组长	1998.4－2002.2
车晓端	副组长	1998.4－2000.8
吴　晓	副组长	2000.8－2003.1
汪柏江	副组长	2002.3－2003.1
章长胜	副组长	2003.1－2007.3
马芳妹	副组长	2003.1－2004.10　2007.3－2007.8　2012.5－2013.11
冯建荣	副组长	2004.10－2007.8

续表1—1

孙云耀	副组长	2007.3—2012.5
徐国龙	常务副组长	2012.5—2013.11
祝静芝	副组长	2012.5—2013.11

绍兴县计划生育协调会议及其领导成员任职情况一览表

表1—2

姓　名	职　务	任职起讫时间
钱信浩	召集人	1986.10—1987.7
单燕玉	召集人	1986.10—1987.7
顾玲菊	召集人	1987.7—1993.5
章榴先	召集人	1987.7—1993.5
赵六四	召集人	1993.5—1995.1　1996.12—1998.7
李德忠	召集人	1993.5—1995.1
李杏芬	召集人	1993.5—1995.1
赵兴旺	召集人	1995.11—1996.12
董根源	召集人	1995.11—2000.12
章生建	召集人	1996.12—1998.7
陈月亮	召集人	1998.7—2002.2
车晓端	召集人	1998.7—2000.8
吴　晓	召集人	2000.8—2004.11
汪柏江	召集人	2002.2—2004.11

绍兴县计划生育委员会（人口计生局）及其领导成员任职情况一览表

表1—3

姓　名	职　务	任职起讫时间
李杏芬	主　任	1983.12—1993.7
董根源	主　任	1993.7—2002.12
朱潮美	局　长	2002.12—2010.11
徐国娣	局　长	2010.11—2013.11
宋引娣	副主任	1983.12—1991.12
董正志	副主任	1987.12—1998.5
范宝娟	副主任	1990.8—2000.7

续表1－3

张春琴	副主任	1998.5－2003.4
裘黄富	副局长	1998.8－2007.5
丁吉庆	副局长	2000.7－2013.11
赵奕芳	副局长	2003.4－2009.5
祝彩芳	副局长	2007.5－2013.11
姚兴海	副局长	2010.7－2013.11

第三节　机构职能

一、绍兴县人口与计划生育领导小组职能

绍兴县人口与计划生育领导小组受县委、县政府委托，对本辖区人口和计划生育工作负领导责任。1992年6月10日，县委、县政府成立绍兴县人口与计划生育领导小组。2002年10月16日，县人口与计划生育领导小组根据《中共中央国务院关于加强人口与计划生育工作稳定低生育水平的决定》的精神，修订完善《绍兴县人口与计划生育领导小组成员单位职责》，并根据工作职能情况进行及时调整。

县人口与计划生育领导小组的主要职责是：加强宏观决策、综合协调和检查指导，理顺各方面的关系，明确各成员单位职责，定期研究问题，及时作出部署，督促各部门履行职责，密切配合，形成合力，对人口问题实行综合治理。实行定期研究汇报制度，由组长或副组长每年召集一两次会议，听取人口与计划生育工作的情况汇报，协调解决人口与计划生育工作中的重大问题。领导小组办公室负责领导小组决定事项的联系、协调、落实、督查和考核等具体日常工作。

各成员单位的主要职责是：根据确定的职责分工，结合本部门工作特点和优势，协调本系统与计划生育部门共同抓好计划生育工作；参与研究全县人口与计划生育工作中的重大问题，参与研究制定相关政策、重要文件，以及中长期人口发展计划和计划生育事业发展；及时了解人口与计划生育工作情况，对做好人口与计划生育工作提出意见和建议。各成员单位都要明确一个职能科室和联络员，负责具体工作，以加强联系和协调。

县人口与计划生育领导小组成员单位的职责：

县纪委（监察局）：负责监督检查各级党组织和党员贯彻执行计划生育政策的

情况，组织协调违反计划生育政策的党内违纪案件、重大责任事故和严重失职案件的查处；协助县委组织部、县人口计生局研究、制定和完善计划生育工作“一票否决制”，对其执行情况进行监督，并协查执行过程中的问题。

县委办：及时协调有关部门解决人口与计划生育工作重大问题；在制定全局性计划、起草各类综合性报告、领导重要讲话、年度工作部署和总结时，把人口与计划生育工作作为重要内容，摆上工作位置；组织对全县各地贯彻落实人口与计划生育工作重大部署的督查。

县府办：及时协调有关部门解决人口与计划生育工作重大问题；在制定全局性计划、起草各类综合性报告、领导重要讲话、年度工作部署和总结时，把人口与计划生育工作作为重要内容列入其中；牵头制定县政府对各镇（街道）、县级有关部门的人口与计划生育目标管理责任制；对各镇（街道）贯彻落实人口与计划生育工作重大部署的督查。

县委组织部：会同县纪委、县人口计生局完善和落实计划生育工作“一票否决制”；在考察镇（街道）党政主要领导、分管计生工作领导时，要认真听取县级计生部门的意见，把人口与计划生育工作作为考核干部政绩和选拔使用干部的重要依据之一；配强配好计生部门领导班子，提拔使用各级计生干部的优秀者；在加强党的基层组织建设中，明确落实计划生育工作职责；支持和配合县人口计生局组织实施计划生育村（居）民自治工作。

县委宣传部：把婚育新风进万家活动纳入全县宣传工作计划和科技卫生“三下乡”活动计划之中；指导县报、广电等部门搞好对计划生育工作的宣传报道；配合县人口计生局每年组织召开一次各有关部门参加的计划生育宣传教育联席会议；指导各镇（街道）建设社会新型生育文化，引导人们树立科学文明进步的婚育观念；在文明城市、文明社区、文明单位、文明家庭的创建、评比中，把贯彻执行计划生育政策情况作为一项必要条件。

县政法委（综治办）：指导各镇（街道）和县级有关部门将流动人口计划生育工作纳入社会治安综合治理轨道，并协调政法部门及时研究解决计划生育管理中遇到的涉法问题。

县政研室（农办）：把人口与计划生育问题列为重要的调研内容；在研究制订社会经济发展的政策和镇（街道）岗位责任制时，充分考虑对人口与计划生育工作的影响，为县委、县政府出台有利于人口与计划生育工作的政策做好参谋。

县人大教科文卫委：对县、镇（街道）贯彻国家“一法三规”及《浙江省人口与计划生育条例》等有关人口和计划生育法律法规进行监督检查；支持计划生育部门对人口和计划生育工作进行改革。

县政协文体委：对县、镇（街道）执行人口与计划生育目标管理责任制进行监督；组织县政协委员对全县人口和计划生育工作情况进行视察、调研和指导，协助解决人口和计划生育工作中的重大问题。

县总工会：组织动员广大职工自觉实行计划生育，维护职工实行计划生育的合法权益；将计划生育列入评选劳模和先进工作者的条件，并在评选劳模和先进时有一定的计划生育工作者比例。

团县委：引导广大团员青年自觉实行晚婚晚育、计划生育、优生优育；把计划生育作为评比先进集体和先进个人的重要条件。

县妇联：积极参与和支持计划生育工作，切实维护妇女在婚姻、计划生育、生殖保健方面的合法权益，教育和引导广大妇女自觉实行晚婚晚育、少生优育；把贯彻男女平等基本国策、动员广大妇女参与经济建设与实行计划生育密切结合起来，把“双学双比”和创建“文明家庭”等活动与人口和计划生育工作结合起来；参与“关爱女孩行动”；把计划生育作为评选先进集体和先进个人的重要条件。

县法院：依法及时受理公民、法人和其他组织提起的计划生育行政诉讼案件以及行政机关申请强制执行的非诉讼计划生育行政案件，加大执行力度，提高执结率；支持、指导计生部门开展计划生育合同管理。

县发计局：组织有关部门编制并下达全县人口发展中长期规划和年度计划；监督检查人口计划执行情况；把人口与计划生育事业纳入全县国民经济和社会发展总体规划，负责安排计划生育领域基本建设专项投资和财政性资金建设项目；在研究制定相关政策时，加强与计划生育部门的沟通，使改革发展政策与计划生育政策相配套。

县教育局：将人口与计划生育的有关知识列入各类学校的教学内容，指导各类学校对青少年学生进行人口与青春期、性健康教育。

县科技局：扶持重大计划生育科技攻关和国际科技合作项目；支持人口和计划生育科学研究，指导县级计划生育科研成果的评审、鉴定、转化和推广工作；帮助计划生育家庭依靠科技致富；联合有关部门开展人口与计划生育科技知识的宣传普及。

县公安局：落实《浙江省流动人口计划生育管理办法》，协助计划生育部门做好对暂住人口的计划生育管理和服务工作，定期通报人口登记信息；依法打击破坏计划生育工作的违法犯罪行为，查处妨害计划生育工作人员依法执行公务的案件。

县民政局：在婚姻登记中进行提倡晚婚晚育的宣传工作；贯彻《婚姻登记条例》，及时通报相关婚育信息；贯彻执行《中华人民共和国收养法》，开展治理非法收养工作；协助计生部门做好农村基层和城市社区计划生育村（居）民自治工作；在实施社会福利和救助中，优先照顾独生子女家庭和有特殊困难的计划生育家庭。

县财政局：保障安排县级计划生育事业经费及有关专项经费；指导计划生育部门做好计划生育各项经费的管理和监督工作；根据国家、省、市有关文件规定和目标责任制要求，督促检查镇（街道）财政安排落实基层开展计划生育工作所需经费；会同计生部门研究制定计划生育事业经费投入政策。

县人事局：加强人口和计划生育机构队伍建设；根据人口与计划生育事业发展的需要和有关规定，保持计划生育行政管理、技术服务和群众工作机构、编制相对稳定，同时积极改善用人机制，逐步形成“能进能出、竞争择优”的局面，把好用人关；把计划生育作为机关、事业单位工作人员晋升、录用、评聘、奖励等工作的重要条件。

县劳动和社会保障局：在劳动就业和社会保障中，优先照顾和扶持实行计划生育的独生子女家庭；按照有关规定配合做好流动人口、下岗失业人员的计划生育管理和服务；会同有关部门探索和建立计划生育社会保障制度；结合本部门职能，出台对计划生育家庭的优先优惠政策。

县卫生局：发挥卫生资源优势，配合计划生育行政部门做好计划生育技术服务工作。监督管理各级从事计划生育技术服务的医疗保健机构开展避孕节育技术服务；实施计划生育技术机构、服务人员的许可和准入制度；加强计划生育技术指导、质量监督及技术人员的培训工作。严格实行定点和凭证引产，依法查处非法鉴定胎儿性别、施行假手术、开具假证明的行为。监督医疗保健机构执行查验孕产妇生育证明等制度的情况。制定全县提高出生人口素质的规划及相关的技术服务标准，并组织实施。结合本部门职能，出台对计划生育家庭的优先优惠政策。

县人口计生局：负责全县人口与计划生育工作，依法负责管理计划生育技术服务工作。牵头组织开展有关人口与计划生育工作重大问题的综合性、前瞻性研究。会同有关部门做好相关的宣传教育、依法行政、科学研究、统计分析、队伍建设、信息化建设、避孕药具供应和管理、经费管理和使用等工作；会同有关部门研究制定贯彻执行人口与计划生育工作的方针政策，起草规范性文件；协同有关部门制定人口发展规划和政策，推动人口与计划生育工作的综合治理；指导县计划生育协会等社会团体工作。

县文广局：坚持正面宣传为主的原则，开设广播电视专题栏目，开展人口与计划生育公益性宣传；积极参与婚育新风进万家活动，配合支持新型生育文化建设，并制作、播放反映人口与计划生育内容的有关节目；结合本部门职能，出台对计划生育家庭的优先优惠政策。

县统计局：组织实施国家、省、市年度人口变动情况的抽样调查，提供、发布全县人口数据；会同有关部门共同做好人口普查资料的分析研究和开发利用工作；开展有关人口统计等问题的调研，协助做好人口与计划生育统计检查，提高统计数据质量；协同计生部门对人口发展趋势进行预测，开展人口预警和人口发展战略研究。

县建设局：在县域建设和管理中，营造计划生育的良好氛围；督促建设单位在与施工单位签订工程承包合同时，列入计划生育管理内容；加强对外出建筑企业和外来建筑入境施工企业以及房产交易中的计划生育管理，及时提供流动人口计划生育信息，不定期地对建筑工地外来育龄人员进行抽查，督促各施工单位抓好计划生育宣传、管理。

随着人口与计划生育相关职能的调整和形势任务的变化，县人口与计划生育领导小组结合工作实际，负责人、成员单位和工作职能也相应调整，在具体的工作中，加强领导，履职尽责，统筹协调，为全县人口和计划生育工作奠定坚强的政治和组织保障基础。

二、绍兴县计划生育协调会议制度职能

1986年10月14日，县委下发《关于县机关有关部门计划生育的分工和建立协调会议制度的通知》，建立由县委副书记钱信浩、副县长单燕玉为召集人，县计生委、县计经委、县委组织部、县委宣传部、县科委、县委农工部、县卫生局、县教委、县财税局、县民政局、县文广局、县公安局、县司法局、县人事局、县劳动局、县工商局、县供销社、县总工会、团县委、县妇联、绍兴经济报社、县广播站、县经委、县二轻公司、县乡镇企业局、县农林局、县水利电力局27个部门组成的绍兴县计划生育工作协调会议制度，并对县机关有关部门的计划生育工作职责进行分工。

协调会议制度的主要职责是：定期讨论研究和协调部门工作。

协调部门的职责分工是：

县计生委：负责统一管理全县计划生育工作，研究制定贯彻国家有关计划生育工作方针、政策和法令的具体实施办法，并对实施情况进行督促检查；协同县计经委编制全县人口发展计划并监督实施；协同县卫生局做好节育措施的落实、节育药具的供应和计划生育科研工作；协同有关部门搞好计划生育的宣传教育和干部培训工作；承办有关计划生育方面的外事工作。

县计委：负责制定、下达全县人口计划，做好物质生产计划和人口发展计划统一安排，同时落实、研究解决开展计划生育工作中所必需的物质条件。

县委组织部：督促干部、党员带头执行国家的计划生育政策；实行计划生育列入考核选拔干部的内容之一。

县委宣传部：把计划生育宣传教育纳入工作计划，指导和协调各部门做好计划生育的宣传教育，并把实行计划生育工作作为创建文明村(单位)的重要依据之一。

县科委：负责审定、下达县计划生育科研项目，并安排相应的科研补助经费。

县委农工部：负责农村经济政策与计划生育政策的衔接工作，使农村经济政策有利于计划生育方针政策和人口计划的实施。

县卫生局：负责计划生育技术管理工作，组织医疗保健单位宣传优生优育及其他有关的科学知识，做好节育手术和技术指导，确保受术者安全和健康，对节育手术并发症及病残儿进行鉴定和治疗工作；做好节育手术人员的培训、考核和节育技术方面的信访工作。

县教委：负责在中学以上各类学校安排青春期生理卫生知识和人口、晚婚、节育课。

县财税局：在财税工作中贯彻鼓励少生、限制多生政策，支持计划生育必需的经费。

县民政局：结合结婚登记向青年进行晚婚和节育宣传教育，在社会救济工作中积极帮助确因节育手术事故而丧失或基本丧失劳动者解决生活困难；做好未登记的事实婚姻者思想工作，进行必要的调处。

县文广局：负责组织创作有关计划生育的戏剧、曲艺、音乐等各种文艺形式进行广泛宣传。

县公安局：负责提供人口情况的数据，对因围攻殴打计划生育工作人员、溺婴、迫害生女婴的母亲的行为，以及利用摘取节育环等进行违法犯罪活动的，视情节轻重依法处理。对非法同居者进行必要处理。

县司法局：协同有关部门普及计划生育的法律知识；结合普法教育宣传《浙江省计划生育条例》及县政府有关计划生育的政策规定。

县人事局、县劳动局：加强计划生育机构和队伍建设，在招工时，凡适合青年的工种尽可能招用女青年，在同等条件下优先录用独生子女及其父母。

县工商局：配合有关部门搞好个体劳动者的计划生育工作。

县供销社：负责供应计划生育工作中所必需的物资。

县总工会、团县委、县妇联：把计划生育工作列入本部门的工作计划；结合本部门本系统特点，加强思想教育工作，动员和教育广大工人、妇女和青年，响应党和国家的号召，自觉执行计划生育政策，实行晚婚和计划生育。要把晚婚和计划生育作为评比先进的内容之一。

绍兴经济报社、县广播站：负责宣传党和政府的计划生育方针政策，宣传计划生育的意义和人口理论、节育科学知识，报道计划生育先进单位和个人的事迹，介绍国内外有关人口和计划生育方面的情况，推广这方面的经验。

县经委、县二轻公司、县乡镇企业局、县农林局、县水电局：结合本单位实际，负责做好下属企业、厂矿、单位的计划生育工作，把计划生育列入工作计划，把计划生育列为考核考评的内容之一。

1993年9月，县委办下发《关于计划生育协调部门职责分工的意见》，对流动人口计划生育实行综合治理，对各部门的职责分工提出意见。增加县交通局、县城建局、中国轻纺城开发区、城南开发区等4个协调部门，减少县广播站、县经委2个部门，绍兴经济报社更改为绍兴县报社。

县计生委：负责统一管理全县计划生育工作，研究、制订、执行国家有关计划生育工作方针、政策、规定和实施办法，并对实施情况进行督促检查、考核；协同县计经委编制全县人口发展计划并督促实施；协同县卫生局做好节育措施的落实和计划生育科研工作；协同有关部门搞好计划生育的宣传教育和干部培训工作；主管并指导全县流动人口计划生育工作，负责检查、督促有关部门、单位和各镇乡流动人口计划生育工作落实情况，督促镇乡及有关部门依照《实施办法》规定，处理违反《实施办法》的部门、单位和责任人；承办有关计划生育方面的外事工作。

县计委：负责制定、下达全县人口计划，做好物质生产计划和人口生产计划统一安排，同时落实、研究解决开展计划生育工作中所必需的物质条件，协助当地政府督促所辖企业严格执行《实施办法》，并把外来育龄人员纳入本企业管理。

县委组织部：督促干部、党员带头执行国家的计划生育政策；实行计划生育列入考核选拔干部的内容之一，在干部提升、调动、岗位目标责任制考核、评定先进个人和单位，实施计划生育审计制度，严格执行“一票否决权”。关心计划生育干部的政治待遇和生活待遇。

县委宣传部：把计划生育宣传教育纳入工作计划，指导和协调各部门做好计划生育的宣传教育，把计划生育工作作为创建文明村、建设社会主义新农村的重要内容；对党员、干部进行马克思主义人口理论教育，增强人口意识、人均观念。

县卫生局：负责计划生育技术管理，组织医疗保健单位宣传优生优育和其他避孕节育知识；做好节育手术和技术指导，积极推广新技术、新方法，提高手术质量，确保受术者健康安全；对手术并发症协同进行鉴定；做好节育手术人员的培训、考核、发证工作；加强对B超的管理，严禁用B超鉴定胎儿性别；督促医疗单位严格实行凭“生育卡”产检和接生；督促医疗单位严格按规定收费；督促医疗单位把外来人口的计划生育技术指导、服务列入工作职责。

县教委：负责在中学以上各类学校安排青春期生理卫生知识课，督促中学以上各类学校开设人口理论课。

县财税局：贯彻鼓励少生、限制多生政策，支持计划生育必需的经费，增加计划生育投入，为确保计划生育工作顺利开展创造更好的条件。

县民政局：结合结婚登记，向青年进行婚前、晚婚、晚育教育；把好婚姻登记关，制止流动人口的早婚早育，在婚姻登记中发现计划外怀孕者，会同计生部门做好补救措施的落实工作；在社会救济中，积极帮助确因节育手术事故而丧失或基本丧失劳动者解决生活困难。

县文广局：负责组织创作有关计划生育的戏剧、曲艺、音乐等文艺形作品，通过电影、幻灯、广播和群众文化活动等文艺形式宣传计划生育。

县公安局：负责提供人口情况数据；对因围攻殴打计划生育工作人员、溺婴、弃婴、迫害生女婴的母亲的行为和非法取环、堕胎等违法行为，视情节轻重依法处理；把流动人口计划生育纳入公安暂住人口管理内容，依法承担流动人口管理中属公安部门的责任，核发外来育龄人员暂住证，必须交验暂住地计生部门出具的计划生育查验证明，查验率达98%以上，并将审批结果填入回执，按月通报当地镇乡计生办；检查各分局、派出所落实《实施办法》，履行管理职责，并将日常工作及治安管理中发现违反计划生育政策的单位、个人的情况通报计生部门，并协助做好工作。

县司法局：协同有关部门普及计划生育的法律知识，宣传《浙江省计划生育条例》《实施办法》及县府有关政策规定，协同计划生育部门依法管理计划生育。

县工商局：配合有关部门搞好个体劳动者的计划生育工作，把个体工商户从业人员中的流动人口计划生育管理列入日常管理工作，依法承担管理责任，在个体户比较集中的地方配备专(兼)职计划生育管理人员；对外出育龄人员，必须查验户籍地计生办出具的流动人口计划生育证明，无证明的，一律不予办理有关外出经营手续；对外来经营人员，凭现居地计生办出具的计划生育查验证明方能核发营业执照及有关手续，验证率达98%以上，并将审批结果填入回执，按月通报当地镇乡计生办。建立健全个体户从业人员的计划生育档案。督促各所对外来客户进行计划生育宣传教育和管理。配合计生部门对违反《实施办法》的人员依照有关法规和规章进行处理；对已领取营业执照从业人员，要进行不定期检查《实施办法》的执行情况；对无营业执照的单位和个人(指流动人口)要坚决取缔。

县交通局：依法承担外出、外来从事交通运输育龄人员计划生育管理责任，配备专(兼)职人员，建档立卡加强流动人口计划生育管理。对外出育龄人员在审批、办理、发放和调换营运证、船员证时，必须查验其户籍地计生办出具的流动人口计划生育证明；对外来从事交通运输的育龄人员在审批、办理、发放调换营运证、船员证时，必须核对其计划生育查验证明，验证率达98%以上，并将审批结果填入回执，按月通报当地镇乡计生办，无证明的，不予办理许可证；对从事交通运输的国营、集体和个体企业育龄人员的计划生育管理工作进行检查、督促；对违反计划生育法规的，视情节轻重停业整顿、直到吊销许可证；配合计生部门对违反《实施办法》的育龄人员进行处理。

县城建局：依法承担建筑施工队伍的计划生育管理工作，加强对流动人口的计划生育管理。介绍建筑企业外出时，必须查验应领证人员的计划生育证明及建筑企业与户籍地政府签订的计划生育责任书，对证明和责任书手续不全的不予办理外出手续；督促外出企业向当地计生部门申报育龄施工人员名册。审批外来建筑企业入境施工时，检查计划生育责任书副本及施工所在地政府出具的育龄人员计划生育查验证明，验证率达98%以上，并将审批结果填入回执，按月通报当地镇乡计生办。对已审批的施工单位，要进行不定期检查，发现计划外怀孕的应做好工作，及时采取补救措施，并按《实施办法》进行处理；督促房管部门租房、买房子时，应检查外来客户的计划生育查验证明；配合计生部门对违反《实施办法》的建筑企业、施工单位进行处罚。

县劳动局：在招工时，凡适合青年的工种尽可能招用女青年，在同等条件下优先录用独生子女及其父母；为外出育龄人员办理务工许可证时，必须查验户籍地计生办出具的流动人口计划生育证明。办理外来育龄人员务工许可证明，必须交验现居住地出具的计划生育查验证明，查验率达98%以上，无证明的不予办理许可证，并将审批结果填入回执，按月通报当地镇乡计生办；督促各用工单位在招用、聘用外来育龄人员时，交验现居住地计生办出具的计划生育查验证明，建档立卡、纳入管理；对招用无计划生育证明的外来育龄人员，协助计生部门按《实施办法》处理。

县人事局：加强计划生育机构队伍建设，做好计划生育技术力量调配工作。

县报社：负责宣传党和政府的计划生育方针、政策、人口理论、节育科学知识、优生优育知识，报道好人好事，推广先进经验。

县总工会、团县委、县妇联：把计划生育工作列入本部门的工作计划，结合本部门本系统特点，加强思想教育，提高法制观念，并把禁止早婚早育、非法同居、降低计划外怀孕率作为对各级工会、妇联、团组织的一个考核内容，督促下属团委、妇联、工会配合当地政府共同抓好计划生育工作。动员广大青年自觉实行晚婚晚育、计划生育，并作为评比先进的条件之一。

县二轻、县供销社、县乡企局、县农业局：结合本单位实际，把计划生育列入工作计划，列入考核评比内容之一；落实管理人员；督促所属企业把外来育龄人员列入本企业计划生育管理；督促所属企业在招用、聘用外来育龄人员时，查验现居住地计生办出具的计划生育查验证明，对同意批准招用的将批准结果填入回执，按月通报现居住地计生办，对无计划生育查验证明者，不得招用；对招用无计划生育查验证明的，协助计生部门按《实施办法》处理；督促所属企业做好外来育龄人员建档立卡工作，及时向当地计生办提供外来育龄人员的计划生育情况；督促外来人员较多的单位落实专(兼)职管理人员进行计划生育日常管理。

中国轻纺城开发区、城南开发区：依法承担所属企事业单位和进入开发区的流动人口的计划生育管理责任，配备专(兼)职人员，建立管理档案，加强对计划生育的管理工作。对本县中国轻纺城、城南开发区从事开发建设、生产经营活动的单位的计划生育管理工作实行监督，发现计划外怀孕妇女，及时报告所在地计生办，并协同做好工作，落实补救措施。在核发外来建筑企业施工许可证时，必须查验其施工所在地计生办出具的计划生育证明及户籍地政府签订的计划生育工作责任书副本，验证率达98%以上，并将审批结果填入回执，按月通报当地镇计生办。对在开发区购买房子的外来育龄人员，在发证时必须交验房产所在地乡镇计生办出具的计划生育查验证明，无证明的外来育龄人员不准办理买房手续。49周岁以下的人在开发区购买蓝印、蓝本、红本户口的，必须持有原户籍地计生办出具的计划生育情况证明，并经买入地计生办审核后方可办理买户口手续(18周岁以下的持其父母的计划生育证明)。对无计划生育证明的育龄人员，协助计生部门按《实施办法》处理。

县计划生育协调会议制度是20世纪80年代、90年代全县计划生育工作的一项重要制度，各职能部门随着计划生育形势任务的变化而适时调整，协调配合，共同推进全县计划生育工作的开展，为全县计划生育工作的开展提供有力的工作制度保障。

三、绍兴县计划生育委员会(绍兴县人口与计划生育局、绍兴县人口和计划生育局)职能

绍兴县计划生育委员会是绍兴县人民政府管理计划生育工作的职能机构。县计生委自成立后历经两次更名县人口与计划生育局、县人口和计划生育局，更名过程中充分体现职能的变化。

（一）绍兴县计划生育委员会

1996年10月30日，县计生委向县机构编制委员会报送《关于绍兴县计划生育委员会职能配置、内设机构和人员编制方案的请示》。1997年3月15日，县编委印发《绍兴县计划生育委员会职能配置内设机构和人员编制方案》。县计生委的主要任务是贯彻中央和省市县的有关计划生育的方针、政策、法令法规,负责管理全县人口与计划生育及有关人口工作的规划、协调、指导、监督、宣传和服务工作，实现全县各个时期的人口计划，使之与经济社会发展相适应。

其主要职责是：

1．根据中央、省、市、县有关计划生育工作的方针政策，研究或协调有关部门制定县人口与计划生育工作的方针、政策，并根据《浙江省计划生育条例》等地方性法规、规章起草贯彻实施细则草案，经审议通过后组织实施；开展有关人口问题和计划生育工作的综合治理、研究；协调有关部门推进人口与计划生育工作的综合治理。

2．会同有关部门编制县人口发展中、长期规划和年度计划，制定具体实施方案，并对执行情况进行监督、检查和考核评估；负责做好计划生育统计工作，协同县统计局等部门开展专项人口统计调查，参与全县人口统计数据的分析研究；制定全县计划生育事业发展计划并对执行情况进行检查评估。

3．负责制订计划生育宣传教育计划，协调有关部门开展全民性的人口与计划生育宣传教育，普及计划生育方针政策和避孕节育、优生优育等科学知识。

4．负责计划生育技术服务工作的综合管理，检查并指导县计生指导站、镇计生服务站和村计生服务室的工作，开展生殖健康服务；协调有关部门做好优生优育和母婴保健工作；负责组织病残儿童和节育手术并发症、后遗症的鉴定和管理工作。

5．在医学科学研究的总体规划指导下，协同县卫生局等部门开展计划生育科学研究工作；组织计划生育重大科研成果和节育新技术的评审、鉴定与推广应用。

6．负责指导基层依法管理计划生育，查处计划生育方面的违法、违纪案件，协助县人大、政协对计划生育执法情况进行检查；负责依法开展计划生育行政复议和行政应诉工作；负责对照顾生育第二胎对象的认证和审批；组织开展各种有利于计划生育的服务活动，及时、正确地处理人民群众的来信来访。

7．负责编制县级财政拨付的计划生育事业经费和基本建设投资的预决算；检查、指导全县计划生育经费的管理和使用，管好、用好计划外生育费；管理直属单位财务和国有资产。

8．编制计划生育药具计划，指导、督促计划生育避孕药具的供应和管理工作。

9．加强县、镇、村计划生育工作网络建设，组织开展对计划生育专、兼职干部的培训。

10．负责全县计划生育和有关人口方面的外事工作。指导县计划生育协会、县人口学会等社会团体工作。

11．调查研究，掌握全县计划生育工作情况，总结推广经验，及时向县委、县政府反映情况，提出工作意见和建议。

12．按照人口与计划生育目标管理责任制的要求，拟定对镇和有关部门的考核办法，提请县委、县政府批准后实施。

13．完成县委、县政府交办的其他事项。

（二）绍兴县人口与计划生育局

2002年1月16日，县编委印发《绍兴县人口与计划生育局职能配置、内设机构和人员编制规定》。根据《中共绍兴市委绍兴市人民政府关于绍兴县机构改革方案的通知》，设置绍兴县人口与计划生育局。明确规定县人口与计划生育局是主管人口与计划生育工作的县政府工作部门。对县人口与计划生育局进行职能调整：加强县人口与计划生育局的综合调控职能；强化流动人口和县城社区计划生育管理；强化人口与计划生育信息管理。将计划生育科研成果和节育新技术的转化与推广应用、计划生育专业技术人员业务培训的具体实施、避孕药具的订货与管理、计划生育宣传品的制作与发行等职能交给下属事业单位承担。

根据上述职能调整，县人口与计划生育局的主要职责是：

1．根据党和国家、省、市有关人口与计划生育工作的方针政策、法律法规，结合绍兴县实际，研究制定贯彻意见和办法并组织实施和监督。

2．开展有关人口问题和计划生育工作的综合性、前瞻性研究，会同有关部门制定有利于人口与计划生育的社会经济政策和社会保障措施，推进人口与计划生育工作的综合治理；及时向县委、县政府反映人口与计划生育工作情况，提出工作意见和建议。

3．根据市下达的人口控制目标，会同县发展计划局编制全县人口发展中、长期规划和年度计划；负责对人口计划执行情况进行检查评估；负责全县人口与计划生育统计工作和统计执法检查，参与全县人口统计数据的分析研究，制定全县人口与计划生育事业发展计划并对执行情况进行检查评估。

4．负责全县流动人口计划生育日常管理，联系协调公安、工商、劳动、交通、卫生等部门，落实流动人口计划生育管理职责；负责县（市、区）际间及县内跨镇（街道）之间流动人口计划生育管理的协调工作。

5．指导基层依法行政，查处人口与计划生育方面的违法、违纪案件；及时、正确地处理人民群众的计划生育来信来访；负责对照顾生育第二胎对象的认证和审批；负责对特殊情况照顾生育对象和病残儿照顾生育对象的审核和报批。

6．综合管理计划生育技术服务工作，会同有关部门做好计划生育技术服务和生殖保健服务；检查并指导县计生指导站、镇计生服务站和村计划生育服务室的工作；负责制订开展生殖保健服务的规划和规范；负责编制避孕药具计划；配合卫生部门做好提高出生人口素质工作。

7．制定全县人口与计划生育宣传教育计划，组织实施全民性的计划生育宣传教育工作，引导群众树立科学、文明、进步的生育观念；负责全县人口与计划生育工作的对外宣传、国际合作与交流。

8．制定全县人口与计划生育系统干部队伍建设和教育培训计划并组织实施；指导县计划生育协会、县人口学会等社会团体工作。

9．负责编报县级财政拨付的计划生育事业经费和基本建设投资的预、决算；检查、指导全县计划生育经费和计划外生育费的管理与使用；负责直属事业单位的国有资产和财务管理。

10．按照人口与计划生育目标管理责任制的要求，拟定对镇（街道）和有关部门的考核办法，提请县委、县政府批准后组织实施。

11．承办县政府交办的其他事项。

（三）绍兴县人口和计划生育局

2011年，县编委印发《绍兴县人口和计划生育局主要职责、内设机构和人员编制规定》，县人口和计划生育局是主管人口和计划生育工作的县政府工作部门。要求县人口和计划生育局进行职责调整，取消已由国务院、省政府、市政府、县政府公布取消的行政审批事项。加强的职责为加强对人口发展战略的研究，加强流动人口计划生育管理和服务，稳定低生育水平。扩权强县改革中省政府、市政府规定应当交由县政府主管部门具体实施的事项。

主要职责：

1．拟订全县人口发展规划草案，研究人口发展战略，提出统筹解决人口问题的目标和任务建议，研究提出人口与经济、社会、资源、环境协调可持续发展的政策建议。

2．负责实施全县人口和计划生育中长期规划、年度计划和事业发展规划，对人口和计划生育规划执行情况进行监督和评估，稳定低生育水平。

3．起草全县有关人口和计划生育规范性文件，负责协调推动有关部门、群众团体履行人口和计划生育工作相关职责，促进人口和计划生育方针政策在教育、卫生、文化、就业和社会保障等工作中的衔接配合，会同有关部门提出促进出生人口性别平衡的政策措施。

4．研究提出促进人口有序流动、合理分布和服务管理的政策建议；制定全县流动人口计划生育服务管理规划，负责推动建立流动人口计划生育信息共享和公共服务工作机制。

5．监测人口和计划生育发展动态，提出发布人口和计划生育安全预警预报建议，负责人口和计划生育的信息化建设。

6．依法公布有关计划生育科学研究、技术服务重要信息，负责计划生育科技统计、信息分析工作，研究提出依法规范计划生育药具管理的制度。

7．制定全县人口和计划生育宣传教育工作规划，指导人口和计划生育宣传教育工作。

8．推动实施计划生育的生殖健康促进计划，提高人口素质，协同有关部门降低出生缺陷人口数量。

9．制定全县人口和计划生育系统干部队伍教育培训规划，指导人口和计划生育公共服务网络体系建设。

10．负责全县人口和计划生育工作的对外宣传、国际交流与合作。

11．负责编制县级人口和计划生育事业经费和基本建设投资的预、决算；制订人口和计划生育财务管理制度，检查指导全县计划生育经费的管理使用；负责直属事业单位的国有资产、财务监督管理和审计。

12．指导基层依法行政，查处人口和计划生育方面的违法、违纪案件；负责依法开展人口和计划生育行政复议、行政诉讼工作；负责全县的再生育和特殊情况照顾生育对象的认证和审批。

13．负责全县各镇（街道、开发区）的人口和计划生育各项业务指导、检查。

14．指导县计划生育协会的业务工作；指导县人口学会等社会团体工作。

15．承办县人民政府交办的其他事项。

四、其他机构职能

（一）绍兴县计划生育宣传教育联席会议

1993年12月，全县建立计划生育宣传教育联席会议制度，形成部门宣传联合的大格局，召集人为李为民、董正志。

1994年1月，县计划生育宣传联席会议的主要职责是：县委宣传部把计划生育宣传作为农村宣传工作的重点，年初制订计划，半年牵头召开一次会议，交流工作情况。县计生委每季向成员单位通报计划生育工作情况。成员单位按自己的特长，热情积极宣传计划生育。各成员单位及时反馈宣传效果，年终做好总结。根据各单位的履行职责情况评出先进，作为县级计划生育先进集体，工作突出的个人作为县级计划生育先进个人。

县计划生育宣传教育联席会议成员单位的职责是：

县委宣传部：把计划生育宣传教育纳入工作计划，指导和协调有关单位做好计划生育宣传教育工作，检查督促实施情况；把计划生育作为创建文明村、建设社会主义新农村的重要内容；对党员、干部进行马克思主义人口理论教育。

县计生委：负责统一管理全县计划生育工作，研究、制定、执行国家有关计划生育工作方针、政策、规定；制订全县计划生育宣传教育的计划，协同有关部门搞好计划生育的宣传教育和干部培训工作；承办有关计划生育方面的外事活动。

县文广局：负责组织创作有关计划生育的戏剧、曲艺、音乐等文艺作品，协调、督促下属有关单位进行电影、幻灯、广播、电视、群众文化活动等文艺形式宣传计划生育。

县教委：负责中学以上各类学校安排青春期卫生知识课，督促、检查中学以上各类学校开设人口理论，组织教研活动，年度进行考核评估。

县委党校：负责各类培训班安排有关计划生育的方针、政策、法律法规和人口理论教育，指导各镇乡党校开设有关计划生育的教育。

县司法局：负责协同有关部门普及计划生育法律、法规知识，宣传《浙江省计划生育条例》、《浙江省流动人口计划生育管理实施办法》，以及县政府有关政策规定，协同计划生育部门依法管理计划生育工作。

团县委、县妇联：把计划生育工作纳入本部门工作计划，结合本部门、本系统特点，加强思想教育，提高法制观念，并把禁止早婚早育、非法同居，降低计划外怀孕作为对各级团组织、妇联的一个考核内容之一，督促下属团组织、妇联组织配合当地政府共同抓好计划生育工作。动员广大青年自觉实行晚婚晚育、计划生育，并作为评比先进的条件之一。

县报社、县广播电台、县电视台：负责宣传执行党和政府的计划生育方针、政策、人口理论、避孕节育科学知识、优生优育知识，报道好人好事，推广先进经验。

2007年8月8日，县委宣传部、县人口计生局联合下发《关于进一步明确人口和计划生育宣传教育联席会议成员单位职责的通知》，推动增强人口计生宣传教育工作合力，加强部门之间协调沟通，健全人口和计划生育工作宣传教育联席会议制度。县委宣传部、县人口计生局、县公安局、县民政局、县司法局、县教育局、县文广局、县委党校、团县委、县妇联、县总工会、县报社、县广播电视台等为成员单位，并重新明确联席会议成员单位职责。

县委宣传部：牵头组织各成员单位开展人口和计划生育宣传教育活动，把人口和计划生育宣传教育工作纳入全县宣传思想工作、社会主义精神文明建设的重要内容；指导文化、出版、广电部门和报社加大计划生育政策法规、优生优育、生殖健康知识和先进生育文化的宣传力度；督促各新闻单位把握好新闻导向，坚持正面宣传为主，办好人口和计划生育专题专栏。

县人口计生局：认真履行人口和计划生育职能部门职责，指导、协调各成员单位搞好人口和计划生育宣传教育工作；及时研究全县人口计生宣传教育工作中的重大问题，参与研究、制定相关政策、重要文件及计划生育宣传教育规划；及时提出全县人口计生宣传教育工作意见和建议，了解各成员单位工作开展情况，做好宣教联席会议日常工作。

县公安局：结合部门工作开展人口和计划生育宣传教育工作，督促本系统基层单位协助当地计生部门抓好流动人口计生宣传教育工作；户口登记机关应向同级计划生育部门提供辖区内涉及计划生育的有关人口迁移、公民更改民族和出生日期情况；依法严肃查处随意篡改和伪造出生日期的行为，及时查处阻碍计划生育工作人员依法执行公务的治安、刑事案件。

县民政局：结合部门工作开展人口和计划生育宣传教育工作，在婚姻登记中把好政策审核和宣传关，及时向人口计生部门提供婚姻登记、收养登记等相关信息；办理婚姻登记、收养登记等社会事务管理工作时，督促育龄群众遵守计划生育法律法规，防止违法收养、违法生育行为；对经鉴定确因节育手术事故丧失劳动能力或基本丧失劳动能力导致生活困难的农民和城镇居民，符合救济条件的优先予以社会救济。

县司法局：结合部门工作开展人口和计划生育宣传教育工作，把计划生育法律法规纳入普法工作规划；协调司法机关依法受理阻碍计划生育公务和涉及计划生育的刑事、民事案件；督促各级社会治安综合治理组织和部门将流动人口计划生育纳入社会治安综合治理工作的重要内容；积极支持计划生育行政执法工作并提供法律咨询服务。

县教育局：结合部门工作开展人口和计划生育宣传教育工作，指导并督促各级各类学校开设以人口与计划生育为主要内容的国情教育和青春健康教育课程，有心理咨询室的学校，都要开展青春健康咨询；把人口理论与计划生育法律法规知识纳入高等、中等、成人教育学校的教学内容，利用成教阵地对基层党政干部开展人口理论教育；督促所属各中、小学把人口教育、青春健康教育列入教育计划，做到计划、教材、师资、经费“四落实”，受教面达到100%。

县文广局：结合部门工作开展人口和计划生育宣传教育工作，把人口与计划生育作为文化、广播等宣传的重要内容。督促县广播电视台办好计划生育专题节目；建立健全涉及人口计生出版物和资料性印刷复制品审查、监督管理制度；负责清理整顿出版物市场，依法查处非法制作、出版、印刷、复制、进口、发行和销售有关非医学需要选择胎儿性别的出版物和资料性印刷复制品的行为；确保有非医学需要选择胎儿性别内容的出版物和资料性印刷复制品不流入市场；督促各镇（街道）文化站积极开展计划生育的宣传教育；督促县文化发展中心每年创作编演1至2个新节目，并利用文化活动场所积极宣传计生基本国策。

县委党校：发挥部门优势，开展人口和计划生育宣传教育工作，把人口理论与计划生育法律法规知识纳入基层党政干部教育培训内容，开展人口理论教育；开设以人口与计划生育为主要内容的国情教育，以及党和国家的计划生育方针政策、法律法规的教育课程，确保师资到位、课程到位、课时到位；积极支持和帮助人口计生系统举行的各类干部培训教育。

团县委：发挥部门优势，开展人口和计划生育宣传教育工作，利用多种形式的活动和宣传，教育广大团员青年带头执行计划生育方针政策，倡导新的婚育观念；动员全县各级团组织开展与计划生育独生子女特困家庭结对帮扶活动；把实行晚婚晚育和计划生育作为评选各类先进的重要条件，并落实计划生育“一票否决制”。

县妇联：发挥部门优势，开展人口和计划生育宣传教育工作，组织广大妇女特别是农村妇女认真学习人口和计划生育政策法规及优生优育知识，提倡晚婚晚育，实行少生优生，开展有利于计划生育工作的学习和评比竞赛活动；组织各级妇联积极参与和支持计划生育工作，将人口形势、人口与计划生育政策法规纳入各级妇联的宣传教育工作内容，教育和引导广大妇女自觉实行计划生育，做到晚婚晚育、少生优生、优育优教；动员各级妇联在捐资助学、扶贫结对活动中，优先帮扶实行计划生育的独生子女困难家庭；把实行晚婚晚育、计划生育作为评选妇女工作先进集体、个人和“五好”文明家庭的重要条件，并落实计划生育“一票否决制”。

县总工会：发挥部门优势，开展人口和计划生育宣传教育工作，充分发挥各级工会组织的作用，协助政府共同搞好计划生育工作；开展经常性的人口与计划生育的宣传教育活动，动员广大职工自觉实行计划生育，大力提倡晚婚晚育。发挥各级工会组织作用，积极争取领导重视，抓好对实行计划生育职工依法享有的各项优惠政策待遇的落实；在评选工会系统先进集体和个人时，落实计划生育“一票否决制”；优先帮扶实行计划生育的独生子女困难职工家庭。

县报社：发挥媒体优势，积极开展人口和计划生育宣传教育工作，积极参与和支持计划生育宣传工作，将人口形势、人口理论与计划生育法律法规宣传纳入宣传的重点内容，不定期地开辟人口和计划生育宣传阵地；把握新闻导向，坚持正面宣传为主，报道与计划生育有关的重大事件、数据等，应征求人口计生部门的意见；开展经常性的人口与计划生育的宣传活动，营造全社会自觉实行计划生育的氛围。

县广播电视台：发挥部门优势，开展人口和计划生育宣传教育工作，积极参与和支持计划生育宣传工作，将人口形势、人口理论与计划生育法律法规宣传纳入宣传教育的重点工作内容；把握新闻导向，坚持正面宣传为主，报道与计划生育有关的重大事件、数据等，应征求人口计生部门的意见；县广播电视台经常性开设“人口与计划生育”专题节目。

（二）绍兴县人口与计划生育工作联席会议制度

2004年11月11日，县委办、县府办联合下发《关于建立人口与计划生育工作联席会议制度的通知》，加强和改进绍兴县人口与计划生育工作，健全和完善人口与计划生育工作综合治理机制，建立县人口与计划生育工作联席会议制度。县委副书记章长胜、副县长刘勇为召集人。县委办、县府办、县人口计生局、县委组织部、县委宣传部、县政法委(综治办)、县教育局、县公安局、县民政局、县财政局、县劳动保障局、县建设局、县卫生局、县工商局、县法院15个部门为成员单位。

联席会议的主要职责是：宣传贯彻人口与计划生育工作的有关法律法规的精神；研究落实县委、县政府提出的人口与计划生育工作任务、目标、要求及工作措施；讨论确定需要向县委、县政府汇报的有关人口与计划生育工作的重要课题；研究拟定人口与计划生育工作的工作重点、工作措施；总结交流各成员单位关于人口和计划生育管理与服务工作的经验，检查指导各镇(街道)人口和计划生育工作；协调成员单位之间关系，解决人口和计划生育管理与服务工作中出现的问题。

2005年4月7日，全县召开第一次人口和计划生育工作联席会议，副县长刘勇召集县人口与计划生育工作联席会议全体成员以及滨海工业区、柯桥开发委、鉴湖－柯岩旅游区、国资公司等部门负责人，专题研究流动人口计划生育管理问题。会议听取县人口计生局关于全县流动人口计划生育工作的情况通报，讨论并同意《绍兴县流动人口计划生育亲情管理真情服务的实施方案》和《绍兴县人口和计划生育联席会议成员单位职责》。

各成员单位的职责是：

县委办：及时协调有关部门解决人口和计划生育工作重大问题；在制定全局性计划、起草各类综合性报告、领导重要讲话、年度工作部署和总结时，把人口和计划生育工作作为重要内容，摆上工作位置；组织对全县各地贯彻落实人口和计划生育工作重大部署的督查。

县府办：在制定全局性计划、起草各类综合性报告、领导重要讲话、年度工作部署和总结时，把人口和计划生育工作作为重要内容列入其中；协调有关部门解决人口和计划生育工作重大问题；牵头制定县政府对各镇（街道）、县级有关部门的人口和计划生育目标管理责任制；组织对各镇（街道）贯彻落实人口和计划生育工作重大部署的督查。

县人口计生局：负责全县人口和计划生育工作，依法负责管理计划生育技术服务工作。牵头组织开展有关人口和计划生育工作重大问题的综合性、前瞻性研究。贯彻落实流动人口计划生育方针、政策和法规；加快计划生育信息化建设步伐，做好流动人口信息交换平台工作；加强避孕药具供应和管理、经费管理和使用等工作；抓好业务指导和各项考核。会同有关部门研究制定贯彻执行人口与计划生育工作的方针政策，起草规范性文件；协同有关部门制定人口发展规划和政策，推动人口与计划生育工作的综合治理；指导县计划生育协会等社会团体工作。

县委组织部：在考察镇（街道）党政主要领导、分管计生工作领导时，把人口和计划生育工作作为考核干部政绩和选拔使用干部的重要依据之一；配强配好人口计生部门领导班子，提拔使用各级计生干部的优秀者；在加强党的基层组织建设中，明确落实计划生育工作职责；支持和配合人口计生部门组织实施计划生育村（居）民自治工作。

县委宣传部：把婚育新风进万家活动纳入全县宣传工作计划和科技卫生“三下乡”活动计划之中；指导县报、广电等部门搞好对人口和计划生育工作的宣传报道；每年组织召开一次各有关部门参加的计划生育宣传教育联席会议；指导各镇（街道）建设社会主义新型生育文化，引导人们树立科学文明进步的婚育观念；在文明城市、文明社区、文明单位、文明家庭的创建、评比中，把贯彻执行计划生育政策情况作为一项必要条件。

县综治办：指导各镇（街道）和县级有关部门建立暂住人口管理组织，将流动人口计划生育工作纳入社会治安综合治理轨道，列入外来人口管理考核的重要内容；协同有关部门制定流动人口计划生育有关政策，并协调政法部门及时研究解决计划生育管理中遇到的涉法问题。

县教育局：系统内开展经常性的计划生育宣传教育。督促所属各中、小学把人口教育、青春期健康教育列入教育计划，并按市人口计生委、市教育局《关于进一步加强青少年青春期健康教育的意见》的精神，编制《绍兴县中小学生青春期健康教育规划》或《实施意见》，做到计划、教材、师资、经费“四落实”，受教面达到100%。帮助解决外来民工子女就学困难，保障他们享受教育的权利。

县公安局：把流动人口计划生育管理工作列入平安绍兴、平安柯桥创建活动的重要内容。督促基层派出所在办理外来成年流动人口（18－49周岁）《暂住证》时，核查《流动人口婚育证明》并在《暂住证》上做好完整的记录；未持《流动人口婚育证明》的，应立即通知其在一定期限内补办，并将信息反馈给计生部门。依法打击破坏流动人口计划生育工作的违法犯罪行为，保护和支持流动人口计划生育工作人员执行公务。建立月信息反馈制度，定时向人口计生部门通报相关信息。

县民政局：在婚姻登记中进行提倡晚婚晚育的宣传工作；贯彻《婚姻登记条例》，及时通报相关婚育信息；贯彻执行《中华人民共和国收养法》，开展治理非法收养工作；在实施社会福利和救助中，优先救助独生子女家庭和有特殊困难的计划生育家庭。建立月信息反馈制度，定时向人口计生部门通报相关信息。

县财政局：保障安排县级计划生育事业经费及有关专项经费；指导计划生育部

门做好计划生育各项经费管理和监督工作；根据国家、省、市有关文件规定和目标责任制要求，督促检查镇（街道）财政安排落实基层开展计划生育工作所需经费；会同计生部门研究制定计划生育事业经费投入政策。

县劳动保障局：在劳动就业和社会保障中，优先照顾和扶持实行计划生育的独生子女家庭；按照有关规定配合做好流动人口、下岗失业人员的计划生育管理和服务；会同有关部门探索和建立计划生育社会保障制度；结合本部门职能，出台对计划生育家庭的优先优惠政策。

县建设局：会同有关部门牵头抓好外来人口公寓的规划建设工作，挖掘闲置房潜力，鼓励企业、集体、个人参与兴建外来人口公寓。加强对外出建筑企业和外来建筑入境施工企业以及房产交易中的计划生育管理，及时提供流动人口计划生育信息；加大对建筑工地的稽查力度，督促施工企业必须凭《暂住证》《流动人口婚育证明》招收外来民工，并抓好流动人口计划生育宣传、管理职责。配合人口计生部门对违反计划生育的人员进行处罚。

县卫生局：发挥卫生资源优势，配合计划生育行政部门做好计划生育技术服务工作。监督管理各级从事计划生育技术服务的医疗保健机构开展避孕节育技术服务，引导育龄妇女知情选择并落实长效节育措施，严格执行计划生育手术收费标准；实施计划生育技术机构、服务人员的许可和准入制度；加强计划生育技术指导、质量监督及技术人员的培训工作。严格实行定点和凭证引产，依法查处非法鉴定胎儿性别、施行假手术、开具假证明的行为。监督医疗保健机构执行查验孕产妇生育证明等制度的情况。建立月信息反馈制度，定时向人口计生部门通报相关信息。制定全县提高出生人口素质的规划及相关的技术服务标准，并组织实施。结合本部门职能，出台对计划生育家庭的优先优惠政策。

县工商局：在企业年检和工商执照的领取、换发时做好计划生育的宣传教育工作，并发好告知书。建立流动人口计划生育联系网络，督促基层工商部门配合有关镇、街道计生部门抓好各市场内的流动人口计划生育宣传、管理、服务工作，落实流动人口计划生育管理职责。

县法院：依法及时受理公民、法人和其他组织提起的计划生育行政诉讼案件以及行政机关申请强制执行的非诉讼计划生育行政案件，加大执行力度，提高执结率；支持、指导计生部门开展计划生育合同管理。

2009年10月21日，县政府召开人口和计划生育工作联席会议。副县长李海洋主持会议，县委副书记、联席会议召集人阮建尧讲话，县人口和计划生育联席会议全体成员参加会议。会议听取县人口计生局局长朱潮美《关于全县人口和计划生育工作的情况通报》，要求各成员单位结合本职，明确职责，抓好落实，形成齐抓共管合力。会议还讨论并通过《绍兴县人口与计划生育联席会议成员单位职责》，县卫生局、县民政局、县司法局、县文广局、县建管（房管）局等部门提出修改意见。

会议要求根据修改意见加以完善，由县人口和计划生育联席会议办公室做好具体的联络协调工作，并行文下发，明确各成员单位的职责。县委副书记阮建尧在会上对全县人口计生工作和人口与计划生育联席会议成员单位职责表示同意，肯定成绩，要求各成员部门认清形势，加强领导，密切配合，狠抓落实，推进全县人口计生工作再上新台阶。

第四节　内设科室

一、设置过程

1986年12月，县计生委要求县编委批准设立“二股一室”，即计划财务股、宣传教育股、办公室，以有利于计划生育工作的开展，促进管理科学化、规范化。

1992年10月5日，县计生委请示县编委要求内设“三股一室”，即：计划财务股、宣传教育股、技术业务股、办公室，按编制定员15人分工。同年10月12日，县编委下发《关于同意设置股室的批复》予以同意。

1995年2月，县计生委上报县编委《关于要求调整科室的请示》，要求将原股室改为科室，并新增设政策法规科。同年3月28日，县编委批复同意县计生委设计划财务科、宣传教育科、技术业务科、办公室，新设政策法规科。

2009年8月15日，县人口计生局按照县府办《关于县级行政机关内部实行行政审批职能归并的实施意见》，编制县人口计生行政审批职能归并方案，按照“撤一建一”的要求，拟撤销“规划统计科”，设立“行政审批服务科”，集中行使行政审批职能。

2011年4月18日，县人口计生局请示县编委，要求将原挂靠在局政策法规科的流动人口管理办公室单设为流动人口服务管理科，并相应增加2名编制。

二、科室职能

（一）绍兴县计划生育委员会内设科室职能

根据1997年3月15日县编委印发的《绍兴县计划生育委员会职能配置、内设机构和人员编制方案》，县计生委各科室的职能为：

1. 办公室。协助委领导负责综合全县计划生育工作情况；负责政务信息、督促检查、综合协调、公文处理、秘书文字；负责综合性会议组织、档案管理、保密、保卫、行政后勤服务和接待工作；负责人大代表、政协委员有关计划生育的议案、提案办理工作。负责委机关直属单位的机构、编制和干部、职工的人事管理工作，指导计划生育系统干部队伍建设；负责委机关退休老干部管理与服务工作。

2. 宣传教育科。负责拟订人口与计划生育宣传教育方案和规划，组织开展全民性的人口与计划生育的宣传教育，普及计划生育方针政策和避孕节育、优生优育等科学知识；协同新闻、宣传、文化等部门开展人口与计划生育宣传；负责计划生育干部培训。负责有关外事宣传工作；负责新家庭计划活动日常工作；负责计划生育协会、人口学会的日常工作。

3. 计划财务科。会同县计划与经济委员会编制、调整全县中长期人口发展规划及年度计划；负责对各镇人口计划执行情况进行检查评估，搞好人口计划管理，负责照顾生育二孩对象的审批。负责生育统计工作；负责计划生育基层规范化管理和基础建设；组织进行计划生育的抽样调查和专项调查；制订督促检查、考核评估、量化结算各乡镇人口与计划生育目标管理责任制；指导各乡镇实行人口与计划生育目标管理责任制；负责全县计划生育计算机信息管理系统的建设。编制县级计划生育经费和基本建设投资、预算、决算草案，指导监督直属单位计划生育经费的使用，拟定计划生育财务管理的规章制度和办法，加强对计划生育费的管理和使用；拟定全县计划生育药具经费分配方案。

4. 政策法规科（流动人口计划生育管理办公室）。负责研究、起草有关绍兴县计划生育贯彻实施的规范性文件；协同有关部门制订有利于人口与计划生育工作的社会经济政策；负责群众来信来访；指导基层依法行政，查处计划生育方面的违法案件；依法开展计划生育行政复议和行政应诉工作；对计划生育中出现的新情况、新问题进行综合性、前瞻性研究；负责实行流动人口综合治理，督促、指导基层做好流动人口计划生育证明的出证、验证工作，组织开展流动人口计划生育稽查。

5. 技术业务科。负责全县计划生育技术服务的综合管理；负责抓好计划生育服务网络建设；负责计划生育新技术的引进与推广；综合协调计划生育优质服务工作；负责计划生育科研的实施和科研成果的鉴定、评审；负责规划组织计划生育节育手术并发症、后遗症的鉴定和并发症、后遗症对象的管理；负责组织病残儿童的鉴定；负责编制计划生育药具计划，指导、督促计划生育避孕药具的供应和管理工作；负责全县计划生育手术经费的审核和管理。

（二）绍兴县人口与计划生育局内设科室职能

2002年1月16日，县编委印发《关于绍兴县人口与计划生育局职能配置、内设机构和人员编制规定的通知》，县人口与计划生育局内设各科室的职能为：

1. 办公室。协助局领导负责综合全县人口与计划生育工作情况；负责起草重要文稿、报告；负责文电处理、秘书事务、档案资料、政务信息、文史建志、保密、会务、文印工作；负责机关工作的综合协调和督办；负责行政后勤管理和接待工作。负责局机关、直属单位的机构、编制和干部职工的人事、工资管理工作；指导人口与计划生育系统干部队伍建设；负责全县人口与计划生育系统初、中级卫生专业技术职称的初评工作；负责全县人口与计划生育系统干部学历教育和专业技术人员继续教育工作；负责局机关退休干部管理与服务工作；编制县级人口与计划生育经费和基本建设投资、预算、决算草案，指导监督直属单位经费的使用；制订人口与计划生育财务管理的规章制度和办法；制订全县计划生育药具经费分配方案；负责本局及直属单位经费和国有资产管理及清产核资工作。

2. 宣传教育科。制订人口与计划生育宣传教育工作计划，组织开展全民性人口与计划生育宣传教育；协同新闻、宣传、文化、教育等部门开展人口与计划生育宣传；规范对人口与计划生育宣传品的管理；负责人口与计划生育干部培训和指导基层实施培训计划；负责计划生育对外宣传工作；负责人口学会的日常工作，组织人口与计划生育理论研究。

3. 科学技术科。负责全县计划生育技术服务的综合管理；负责综合协调计划生育优质服务工作；负责人口与计划生育科研的实施和科研成果的鉴定、评审；负责规划和组织有关业务技术培训和开展生殖健康、优生优育工作；负责组织计划生育节育手术并发症、后遗症的鉴定和并发症、后遗症对象的管理；负责组织独生子女病残儿童医学鉴定；负责计划内病理性引产对象的认证和核准；负责编制避孕药具计划，指导、督促避孕药具的供应和管理工作；负责协助全县避孕药具零售店的监督管理；负责编制全县计划生育手术经费包干计划及其手术经费的审核和管理。

4. 政策法规科（挂流动人口计划生育管理办公室牌子）。负责草拟有关绍兴县人口与计划生育的规范性文件；协同有关部门制订有利于人口与计划生育工作的社会经济政策；负责对执行人口与计划生育政策法规中出现的新情况、新问题进行综合性、前瞻性研究；负责本局行政执法责任制实施工作，指导基层依法行政、查处人口与计划生育方面的违法案件；依法开展人口与计划生育行政处罚、行政诉讼工作；负责群众来信来访和人大代表、政协委员有关计划生育议案、提案、意见的办理工作。负责起草流动人口计划生育管理的规范性文件；做好与县级公安、工商、劳动、交通、卫生、建设等部门流动人口管理的联系协调工作；督促、指导基层做好《流动人口婚育证明》的出证、验证工作，组织实施流动人口计划生育行政执法检查；负责流动人口计划生育现居住地为主管理体制的日常运转、检查和考核，负责全县流动人口计划生育统计、信息联系等业务；负责指导县城社区计划生育管理工作。

5. 规划统计科。会同县发展计划局编制、调整全县中长期人口发展规划及年度计划，搞好人口计划管理；指导各镇（街道）实施人口与计划生育目标管理责任制；负责人口与计划生育统计工作；负责人口与计划生育基层规范化管理和基础建设；组织人口与计划生育的抽样调查和专项调查；负责全县照顾生育第二胎的认证和审批；负责全县特殊情况照顾生育第二胎的认证和报批；负责绝育吻合手术对象的认证和核准；负责全县人口与计划生育信息系统的规划、管理和指导。

（三）绍兴县人口和计划生育局内设科室职能

2011年，县编委印发《绍兴县人口和计划生育局主要职责内设机构和人员编制规定》，县人口和计划生育局各内设机构的职能为：

1. 办公室。协助局领导负责综合全县人口和计划生育工作情况；组织协调重大问题的调查研究、综合分析和重大事项督查督办；负责机关文电、机要、档案和政务信息、安全保密、文史建志、会务等工作；负责机关行政后勤服务和接待工作；负责指导人口和计划生育综合改革工作；负责县人大代表建议、县政协委员提案的承办工作；拟订人口和计划生育系统干部队伍建设和教育培训规划并指导落实；指导全县人口和计划生育公共服务网络体系建设；负责局机关和直属单位的机构编制及人事、工资管理工作；指导人口和计划生育系统干部队伍建设；负责全县人口和计划生育系统初、中级卫生专业技术职称的初审初评工作；负责全县人口和计划生育系统干部学历教育和专业技术人员继续教育工作；负责局机关退休干部管理与服务工作；编制部门预决算草案；拟订人口和计划生育公共建设投资计划；提出人口和计划生育经费分配建议，指导、监督人口和计划生育经费、奖励扶助经费及社会抚养费的管理使用；拟订人口和计划生育财务管理的规章制度和办法；负责本局及直属单位财务和国有资产管理工作；负责直属单位审计工作。

2. 宣传教育科。负责拟订人口和计划生育宣传教育工作规划；组织协调人口和计划生育宣传教育工作；负责抓好人口和计划生育宣传网络建设和对外宣传工作；组织新闻发布；组织人口和计划生育理论研究；规范对人口和计划生育宣传品的管理；承担协调出生人口性别比治理工作；负责婚育新风进万家活动；负责人口学会的日常工作。

3. 政策法规科。组织人口和计划生育政策的综合性、前瞻性研究；起草人口和计划生育的规范性文件和政策建议，组织监督检查执行情况；指导基层依法行政，查处计划生育违法案件，承担行政复议工作；负责群众来信来访的办理工作；依法开展人口和计划生育行政征收、行政诉讼工作；制订并指导县级机关相关部门实施人口和计划生育目标管理责任制，组织开展检查评估工作；负责本局行政执法责任制实施工作。

4. 流动人口服务管理科。负责提出促进人口有序流动、合理分布和服务管理的政策建议；拟订流动人口计划生育服务管理工作规划；研究规范流动人口计划生育服务管理工作制度；协调有关部门建立流动人口计划生育信息共享和公共服务工作机制；督促、指导基层做好流动人口服务与管理工作；负责全县流动人口计划生育统计、信息工作。

5. 科学技术科。拟订全县计划生育技术服务发展规划并监督实施，负责计划生育技术服务的监督管理；协同有关部门做好降低出生缺陷干预工作；研究和依法规范计划生育药具管理制度；推动实施计划生育的生殖健康促进计划；承担依法公布计划生育技术服务信息工作；负责全县计划生育技术服务机构的规划、管理，负责综合协调计划生育优质服务工作；负责组织计划生育节育手术并发症、后遗症的鉴定和并发症、后遗症对象的管理；负责人口和计划生育科研的实施和科研成果的鉴定、评审；负责编制全县计划生育手术经费包干计划及其手术经费的审核和管理。

6. 行政服务科。组织对人口和计划生育重大问题的综合性、前瞻性研究，提出绍兴县的人口发展战略建议；拟订人口和计划生育工作的规划、计划；承担相关的监督、评估和考核工作；分析人口发展动态，提出发布人口和计划生育安全预警预报的建议；承担计划生育统计工作；负责拟订人口和计划生育系统的信息化建设规划；负责基层基础规范化管理工作；组织人口和计划生育的抽样调查和专项调查；指导各镇（街道、开发区）实施人口和计划生育目标管理责任制；推动完善计划生育利益导向机制及日常管理工作；负责全县的再生育和特殊情况照顾生育对象的认证和审批；负责全县复通手术审批；负责全县《计划生育技术服务人员合格证》核发；负责全县镇（街道）《计划生育技术服务机构执业许可证》核发和年检年审工作；负责组织全县独生子女病残儿童医学鉴定的审核；负责全县非医学需要的中期以上终止妊娠审批。局行政审批职能向行政服务科集中，其他科室不再履行集中的行政审批职能。

三、各科室负责人

（一）办公室

主　任：张春琴（1991.1—2000.12）　姚兴海（2000.12—2008.4）
余雅娟（2008.4—2013.11）

副主任：姚兴海（1994.2—2000.12）　王梅花（2002.7—2003.7）
黄荣彪（2003.12—2004.6）　陈　娟（2007.5—2008.4）
肖　燕（2008.4—2009.2）　孟万龙（2009.2—2013.11）

（二）宣传教育科（股）

科（股）长：方国良（1993.3—2001.2）
黄荣彪（2004.6—2005.11）
孟万龙（2007.5—2008.1）
俞林萍（2008.1—2013.11）

副科（股）长：方国良（1990.12—1993.3）
卢　红（2007.5—2008.1）
孟万龙（2008.1—2009.2）
肖　燕（2009.2—2011.4）

（三）科学技术科（技术业务股）

科（股）长：胡春英（1993.3—2001.2）
余雅娟（2005.1—2008.4）

朱明明（2012.12—2013.11）

副科（股）长：潘芝英（1990.12—1993.3）

朱明明（2008.4—2012.12）

（四）政策法规科

科　长：于丽华（1995.4—2003.5）　王梅花（2003.7—2006.3）

沈建华（2008.4—2009.9）　董水芬（2010.9—2013.11）

副科长：孟万龙（2006.3—2007.5）　沈建华（2007.5—2008.4）

董水芬（2009.9—2010.9）　沈琴梅（2012.12—2013.11）

（五）规划统计科

科　长：余雅娟（2002.6—2008.4）　陈　娟（2008.4—2009.11）

副科长：王红坤（2003.7—2003.12）　陈　娟（2006.10—2007.5）

（六）计划财务股(科)

科（股）长：谢淑美（1991.1—1997.10）

副科（股）长：胡凤妹（1995.4—2001.2）

余雅娟（1997.10—2002.6）

（七）行政服务科

科　长：陈　娟（2009.11—2013.11）

副科长：肖　燕（2011.4—2012.12）

（八）流动人口服务管理科

科　长：董水芬(2012.12—2013.11)

第五节　下属单位

一、绍兴县计划生育协会秘书科

2001年3月30日，县编委下发《关于绍兴县计划生育协会机构编制事宜的批复》，同意县计生协会设立秘书科，核定财政全额拨款事业编制2名，人员从县计划生育指导站内调剂，专职从事计划生育协会工作。

二、绍兴县计划生育宣传技术指导站(生殖健康保健院)

1984年3月，县政府下发《关于建立县计划生育宣传(技术)指导站的通知》，决定成立县计划生育宣传(技术)指导站，作为县计生委隶属下的事业单位，人员编制7-8人。后于1995年9月增挂县生殖健康服务中心牌子。2003年7月15日，县编委同意绍兴县计划生育宣传技术指导站增挂绍兴县生殖保健院牌子。

三、绍兴县流动人口计划生育管理服务中心

1998年1月，县计生委要求设立绍兴县流动人口计划生育管理办公室。同年4月8日，县编委下发《关于建立绍兴县中国轻纺城流动人口计划生育管理服务中心的批复》，性质为全民事业单位，经费自理，定编5名。2002年3月，县计生委向县编委报送《关于要求设立绍兴县流动人口计划生育稽查大队的请示》。同年4月，县编委下发《关于建立绍兴县流动人口计划生育稽查大队的批复》，撤销绍兴县中国轻纺城流动人口计划生育管理服务中心。同意建立绍兴县流动人口计划生育稽查大队，定编3名，为全额拨款事业单位。主要从事流动人口计划生育稽查、宣传教育、统计、服务等。2004年3月，绍兴县流动人口计划生育稽查大队更名为绍兴县流动人口计划生育管理服务中心，原职能、编制、性质等不变。

第六节　　基层网络

基层工作网络是指乡镇、村、组及城市街道、居委会的计划生育工作机构及人员组成，包括乡(镇、街道)计划生育专职干部、医疗技术服务人员及村(居)计生工作人员，通常被称为基层一线的计划生育组织。

1990年，全县62个乡镇建立计划生育办公室，1015个村(居)均落实计划生育工作人员。

1992年，全县加强计划生育技术服务工作，62个乡镇的计划生育技术服务站建设走上有序发展的轨道。

1995年，全县各乡镇都建立独立、规范的计划生育技术服务体系。

2000年，为推进依法行政，全县各镇人民政府及街道办事处计划生育办公室均设置相应的公务员岗位。

2003年，在乡镇机构改革中，计生办并入社会事业和保障办公室，仍配备计划生育专职干部。

镇（街道)计划生育机构在本辖区的人口与计划生育工作负有管理责任。

2005年10月，县人口计生局《关于镇(街道)机关计划生育岗位设置和职责界定的指导意见》明确镇(街道)人口和计划生育工作的职责与任务。其主要任务是围绕稳定低生育水平、提高出生人口素质和提高群众满意度的总目标，采取宣传教育、技术服务，建立健全奖励和社会保障制度等综合措施，动员和组织群众贯彻执行党和国家有关人口和计划生育工作的方针政策、法律法规，落实人口和计划生育目标管理责任制，实现人口与经济、社会、资源、环境的协调发展和可持续发展。主要职责是：组织实施人口和计划生育目标管理责任制；开展人口和计划生育宣传教育；管理人口和计划生育技术服务；落实人口和计划生育法律法规；做好人口和计划生育统计工作；加强流动人口计划生育管理服务工作；组建计划生育协会并指导好工作；建立有利于人口和计划生育工作的利益导向和社会保障制度。

村(居)民委员会设立计划生育委员会，配备计划生育服务员，具体负责计划生育工作。

机关、团体、事业单位负责人主管本单位的人口与计划生育工作。

企业的计划生育管理工作实行法人负责制。

第二章 队伍建设

绍兴县人口和计划生育队伍建设始于20世纪70年代，经历了一个从建立、健全、发展壮大和人员素质不断提高的过程，成为执行计划生育基本国策、完成人口计划和计划生育各项目标任务的中坚力量。

第一节　队伍与数量结构

1983年12月，从县计生委成立起，全县加强计划生育干部力量，临时招用15名计划生育工作人员。到1984年2月，县计生委向县劳动局提出要求，对15名临时招用人员决定继续留用一年。后县劳动局批复同意，要求与个人签订好合同，到期辞退。

1984年1月5日，县计生委考虑到经济、收发、人事、行政事务与县卫生局分开，计划生育工作任务重、难度大等实际问题，请示县委组织部要求按县委拟定的编制从速解决和配套工作班子问题。同年4月，县计生委要求增加计划生育工作人员，改革劳动用工制度，请示省计生委补齐15名计划生育专职人员缺额，按全民职工录用。同年5月10日，县人事局同意60名乡镇计划生育专职人员转为国家正式干部。同年6月15日，县计生委请示县委组织部，将2名长期在县计生办从事计划生育工作人员由事业编制转为行政编制。加强区级机关计划生育工作队伍，将6名临时调用的计划生育专职干部正式调入相关的六个区公所，担任计划生育专职工作。同年7月24日，又有1名计划生育干部转为国家正式干部。同年10月5日，省编委、省劳动人事厅、省财政厅、省计生委联合下发《关于认真做好计划生育专职干部招聘与录用工作的通知》，确定绍兴县计划生育专职干部编制总数73人，其中1979年下达数为63人，1984增加编制人数10人。同年12月7日，县劳动局下达给县计划生育办公室8名第三批全民招工计划。

1986年2月13日，县人事局同意吸收5名计划生育工作人员转为国家干部。同年12月22日，县人事局确定马学林等5名同志的行政职务为科员。

1987年，全县有计划生育专职干部75名，助理员30多名。

1989年12月20日，县人事局、县计生委请示省计生委帮助解决20名计划生育干部招聘指标。同年11月29日，县计生委请示县府办解决20名大集体指标。

1990年9月15日，县编委批复增加县计生委计划生育干部行政编制3人，其中1人属计划生育协会编制。同年10月22日，县计生委请示县政府要求解决基层2名计划生育干部农转非指标，到11月15日，县公安局批复在同等条件下给予优先照顾。同年12月22日，县计生委致函县人事局要求解决2名招工指标，时隔一天，县人事局批复同意县计生委招收2名全民合同制工人，充实下属计生队伍。

1992年1月16日，县委组织部、县人事局、县计生委联合决定招聘25名计划生育专职干部，到8月1日，招聘17名乡镇事业性质专职计生干部。同年11月14日，再次招聘7名乡镇事业性质专职计生干部。

1994年8月，县计生委会同县人事局面向社会首次招聘41名乡镇计划生育服务站人员。

1996年3月，全县有75名计生专职干部，属于干部性质的37人，招聘干部34人，工人性质4人。其中年龄在40－50岁的有37人，占49%，有50%的计生干部在计生岗位上工作达16年之多。同年4月22日，县府办批准县人事局、县财政局、县计生委《关于招聘镇（乡）计划生育干部的请示》，同意首次向社会公开招聘10名镇（乡）计划生育干部。县人事局、县计生委即拟定绍兴县招聘计划生育专职干部实施意见。同年6月20日，10名计划生育干部公开招考到位，《中国人口报》对此作专题报道。

1997年4月，县计生委增加行政编制3名、协会编制2名，落实12名镇计生专干事业转行政，在应届大中专毕业生中招考10名计生干部。同年7月21日，经县委组织部、县人事局同意，对工作表现好，专职从事计划生育工作15年以上，年龄在45岁以下；镇计划生育业务负责4年以上；所在镇计划生育工作自1992年以来3次评上县级先进集体或2次评上红旗单位，虽不是镇计生业务负责人，但符合以上第一项且工作期间获得省级以上单项计生先进个人1次或市级劳模1次或“七五”和“八五”计生先进个人的12位乡镇计生专干由事业编制转为行政编制。同年7月25日，根据县人事局通知再次录用2名计划生育国家干部。同年9月15日，县计生委召开1996－1997分配、招聘的19名计生专职干部会。是年，全县在编镇（乡）计划生育专干达到88名，其中正式编制事业干部40名，省招聘干部34名，县招聘干部10名，合同制工人3名，工人1名。年龄在40岁以上的37名，占42%；文化在高中以下的33名，占37.5%；从事计生岗位工作19年以上的32名，占36.36%。

1998年11月3日，县委组织部、县人事局《关于将使用事业编制的乡镇计划生育专职干部改用行政编制并按公务员制度进行管理的通知》，同意将全县76名乡镇计生干部分三批由事业编制改用行政编制并按公务员制度进行管理，分期分批办理手续，经考核合格后过渡为国家公务员。过渡后仍继续实行聘任制，不符合过渡条件的，予以解聘。同年11月15日，县编委批复同意，在县计划生育宣传技术指导站中增加事业编制2名，专职从事县计划生育协会工作。全县173名计生干部职工，有56人参加公务员岗位专业培训，有64人参加大中专以上学历教育，有34人接受继续教育。

1999年，全县有县镇二级计生干部201人，其中县计生委16名，协会专职干部3名，镇计生公务员91人。根据统计，有56人参加公务员专业培训，有64人参加大专以上学历教育，其中40余人取得学历证书，47名专业技术人员参加继续教育。乡镇服务站人员主要通过进修、自学、函授等途经提高业务素养。

2000年6月，全县共有县、镇计生干部235人。县计生委17人，其中公务员15名，研究生班结业1人，大学本科毕业3人，在读大学本科4人，大专学历5人。县计生协会专职干部3人。县计生指导站专业技术人员28人。镇计生干部190名，其中公务员88名。已获本科学历的3人，大专学历（含大专专业证书）的65人，在读大专5人，中专8人，高中毕业7人；管理技术人员102人。

2002年，县计生委深化干部人事制度改革，建立人员准入制度，坚持“凡进必考”，面向社会公开招考2名事业单位工作人员和1名局机关公务员。

2003年，全县有计生干部185名，其中行政编制69名，副业编制70名，自聘干部46名。有高级技术职称1人，中级技术职称15人。

2004年7月，县人口计生局首次招考应届大学毕业生公务员1名。

2006年，县人口计生局再次面向社会公开招考2名局机关公务员。

2008年，县人口计生局选派1名局机关中层干部赴稽东挂职锻炼。

2009年，县人口计生局机关有公务员14名，县流动人口计生管理服务中心和县计生指导站有全额拨款事业编制27名。镇（街道）有人口计生专职干部有106人，其中公务员编制30人，事业编制计生服务站人员34名，其他32名。

2010年10月，局机关有行政编制人员15人，下属两家事业单位共29人。全县19个镇（街道）在职计生干部（或者说以从事人口计生工作为主的人员）共97人。从身份情况看，镇（街道）从事计生工作的公务员29人，占29.89%；计划生育服务站事业编制23人，占23.71%；其他事业编制11人，占11.34%；自聘人员34人，占35.05%；全部为女性计生干部。之前仅有的2名男性计生干部已转他岗。从年龄情况看，在职镇（街道）计生干部中，30岁以下的11人，占11.34%；31-40岁的39人，占40.21%；41-50岁的35人，占36.08%；50岁以上的12人，占12.37%。平均年龄40岁，最大的55岁，其中54-55岁的4人；最小的25岁，其中25-26岁的7人。从学历情况看，镇（街道）计生干部本科学历的有33人，占34.02%；大专学历37人，占38.14%；高中及中专学历27人，占27.84%。从任职情况看，镇（街道）从事计生工作5年以下的17人，占17.53%；5-10年的8人，占8.2%；10-15年的19人，占19.59%；15-20年的28人，占28.87%；20年以上的25人，占25.77%。

2011年，县人口计生局及下属事业单位共有公务员15名，全额拨款事业编制工作人员29名。镇(街道、开发区)有计生干部113人，其中公务员编制计生干部39人，各镇（街道、开发区）都至少配备1名以上公务员计生干部，并根据“万人一干”的要求配足工作人员。在公务员招考中，单列招考2名局机关公务员。在事业单位人员招考中，按需招考和选调计生技术服务工作人员7名，全县计生干部队伍得到稳定和优化。

第二节　干部教育培训

绍兴县人口和计划生育干部教育培训包括各级党政领导干部和计划生育专职干部的教育培训。20世纪80年代初，教育培训主要是计划生育基础知识、避孕节育知识和技术。之后，教育培训的重点转向提高干部的政治思想理论素质、把握和执行政策法规的能力、管理和服务水平。教育培训活动形式也由起初的以会代训发展到举办专业培训，培训内容包括人口理论、计划生育方针政策、人口统计知识、宣传教育方法、计算机应用、优生优育、避孕节育技术、避孕药具管理与发放、计划生育协会工作等专业知识和技术。

一、各级党政领导的教育培训

2001年4月27日，县政府召开各镇计划生育分管领导会议，汇报交流全县计划生育会议精神贯彻落实情况及避孕方法知情选择工作进展情况，并进行计划生育政策法规培训。组织18名技术上有专长的专职干部进行为期一个多月的业务培训，并参加职称考试，获得技术职称。

2004年11月24日至30日，县人口计生局会同县委组织部在县委党校举办全县党政计划生育分管领导培训班，培训内容为加强党的执政建设能力专题辅导；人口与计划生育法制建设与依法行政；优质服务研讨与工作思路考察。各镇（街道）分管领导、计生业务负责人，与县政府签订人口与计划生育目标管理责任书的县级相关部门分管领导参加。

2007年4月11日至13日，县政府在南京人口管理干部学院举办为期三天的学习

《中共中央国务院关于全面加强人口和计划生育工作统筹解决人口问题的决定》专题研修班。各镇（街道）分管计生工作的领导、计生办业务负责人和县人口计生局中层以上干部共47人参加学习。

2008年3月6日，省人口计生委党组书记、主任章文彪应邀前来绍兴县作人口问题在落实科学发展观中的重要地位、人口发展历程、人口安全问题、当前及今后一个时期人口计生工作的主要任务的专场报告。

二、计划生育专职干部教育培训

1987年8月5日至9月2日，全县举办由符合职称改革拟升“士”“师”任职条件的区、乡（镇）计划生育专职干部培训班。

1989年9月6日至12日，县计生委、县委党校联合举办计划生育专职干部培训班，副县长章榴先出席开班仪式并作动员讲话。

1992年10月5日至17日，县计生委在县委党校参加市计生委举办的计划生育干部岗位及P35项目培训，首期共11人参加。第二期于10月22日至11月4日举行，8人参加。

1993年4月20日至29日，全县分期在县计生指导站举行计划生育14个示范村、69个重点村的妇女主任计划生育基础知识和规范化管理岗位培训班。

1994年3月3日至5日，经县政府同意，县计生委举办计划生育专职干部培训班，探讨改革开放后计划生育管理工作方法，赴萧山市靖江镇学习考察孕前管理工作。副县长齐宽明参加会议并讲话。同年7月31日至8月6日，县计生委举办镇（乡）计划生育服务站新招录人员业务培训班。同年12月16日，举办镇（乡）避孕药具专管员培训班，提高药具专管员的管理水平。

1996年6月20日，全县举办部门流动人口计划生育管理培训班，推进流动人口宣传、管理协调和统计工作。同年7月29日至8月2日，县计生委举办新招录计划生育专职干部及部分服务站人员培训班。

1997年8月21日，县计生委举办计划生育政策法规培训班，各镇计生专干、计生征收案件主要承办人参加。县司法局、县统计局、县法院及市计生委等专业人员授课。

1998年10月12日至13日，县计生委举办镇服务站人员业务培训班，部署服务站规范化管理和优质服务评估工作。

1999年5月27日，县计生委举办镇级服务站药具管理员培训班。6月14日至17日，在市委党校举办新参加计生队伍干部培训班。9月22日至23日，举办计划生育公务员专门知识培训班，各镇在岗位行政编制的计划生育公务员参加培训。

2000年4月18日至20日，县计生委举办人口与计划生育师资培训班，推动婚育新风进万家活动和计划生育优质服务。培训内容有政策法规、统计知识、避孕原理与方法、优生与生殖健康、人口知识、协会工作等，培训结束后进行考核。各镇计生专干和负责片的助理员分两批参加，第二批于4月25日至27日参加。同年，县、镇计划生育系统公务员全部参加公务员专业知识培训，其中参加省培训的3人，参加市培训的100人，考试全部合格，取得由人事部门颁发的《国家公务员培训合格证书》，接受集中培训率100%，考试合格率100%。

2003年7月11日，县人口计生局举行镇（街道）计生工作人员人口与计划生育业务知识考试，合格率达99.40%。

2004年3月11日，县人口计生局在县委党校对全县村级计生干部进行为期两天的业务知识轮训，140名镇（街道）计生干部参加以“一法三规”为主要内容的计生业务知识培训和闭卷考试。

2005年9月12日，县人口计生局举行计划生育信息化工作培训班，50名镇（街道、开发区）计生干部参加。

2006年11月28日，县人口计生局在县委党校举办镇（街道）人口计生干部业务知识培训班，共100多人参加培训。同年12月12日，县人口计生局、县外管办在县委党校举行外来人口管理服务工作业务培训班，各镇(街道)外管办主任、计生业务负责人，派出所分管副所长参加。

2007年9月27日，县人口计生局在县行政学校举行全县人口计生干部岗位技能大比武，有19个团队共57人参加。大比武内容涉及人口和计划生育工作各方面的应知应会知识；计算机操作内容包括word、excel的应用及人口和计划生育指标计算。同年11月20日，县人口计生局举办人口计生系统艾滋病知识和防治策略培训班。

2008年6月10日，县政府在县行政中心举办由各镇（街道）计生干部、各村（社区、居）计生主任共500多人参加的业务培训班。副县长张荣社出席会议并作开班动员。省人口计生委宣教处徐文平处长作专题讲座。业务培训后，省人口计生系统先进事迹报告团福全镇福全山村计生主任和锡琼等3名成员作先进事迹报告。同年10月21日，县人口计生局在南京人口管理干部学院举办由各镇（街道）计生业务负责人和局中层以上干部参加的《计划生育依法行政及其案例分析》业务培训班。同年12月11日至12日，全县在省计划生育干部培训中心举办县、镇（街道）人口计生干部业务培训班，100多名计生干部参加。特邀省人口计生委副主任宋贤能和各相关处室负责人授课，授课内容为当前人口和计划生育工作面临的形势和主要任务、人口和计划生育政策法规、规划统计、技术服务、艾滋病预防等。

2009年8月20日至21日，县人口计生局举行流动人口统计信息工作培训。省人口计生委政法流管处处长张仲仁作《流动人口计划生育工作条例》解读，县流动办主任滕瑛作《浙江省流动人口居住登记条例》解读，县人口计生局局长助理姚兴海作流动人口统计信息工作部署和业务操作辅导。各镇（街道）计生干部和局机关干部共70余人参加。在县内分片对562名基层计生干部进行优生促进工程实施工作业务培训、B超查环查孕技术和绝经后宫内节育器取出技术培训、基层工作人员随访规范培训，以及计生业务负责人统计业务培训。

2010年5月14日，县人口计生局举行镇（街道）人口计生干部依法行政及统计业务培训。市人口计生委、县人民法院行政庭、县人口计生局作《社会抚养费征收》《非诉案件的注意事项及建议》《浙江省生育政策的演变及再生育审批存在的问题》及统计业务辅导讲座。分批组织11名镇（街道）计生干部到杭州进行业务培训，增加知识储备，提高计划生育队伍业务水平和整体素质。同年5月18日，全县举办村级人口和计划生育干部培训班。省人口计生委宣教处徐文平处长和市人大常委会常委、绍兴文理学院周一农教授分别作“三优”促进工作和沟通交流工作专题讲座，共430余名村（居、社区）计生干部及县人口计生局和下属事业单位负责人参加培训。

2012年4月，县人口计生局对70余名镇（街道、开发区）计生办负责人及行政执法办案骨干进行计划生育政策、社会抚养费征收等业务培训。同年5月，对新上岗计生服务员进行计生基本业务知识培训，编印和发放《绍兴县人口和计划生育工作实用手册》，作为基层计生干部培训教材。

2013年1月17日，县人口计生局举办国家免费孕前优生健康检查项目培训班，各镇（街道、开发区）计生服务站负责人参加培训。培训采用现场操作演示的方法讲解系统应用、操作事项、注意问题等内容。同年8月，组织各镇（街道、开发区）计生业务主任、局全体干部、下属单位领导共35人，在省计划生育干部培训中心参加《国免项目与随访服务》《大转型时代的舆情管理》等课程培训，全面提高计生干部的整体业务素质和综合服务能力。

第三节　干部管理

人口和计划生育干部管理是主管部门利用干部任用制、干部岗位责任制和奖惩制度的职能手段，调整人与人、人与事、人与组织的关系，为干部保护自身权益、落实计划生育基本国策、完成人口和计划生育工作目标任务服务。

一、岗位责任制

1984年9月，县计生委建立干部岗位责任制，使计划生育工作更好服从于、服务于党的总任务、总目标，适应改革需要，搞好机关工作，开创全县计划生育工作新局面。

1. 主任岗位职责：

（1）负责计生委全面工作，组织制订人口规划，布置实施，及时汇报；

（2）领导组织计生委干部政治、业务学习，抓好思想工作，督促各组努力完成各项工作任务；

（3）深入基层调查研究，指导和帮助基层完善政策，解决问题；

（4）抓好专职干部队伍的思想建设和组织建设。

2. 副主任职责

协助主任工作，抓好宣传工作，搞好全县药具管理改革。

3. 办公室

（1）做好文书工作，来文及时登记、送审、交办，按时归档，不泄密，不丢失文件。按时装订文书档案。来信来访要求达到“件件有着落，封封有回音”，对上门来访群众热情、耐心；

（2）做好打字工作，文字材料做到字迹清晰、及时；

（3）做好计生委的文字工作。定期出好简报，搞好年终总结，抓典型交流，调查研究，配合各组协调工作；

（4）做好独生子女证的发放工作；

（5）出纳工作做到账目清楚，手续齐全。搞好办公用品购置保管、领发工作；

（6）完善、稳定计划生育专职干部队伍，提高干部素质。管好人事档案，做好干部的考察考试工作；

（7）协助领导安排和接待上级与基层来联系工作的同志。

4. 宣传、药具组

（1）积极宣传党对计划生育工作的方针、政策。以贯彻中央〔1984〕7号文件精神为中心，抓好一个乡的试点，搞好面上的宣传贯彻工作；

（2）努力为基层提供幻灯、黑板报、广播等宣传资料；每月开展1－2次人口理论、避孕知识、优生优育的广播宣传；收集、宣传计划生育工作中的好人好事、模范人物；指导办好柯桥、皋埠两个宣传窗，每两个月提供一次宣传资料；辅导、培训基层宣传队伍；

（3）做好药具仓库保管工作，做到物品摆放整齐，按时翻仓，因陋就简，尽量减少霉变，账、物、卡相符；

（4）每两个月向乡发放药物一次，准确计账。辅导区、乡搞好药具管理。培训专管员、联系员队伍；

（5）编好每年度药具品种、规格、型号、数量的计划，确保药具的供应量，同时杜绝浪费，节约费用；

（6）做好兄弟单位的参观接待工作。

5. 计财组

（1）及时、准确填报各类报表；

（2）预测近期、远期和当年人口规划，做好县政府参谋。做好资料、统计报表的积累和装订工作；

（3）辅导区、乡专职干部学习统计知识，开展培训一次；

（4）督促区、乡专职干部填报各类报表，整理计划生育工作的各类档案资料；

（5）做好病残小孩鉴定工作，合理安排生育指标；

（6）做好计划生育手术经费审查工作；

（7）按省计生委规定，做好计划生育手术并发症、后遗症病人的工作；

（8）遵守各项财务制度，遵守财经纪律，做好各类账目日清月结，账账相符，及时上报财务报表。督促区、乡用好计划生育费用。

随后，根据人口和计划生育职能的调整，以及形势和任务的变化，县计生委在不同时期结合工作实际和上级岗位责任制考核要求，对干部岗位责任制考核进行不断完善和调整、补充，沿用至今。干部岗位责任制执行情况，为干部年度总结、政绩考核、提拔任用、职称晋升和评先奖励等提供重要的依据。

二、专职干部岗位责任制

1984年1月起，县财税局、县计生委简化计划生育专职干部经费管理和会计核算，改变计划生育专职干部经费拨款渠道，由县财政税务局直接下拨给区公所及乡（镇）政府。

1987年8月10日，县计生委对安昌、大和两个乡的2名计划生育专职人员的劳动合同制工人进行工资性补贴。

1988年8月20日，县计生委获县财政税务局追加计划生育事业费支出预算4.5万元，用于计生干部抽样调查业务费等支出。同年12月6日，县计生委要求县政府拨款3万元计划生育经费，用于奖励各区、乡及基层干部，县政府于9日批复同意，由县财政拨款1万元，连同省奖励费2万元，作为计划生育干部奖励经费。12月7日，县计生委、县财税局对越南区王坛、龙峰、稽东三个乡配备计生助理员给予补助经费各1000元。此后，县计生委视情对经济有困难的区、乡（镇）进行经费补助。

1996年4月，县计生委制定《绍兴县1996年镇（乡）计划生育专职干部岗位责任制考核办法》。考评方法采用个人自评、所在镇（乡）政府评议呈报、县计生委办公室总评相结合，半年进行一次小结。考核内容为镇（乡）计划生育岗位责任制，占20分；专职干部业务工作，占80分。其中业务工作为“职业道德与综合工作能力、宣传工作、政策法规工作、信访工作、技术工作、人口计划工作、基础档案工作、流动人口管理、协会工作”9项。

1997年2月，县计生委对考核办法进行修订完善，取消镇（乡）计划生育岗位责任制考核20分和基础档案工作两项内容。全部实行业务工作考核，并首次公布1996年度考核结果，以后次年初公布考核结果。同年3月3日，县计生委召开计划生育专职干部大会，首次与89位计生专干签订岗位责任书，实行奖分和倒扣分，考核结果分三个等次，一、二等奖全额享受岗位津贴，三等奖减半享受。过于差的或者年度考核不称职或上级考核影响全县计生工作质量者取消岗位津贴。

1999年3月3日，89名考核对象中有6名被取消1998年度考核资格。

2000年2月13日，县计生委公布1999年度计划生育专职干部岗位责任制考核结果，一等奖21名，二等奖56名，三等奖7名。考核一等奖者全额享受计划生育岗位津贴，加发奖励100元。

计划生育专职干部岗位责任制考核，将计生专职干部的权责利捆在一起，计生专职干部的工作积极性得到充分调动。自1996年开始对计划生育专职干部实行岗位责任制考核后，县计生委逐年调整考核内容与方法，强化实数计生，稳定计生队伍，为确保完成计划生育工作目标任务起到了推动和促进作用。

附：　　2000年计划生育专职干部岗位责任书

为切实加强绍兴县计划生育基层基础工作，进一步增强全体专职干部的事业性和责任感，弘扬求真务实的工作作风，锐意进取，勇于创新，推动绍兴县计划生育工作再上新台阶，绍兴县计划生育委员会（以下简称甲方）与各镇计划生育专职干部（以下简称乙方）签订本责任书。

一、乙方2000年度应履行的岗位职责与工作任务

1. 坚决执行党的生育政策和有关法律法规和规章，加强理论业务学习，恪守职业道德，严格控制计划外生育。

2. 深化人口与计划生育基础知识教育，积极开展婚育新风进万家活动，办好镇村人口学校，向广大育龄群众传授避孕节育、优生优育、生殖健康等科普知识。动员组织参与新家庭计划活动，提高群众满意度。

3. 积极开展优质服务，认真搞好查孕查环查病工作，提高避孕药具使用率和有效率。

4. 坚持依法行政、文明执法。与所辖育龄人群签订好各种合同。

5. 认真负责地做好群众来信来访工作，按时完成上级交办的任务。

6. 加强人口计划的科学管理，统计质量与管理符合要求，不瞒报、漏报、错报。

7. 强化流动人口计划生育管理，认真落实各项管理与服务措施。

8. 做好计划生育协会工作，搞好计生系列保险工作。

二、甲方负责对乙方的培训、业务指导，并于次年初对乙方岗位职责履行情况

进行考核（具体考核办法另发）。根据乙方工作实绩，甲方负责兑现奖惩。

三、奖惩办法：甲方对乙方完成岗位职责与工作任务情况进行考核，考核结果分一等、二等、三等。一等者，全额享受当年岗位津贴，并上浮20%；二等者全额享受当年岗位津贴；三等者减半享受。工作严重失职，造成不良影响者，取消考核资格并给予相应处分。

四、本责任书有效期限：自甲、乙双方签订之日起至奖惩兑现止。

五、本责任书一式四份，甲乙双方各执一份，县委组织部、县人事局各存一份。

甲方单位：绍兴县计划生育委员会

甲方代表（签名）：　　　　　　乙方（签名）：

年　　月　　日

第四节　作风建设

绍兴县一直重视人口和计划生育干部的思想政治和作风建设，运用教育引导、制度规范和民主监督等措施，提高人口和计划生育干部的综合素质、行政能力和廉洁从政意识。

一、思想政治教育

1985年，县计生委开始整党。组织党员集体对照检查，摆问题，找原因，明是非，辨方向，提出整改措施。

1986年5月，县计生委在鉴湖乡开展计划生育“四有”教育试点，用共同的理想来团结广大群众自觉实行计划生育；用计划生育中顾全大局、尊重社会公德的好人好事来树立和发扬新道德风尚。通过表彰、宣传干部群众中的先进人物与优秀事迹，形成党员干部带头、婆婆带媳妇、夫妻互勉，人人争做“四有”新人的热潮。

1987年5月，县计生委机关党组制定《关于在班子成员中开展党性党风教育搞好个人党性分析的实施意见》，在班子成员和科室以上干部中深入开展党风党性教育、个人党性分析活动，重点围绕“理想观念、宗旨观念、求是观念、组织观念、纪律观念、道德观念”等“六种观念”进行对照、检查、整改，进一步明确对党性党风的认识及对党员权利和义务的认识，明确奋斗目标，使班子成员成为讲理想、讲宗旨、讲纪律、讲道德、讲实事、顾大局、求团结、重调查和廉洁自律的战斗集体。

1989年，县计生委开展坚持四项基本原则、反对资产阶级自由化的教育。

1990年11月，县计生委开展为期两个月的革命传统教育，促使全体机关干部了解党的光荣革命传统和艰苦创业精神，激发革命热情和革命事业心。

1991年11月，县计生委开展社会主义思想教育活动，通过联系实际总结反思和民主评议，从反和平演变斗争的高度，加强机关思想作风建设和党的自身建设，增强公仆意识和服务观念，切实改进机关作风，密切党群、干群关系。

1993年8月，县计生委作出思想作风建设安排，围绕深入学习党的十四大精神和邓小平视察南方重要谈话精神，认真总结经验、理清工作思路、创造性开展工作，坚持民主集中制原则、加强领导班子团结，振奋精神、转变作风、真抓实干，严肃纪律、加强党风廉政建设五方面内容，进行思想交流、开展谈心活动、召开民主生活会、组织社会主义市场经济知识竞赛等，完善和加强思想作风建设的各项制度。

1995年11月，县计生委开展思想作风教育活动，重点是上好党课、开展宣传、举办先进事迹报告会、学习先进人物，发扬敬业、求实、奉献、创新精神，并围绕求真务实、实事求是的作风等10方面问题进行对照检查，制订整改措施，转变机关干部的思想作风。

1996年11月，县计生委贯彻落实党的十四届六中全会精神，召开全县计划生育专职干部思想政治教育大会。

1999年，县计生委在全系统开展“让人民高兴、使人民放心、争当人民满意好公仆”和“奉献于事业、服务于人民，争做计生优秀工作者”等活动，引导计生干部职工树立一切为群众着想，切实改进工作作风，把为群众谋利益、办好事作为工作的出发点和落脚点，切实加强行业作风和职业道德建设。

2000年2月29日，县计生委部署开展“争做新时期育龄群众贴心人”活动。曾获国家、省、市计划生育先进工作者荣誉的8名计生干部宣读《争做新时期育龄群众贴心人倡议书》。同年3月，县计生委机关开展“致富思源、富而思进”主题教育活动，结合实际开展学习“三讲”“我为单位谏言献策”“怎样争做新时期育龄群众贴心人”“致富思源、富而思进”知识竞赛等活动。10月起，开展学习党的十五届五中全会精神，撰写学习心得，举行知识测验，举办党课教育等。

2001年6月，县计生委机关党员干部开展“三个代表”重要思想学习教育活动，通过举办报告会、座谈会、学习研讨会，重温入党誓词，提高党员干部实践“三个代表”重要思想的自觉性。

2002年，县人口计生局开展“文明机关创建”和“作风建设年、调查研究年”活动。进一步强化学习制度，加强廉政建设，规范内部管理，落实领导干部廉政承诺制，制定职业道德规范，落实“首问责任制”。

2003年5月，全国“非典”疫情发生后，县计生委充分发挥系统网络优势和资源优势，利用计生专干网络，计生协会网络、计生信息网络、计生服务网络等参与“非典”防治，对基层服务人员进行“非典”防治工作业务辅导，制定《计划生育系统参与全县农村非典防治工作预案》，积极宣传“非典”预防知识，重视外来人员和本地外出返乡人员的疫情监测、报告和应急处置工作，严格实行每日报告和“零报告”制度，做到参与做好“非典”防治工作与抓好计生工作“两不误”。

2004年1月，县人口计生局开展为期一年的效能建设活动，制定效能建设任务清单，每个干部提出一条合理化建议、找一处自身存在问题、拟一个努力整改方案、写一篇深入思考体会文章，实现内部管理有明显改善、服务意识有明显增强、办事效率有明显提高、执法行为有明显规范、队伍能力有明显提高、工作作风有明显转变的“六有”目标。

2005年1月，县计生委开展保持共产党员先进性教育活动，机关党员干部通过集中学习、学习“滨海精神”专题讨论、开展党性分析和谈心谈话，组织民主评议、撰写整改报告和进行群众满意度测评等，切实解决党员在思想、组织、作风以及工作方面的突出问题，实现提高党员素质、加强基层组织、服务人民群众、促进各项工作的教育目标。同年5月，开展廉政文化建设活动，突出“勤政清廉”内容，大力开展“唱廉政歌”“读廉政书”“看廉政片”“听廉政课”“写廉政文”“演廉政戏”为主要形式的活动。

2006年，县人口计生局切实加强作风建设，扎实搞好局机关领导干部诺廉评廉工作，建立机关干部联系镇（街道）制度和个人工作月报告制度。向社会各界寄发“行风调查函”，广泛征求意见。组织开展“三十佳”评选活动，激发广大计生干部更加爱岗敬业，为人口计生事业发展营造良好的社会氛围。

2007年1月，县人口计生局开展为期6个月党的十七大精神主题宣传教育活动。重点开展高举旗帜教育、科学发展教育和创新创业教育。按县纪委等有关部门的安排，于6月8日在县调频广播电台开展“行风广播对话”活动，加强与市民的沟通交流。

2008年5月12日，四川省汶川发生8.0级强烈地震。县人口计生局、县计生协会发动全系统干部职工开展“心系灾区、情系奥运”等活动，向灾区捐款、捐物。同年5月26日，县人口计生局系统29名党员以交特殊党费的形式捐款支援四川灾区，共交特殊党费2.77万元。

2009年3月，县人口计生局开展深入学习实践科学发展观活动。集中半年左右时间，按照“党员干部受教育、科学发展上水平、人民群众得实惠”的总要求，重点围绕“人本计生”“人文计生”“人情计生”“人利计生”建设，抓学习调研、分析检查、整改落实环节，推动学习实践活动“学出觉悟、找出目标、评出和谐、激出干劲、行出实效”。

2010年，县人口计生局开展“心系育龄群众、服务基层一线”主题实践活动，并推荐县计生指导站、局行政审批服务科参加县级行风效能建设评比。同年8月，县人口计生局开展创建先进基层党组织、争做优秀共产党员活动，重点开展“党建促发展示范党组织”和学习型党组织创建活动、党性再教育活动、岗位服务活动、帮困服务活动、深化作风建设年活动，达到推动发展、服务群众、凝聚人心、促进和谐的目标。

2011年，县人口计生局在全体党员干部和职工中开展廉政风险防范管理工作，人人查找风险点和制订防范措施。

2012年3月，县人口计生局开展创先争优活动。从重点改进作风、创新主题载体、突破重点工作、提升优质服务、计生利民惠民等方面创先争优，以优异的工作业绩向建党90周年献礼。同年3月，根据县作风办要求，开展“进村入企大走访”活动，以“进村入企、助推发展、强化服务”为主要内容，带真情，走基层，摸实情，送服务，促转型，通过走访、服务、调研等形式，集中4个月左右的时间，组织机关干部进村(居)、企业和农户进行走访调研，了解绍兴县发展环境及人口计生工作中存在的问题，广泛听取基层干部群众的意见，研究提出解决基层实际困难的对策建议及工作措施和长效机制。同年11月，县人口计生局开展“科学发展、创业创新”十八大精神主题教育实践活动。以“重在全面深入、重在广泛持久、重在推动工作”为基本要求，学习党的十八大精神和党章、科学发展观、县第十三次党代会精神、全县人口计生工作会议精神为主要内容，开展计生科普知识下乡宣传和为民办事、为民解困帮扶活动，撰写学习心得体会，深化优质服务，强化依法行政，健全利益导向机制，统筹解决人口问题。

2013年5月，县人口计生局开展“提三力、促发展”活动。全面开展提升“执行力、服务力、担当力”主题大讨论活动。在专题学习、辅导讲座、调查走访的基础上，重点开展“三看三查”：一看重点工作落实情况，查执行不力问题，看是否存在县委县政府和局党组决策部署、领导批示事项执行不坚决、不到位现象；二看群众满意情况，查服务不好问题，看是否存在服务承诺不落实、办事拖拉推诿现象；三看重点难点问题解决情况，查担当不强问题，看是否存在在其位不尽其责、遇难就退、推卸责任现象。每位干部职工对照“三力”要求，认真查找自身存在的问题，并撰写好剖析材料，上报局主要领导审阅。

二、党风廉政建设

1999年4月，县计生委党组实行党风廉政建设责任制，成立委党风廉政建设领导小组，制定实施办法和责任分工。

（一）党风廉政建设实施办法

实施党风廉政建设责任制，以邓小平理论为指导，坚持“两手抓，两手都要硬”的方针。贯彻执行党中央、国务院关于党风廉政建设和反腐败斗争的一系列指示精神。坚持党组统一领导、班子成员齐抓共管，依靠群众支持参与，把党风廉政建设作为党的建设的重要内容，与业务工作一起部署，一起落实，一起检查，一起考核。坚持从严治党，从严治政，立足教育，着眼防范。集体领导和个人分工负责相结合。

1. 责任范围和分工

委党组、委行政对本委职责范围内的党风廉政建设负全面领导责任。

委党组和行政领导干部，在党风廉政建设中承担如下责任：

（1）贯彻落实党中央、国务院和上级党委、政府关于党风廉政建设的部署和要求，结合实际，研究制定党风廉政建设工作计划和制度并组织实施。每半年专题分析研究范围内的党风廉政建设情况。

（2）标本兼治，综合治理，完善管理机制、监督机制，从源头上预防和治理腐败。

（3）组织党员干部学习邓小平关于党风廉政建设的理论，学习党风廉政建设法规，进行党风廉政教育，增强党员干部廉洁从政意识。

（4）按规定召开好领导班子廉政自律专题民主生活会，对照检查党风廉政建设责任制和廉政自律规定执行情况，开展批评和自我批评，纠正存在问题。

（5）认真处理党风廉政建设和反腐败斗争的来信来访。组织管辖范围内的违法违纪案件的查处工作。

（6）及时制止和查处管辖范围内发生的不正之风，切实解决群众反映强烈的热点、难点问题，重视抓好行业作风建设。

（7）模范遵守党纪、政纪和国家法律法规。严格执行民主集中制原则，带头执行廉洁从政各项规定，在廉洁自律上做好表率。教育管理好家庭成员及身边工作人员。

（8）严格按照规定选拔任用干部，防止和纠正用人上的不正之风。

（9）履行监督职责，对所辖单位系统的党风廉政建设情况进行监督检查，领导和组织党风廉政建设责任制执行情况的考核。

2. 责任检查和考核

（1）按照党风廉政建设“谁主管、谁负责”的原则，建立县计生委党风廉政建设责任制领导小组并下设办公室，全面负责实施工作。

（2）接受机关党工委对本委的党政领导班子和领导干部党风廉政建设责任制执行情况的考核。

（3）党风廉政建设责任制的检查考核，实行平时考核与阶段考核相结合，全面考核与重点考核相结合。

每年结合年度工作，进行一次落实党风廉政建设责任制的总考核，并列入年度总结或工作报告。每年向机关党工委、纪委作出书面汇报。领导干部个人执行党风廉政建设责任制的情况，列入民主生活会和述职的重要内容。

3. 责任追究及惩处

党政班子或领导干部不履行或不认真履行党风廉政建设责任制，由上级组织按县委《关于实行党风廉政建设责任制的实施办法》作出对组织或个人的处理或党纪、政纪处分。

（二）党风廉政建设责任制分工

1. 党组书记、主任董根源：全面负责党组和全委的思想政治教育、行政业务工作，协调好有关方面的关系，重点抓好党组成员和科、站的党风廉政教育。

2. 党组成员、副主任范宝娟：协助主任抓好各项工作，重点抓好各分管线的党风廉政建设。重点抓好技术业务科和县计生指导站业务线的党风廉政建设。

3. 党组成员、党支部书记、副主任张春琴：协助主任抓好各项工作。全面负责党总支（支部）日常工作，抓好思想建设、组织建设以及党风廉政建设等，重点抓好总支委一班人和办公室、计划财务科的党风廉政建设。

4. 党组成员、副主任裘黄富：协助主任抓好各项工作，重点抓好协会工作人员和宣教科的党风廉政建设。

5. 党总支部委员、站长丁小华：协助支部书记抓好宣传教育和组织建设等各项工作，重点抓好县计生指导站党支部工作和行政线的党风廉政建设。

6. 党总支部委员于丽华：协助支书抓好总支部的纪检群工等各项工作，重点抓好政策法规科的党风廉政建设。

县计生委按照党风廉政建设工作目标责任制要求，每年制定和完善党风廉政建设责任制实施意见、年度计划，以及党风廉政建设和反腐败主要工作任务分解表，将党风廉政建设和反腐败斗争工作列入委（局）工作管理目标，做到职责落实、分工落实、考核落实、防范落实，推进委（局）建立健全诺廉评廉工作机制、监督制约机制、政务公开机制、责任追究机制。

三、机关制度

县计生委重视规章制度建设，明确权责关系，建立科学、规范、简便的工作程序，实现各项工作制度化、规范化，为提升全县计划生育工作水平提供强有力的保障和支撑。

2003年7月，县人口计生局印发《绍兴县人口与计划生育局规章制度》，规范工作行为，促进勤政廉政，提高工作质量和工作效率。

（一）工作人员守则

忠于职守，一心为公；实事求是，秉公执法；爱岗敬业，廉洁奉公；努力学习，与时俱进；精通业务，科学管理；文明办公，勤奋工作；团结协作，谦虚谨慎；关心群众，平等待人；爱护群众，乐于助人；优质服务，群众满意。

（二）领导班子成员集体廉洁从政承诺

为进一步加强党风廉政建设，强化局机关领导班子廉洁从政意识。根据县纪委、县委组织部的要求，特作如下承诺：

1. 进一步认真落实党风廉政建设责任制

（1）健全组织，完善制度，严格落实责任。

（2）班子至少每半年专题研究局领导班子党风廉政建设责任制工作的落实情况。

（3）抓好党风廉政建设责任制工作。局党组书记、局长负总责，其他班子成员负责分管线党风廉政建设和反腐败工作，并承担相应的责任。

（4）加强对党风廉政建设责任制落实情况的自查，全年不少于两次，年终与本部门业务工作一起考核，并实行严格的“一票否决制”。对党风廉政建设方面存在严重问题的科室与个人，取消评选资格，构成违纪的，给予党纪政纪处理。

（5）做到“德治”与“法治”并重，全年党风廉政建设教育不少于四次。

2. 认真做好领导干部廉洁自律

认真贯彻落实《中国共产党党员领导干部廉洁从政若干准则（试行）》的各项规定和中央关于制止奢侈浪费行为的《八项规定》，以及省、市、县有关党风廉政建设的各项制度规定，做到领导干部带头勤政廉洁，做好表率。对违反有关制度和规定的，根据情节轻重，给予相应的处分。

3. 规范权力运作

进一步完善党组、局长办公会议议事规则，凡本部门人事变动、重大决策、重要项目安排、经费使用等都要经集体讨论决定，严格按照民主集中制原则，不搞独断专行。

4. 认真实施“阳光工程”

（1）政务公开。在办公场所完善政务公开栏，及时公开政策法规和宜公开的重大事项，及时公开社会各界关注的热点问题。

（2）程序公开。向基层各单位全方位公开人口与计划生育各项工作的办事程序等，做到条件明确、事前公示、公正公平，并把程序公开纳入部门科室岗位责任制考核，定期进行检查。

（3）经费使用公开。按依法有序原则和规定程序管理使用各项经费，加强对经费使用的事前调研、事中跟踪、事后总结，并自觉接受社会各界的监督。

（4）政府采购公开。置办大宗物品或批量物品，一律实行政府采购。

以上承诺，请全体干部职工监督。

（三）会议制度

1. 党组会议

（1）党组会议的内容：

①研究事关全局的工作决策、方针和总体部署；

②研究分析干部思想、工作状况，部署落实政治思想教育工作；

③研究决定干部任免、奖惩及有关人事事项；

④总结工作上的经验教训，过好民主生活会；

⑤其他需要提交研究的有关事宜。

（2）党组会议一般每月召开一次，遇到特殊情况，可以提前召开。

（3）党组会议一般由党组书记主持召开，也可以由党组书记委托一名主持日常工作的党组成员主持召开，党组会议坚持民主集中制原则，实行集体领导、集体讨论、集体决定。

（4）党组会议的要求具体按议事规则办。

2. 局长办公会议

（1）局长办公会议的内容：

①研究落实上级的各项指示精神；

②研究部署本部门的工作计划和具体工作措施；

③研究制订干部、职工的考核制度和有关政策；

④研究需要向上级报送的报告、文件及材料；

⑤研究处理全局性的有关事宜。

（2）局长办公会议坚持在发扬民主的基础上，实行局长负责制，由局长主持召开。局长不在时，可以委托一名副局长主持召开。

（3）局长办公会议一般应每月召开一次，也可视情况及时召开。

3. 局务会议

（1）局务会议内容：

①传达贯彻县委、县政府和上级人口与计生部门的指示精神；

②汇报交流各科、室的工作进展；

③总结检查各科、室的工作落实执行情况，协调相互之间的关系；

④研究布置下一阶段的业务工作和中心工作。

（2）局务会议的组成成员由局领导和科、室负责人参加，必要时可请下属单位负责人一同参加。

（3）局务会议原则上每月召开一次，由局长或局长委托一名副局长主持召开。

4. 全体会议

（1）局全体会议由局全体人员参加。

（2）会议内容主要是总结前阶段工作的经验教训、表彰先进；部署下阶段的工作任务，认清形势，统一思想，明确奋斗目标。

（3）会议由局长或副局长主持召开，全体人员没有特殊情况都应参加，如有特殊情况不能到会的要经局领导批准，方可请假。

5. 其他会议

其他会议指不属上述范围的各类分线会议、业务性工作会议、现场会议等，按需召开，但要尽量减少会议，提高会议质量。

（四）党组会议议事规则

人口计生局党组会议是局领导班子的组织形式，是体现集体领导、贯彻民主集中制原则的组织基础。局内重要工作、人事问题等都必须经党组会议集体讨论决定。

1. 党组会议实行定期和不定期召开相结合的原则。每月定期召开一次，遇重要工作、重大问题时应随时召开。

2. 党组会议参加人员为局党组书记、副书记、党组成员。会议由党组书记或党组书记委托其他党组成员召集与主持。并根据工作需要可指定相关同志列席。

3. 党组会议主要议题范围

（1）根据县委、县政府和上级人口与计生部门的指示，研究制定有关工作的实施意见，作出工作部署和安排。

（2）研究拟定以局党组名义下发或代县政府起草的对全局工作有指导意义的重要文件等。

（3）研究制定本县人口与计生工作的长远规划和年度计划，确定人口与计生工作的指导思想和业务重点，保证人口与计生工作的顺利实施。

（4）研究落实上级党委、政府交办的各项工作任务。

（5）讨论研究局行政、局党支部、局工会中的重大问题，支持和保证它们独立负责地行使职权。

（6）研究确定局内中层干部的岗位交流、职务任免及人员调配、工资、级别、奖惩等问题。

（7）其他须经党组会议讨论的事项。

4. 党组会议的议事程序

（1）凡需提交党组会议讨论的事项由办公室负责收集，一般先由科（室）长提出议事方案，并在会前充分准备，提供有关材料，呈报分管局长、副局长。

（2）党组会议召集人应将会议时间、主要议题提前通知各位成员，保证有足够的时间让与会人员考虑，以提高会议效率。

（3）会上一般由分管副局长或党组成员汇报议事内容，经集体讨论后形成决议。

5. 党组会议研究决定问题应充分发扬民主，坚持民主集中制的原则，每位成员都要充分发表意见。当在重大问题上意见不能完全一致时，应按照少数服从多数的原则进行表决。如遇分歧较大，一时不能形成一致意见时，应进一步调查研究和征求各方面意见后进行复议。

6. 党组会议作出的决定视情整理纪要，印发各科（室）执行，具体由办公室协助局长、副局长督查。

7. 党组会议由专人负责记录，并将记录存档；党组会议的内容，凡属机密的，与会人员不得以任何方式向会议以外人员泄露。

（五）文明办公制度

1. 工作人员应按时上下班，在岗在位不串岗，当天能办好的事不拖到明天，自己能做好的事不推给别人。

2. 文明办公、清洁卫生、窗明桌净、摆放整齐，不大声喧哗，不嘻嘻哈哈。

3. 不准在办公室打扑克和炒股，工作时间不准在电脑上玩牌、下棋、搓麻将和玩游戏等。

4. 工作时间不在办公室讨论、处理与计生工作及理论学习无关的事情。

5. 因事（含学习）、因病需要请假的，半天的报科室长审批，1天的报分管局长审批，2天以上的报局长审批，请假单送办公室备查。

6. 实行首问责任制。群众到局，被问到第一位的人员即为首问责任人，首问责任人必须热情接待、问明事由，凡是自己职责范围内的事情，应当立即办理，一时难以办理的，应耐心做好解释工作；不属于自己职责范围内的，也要帮助介绍到有关科室或经办人。

（六）学习制度

1. 定期组织学习。一般情况下，每周周五下午和每月两个晚上为全局集中政治和业务学习时间，遇特殊情况可作适当调整，由局机关支部书记组织安排。集中学习时间原则上以局组织集体学习为主，必要时也可由科室组织学习。集体学习可以学习文件政策、讨论、交流发言、专人辅导等形式进行。

2. 鼓励个人自学。全局人员应充分利用业余时间认真看书读报，学习文化科学知识和人口与计生业务知识，鼓励全局人员取得学历，学以致用，努力提高自己的政治理论水平和文化业务素质，更好地为人口与计生工作服务。

3. 加强业务培训。积极参加上级业务主管部门和县有关部门组织的各类业务培训和行政执法培训，并按照不同时期的工作重点，有目的地选择有关课题进行专题培训，开展业务理论研讨，用以指导人口与计生工作。

4. 确保学习效果。集体学习时间每位人员都应妥善安排好手头工作，积极参加，因故不能参加者应及时请假。参加学习时应认真做好学习笔记，踊跃畅谈学习心得，积极撰写学习体会。

（七）干部学习进修制度

1. 学习进修的目标。积极鼓励干部职工参加各种形式的在职学习进修，力争经过几年的努力，使局内干部职工能在现有学历的基础上再提高一个层次（一般干部应达到专科学历，科室长争取达到本科以上学历）。

2. 学习进修的审批程序。为规范干部的学习进修，规定一般干部参加专、本科学历进修的，由本人提出申请，在征得科室长同意，经局研究批准后，方可报名参加入学考试；科室长参加本科、研究生学历进修的，应由本人提出申请，经党组会议讨论同意后，方可报名参加入学考试。

3. 学习进修费用的报销。经批准参加学习的干部职工，其所需学费、考务费、社会调查费、毕业论文费在单位报销。其余费用（如书费、差旅费、住宿费等）一律自理。未经批准参加学习的，不得占用工作时间，不得报销任何费用。

经费报销一般每一学期结束报一次，但必须是本学期各科考试成绩合格者；入学考试所需考务费待学校通知录用后报支。如果在正常学习进修期满后不能按时毕业的，延期学习进修的全部费用均由个人自理。

4. 学习进修的要求。为保证局工作的正常开展，原则上每个科室干部职工参加学习进修的人数不能超过本科室人员的50%。学习进修期间要处理好学习与工作的关系。要合理安排工作，尽可能利用业余、双休日、节假日时间参加学习；如确需在工作时间参加学习的，则应事先妥善安排好工作，并向分管局长请假。要处理好理论与实践的关系，所学专业尽量与本职工作有联系。

（八）谈心谈话制度

1. 建立谈心谈话制度旨在进一步加强班子团结和干部队伍的思想作风建设，激发机关干部的工作积极性和创造性，提高干部队伍的整体素质，融洽主要领导与班子成员、一般干部，分管领导与一般干部间的关系。

2. 谈话内容

（1）班子建设和干部思想作风建设的总体情况；

（2）干部工作、团结协调情况；

（3）干部勤政廉政建设情况；

（4）干部个人身体、家庭困难等生活情况。

3. 谈话原则

（1）谈话以个别谈话、分级谈话为主，必要时可以集体谈话、越级谈话。

（2）谈话可采取多种形式、多种途径进行。在干部调动、干部奖惩、民主生活会前后、干部工作中家庭生活中遇到困难、干部退休时等，都可以谈话。

（3）主要领导要主动与班子成员、中层干部、一般干部谈心；班子成员、中层干部、一般干部也可主动向主要领导、分管领导汇报思想、工作、生活困难等情况。

4. 谈话分工

（1）主要领导一般负责班子成员和科（室）、站（队）负责人的谈话，必要时也可直接找一般干部谈心交心。

（2）分管领导一般负责所分管科（室）、站（队）等副职以上负责人的谈话，必要时也可找一般干部谈心交心。

（3）科（室）、站（队）的负责人与一般干部谈心交心。

5. 谈话要求

（1）谈话必须坚持党性原则，既要注意思想性，又要增强针对性。对干部与干部之间工作中出现的某些意见分歧或不团结的苗头，干部在某些方面有错误缺点时，要通过谈话及时提醒，沟通思想，达到理解和谅解。

（2）对有成绩的干部要通过谈话给予表扬，鼓励再接再厉。谈话要讲究方法，注重效果，通过谈话使谈话对象受到启发和教育。

（3）谈话按分工一般每年不少于两次，一般干部主动要求谈话时，应热情接待，诚恳相待。

（九）公文处理规定

1. 发文审批

（1）以人口与计生局名义向县委、县政府和上级业务主管部门报送的报告、请示，原则上应以党组会议讨论后，由局长审核签发。

（2）以人口与计生局名义向县人大和县政协提交的议案、提案答复件，原则上由分管局长审核后，由局长签发。

（3）以人口与计生局名义向县政府或上级业务主管部门报送的有关单项性问题的报告、请示由分管副局长签发。

（4）以人口与计生局名义（包括与其他部门联合行文）上报下发的文稿，一般由职能科室拟稿并经科室长核稿，送分管副局长或局长审签。

（5）完成上述程序后的文稿，由办公室登记配发文号并及时安排缮印。文稿清样印出后，在办公室校对基础上由职能科室校对无误后再由办公室将文件清样送局长或分管局长阅后，方可盖印发送。

（6）凡属上述规定范围以外的文稿，一般由职能科室拟稿并经科室长核稿后交办公室，由办公室请示局领导后，按局领导的批示意见做好送签工作。

2. 来文处理

（1）公文的处理应当符合《国家行政机关公文处理办法》（国发〔2000〕23号）和省、市、县有关规定。

（2）来文一律由局办公室收文。在开会时随带来的文件要及时交局办公室收文登记，以防遗失或超时办理。

（3）局办公室收文后，一律送局长批示。局办公室根据局长批示，分传阅件和办理件进行处理。传阅件由办公室分送局领导和各科室依次传阅，每个科室传阅时间一般不超过2天；办理件由办公室根据局长批示，送相关科室或人员办理。

（4）各科、室、站、队按照局领导的批示，对文件办理要落实到人，认真办理，注重办理质量，强调时间性。对领导批示的文件，一般要求在5天内办毕。

（5）各科、室、站、队对办理完毕的文件，应在阅办单上注明办理结果，并及时交还局办公室存档；同时局办公室也要及时做好催办和文件收回工作。

（十）财务管理制度

1. 严格遵守国家财经纪律，贯彻执行财政法律、法规，严守财务制度，认真按照财政局和财务结算中心规定开支各项经费。

2. 明确分工和职责。办公室是负责局财务工作的职能科室，办公室主任要协助分管局长做好经费的统筹与安排，做到开支合理，保障有力。办公室配备1名兼职报账员，负责日常财务的报告工作。

3. 完善报销审批手续。各科室在经费开支前，必须由科室长征得分管局长同意后，方可开支，统一由办公室负责办理。报销凭证必须是正式发票，严禁“收款收据”“白头收据”入账。报销凭证均要有经办人签名，经分管局长审核，局长审批后，方可报销。

4. 严格控制出租车费的支出。一般不报销出租车票，如遇特殊情况，事先需与局办公室联系，并经分管局长同意，方可报销。

5. 凡在绍兴各县、市区范围内出差开会、下乡工作一律不报支各项出差、下乡补贴。

6. 凡购置大宗物品或批量物品，一律通过政府采购，有关采购手续由办公室负责办理。

7. 凡由本局代理的会议或现场会等会务工作，其所需经费由相关职能科室会同办公室提出预算，并经分管局长审核，局长同意后，方可开支，坚决杜绝无计划的盲目开支现象。

8. 凡属局本级千元以上的费用开支，需报经分管局长，并提交局长办公会议集体讨论审批，方可报销。对专项经费的下拨安排，必须由分管局长会同相关职能科室拿出方案，提交局长办公会议集体讨论决定后，方可拨出。

9. 局本级工会财务由工会主席审批，协会财务由协会专职副会长审批，财务人员由局办公室财务人员兼任，不另备他人，实行统一管理，分类核算，各项报销手续必须符合局制定的财务规章。

10. 办公室要做好财务开支项目、财务制度的审核和监督工作，财务人员有权拒绝违反上述规定的各类支出报销。如有不符合有关规定的情况，应予以纠正，每月财务报表应及时向分管局长和局长报告。

11. 财务收支应每月定期公布经费收支情况，以接受全体干部、职工的监督。

（十一）车辆管理制度

1. 凡因公事外出需用车者，均应事先向办公室申请，填写出车单，由办公室统一安排，驾驶员凭出车单出车。

2. 出车根据工作轻重缓急、时间先后、路途远近和行驶线路由办公室统一安排。

3. 除局领导出车外，一般出车到一地工作的原则上送到即回，保证车辆利用率，以备急需。

4. 驾驶员要坚持“安全第一、谨慎驾驶”的原则，服从安排，搞好优质服务，并经常保持车况良好、整洁。

5. 驾驶员添置、更换车辆设施，维修、添配零部件等，事先须向办公室说明情况，金额在500元以上的须报分管局长同意后方可购置。

6. 车辆按规定泊位停放，驾驶员未经领导同意私自出借车辆，出现事故由驾驶员负全责，私事用车需事先征得办公室同意方可使用。未经同意擅自用车造成后果的一切责任自负，并视情处理。

7. 驾驶员出车月末凭出车记录单到办公室汇总证明手续后，经分管局长审核，局长审批，方可报销出车补贴或加班费。

8. 干部、职工家中遇有急、难、险事需用车的，驾驶员必须保证服务、随叫随到。

9. 因工作需要，借用直属单位的车辆，必须经办公室统一安排，出具出车单。

以上各项规章制度自2003年8月1日起执行，以前制定的规章制度与本规章制度有抵触的，以本规章制度为准。

此后，县人口计生局根据不同时期、不同要求对机关规章制度进行修订完善。

第三章 规划统计

人口规划与计划生育统计工作是人口和计划生育工作的基础性工作。准确、及时、全面的统计数据对正确分析人口与计划生育形势，客观把握趋势，加强科学管理和决策，指导基层工作，具有十分重要的意义。自开展计划生育工作以来，全县形成人口和计划生育的规划统计制度、指标体系、统计方法和工作队伍，加强对人口发展规划的制定、预测工作，使人口和计划生育工作数据、信息更加科学翔实，为推动人口和计划生育工作发展奠定扎实的基础。

第一节　人口规划

20世纪80年代，全县在编制人口规划和制定年度人口计划时，遵循严格控制人口增长的要求，遵循人口控制总目标与法律法规和生育政策相一致、与经济社会发展要求相一致、与基层计划生育基础工作相一致的原则，具有指令性，与奖惩考核相挂钩。90年代起，全县人口增长得到有效控制，人口控制指标作为指导性计划。进入21世纪，人口计划逐步取消，将人口自然增长率列入国民经济发展规划，制定计划生育率指标，作为目标责任制考核的主要工作任务。

一、人口规划执行与评估

（一）“六五”时期（1983－1985）

1. 人口规划

“六五”期间，在1984年10月单独制定1985度人口规划，出生人口1.12万，人口出生率12.61‰，计划生育率97%。其余年份因绍兴县区划包含现有的越城区相关乡镇而无单独的绍兴县区划的人口发展规划。

2. 执行结果

1983年年末总人口88.61万，出生人口1.08 万，人口出生率12.18‰，人口自然增长率5.02‰；

1984年年末总人口88.56万，出生人口0.70万，人口出生率7.86‰，人口自然增长率1.29‰；

1985年年末总人口88.61万，出生人口0.84万，人口出生率9.51‰，人口自然增长率2.55‰。

绍兴县“六五”期间出生人口计划执行结果比对表

表3－1

年份	出生人口（万人）			人口出生率（‰）		
	计划数	实际数	比计划±	计划数	实际数	比计划±
1983		1.08	--	--	12.18	--
1984		0.70	--	--	7.86	--
1985	1.12	0.84	-0.28	12.61	9.51	--

3. 基本评价

在“六五”期间，受六十年代初三年自然灾害带来人口低谷的周期性影响和计划生育“一对夫妇只生一个孩子好”的政策影响，“六五”期间人口出生处于低谷状态。

（二）“七五”时期（1986－1990）

1. 人口规划

根据1984－2000年人口预测资料，全县1987－1992年将出现出生率均在16‰以上的生育高峰，结合实际，削高峰，填低凹，1986年2月制定“七五”人口发展规划：

1986年年末总人口89.67万，出生人口1.67万，人口出生率18.64‰，人口自然增长率11.87‰；

1987年年末总人口90.92万，出生人口1.87万，人口出生率20.53‰，人口自然增长率13.71‰；

1988年年末总人口91.93万，出生人口1.74万，人口出生率19.03‰，人口自然增长率12.15‰；

1989年年末总人口92.95万，出生人口1.65万，人口出生率17.90‰，人口自然增长率11.08‰；

1990年年末总人口94.07万，出生人口1.75万，人口出生率18.76‰，人口自然增长率11.91‰。

2. 执行结果

1990年年末全县总人口数为92.98万人，比规划控制数少1.09万人。“七五”期间，全县计划出生人数为8.68万人，实际出生人数为7.53万人，比原计划少生1.15万人，年均人口出生率为18.97‰，实际平均人口出生率为16.57‰。

绍兴县“七五”期间出生人口计划执行结果比对表

表3－2

年份	出生人口（万人）			人口出生率（‰）		
	计划数	实际数	比计划±	计划数	实际数	比计划±
1986	1.67	1.32	-0.35	18.64	14.79	-3.85
1987	1.87	1.73	-0.14	20.53	19.23	-1.30
1988	1.74	1.49	-0.25	19.03	16.38	-2.65
1989	1.65	1.59	-0.06	17.90	17.30	-0.60
1990	1.75	1.40	-0.35	18.76	15.15	-3.61
合计	8.68	7.53	-1.15	5年平均 18.97	5年平均 16.57	5年平均 -2.40

3. 基本评价

“七五”期间，根据中央7号文件精神，计划内二胎照顾范围扩大，人口出生率有所反弹，1987年人口出生率为“六五”以来的最高峰。但因全县的计划生育工作抓得紧抓得实，普遍实行晚婚，大批初婚生育计划往后推移，起到削峰填谷的作用。

（三）“八五”时期（1991－1995）

1. 人口规划

1986—1995年，因受历史上两次生育高峰的影响，出现长达10年之久的第三次生育高峰。根据“七五”人口规划执行结果，全县平均人口出生率为16.57‰，参照第四次全国人口普查数据资料测算，1989年3月，制定“八五”人口发展规划：

1991年年末总人口94.11万，出生人口1.67万，人口出生率17.81‰，人口自然增长率10.97‰；

1992年年末总人口94.09万，出生人口1.64万，人口出生率17.33‰，人口自然增长率10.49‰；

1993年年末总人口96万，出生人口1.59万，人口出生率16‰，人口自然增长率8‰；

1994年年末总人口96.3万，出生人口1.45万，人口出生率15.13‰，人口自然增长率8.63‰；

1995年年末总人口96.9万，出生人口1.54万，人口出生率15.95‰，人口自然增长率9.43‰。

2. 执行结果

1995年年末全县总人口为96万人，比规划控制数少0.9万人。“八五”期间，全县计划出生人数为7.89万人，实际出生人数为7.20万人，比原计划少生0.69万人，年均人口出生率为16.44‰，实际平均人口出生率为15.26‰。

绍兴县“八五”期间出生人口计划执行结果比对表

表3－3

年份	出生人口（万人）			人口出生率（‰）		
	计划数	实际数	比计划±	计划数	实际数	比计划±
1991	1.67	1.39	-0.28	17.81	14.98	-2.83
1992	1.64	1.24	-0.4	17.33	13.18	-4.15
1993	1.59	1.55	-0.04	16	16.33	0.33
1994	1.45	1.41	-0.04	15.13	14.88	-0.25
1995	1.54	1.61	0.07	15.95	16.92	0.97
合计	7.89	7.20	-0.69	5年平均 16.44	5年平均 15.26	5年平均 1.18

3. 基本评价

“八五”期间，全县育龄妇女总数为历史最高值，人口出生仍然处于高峰期。为确保人口规划指标的实现，县计生委一方面根据工作进展情况，以滚动式逐年调整和核定年度人口计划，并会同县计经委将控制指标下达至各镇（乡）认真执行。另一方面坚持科学管理，加强优质服务，组织全县上下积极参与计划生育先进县创建，取得显著成效。

（四）“九五”时期（1996－2000）

1. 人口规划

根据现行生育政策和第四次全国人口普查妇女生育年龄的资料以及妇女总和生育率的实际水平（1.3），适当留有余地，以1.19计算每年出生人数，并计算出生率。死亡率按当时水平为6.8‰，然后测算自然增长率。1994年3月，制订“九五”时期人口发展规划。考虑到随着经济的发展，县外迁入人口将逐年增多，故每年有所增加。

1996年年末总人口97万，出生人口1.54万，人口出生率15.96‰，人口自然增长率9.18‰；

1997年年末总人口97.6万，出生人口1.47万，人口出生率15.14‰，人口自然增长率8.34‰；

1998年年末总人口98万，出生人口1.34万，人口出生率10.65‰，人口自然增长率4.34‰；

1999年年末总人口98.6万，出生人口1.16万，人口出生率11.85‰，人口自然增长率5.39‰；

2000年年末总人口98.5万，出生人口1.02万，人口出生率10.37‰，人口自然增长率3.55‰。

2. 执行结果

2000年末，全县总人口为72.42万，由于行政区域调整，全县总人口比人口计划数少26.08万。全年出生5.49万，比人口计划数少生1.04万。人口出生率为11.12‰，比人口计划下降1.67个千分点；自然增长率为5.06‰，比人口计划数的6.16‰下降1.1个千分点。人口计划圆满完成。

绍兴县“九五”期间出生人口计划执行结果比对表

表3－4

指标 年份	资料来源	年末总人口（万人）	出生人数（万人）	出生率（‰）	自然增长率（‰）
1996	人口计划	97	1.54	15.96	9.18
	计生报表	96.64	1.31	13.59	6.79
1997	人口计划	97.6	1.47	15.14	8.34
	计生报表	97.2	1.33	13.74	7.37
1998	人口计划	98	1.34	10.65	4.34
	计生报表	97.33	1.05	10.78	3.51
1999	人口计划	98.63	1.16	11.85	5.39
	计生报表	97.29	1.09	11.22	4.57
2000	人口计划	98.5	1.02	10.37	3.55
	计生报表	72.42	0.71	9.79	3.06

3. 基本评价

“九五”期间，全县上下积极开展新家庭计划活动，深化婚育新风进万家活动，扎实推进计划生育优质服务，强化流动人口计生管理工作，团结拼搏，负重奋进，顺利完成“九五”人口计划。

（五）“十五”时期（2001－2005）

1. 人口规划

2000年10月，根据中共中央、国务院《关于加强人口与计划生育工作稳定低生育水平的决定》精神，坚持实事求是，继续稳定好低生育水平，从整体上提高人口素质，控制人口总量，改善人口结构，调整人口分布的原则，制定《绍兴县“十五”时期人口发展规划及2010年远景目标》，其人口发展规划为：

2001年年末总人口72.8万，出生人口0.78万，人口出生率10.80‰，人口自然增长率3.80‰；

2002年年末总人口72.4万，出生人口0.71万，人口出生率9.83‰，人口自然增长率3.18‰；

2003年年末总人口72.6万，出生人口0.76万，人口出生率10.50‰，人口自然增长率3.85‰；

2004年年末总人口71万，出生人口0.78万，人口出生率11.02‰，人口自然增长率4.35‰；

2005年年末总人口70.5万，出生人口0.73万，人口出生率10.35‰，人口自然增长率3.65‰。

2. 执行结果

绍兴县“十五”期间人口计划执行结果比对表

表3－5

指标 年份	资料来源	年末总人口（万人）	出生人数（万人）	出生率（‰）	自然增长率（‰）
2001	人口计划	72.8	0.78	10.80	3.80
	计生报表	72.42	0.76	10.56	3.93
2002	人口计划	72.40	0.71	9.83	3.18
	计生报表	72.00	0.67	9.34	2.56
2003	人口计划	72.60	0.76	10.50	3.85
	计生报表	70.16	0.54	7.60	0.53
2004	人口计划	71.00	0.78	11.02	4.35
	计生报表	70.33	0.73	10.39	3.92
2005	人口计划	70.50	0.73	10.35	3.65
	计生报表	70.47	0.65	9.24	2.30

3. 基本评价

“十五”期间，全县人口发展处于一个较低生育水平阶段，人口计划圆满完成。2005年末，全县总人口70.47万，比规划数70.5减少0.03万人，人口出生率9.24‰，比规划数10.35‰下降1.11个千分点；人口自然增长率2.3‰，比规划数3.65‰下降1.35个千分点。2002－2005年连续出现负增长。

（六）“十一五”时期（2006－2010）

1. 人口规划

根据2000年8月制定的《绍兴县人口与计划生育工作“十五”发展计划及2010年远景目标》，结合“十五”人口规划执行结果，经过修订完善，制定《绍兴县人口和计划生育事业发展“十一五”规划》。全县人口控制目标为：

2006年年末总人口70.7万，出生人口0.72万，人口出生率10.20‰，人口自然增长率3.5‰；

2007年年末总人口70.95万，出生人口0.7万，人口出生率9.9‰，人口自然增长率3.2‰；

2008年年末总人口71.1万，出生人口0.66万，人口出生率9.30‰，人口自然增长率2.80‰；

2009年年末总人口71.3万，出生人口0.6万，人口出生率8.42‰，人口自然增长率1.92‰；

2010年年末总人口71.8万，出生人口0.52万，人口出生率7.27‰，人口自然增长率0.57‰。

2. 执行结果

绍兴县“十一五”期间人口计划执行结果比对表

表3—6

指标／年份	年末总人口（万人）		出生人数（万人）		人口出生率（‰）		自然增长率（‰）	
	计划数	实际数	计划数	实际数	计划数	实际数	计划数	实际数
2006	70.70	70.77	0.72	0.49	10.2	6.99	3.5	0.52
2007	70.95	71.05	0.7	0.50	9.9	7.04	3.2	0.54
2008	71.10	71.45	0.66	0.44	9.30	6.11	2.8	-0.59
2009	71.30	71.78	0.60	0.49	8.42	6.98	1.9	0.45
2010	71.80	72.19	0.52	0.44	7.27	6.12	0.6	0.54

3. 基本评价

“十一五”期间出生人口呈零增长或负增长，年平均出生人口4737人，年平均出生率和自然增长率分别为6.20‰和0.08‰，分别比“十五”期间下降5.21个千分点和3.21个千分点。户籍人口方面，2005年底户籍人口为70.47万，2010年底为72.19万，5年间，户籍人口增加近2万。

（七）“十二五”时期（2011－2013年）

1. 人口规划

根据《绍兴县人口与计划生育工作“十二五”发展计划》，“十二五”期间全县人口控制目标为：

2011年年末总人口72.5万，出生人口0.58万，人口出生率8.06‰，人口自然增长率为1.56‰；

2012年年末总人口73万，出生人口0.52万，人口出生率7.15‰，人口自然增长率为0.94‰；

2013年年末总人口73.6万，出生人口0.72万，人口出生率9.82‰，人口自然增长率为3.57‰。

2. 执行结果

绍兴县2011－2013年人口计划执行结果比对表

表3－7

指标 年份	年末总人口（万人）		出生人数（万人）		人口出生率（‰）		自然增长率（‰）	
	计划数	实际数	计划数	实际数	计划数	实际数	计划数	实际数
2011	72.5	72.5	0.58	0.49	8.06	6.89	1.56	0.57
2012	73	72.72	0.52	0.49	7.15	6.81	0.94	0.03
2013	73.6	64.29	0.72	0.45	9.82	6.96	3.57	0.47

3. 基本评价

“十二五”前三年人口计划执行良好。全县年末总人口年均约69.84万，比年均人口数少3.19万，其中孙端镇、陶堰镇、富盛镇2013年因行政区域调整划给越城区，人口出生数年均约0.48万，比计划数的0.61万少0.13万；人口出生率6.87‰，比计划数的8.35‰少1.48个千分点；人口自然增长率年均为0.36‰，比计划数2.02‰减少1.66个千分点。

（八）整体评价。1995年，全县人口出生处于高峰期，后渐趋回落。2000年，因行政区域调整，原鉴湖、皋埠、东浦三个镇划归越城区，马山镇、斗门镇划归绍兴市袍江新区管辖，年末全县总人口为72.42万。2002年至2005年，全县人口连续出现负增长。2005年年末全县累计一孩率为64.85%，比2000年的59.56%提高5.29个百分点。2006年至2010年，全县出生人口呈零增长或负增长，年平均出生人口4737人，年平均出生率和自然增长率分别为6.20‰和0.08‰。计划生育率一直保持在较高水平，最低的1998年也达96.51%，最高为2003年的99.81%。出生人口性别比基本保持在103到107正常范围，期间有8个年度突破正常范围。2013年11月，孙端镇、陶堰镇、富盛镇因行政区域调整划给越城区，年末出生人口比计划数大幅减少。

绍兴县人口与计划生育1983－2013指标执行情况汇总表

表3－8

年份	资料来源	年末总人口（万人）	出生人数（万人）	出生率（‰）	自然增长率（‰）	计划生育率（%）	出生性别比
1983		88.61	1.08	12.18	5.02	96.73	--
1984		88.56	0.70	7.86	1.29	98.18	--
1985		88.61	0.84	9.51	2.55	98.43	--
1986		89.28	1.32	14.79	8.36	98.68	108.00
1987		90.21	1.73	19.23	12.19	99.12	106.00
1988		91.09	1.49	16.38	9.17	99.43	105.00

续表3—8

1989	计生统计报表	92.19	1.59	17.30	10.22	99.56	109.00
1990		92.98	1.40	15.15	8.40	99.69	103.00
1991		93.80	1.39	14.98	8.45	98.48	110.00
1992		94.28	1.24	13.18	6.57	99.29	110.00
1993		95.07	1.55	16.33	9.61	98.50	107.00
1994		95.15	1.41	14.88	7.93	99.22	109.64
1995		96.01	1.61	16.92	9.88	99.36	104.78
1996		96.64	1.31	13.59	6.79	99.41	104.00
1997		97.20	1.33	13.74	7.37	99.66	108.04
1998		97.33	1.05	10.78	3.51	99.78	102.04
1999		97.29	1.09	11.22	4.57	99.73	105.14
2000		72.42	0.71	9.79	3.06	99.75	105.80
2001		72.42	0.76	10.56	3.93	99.62	110.00
2002		72.00	0.67	9.34	2.56	99.76	102.49
2003		70.16	0.54	7.60	0.53	99.81	105.64
2004		70.33	0.73	10.39	3.92	99.47	104.14
2005		70.47	0.65	9.24	2.30	99.58	107.93
2006		70.77	0.49	6.99	0.52	99.50	102.34
2007		71.05	0.50	7.04	0.54	98.86	107.18
2008		71.46	0.44	6.11	-0. 59	98.71	103.98
2009		71.78	0.49	6.98	0.45	98.86	104.54
2010		72.19	0.44	6.12	0.54	97.59	106.28
2011		72.50	0.49	6.89	0.57	98.62	104.93
2012		72.72	0.49	6.81	0.03	97.74	107.81
2013		64.29	0.45	6.96	0.47	98.08	104.81

二、实施人口规划的保障措施

（一）领导重视

历届县委、县政府和乡镇（街道）党委政府十分重视人口计生工作，纳入国民经济、社会发展计划和谐社会建设的部署之中。从80年代开始，坚持“一把手”负总责亲自抓，党政主要领导亲自研究和解决计划生育工作重大问题，部署重要任务，亲自督促检查，抓好落实。从90年代起，每年开展计划生育工作“红旗单位”“先进单位”“合格村”“双优镇(街道)”等评选工作。建立县和乡镇（街道）人口与计划生育工作领导小组，坚持计划生育基本国策不动摇，坚持计划生育“一票否决制”，发挥党政部门在组织领导、统筹协调、资金投入、队伍保障等方面的重要作用，采取法律、行政、教育、经济等措施综合治理、统筹解决人口问题。县委、县政府明确各级各部门职责，协调有关部门制定符合人口和计划生育工作发展的政策措施，各级党委政府抓人口和计划生育工作像抓经济发展那样，有效控制人口，稳定低生育水平。县委常委会、县政府常务会议坚持每年听取1次以上人口和计划生育工作情况汇报，研究解决全县人口和计划生育工作的重大问题，制定重大决策。每年至少召开一次全县人口和计划生育工作会议，县四套班子“一把手”或分管领导出席并讲话。县政府每年与乡(镇、街道)签订人口与计划生育目标管理责任书，随同上级及本县人口计生部门工作人员下基层调研指导、检查督查，解决实际问题，确保人口计生工作创先争优，走在前列。

（二）实行目标管理责任制

全县计划生育目标管理责任制始于80年代，并把计划生育工作考核作为考核各级领导干部的一项重要内容。1983年，全县目标管理责任制以考核人口指标为主，工作重点为落在补救措施和人口数量控制。是年，计划外二胎从1980年的1468人减少到646人，多胎从243人减少到42人。1984年，计划生育目标管理责任制既考核人口数量，又考核工作质量。到1987年，孕前型管理作为考核主要内容，同时把节育措施与降低人流比列入考核指标。1988年乡（镇）把计划生育工作任务用合同形式落实到育龄夫妇。1989年，县政府开始与各区签订计划生育目标管理责任书，并专门划拨奖励经费用于表彰和奖励先进镇（乡）。1990年，全县纵向到底、横向到边强化目标管理责任制。纵向到底是县与区、区与乡、乡与村、村与育龄妇女层层签订责任书，区、乡、村签订率达100%，村和育龄妇女的签订率在80%以上，目标管理责任落实到乡、村、户和人，并把计划生育工作纳入区、乡干部岗位责任制考核。横向到边是发挥部门作用，齐抓共管，按流动人口管理规定做好各自管理工作。1992年，全县实施机构撤、扩、并改革，县计生委下发《关于组织1992年人口与计划生育目标管理责任制考核的有关通知》。之后，省计生委在全县抽查64个人口计划指标考核样本点，抽查结果与县目标责任制挂钩。1993年，全县全面推行计划生育目标管理责任制。人口与计划生育目标管理责任书中的考核指标，根据不同时期、不同工作重点而定。此后，按此模式，县委、县政府每年与乡镇签订目标管理责任书。同年7月16日，县计生委对目标管理责任制执行情况进行检查，突出人口计划执行、流动人口计生管理、行政执法和依法管理、生育审批及合格村复查情况。1996年4月，全县计划生育目标管理责任制考核经市政府考核验收，获1995年度人口与计划生育目标管理责任制考核奖5500元。在县委下发《关于1996年度镇乡干部岗位责任制的意见》中，加大计划生育考核权重，在双百分考核中占26分。县委《关于1996年县机关岗位责任制考核的意见》将计划生育列入中心工作和自身建设进行考核，规定部门在配合计划生育中成绩显著者奖1－3分，部门有干部、职工违反计划生育者扣1－3分。1998年，全县完善人口与计划生育考核评估体系，充实群众科学知识掌握程度、计划生育服务阵地建设、计算机信息管理等方面的评估指标。1999年5月，县计生委根据县委、县政府授权，下发《关于印发1999年度各镇农业和农村现代化建设目标责任制有关计划生育（其他工作）的考核细则》，将查孕查环率、计划外怀孕率、新家庭建设达标率、计生知识普及率、流动人口计生管理达标率、依法管理与政务公开、镇计生服务站建设、计划生育合格村和合格村协会建设、村级计生队伍建设等九项内容列入考核内容，共12分。2000年起，全县人口与计划生育目标管理责任制与往年比，内容逐渐完善，指标设定更加科学合理，县委、县政府授权县人口计生领导小组办公室（县人口计生局）负责进行百分制考核，考核细则与奖惩办法每年初由县府办发文，考核结果与各镇（街道）签订的岗位目标管理责任制挂钩，与县“双优镇（街道）”评选挂钩。到2000年11月，考核内容调整为依法管理3分、优质服务5分，共8分。2004年，在保持计划生育率、计划外多孩考核内容不变的基础上，将人口与计划生育综合改革和计划生育基层基础工作以及出现重大恶性案件或违反规定实施大月份引产、意外妊娠率、政策落实兑现列入考核内容，并出台《绍兴县2004年人口与计划生育工作评估办法》，更加注重考核的针对性、导向性和综合性。到2013年，目标管理责任书主要考核工作指标进行调整，主要有7项：①计划生育率94%以上；②多孩违法生育数控制在出生人数的0.5%以内；③免费婚前医学检查和免费孕前优生健康检查目标人群覆盖率85%以上；④流动已婚育龄妇女登记管理率85%以上；⑤全员人口基础信息管理覆盖率和准确率95%以上；⑥出生当年上报及时率95%以上；⑦统计误差率2%以下。工作任务考核有队伍建设、宣传教育、技术服务、流动人口公共服务、综合治理五项。在考核方式上，采取平时工作督查、暗访考核和年终综合考评，确定考核对象年度考核得分。在奖项设置上，实行奖惩兑现和“一票否决制”，考核得分在90分以上为达标，考核得分在90分以下为未完成目标任务；得分前6位的为县人口和计划生育工作“双优”镇（街道、开发区）；“先进”镇（街道、开发区）也以得分情况进行确定。同时，对由于工作失职、行政侵权造成重大上访事件、恶性案件、行政败诉或医疗事故的；违反规定实施大月份引产(未经本人申请)的；瞒报或篡改统计资料包括拒报规定统计资料造成严重后果的，均实行“一票否决”。

（三）资金投入到位

全县各级党委、政府高度重视人口和计划生育经费投入问题，认真落实省、市规定的投入标准，建立以县镇财政投入为主，分级负担，足额预算的人口和计划生育经费投入保障体系和投入机制，各级人口和计划生育事业的经费投入逐年增加，确保有钱办事，保障人口和计划生育工作持续发展。“十五”期间，县本级财政投入由2001年的446.2万元增加到2005年的1173.2万元。2009年达到2945万元。2010年，强化并巩固以财政投入为主渠道且逐年增长的稳定投入机制，人口计生事业经费投入达3507万元，到2011年达到4726万元，人均经费达36.65元，实现经费投入总量的突破，为人口和计划生育事业的持续、健康、深入发展奠定坚实的物质基础和财力保障。

（四）夯实基层基础

全县坚持不懈地加强基层人口计生队伍网络建设，计划生育工作队伍从无到有，逐步壮大。从乡镇招聘计划生育专干，把乡镇计划生育专职干部由事业编制转为行政编制，为计划生育队伍输送新鲜血液。开展争做新时期最可爱的人和育龄群众贴心人活动，焕发计生队伍活力。配足、配优、配强计生工作人员，加强对村级人口计生工作的指导和服务。全县各村（居）都配备计生主任（每个村居还配备1-3名不等的计生联系员）且文化程度在初中以上，工作报酬足额落实。在镇（街道）换届中，加强分管领导力量，凡分管人口计生工作的都进入党委班子。2005年，在村级组织换届期间，县人口与计划生育领导小组下发《关于进一步稳定和加强村级计划生育工作队伍的意见》。在机构改革中，县人口计生局下发《关于镇（街道）机关计划生育岗位设置和职责界定的指导意见》，设置计划生育综合管理岗、宣传教育岗、政策法规岗、统计信息岗、技术服务岗、药具管理岗、生殖健康指导岗、流动人口计划生育管理服务岗和计划生育协会和企业计生管理岗，确保人口计生工作管理服务队伍相对稳定，年龄、文化结构得到相应改善。全县积极推行规范化管理，大力开展创建计划生育合格村、统计质量达标镇(街道)和信得过村评选活动，建立健全基础台账，加强孕前型管理，推行知情选择，实施生殖健康优质服务承诺制、随访服务制和免费服务券制度，深化计划生育村民自治工作。不断完善人口和计划生育县、镇（街道）、村（居、社区）管理服务网络，切实加强计划生育服务阵地建设，逐步建立计算机人口信息管理体系，使基层计划生育工作更加扎实和稳固。

第二节　计划生育统计

一、统计队伍

（一）队伍状况

计划生育统计队伍经历从无到有、由兼职到专职的发展过程。

1984年初，全县在皋埠区樊江乡集体村试点设立村级计划生育联系员制度，村（居）计划生育统计由村（居）计生主任负责，5月份在全县推广。到年底，全县建立起3500人左右的计划生育联系员队伍，由联系员配合计生主任收集信息。县、区、乡、村四级计划生育统计网络基本形成。

1996年10月，全县计划生育统计人员实行持证上岗，64名计生干部持有《统计证》。1998年新增计划生育统计人员14名。2001年12月，计划生育系统有21名统计人员四门统计课程考试合格。

2000年底，全县所有乡镇全部脱离手工档案，完全用计算机管理和统计育龄妇女信息，每月按要求把育龄的主要信息按时反馈给村。

2013年10月，全县17个镇（街道、开发区）有计划生育统计人员113人，其中本科学历56人，大专学历42人，高中及中专学历13人，初中学历2人；中共党员89人；公务员43人，事业39人，自聘28人，大学生村干部3人。

2013年全县镇（街道、开发区）统计人员情况统计表

表3－9

单位	人数	文化程度				编制情况			
		本科及以上	大专	中专或高中	初中	公务员	事业	自聘	村干部
柯桥街道	6	2	4			2	4		
柯岩街道	7	3	3		1	2	4	1	
华舍街道	4	4				2	1	1	
湖塘街道	6	3	3			3	2	1	
钱清镇	8	3	5			2	1	5	
杨汛桥镇	7	2	2	2	1	3		4	
马鞍镇	5	3	1	1		2	3		
福全镇	7	4	2	1		2	2	3	
安昌镇	5	2		3		2	1	2	
齐贤镇	8	4	3	1		2	3	3	
陶堰镇	4	2	2			2	1	1	
孙端镇	5	4	1			2	2	1	
夏履镇	5	1	3	1		2	3		
漓渚镇	6	2	3	1		2	2	1	1
兰亭镇	5	3	2			2	2		1
平水镇	6	2	2	2		2	2	2	
富盛镇	5	4		1		2	1	1	1
王坛镇	4	3	1			3	1		
稽东镇	5	1	4			2	2	1	
柯开委	5	4	1			2	2	1	
合 计	113	56	42	13	2	43	39	28	3

（二）教育培训

从1983年12月县计生委单设全面开展计划生育工作以来，县计生委对乡、镇(街道)一级计划生育统计人员的教育培训工作十分重视，特别是进入90年代后，采用不同的方式，定期和不定期开展统计业务教育培训，县一级人口和计划生育规划统

计的教育培训主要突出统计业务和计算机技能两大内容。

1．统计业务培训

1985年，全县围绕统计工作，着重抓计划生育档案、统计的培训和检查。计划生育统计工作在全市检查中名列第一。

1992年1月15日至16日，全县计划生育专职干部参加统计年报会审会议，对计划生育各类报表进行会审。1992年9月至1994年4月，全县79名镇、乡计生干部参加市计生委举办的P35项目培训班，共8期，每期13天，培训内容包括《人口统计与计划》《计划生育技术》《人际交流与咨询技巧》，参加学员均考试合格。

1993年3月，县计生委对69个重点村妇女主任分二期进行为期5天的统计业务培训，普及计划生育基础知识，抓好村级规范化管理，提高村级队伍的统计业务水平。

1995年4月，县计生委对全体计生专干进行统计业务培训。11月1日至6日，组织县、镇(街道)统计人员参加省计生委举办的《基层计划生育信息管理软件包（账卡管理部分）V1.0》业务培训。

1996年上半年，县计生委对25名统计员进行《统计法》培训。10名新招聘专干和部分助理员、服务站人员进行统计管理上岗位培训。同年12月25日，对负责统计年报工作人员进行业务培训，部署年度统计工作。

1997年9月11日至12日，县计生委开展乡镇《基层育龄妇女计划生育信息管理软件包V2.0》的系统操作、文字编辑、数据库处理等基本技能培训。

1999年，县计生委对73名镇、村两级计划生育统计人员和21个镇的村级计生联系员进行统计业务培训，按照《绍兴县基层计划生育统计质量管理规范》开展规范化统计工作。

2001年，县计生委加强对村计划生育专管员进行统计业务集训，全年共培训14期计630人次，提高村级计生专管员的统计业务知识水平。

之后，县计生委或县人口计生局每年不定期地进行统计业务培训、考试和执法检查，提高计划生育统计工作整体水平，打造“实数计生”。2013年6月，全县在县委党校组织开展“夯实基本功、提升服务力”计生干部岗位业务技能大比武活动，86名计生干部参加统计、生育政策等特殊“考试”，评出团体优胜奖6个，个人优胜奖11名。

2．计算机统计技能培训

1995年11月，县计生委引入第一台计算机，开始探索计划生育微机管理。25个镇建立基层育龄妇女管理信息系统，从传统的手工档案、手工统计逐步转到用计算机汇总、处理各类计划生育统计数据。

1996年上半年，全县加速计算机人口信息管理体系建设，有6个镇（乡）开始实行微机管理。9月，县计生委选派8个镇（乡）的计划生育统计人员参加市计生委举办的微机管理培训班。

1999年4月11至14日，全县举办40周岁以下镇计生专职干部计算机应用能力培训班，提高微机应用能力。8月14日至15日，再次举办年龄在45周岁以下的部分镇计生专干微机培训班。8月16日，全县45周岁以下的全体计生专干及微机操作人员参加并通过全市计生系统微机知识统一考试。10月23日至25日，全县加快OA办公系统自动化和《网络版育龄妇女账卡管理软件》在计生领域的推广应用，县计生委对镇、街道计生业务负责人进行计算机统计人员业务培训，并选派5名统计人员参加市计生委组织的计算机操作比武。

2000年，县计生委14名干部参加县人事局举办的中级计算机应用能力培训班。4月，县计生委下发《关于举办人口与计划生育师资培训班的通知》，对象为计生专干和负责片的助理员。8月22日，县计生委下发《关于举办计划生育干部计算机操作培训班的通知》，加快计算机在计划生育领域的推广、应用步伐。8月29日至31日，对年龄在45周岁以下的39名计生干部和助理员进行计算机业务操作培训，以适应计生工作的新要求。

2002年，全县积极推进计算机信息化管理，实施计划生育信息网络工程，实现管理与统计现代化。对村计划生育专管员进行计划生育信息化管理和统计业务培训，全年共培训8期，参加培训共400多人次。5月27日至28日，县计生委组织各镇（街道）计划生育计算机统计人员参加计算机应用培训班，内容为网络基础知识、新版育龄妇女信息系统应用，为推广使用网络版育龄妇女账卡软件奠定技术基础。

2003年，县人口计生局开展计划生育网络软件和统计信息业务分层培训。对村计划生育服务员进行统计业务和农村计划生育信息化管理培训；对镇（街道）计算机统计人员进行网络版育龄妇女账卡软件的应用操作、信息核对及办公自动化系统中的电子邮箱的使用等知识的培训；对各镇（街道）业务负责人和计算机统计人员进行计算机信息技术培训。5月22日，县人口计生局举办育龄妇女信息系统网络版软件应用的计算机网络应用知识培训，各镇（街道）30名计算机统计人员参加。10月23日至25日，县人口计生局举办镇（街道）计生业务主任和计算机统计人员业务培训，并组织参加全市网上计算机操作比赛，参赛选手平均成绩82.48分，居全市第一，并获一等奖1名，二等奖1名，三等奖2名。

2004年，县人口计生局对全县415村（社区、居委会）计划生育主任进行8期统计业务和农村计划生育信息化管理培训。对镇（街道）计生业务主任进行统计业务和再生育申请审批的培训，提高基层计算机操作人员业务素质和工作效率。

2006年，全县深入开展计算机操作人员统计培训，对50周岁以下镇（街道）计生干部进行WIS系统及OA系统应用操作能力培训；对部分村计生主任进行WIS系统的应用操作培训，使计生系统的计算机网络发挥最大的效率。

2007年，全县加强对各镇（街道）的统计业务指导，平时注重指导与培训相结合，培训内容侧重实用、实际，实行统计知识与计算机应用并重、按需培训与下基层培训结合，减少统计业务与计算机操作相分离现象。

二、统计制度

（一）统计台账制度

计划生育统计基础账册的设置、登记，是计划生育统计最基础的工作。70年代初，绍兴县对已婚育龄妇女的基本情况进行登记建卡，是最原来的登记薄，当时称之为统计台账或账卡。

1984年，全县加强计划生育档案管理，各乡、村建档工作在12月底全部完成。各村建立四种档案（育龄妇女档案、四项变动中的人口出生档案、避孕药具花名册、已婚未育夫妇档案）一张表（人在户不在的育龄妇女表）。乡级档案除村级的四种外，增加新婚夫妇、未婚青年、独生子女花名册等三种档案。到2001年，全县对计划生育统计基础档案进行完善，基本台账制度定为“一单四册”，即：村级月报告单，已婚育龄妇女基本信息册、孕环检信息册、月报告单主要信息反馈册和生育对象信息册。此台账制度一直沿用至今。主要由村(居)及基层企事业单位管理和使用。台账要求及时、准确地登记计划生育的各种信息，做到一月一清，一月一查，一月一报，以及半年报、年报，并根据不同时期及时调整统计事项。

（二）统计报表制度

1985年3月，县计生委转发省计生委《关于改进季报表》的通知，按《出生、怀孕及晚婚情况季报表》口径进行填报，其余项目仍按原规定填报。全年统计工作抓档案、抓培训、抓检查，在省、市统计工作检查中名列第一。

1996年8月，县计生委《转发市计生委〈关于在全市统一启用村级计划生育情况月报告单的通知〉的通知》，在全县范围内统一使用村级计划生育情况月报告单。报告单由村（居、单位）填写，一式二份，一份村级留底，一份报乡（镇）。

1997年1月，根据省计生委《关于印发〈浙江省计划生育统计村级月报告单制度〉的通知》精神，全县统一实行三联单式村级月报告单制度。村级报告单主要报告本村生育、怀孕、初婚、避孕节育、死亡等情况。报告单每月初填报一次，报告上月本村（居）所管理的户籍人口中已婚育龄妇女计划生育变动情况。如发现过去未掌握的变动情况时，应在发现当月及时填报，变动年月按实际变动年月填写。报告单一式三份，存根联由村（居）留底存查，第一、第二两联于每月3日前报所在乡（镇）计生办，乡（镇）计生办根据报告单变更统计账卡，再按照变更后的统计账卡于6日前将统计报表上报县计生委，上报同时附当月各村第一联报告单。这一月报告单制度一直沿用至今。

2000年9月26日，县计生委《转发省计生委〈关于做好2000年人口与计划生育统计年报工作有关问题〉的通知》，组织各镇搞好统计年报工作。

2006年2月8日，县计生委下发《关于规范计划生育统计报表种类和填报要求的函》，对报表上报时间和上报内容作出规定。目前一直执行此函规定的要求和种类进行上报。

（三）统计管理制度

1. 统计规范

1993年3月，县计生委制定《绍兴县计划生育统计工作考核办法》，对编制实施人口计划、夯实基层基础、提高统计质量等作出要求。1999年，县计生委制定《基层计划生育统计质量管理规范》。同年9月9日，县计生委下发《关于转发市计生委〈关于进一步提高计划生育统计质量的几点要求〉的通知》，要求各镇落实核对各种资料、规范村级月报告单制度、“四普”出生清底、统计质量达标乡镇和“双优镇”评比时间界线、出生性别与计划内外错报处理、统计质量“一票否决制”等工作要求，减少和杜绝统计误差，提高计划生育统计质量。2001年，县计生委完善《绍兴县计划生育统计工作管理规范》和《村级月报告单规范填写说明》，对村级月报告单管理、计算机管理、计划生育统计口径、各类统计报表填报、生育审批及《二孩生育证》《一孩生殖健康服务证》发放进行规范，确立统计工作依据。同年3月12日，县计生委转发省计生委《关于加强计划生育统计工作的通知》，落实计划生育系统统计管理办法。2003年4月28日，县计生委再次修订、完善《绍兴县计划生育统计工作管理规范》，对村级月报告单管理、计算机管理、基层台账及统计口径等作出新的规定并沿用至今。

2. 统计执法检查

1985年3月11日，全县开展“三无乡”（无多胎、无计划外二胎生育、无大月份引产）检查评比活动，东浦镇等24个乡镇被评为“三无”乡镇，并各获得100元奖励。

1987年，县计生委抓计划生育信息关，健全月会、档案等工作制度，准确填报国统1号、2号、3号报表，并开展三次检查活动，降低统计误差率。5月15日，县计生委对各乡（镇）的出生数、怀孕数、已婚育龄妇女档案、一孩放环数及手术例数等进行检查。

1994年，全县逐步推广微机管理计生档案，引进一台微机装备，开始微机联网工作，确保统计数据准确性。全年开展四次统计大检查，在挤统计“水份”过程中，全县补报1993年以前出生数56人，其中计划外出生2人，统计底子更清，数据更实。

1997年6月20日，全县统计工作要求贯彻落实新《统计法》，制止和纠正计划生育统计工作中弄虚作假、瞒报、漏报、迟报等统计违法行为。县计生委下发《关于开展全县计划生育统计执法大检查的通知》，对1996年1月至1997年5月各镇人口出生、初婚、节育情况有无错报、瞒报、漏报；村级月报告单提供信息是否正确；流动人口出证、验证、管理落实情况；村级档案是否规范；生育政策执行是否严肃；

新《统计法》执行情况等进行全面检查。

1998年6月27日，县计生委转发省计生委《关于在全省计生系统开展反对和制止在统计上弄虚作假情况大检查的通知》，成立检查工作领导小组，公布举报电话，并于7月6日至9日，抽调100名计生工作人员，分两批对25个镇的人口计划安排和统计数据使用、统计执法、统计机构和队伍建设、评价领导干部工作实绩、加强统计工作领导等内容，采用听汇报、查资料、核档案、进村入户调查等方法进行检查，发现出生漏报3人，错报18人，非法收养作为亲生统计上报出生9人。

2001年5月15日，县计生委下发《关于在全县计生系统开展〈统计法〉和“两办”通知执行情况大检查的通知》，从6月15日起至8月底，检查1999年7月至2001年5月出生的人口数、“五普”前清底补报、漏报瞒报、统计人员持证、伪造篡改统计数据等12项内容，有效制止统计工作弄虚作假。同年6月15日，县计生委成立统计执法大检查领导小组，保证本部门《统计法》和县“两办”通知执行情况落实。同年8月15日，县计生委转发省计生委《关于实行出生瞒（漏）报有奖举报制度的通知》，举报范围为本省户籍的当年及往年出生未如实上报的出生瞒报、漏报对象（本县区内出生三个月、离开本县区出生超过六个月），制止出生瞒（漏）报现象发生，实行依法统计，提高统计质量。

2002年8月5日，县计生委下发《关于在全县计生系统开展〈浙江省统计工作监督管理条例〉贯彻执行情况专项检查的通知》，检查2000年以来的出生、初婚及补救措施上报情况。

2003年，全县全面推行计划生育统计改革，完善考核办法，减少检查次数，减轻基层负担。

2011年，全县完成全员信息核查工作。克服信息核查工作时间紧、任务重、网络不畅等困难，采取“白加黑”“5+2”措施，全面完成全县110.97万人的人口基础数据核实工作。

3. 统计质量管理

（1）统计质量达乡镇（街道）评选

1993年3月，全县开始开展“统计达标乡”评选活动。1994年、1995年先后有18个和15个镇（乡）达到市统计质量标准，其中钱清镇、富盛镇、孙端镇3个镇连续三年达到市统计质量达标乡镇标准。

1996年12月10日，县计生委下发《关于开展1996年度计划生育统计质量达标镇自查的通知》，组织各镇开展统计质量自查，力争全县各镇在本年度统计质量全部达标。

1997年4月10日，各镇统计工作基础扎实，东浦镇、孙端镇被评为市统计质量优胜单位，杨汛桥镇等14个单位被评为市统计质量达标乡镇。

1998年，全县狠抓统计质量管理，按《基层人口计划生育管理基础账册》的设置与管理要求，健全镇、村二级基础档案，做到原始记录、统计台账齐全、变动及时。开展争创计划生育统计达标乡镇活动。3月21日，钱清镇、福全镇等15个镇被市计生委命名为“统计质量达标乡镇”，齐贤、华舍2个镇被命名为“统计质量优胜单位”。5月28日，县计生委转发市计生委《关于修改绍兴市计划生育统计质量达标乡镇和优胜单位标准的通知》，全县按此标准开展争创活动。10月21日，部署开展“四普”以来出生统计清查工作，对1990年以来人口出生情况进行全面清查，为“五普”奠定基础。

1999年，全县与省统计口径相衔接，调整“统计质量达标乡镇”评比时限为上年10月1日至当年9月30日。6月28日，县计生委下发《关于公布绍兴市计划生育统计质量达标镇和优胜单位的通知》，富盛镇、福全镇、稽江镇等3个镇被市计生委授予“统计质量优胜单位”，钱清镇、东浦镇、孙端镇等17个镇被授予“统计质量达标乡镇”。

2000年3月15日，齐贤镇、钱清镇、杨汛桥镇、华舍镇、东浦镇等被市计生委命名为计划生育统计质量达标镇，之后又有4个镇被命名为市统计质量优胜镇、8个镇为市统计质量达标镇。

2001年4月13日，县计生委转发市人口计生委《关于修改〈绍兴市计划生育统计质量达标乡镇和优胜单位标准〉的通知》，将市计生委新的统计质量达标镇街和优胜镇街的标准及时下发到各镇，并组织各镇开展2000年统计质量达标工作自查，确保统计质量达标。同日，转发市计生委《关于公布2000年绍兴市计划生育统计质量达标乡镇和优胜单位的通知》，杨汛桥、华舍、齐贤、富盛4个镇被市计生委命名为统计质量优胜单位，钱清、柯桥、福全、平水、马鞍、安昌、湖塘、兰亭、漓渚、陶堰、平江、夏履、稽江13个镇被命名为统计质量达标镇。

2003年4月，全县组织各镇开展统计达标工作自查和抽查，4个镇被命名为2002年度市统计质量优胜单位，12个镇被命名为统计质量达标镇。

2004年，全县有5个镇（街道）被市人口计生委命名为统计质量优胜单位，有11个镇（街道）被市人口计生委命名为统计质量达标单位。

2007年4月16日，全县按照市人口计生委《关于修改〈绍兴市人口和计划生育统计质量达标乡镇和优胜单位标准〉的通知》，按新修订的达标镇街和优胜镇街的标准开展评审。

2009年，6个镇（街道）被评为市统计质量优胜镇（街道），11个镇（街道）被评为市统计质量达标镇（街道）。

（2）统计质量信得过村评选

2001年，全县开展计划生育统计质量信得过村申报抽查工作，由各村（居）提出书面申请，镇（街道）审核并报县人口计生局备案和抽查。5月31日，县人口计生局命名公布164个村（居）符合《绍兴县统计质量信得过村标准》。12月6日，县计生委下发《关于开展绍兴县计划生育统计质量信得过村创评活动的通知》，全县各行政村（居）均可参加创评，规定从2001年起，计划生育统计质量信得过村（居）创评活动每年申报一次、命名一次，由各村（居）申报、镇（街道）审核验收、县计生委抽查命名，夯实计划生育统计基础性工作。在年底人口计生目标管理责任制考核抽查中，村级月报告单填写规范，信息收集齐全完整，计算机信息反馈规范全面，数据基本无差错，统计质量明显提高。之后，每年开展统计质量信得过村（居）评选活动，2002年度254个，2003年度159个，2004年度191个，2005年度207个，2006年222个，2007年224个，2008年220个，2009年度220个。

（3）委托管理

2002年5月，县计生委对市计生委提出的统计改革意见进行认真学习，并召开部分镇街计生干部座谈会，在《绍兴市计划生育统计改革意见》正式颁布后，立即着手移交管理关系，开始全面移交工作。到2003年，共接收1472人，移出1366人。

4. 合格村、先进村、红旗村创建

1990年，全县按照“七好”标准，开始开展创建计划生育合格村活动，要求全县三分之一以上的村达到创建要求。1991年12月，全县开展计划生育“合格村”“合格户”“标兵户”评选活动，当年建“合格村”692个。

1992年12月8日，县委办下发《关于开展计划生育合格村、先进村、红旗村活动的通知（试行稿）》。合格村标准为“六个好”，即：①人口计划执行好：无早婚、无计划外生育、无非法领养、无出生漏报；②队伍建设好：建立村计划生育领导小组、计划生育协会，村有专管员（服务员、联系员），组织活动经常，作用得到发挥；③宣传教育好：运用黑板报、广播、会议等形式经常性地开展计划生育宣传教育，有永久性标语，定期对育龄人员进行人口与计划生育基础知识教育；④技术服务好：定期开展孕检、环检，及时落实结扎、上环、补救措施，按时发放避孕药具，做好随访，已婚育龄妇女可靠节育率达75%以上；⑤建立制度好：依法制订切实可行的村计划生育守则、公约，有人口与计划生育制度、避孕药具随访制度、流动人口管理制度、婚育档案管理制度并切实付诸实施，实行“五公开一监督”（生育政策、奖惩政策、技术政策、准生对象、节育对象公开，接受群众监督）；⑥干群关系好：干部和党员带头实行计划生育，带头做到晚婚晚育，带头宣传计划生育方针政策，带头落实可靠节育措施，广大群众自觉实行计划生育。先进村标准是：前两年连续评为合格村，当年除达到合格村标准外，还应具备：晚婚率达75%以上；做到结扎措施月月清，放环措施季季清；已婚育龄妇女计划外怀孕率控制在3%以下。红旗村标准是：①符合先进村标准；②人人懂计生政策、家家有计生合格证，80%以上已婚育龄妇女掌握避孕节育、优生优育知识；③做到季度孕检不出村，一孩上环不超过三个月，二孩出生月内结扎；④网络建设健全，每十户家庭有一名计生联系员，每月上门服务一次，有文字记录；⑤独生子女及二女户养老保险率在80%以上；⑥无引产，人口在1000人以下，流产不超过5人；⑦符合照顾可生二孩条件的而自愿终生一孩的夫妇的人数10%以上；⑧群众对计划生育做到思想上重视、观念上转变、行动上自觉。创建计划生育合格村、先进村、红旗村实行分类指导、分期达标的方法进行。并提出力争三年内有100个村成为计划生育红旗村，成为全县计划生育工作的表率，作为推动孕前型管理的一项基础工程。据此文件精神，县计生委制定合格村、先进村、红旗村标准和考核验收办法，采用由村自报，所在镇、乡验收，县计生委审批并发证。至1992年底，全县计划生育合格户达113897户，标兵户达6811户。1993年底，全县共评出合格村747个，先进村137个。1994年底，全县提出要有80%以上的村达到先进村、红旗村的标准。同年12月30日，县计生委公布计划生育合格村682个。到1996年8月，全县已有计划生育合格村763个、先进村220个和红旗村16个。

1997年10月31日，县计生委下发《关于加强计划生育合格村建设评估工作的通知》。至1998年，全县把计划生育合格村建设作为实现“四有三落实”目标的重要措施。1月5日，县政府下发《关于公布绍兴县计划生育合格村名单的通知》，897个村（居）达到省定计划生育合格村标准。同年5月25日，县计生委、县计生协会下发《关于加强计划生育“双合格”村建设的若干意见》，在全县范围内开展创建计划生育“双合格村”（计划生育合格村、计划生育合格村协会）活动，提出1998年全县计划生育“双合格村”建设目标：有15%以上的村建成“双合格”示范村，60%以上的村建成比较规范的“双合格村”，另有10%左右的村“双合格”建设基本达标。同时，把“双合格村”建设纳入计划生育目标管理责任制范围，加大考核比分，实行同步考核。县计生委选择斗门镇为试点单位。斗门镇政府制定《关于斗门镇创建计划生育“双合格村”的实施意见》，举办骨干培训班，分三个阶段落实试点工作任务。7月30日，总结提炼出“做到三个健全、抓好三个环节、开展三项服务”的工作经验。全县召开试点经验交流会，全面深入推进“双合格村”建设，树立起15%左右过得硬的村级计划生育示范点、样板和对外宣传的窗口。同年10月21日，县计生委下发《关于做好计划生育合格村申报和复评工作的通知》，对全县计划生育合格村创建工作进行复评，通过自评、申报、复核后予以确认。同年11月23日，经复评、考核，县政府下发《关于公布1998年度计划生育合格村名单的通知》，976个村（居）达到省定计划生育合格村标准，占村（居）总数的90.45%。

1999年6月2日，县计生委下发《关于抓紧做好1999年度计划生育“双合格” 村（居）建设目标规划的通知》，要求25%的村（居）成为计划生育“双合格”示范村（居），65%的村（居）成为“双合格”达标村（居），10%的村（居）成为“双合格”基本达标村（居）。同年11月20日，县政府下发《关于公布1999年度计划生育合格村名单的通知》，经复评、考核，柯桥镇永进村等993个村（居）达到省定计划生育合格村标准。

5. “双优”乡（镇、街道）创评

1996年4月15日，县计生委下发《关于转发市计生委〈关于在全市范围内开展争创计划生育“双优”乡镇活动的通知〉的通知》，在全县范围内开展计划生育“工作优、指标优”的“双优”乡镇创评活动。1998年1月23日，福全镇、斗门镇达到“指标优”和“工作优”，被市政府授予1997年度绍兴市计划生育“双优”乡镇称号。2000年初，华舍镇等三个镇成为绍兴市1999年度计划生育“双优”乡镇。同年2月21日，根据《关于修订市级计划生育“双优”乡镇（街道）标准的通知》精神，全县按新的创评标准，每年开展计划生育“双优镇（乡、街道）”评选活动，并列入县岗位目标责任制考核，作为考核加分项目。1996年至2013年，县委、县政府每年表彰6个县“双优”镇（乡、街道），每年推荐2个“双优”镇（乡、街道）作为市人口和计划生育示范镇(街道)。

6. 城市社区计划生育管理

2001年，县计生委针对县政府驻地迁址柯桥，结束有县无城新情况，积极探索柯桥社区计划生育管理新课题，组织人员赴杭州上城区考察社区计生管理工作，并调研柯桥社区计生管理工作，出台社区计生管理意见。2003年，全县深化社区人口与计划生育管理改革，推行属地管理责任制、单位负责委托制、居民自治合同制、社区服务承诺制的社区计划生育管理和服务新体制，明确社区在计划生育管理和服务工作中的职能和作用。同年9月，全省城镇社区人口与计划生育工作现场会在绍兴县召开，推广绍兴县社区计划生育管理的经验和做法。

7. 移民计划生育管理

1998年11月25日，全县小舜江工程首期移民安置工作结束。1999年1月5日，县计生委切实搞好小舜江库区移民的计生管理工作，王坛镇登岸村、徐后村、石坛村的397户农户共1131人（其中已婚育龄妇女269人），分别被安置在齐贤、马山、斗门三镇的23个村。在安置过程中，县计生委及时采取措施，确保移民人群计划生育工作的顺利交接，着重做好由迁出地与安置地的育龄妇女档案移交工作，及时召开各安置点移民计划生育工作会议，在每个移民点落实一名计划生育联系员，对移民中的已婚育龄妇女开展B超查孕查环，为意外妊娠者落实补救措施，确保小舜江库区移民计划生育管理、服务不脱节。

（四）计划生育统计口径

1993年10月30日，全县根据市计生委《关于蓝本蓝印户口统计口径的规定》，规定蓝印户口视同为常住的非农人口进行管理，蓝本户口按流动人口由现居住地和户籍所在地共同管理。

1996年2月，县计生委对统计口径进行整理，形成《关于计划生育统计口径的补充说明》。

1997年1月20日，县计生委接省、市计生委电话通知，从1997年7月1日起，对统计口径作出调整：男方早育出生的一孩，作计划外一孩填报；未办理登记手续出生的一孩，作计划外一孩填报；计划外出生的双胞胎，二个孩子均作计划外填报，如：计划外出生第二胎系双胞胎的，一个报作计划外二孩，一个报作计划外多孩；虽符合照顾条件，但未经批准生育二孩，作计划外二孩填报。

1998年11月6日，县计生委转发省计生委《关于执行新的报表统计时间的通知》，在执行全省新的统计时间节点基础上，报表上报时间按原要求时间上报。

1999年9月13日，县府办规定，各镇计划生育统计、管理均以户籍所在地为辖地归属，海涂开发委户籍未单独设置前应由马鞍镇管理，海涂开发委应做好配合工作。

2002年5月15日，县计生委按照市计生委下发的《关于明确几种统计口径的函》，对初婚及节育措施的实施进行规定：

1. 初婚。登记结婚时小孩未出生的，初婚按登记结婚年月上报。小孩已出生的，按小孩出生年月上推8个月报事实初婚。

2. 自然流产。自然流产不报人流数，但自然流产不全又行清宫术的应报流产数。

3. 计划内引产。有医院证明的计划内病理性引流产或其他经计生部门同意的特殊情况计划引流产数也应报入统计报表。

4. 未婚女青年引流产。未婚女青年引流产数可不报入统计报表。

5. 领养报出生。凡当年办理合法领养手续的出生，不论孩子是否当年出生，均作为当年出生数上报。

6. 当年落实节育措施。根据目前避孕方法知情选择的实际情况，各地应上报“当年生育二孩及以上”放环数。

2002年11月11日，县计生委转发省计生委《关于明确有关出生人口统计口径的通知》，对出生上报做出相关规定：

1. 男女双方均未生育，经依法登记结婚后出生的第一个孩子，统计为计划内一孩。

2. 按规定批准并领取二孩生育证明后出生的，统计为计划内二孩。特批后出生的，统计为计划内出生。

3. 依法办理合法收养手续的，当月报入常规报表，统计为计划内出生；未办理合法手续收养子女的，当月报入村月报告单，乡镇建立花名册；超过五个月未办理合法手续的，报入常规报表，统计为计划外出生。

4. 孩次均按家庭现有子女数统计。

5. 原非法收养报表截至2002年9月底，与三季度一并报省计生委规财处。

以上统计口径自2002年9月3日起执行。以往有关计划生育统计口径的规定，凡与本规定不一致的，一律以本规定为准。

2003年，县计生委结合上级计生部门的统计口径，制定《绍兴县统计工作管理规范》，相关计划生育统计口径为：

1．省统计口径

（1）农嫁农归男方户籍地统计上报；

（2）农嫁非农归女方户籍地统计上报；

（3）非农嫁农归女方户籍地统计上报；

（4）非农嫁非农归女方户籍地统计上报。

2．市统计口径

从适应计划生育统计由“户籍人口”统计逐步向“常住人口”统计过渡的要求，在改革统计和管理对象（统计口径）上实行分步实施，明确如下对象：

（1）人户同在（含待定户口）对象，由现居住地统计和管理；

（2）人户分离对象：

①人在户不在的。A.在绍兴市范围内。户口在绍兴市内，人居住在绍兴市内，因婚嫁、购房或确具有常住趋势（常住趋势指：办厂、开店、土地承包半年以上、在机关事业单位或国有、集体企业工作的正式职工）造成人户分离的由现居住地统计和管理。由于房屋搬迁等原因造成人户分离的无业居民、临时工或个私小企业的职工由现居住地统计和管理。在越城区范围内的机关、事业单位、县以上国有、集体企业和其他所有制企业的职工由现居住地统计和管理，具体由越城区自行决定。B.人居住在绍兴市内，户口在省外，因婚嫁到绍兴市内的，与对方取得联系后依据本人意愿，可由现居住地统计和管理。C.人居住地绍兴市内，户口在省内市外，按省口径统计和管理。

②户在人不在的：户口在绍兴市内，人居住在绍兴市外的按省口径统计。

3.其他需明确的统计口径

（1）男女双方均未生育，经依法登记结婚后出生的第一个孩子，统计为计划内一孩；未经结婚登记生育的，统计为计划外。按省、市口径规定的管理地统计上报。

（2）按规定批准并领取二孩生育证明后出生的，统计为计划内二孩。特批后出生的，统计为计划内出生。

（3）依法办理合法收养手续的，当月报入常规报表，统计为计划内出生；未办理合法收养手续收养子女的，当月报入村月报告单，乡（镇、街道）建立花名册；超过五个月未办理合法收养手续的，报入常规报表，统计为计划外出生。

（4）计划外双胞胎，两个孩子均作计划外生育统计上报。

（5）出生胎儿只要脱离母体时有过呼吸、心脏跳动、脐带搏动等任何一种生命现象的均要列入出生统计，同时报死亡，只有死胎既不报出生又不报死亡。

（6）孩次均按家庭现有子女数统计（指婴儿出生时在其父母所有现存孩子包括抱养、过继及前夫前妻留下的孩子中的排列顺序）。

（7）婚外生育子女的，分三种情况分别统计：

①未婚女和已婚男所生子女，由未婚女方统计；

②已婚女和未婚男所生子女，双方在本县（市、区）范围内的，由已婚女方统计。男、女一方在本县（市、区）外，如女方离开丈夫与未婚男同居的，由未婚男方统计，如女方未离开丈夫与男方同居的，由已婚女方统计；

③已婚女和已婚男所生子女，参照前条已婚女和未婚男统计。

（8）入赘女婿（男方未迁户口）生育子女的统计

①男方入赘到女方，未办理结婚登记手续生育子女的，如有女方户籍所在地乡镇计生办签具的确认其入赘现状的意见书，且女方户籍所在地的村同意接纳其为入赘女婿的，由女方户籍所在地计生部门统计，否则按农嫁农的统计口径，仍由男方统计；

②男方入赘到女方，已办理结婚登记手续生育子女的，如有入赘女方乡镇或村出具的证明或已发《生殖健康服务证》的，由女方统计，否则同前条按农嫁农的统计口径，也由男方统计。

（9）管理对象迁出前发生的信息由迁出的管理地统计上报，迁出后发生的信息，由迁入地统计上报。迁移时间以派出所户籍证明为准。

2008年1月10日，全县根据《省人口计生委关于调整人口计生统计口径和启用2008年版人口和计划生育统计报表的通知》精神，对统计口径进行调整，特别是计划内外属性的界定问题，并启用新表式。

2011年6月30日，省人口计生委下发《浙江省人口计生委关于启用全员户籍人口管理统计口径和2011年版人口计生统计报表的通知》，对全员的统计口径进行规定，并决定从2012年1月1日起启用2011年版人口计生统计报表，2008年版人口计生统计报表同时废止。

（五）报表统计时间

1998年10月1日，县级新的报表起止时间如下：

1. 年报：前一年10月1日0时至当年9月30日24时；

2. 半年报：前一年10月1日0时至当年3月31日24时；

3. 季报：前一年10月1日0时至前一年12月31日24时、当年6月30日24时；

4. 月报：前一年10月1日0时至各月月末（前一年12月及当年3月、6月、9月不用上报月报）。

2000年9月15日，根据省计生委《关于做好2000年人口与计划生育统计年报工作有关问题〉的通知》精神，从2001年起恢复自然年度统计，即1月至3月为一季度报，1月至6月为半年报，1月至9月为三季度报，1月至12月为年报。

（六）手工档案脱档

1994年11月，全县在皋埠镇开展微机信息管理试点。1998年，全县推进计算机人口信息管理，25个镇全部配备微机，23个镇已能出报表并提供信息服务。2000年4月11日，县计生委召开计划生育系统计算机统计人员会议，部署脱离手工档案工作，提出各镇脱档的具体时间要求，华舍镇介绍脱离手工档案的做法。县计生委从有限经费中拨出一部分用于补助基层购买新一代计算机，每台补助2000元，全县16个镇计生办配备2台及以上计算机。19个镇已做好脱离手工档案准备，规划6月底前脱4个镇、7月底脱5个镇、8月底前和9月底前各脱3个镇、10月底脱2个镇和11月、12月各脱1个镇，到年底全部脱离手工档案。同时，县本级开发“查孕查环”“流动人口管理”应用软件，全县各镇已有44台计算机应用于计划生育档案管理。同年12月，全县顺利完成计划生育信息脱离手工档案工作。

2001年，全县加快信息管理步伐，在柯桥镇开展计划生育信息统计模式转变试点工作。

2002年4月10日，全县实行计划生育统计信息档案微机管理。此后，计划生育统计信息档案全部实行微机管理。

三、统计报表

（一）统计内容

根据国家、省、市人口计生委统计指标要求，全县计划生育统计有五方面内容：

1. 出生人口的情况统计，包括出生的数量、性别、孩次，是否符合政策等；

2. 补报出生人口的情况统计，包括出生的数量、性别、孩次，是否符合政策等；

3. 选用各种避孕节育措施的人数及周期内实施计划生育手术例数；

4. 计划外生育对象的相关情况，包括夫妇的姓名、出生年月、工作性质、何时出生、在哪里出生、出生前住哪里等。

5. 分孩次生育、分年龄初婚情况统计，统计每个年龄段的已婚育龄妇女数，生育子女情况、初婚情况。

（二）报表种类

计划生育统计报表由繁到简，主要有以下4种：

1.计划生育统计月报表

2.计划生育统计季报表

3.计划生育统计半年报表

4.计划生育统计年报表

（三）信息采集

人口和计划生育信息的源头是村级，村级收集的信息正确，得到的统计数据就正确。信息收集主要有三个途径：

1. 随访得到的信息。包括问到、看到、听到的信息，经上门核实准确无误后即为基础信息。

2. 核实资料得到的信息。定期与村（居）文书的户口册、四项变动等资料进行核对，核对到的资料就是基础信息。

3. 反馈得到的信息。镇（街道、开发区）计生干部将报告单信息及时与卫生院、派出所、婚姻登记、服务站等其他信息渠道的信息相核对，核对后的新信息也是新的基础信息。

四、统计调查

统计调查是收集计划生育工作情况及其事业发展制发的各类定期、不定期报表和组织的各种专门调查，包括运用计算机网络等技术开展的调查。县及县以上计划生育行政部门负责批准所辖行政区域的计划生育统计调查。全县大规模组织的统计抽样调查类别主要有以下几种：

（一）生育节育抽样调查

1988年7月1日，全国开始进行生育节育抽样调查工作，调查重点是15－57周岁已婚妇女。6月22日，县计生委、县公安局、县统计局等在全县成立生育节育抽样调查领导小组。6月27日，县抽样调查领导小组召开样本点乡、村领导和调查员会议，副县长章榴先主持会议，要求全县各级政府搞好宣传，密切配合，不折不扣完成任务。县计生委主任李杏芬部署全县抽样调查工作。全县有13个村民小组被抽中，共1725人。抽样调查日期为7月1日至13日。南池乡在会上介绍在马园村开展试点调查的情况，为各地开展抽样调查提供经验。

（二）计划生育干部现状与需求抽样调查

为计划生育干部队伍建设适应社会主义市场经济需要，分析与掌握县及县以下计划生育干部和工作人员现状，更好制定面向21世纪基层计划生育工作人员规划，1998年6月下旬，全国进行“计划生育干部现状与需求”抽样调查，绍兴县作为全省8个调查点之一，抽取2个镇、街道作为样本点。

（三）收养情况统计调查

2001年9月至10月，全县对1996年以来出生的收养情况进行大规模调查摸底，到2001年8月，共有合法收养389人，其中报出生的324人，65人为省外办收养证并迁入户口；非法收养141人，其中不符合收养条件的53人，符合收养条件但未办证的88人，有部分是原已委托寄养，但寄养期限已超，未及时办理收养证。

（四）计划生育/生殖健康抽样调查

2002年11月，省计生委在全省范围内进行计划生育/生殖健康抽样调查，掌握全省育龄人群的计划生育和生殖健康现状，了解育龄群众的需求，更好地推进计划生育优质服务，提高计划生育服务质量，保障育龄群众的生殖健康。绍兴县柯桥街道、福全镇、稽东镇、夏履镇被抽为四个样本点，共调查393户1232人，其中育龄妇女345人。2003年6月，市人口计生委组织全市计划生育/生殖健康抽样调查，绍兴县5个镇（街道）各抽取一个村为样本点，共调查育龄妇女1004人，其中已婚860人。

（五）生育力抽样调查

2007年5月22日，省人口计生委在全省开展2007年生育力抽样调查，回顾近年来全省育龄妇女生育水平，掌握当前全省育龄人群的生育意愿、避孕节育和生殖健康等状况，分析经济社会发展与人口发展的互动影响，为政府制定有利于稳定低生育水平、统筹解决人口问题、促进人的全面发展的政策提供科学依据，推动顺利实施"十一五"人口发展规划。6月18日，全县成立生育力抽样调查工作小组，确保按时、高质、高效地完成调查任务。孙端镇、平水镇2个镇的6个调查小区作为全省生育力抽样调查的样本点，提前完成包括调查摸底、入户调查、快速汇总、编码等在内的各阶段工作。调查共访问346户791人，其中接受调查的育龄妇女176人。抽样调查任务比省下达的截止日期提前12天完成。

第三节　信息化建设

人口和计划生育工作使用和推广信息网络，是人口和计划生育系统信息化建设的重要内容。1995年11月，县计生委引入第一台计算机管理计划生育工作，迈出计划生育信息化管理第一步。2002年4月，全县全部实行人口和计划生育工作信息化管理。

一、育龄妇女信息管理系统

1997年，全县健全统计考核责任制，设立统计单项先进奖，每月到4个镇进行统计业务知识授课，启用新版村级系列化档案。到11月，全县25个镇计生办或服务站配备微机，通过县政府信息网络中心实现县、镇联网，11个镇基本输录好信息实行微机报表。县计生委组织镇微机人员参加全省育龄妇女信息管理系统2.0版通用软件培训班，学习、掌握操作知识。

1998年，全县25个镇全部配备微机，其中23个镇已能出报表并提供信息服务，信息管理网络初步形成。到1999年，全县25个乡镇全部实行计算机管理，计算机应用普及率100%，既减轻基层计生干部繁琐的手工劳动，又为开展计划生育优质服务奠定基础。

2000年底，全县25个镇全部建立基层育龄妇女计划生育管理信息系统，能用计算机汇总、处理各类计划生育统计数据。

2001年5月，县计生委制定《绍兴县计划生育信息系统网络信息化建设实施方案》。同年12月，起草完成《绍兴县人口与计划生育信息网络三年规划》，开展新版育龄妇女账卡软件应用试点。

2002年，全县推广应用新版育龄妇女账卡软件，县人口计生局投入25万元，建设“三网一库”，配置网络设备，实现省、市、县三级联网。在省人口计生委资助下，投入数十万元构建县级计划生育中心数据库，在全省率先安装计划生育优质服务软件管理系统。同年10月，县人口计生局开始通过ADSL与上级计生部门连接，实现省、市、县、镇（街道）四级育龄妇女管理业务电子化、网络化，规范、完善网上查询、网上统计、网上迁移、网上调查、网上管理。

2003年5月，全县19个镇（街道）全部开通电信网络，基层育龄妇女管理信息系统使用网络版，“三网一库”正式连通使用，实现统计手段现代化、管理科学化。“三网一库”的建立和运行，标志着全县人口和计划生育管理全面进入网络化管理时代。同年10月15日，全县对育龄妇女信息系统的网络组织、运行管理、网络安全、信息资源管理及奖惩做出相关规定。后又进行系统更新和改进，功能更完善，应用更方便。

二、绍兴县人口与计划生育网

2002年，县人口计生局开通“绍兴县人口与计划生育网”（OA办公系统），网址为：http://192.168.1.125:8080/rkyjsw/index.jsp。网站由组织机构、主要职责、政务公开、统计信息、政策法规、问题咨询、计生协会、网上宣教、表格下载等组成。网站首页有公告栏、公文、信息业务、相关知识、举报投诉、最新动态、当代家庭、协会等组成，是局本级与各镇（街道）各县(市、区)工作信息交流的平台。2004年9月30日，县人口计生局下发《绍兴县人口与计划生育局关于印发信息化建设职责分工和网上办公信息发布管理考核办法的通知》，由办公室负责牵头，各科室负责相关子项内容，网络运行有条不紊，提高了全县人口计生工作水平，加强了系统内部沟通交流。

三、绍兴县人口网

2007年8月，县人口计生局筹划开通“绍兴县人口网”。9月18日，“绍兴县人口网”试开通，9月27日正式开通并运行，2013年接入绍兴县政务网。

（一）网站地址：http://www.sxxrk.gov.cn，其中 “sxxrk”为“绍兴县人口”每个汉字拼音的第一个字母，“gov.cn”为政府机关专用域名。

（二）网站宗旨：宣传人口计生国策，搭建公众交流平台，服务方便群众办事。

（三）网站功能：网站由组织机构（主要职责、部门领导、内设机构）、工作动态（图片展示、最新动态、镇街视窗、最新消息导读）、政务公开（行政许可、办事指南、审批公告）、政策法规（法律法规、人口政策、相关法律）、咨询投诉（请你留言、查看留言）、协会之家、专项工作（流动人口、优质服务、利益导向、关爱女孩）、科技之窗（优生优育、避孕节育、生殖保健、婚恋家庭）、生育文化（人口文化、人口博览、人口学校、青春健康）、相关下载（数据表格、文件通知）10个内页及重要公告、视频在线、相关链接、在线调查等栏目。“绍兴县人口网”的建成，成为方便社会公众办事、了解政策和获取信息的渠道。

（四）网站维护。由局宣传教育科牵头综合协调，杭州中环网络公司提供技术支撑与系统维护，各科室和镇（街道）计生办联手宣传，确保“绍兴县人口网”正常运行。

第四章 科学技术

绍兴县计划生育技术服务工作紧紧围绕稳定低生育水平、提高群众满意度为目标，认真贯彻落实《计划生育技术服务管理条例》及其《实施细则》，健全和加强技术服务网络建设，全面实现技术服务标准化、规范化，服务工作做到“规范、安全、优质”，为提升全县人口计生工作上水平、上台阶起到基础保障作用。

第一节 机构及人员

一、机构建立

（一）县计生指导站

1. 建设过程

1984年3月7日，县政府决定建立绍兴县计划生育宣传（技术）指导站，作为县计生委下属事业单位，重点开展计划生育宣传业务活动、节育技术指导和避孕药具发放管理工作。同年3月15日，县计生委请示省计生委要求下拨2万元筹建经费，用于解决用房和装备问题，后于5月份向县政府提出建造500平方米办公用房及避孕药具仓库。7月，县计生委因国家计生委在绍兴县进行避孕药具管理改革，避孕药具开始由医药公司管理改为由县计生委保管，提请市城乡建设局解决县计生指导站200平方米避孕药具储藏仓库及办公用房建设用地，并两次请示省计生委要求资助2万元用于支付建房费用。8月16日，县计生委根据市城乡建设局对县计生指导站及避孕药具仓库的定点规划，征用城区塔山大队土地约430平方米，要求县政府拨款1.3万元土地征用费。

1985年，县计生委力抓县计生指导站建设及力量调配工作，在绍兴城区延安路柳桥下的塔山大队区域建成540平方米的县计生指导站办公用房。

1988年3月5日，县计生委决定县计生指导站开展计划生育手术、并发症诊治，优生优育及病残儿童鉴定等工作，提请省计生委要求配备县计生指导站共29个类别的手术器械及设备。同年5月10日，县计生指导站根据站内人员缺少、业务用房面积不足、计划生育手术设备及经费缺乏等实际情况，向县计生委提出《关于要求加强县计生指导站建设的报告》并呈县政府，要求解决妇产科中级1名、初级2名、护士3名，以及放射科1名、检验1名、会计和总务2名等业务人员的分配、调入和招聘问题；要求划拨资金2.5万元，购置除省下拨的各类器械以外的手术设备及其他设备；针对已建成的500多平方米的办公用房不能适应作为业务用房的情况，建议重建1000平方米的业务用房。同年7月12日，县计生委因县计生指导站只有中级1名（任副站长）、妇产科医师1名、外科医师1名、药师1名、宣传技师2名、美工1名、驾驶员1名的人员情况，向县政府呈报《关于要求核定计划生育宣传技术指导站人员编制的报告》，加强技术力量配备，充实调整人员结构，要求落实妇产科4名（其中中级1－2名）、中医内科1名、护士4名，放射、心电及超声各1名，药具管理1名，会计1名、总务1名等工作人员，其他如化验、药房、理疗、出纳、文书等工作因人兼任。站内设正副站长2名、行政管理3名、宣传教育3名、药具管理2名、业务工作人员12名。7月22日，县计生委向县编委追报核定人员编制，于8月1日得到批复。8月25日，县计生委向县政府呈报《关于要求扩建县计生指导站业务用房的报告》，在原有办公用房的基础上，须扩建700平方米的业务用房。但综合现房条件及周边情况，要求择地重建1200平方米的县计生指导站，按省计生委统一图纸施工，并拨款45万元，列入次年基建计划。

1989年6月24日，县计生指导站技术服务筹建工作基本就绪。6月28日起，正式开展上环、取环、透环、孕检、人工流产、女子绝育、并发症诊治、不孕症及优生优育咨询、病残儿童鉴定等计划生育业务工作。

1990年7月27日，县计经委下发《关于同意县计划生育宣传技术指导站业务用房迁建工程列入前期准备项目的批复》，县计生指导站新址位于绍兴城南任家塔村，占地3.5亩，总建筑面积1775平方米，总投资90.5万元。1991年5月动工兴建，1992年5月整体搬入城南乡任家塔村新址，新站各项软硬件配套设施均超过《浙江省计划生育技术指导站技术服务管理办法（暂行）》中关于县级计生指导站业务用房要求，满足开展计划生育宣传、技术、药具、培训等四项日常业务工作需要，成为全县计划生育宣传技术服务的中心阵地。

1991年10月4日，县计生委下发《关于同意设置科室的批复》，首次在县计生指导站内设立宣传教育科、技术指导科、药具管理科、办公室等四个科室，结束站内无科室历史。

1995年9月12日，县计生委下发《关于设立绍兴县生殖健康服务中心的批复》，同意在县计生指导站内设立绍兴县生殖健康服务中心，与县计生指导站实行一套班子、两块牌子，为育龄群众提供计划生育四项手术、避孕节育、优生优育、生殖健康等服务。同意柯桥镇设立绍兴县生殖健康服务中心绍兴县分中心，隶属于县生殖健康服务中心，服务范围由原来纯计划生育四项手术扩大到生殖健康领域，为育龄群众提供避孕节育、优生优育、生殖健康等宣传、咨询、治疗。是年，县计生指导站技术力量、装备得到加强，上半年门诊2768人次，施行手术1845例，B超1294人次。

1996年，县计生指导站开展生殖健康服务，争创省级文明站，并于1998年被省计生委授予省级“文明站”。

1999年1月23日，县计生委请示县政府易地新建县计生指导站，解决无大手术室、宣传品发行室、节目制作室、文艺活动室等问题，以取得更好的社会效益和经济效益。同年12月23日，因县政府迁址柯桥，县计生委再次报告县计经委易地新建县计生指导站，站址拟定于群贤路以北、兴越路以南的社会事业区规划内，建筑面积1.35万平方米，征地20亩，资金1280万元。

2000年11月6日，因原县计生指导站地址须在两年内无偿移交给市接管，县计生委向县政府呈报《关于要求新建县计划生育宣传技术指导站的请示》，要求县政府在柯桥新建县计生指导站，拟征地25亩，建筑面积9000平方米，预计总投资1000万元。12月4日，县政府批复同意新建，要求抓好规划定点，制定具体方案，从紧控制用地。

2001年1月，县计生指导站移址新建项目被县委、县政府列入全县重点建设项目十大工程之一。同年5月7日，县重点建设项目管理领导小组办公室下发《关于同意新建县计生指导站项目的通知》，项目选址于柯桥笛阳路以西、轻纺城医院旁，占地15亩，总建筑面积9000平方米，其中计划生育业务用房5000平方米，生殖健康服务中心4000平方米。项目总投资1530万元，其中计划生育业务用房建设850万元，县财政安排425万元，不足部分自筹解决；生殖健康服务中心建设投资通过市场化手段解决，建设时间要求在2002年12月底前完工。同年9月11日，县计经委下发《关于同意新建县计生指导站项目建议书的批复》，同意在柯北新区兴越路以南，湖东路以西地块新建县计生指导站。

2002年3月30日，县城建设领导小组办公室下达县计生指导站业务用房建设工作任务书，建设用地15亩，建筑面积4381平方米，总投资750万元，8月正式动工新建，到年底，一期工程基本竣工。

2003年，全县在县计生指导站、镇（街道）服务站开展技术优良、服务优质、管理优秀、环境优美、群众满意的“四优一满意”活动。县计生指导站组织技术骨干到各镇（街道）服务站巡回进行技术服务。同年6月26日，县人口计生局请示县编委，在县计生指导站增挂“绍兴县生殖健康保健院”牌子，实行一套班子两块牌子，拓宽人口与计划生育服务职能，县编委于7月15日批复同意。同年8月18日，县计生指导站迁入新址，配备彩色B超、自动化生化分析仪、精子分析系统等先进设备，开展较完善的诊疗技术服务。

2008年，全县成立标准化站建设领导小组，加大财政投入力度，全面推进县级计划生育指导站标准化建设，并于2009年完成标准化和规范化建设任务。

2. 历任领导

绍兴县计生指导站及其领导成员任职情况一览表

表4－1

姓　名	职　务	任职起讫时间
金元泰	站　长	1993.4－1996.6
丁小华	站　长	1996.8－2005.4
蔡帮华	站　长	2005.4－2013.1
马学林	副站长	1985.12－1993.4
胡春英	副站长	1989.5－1993.2
吴湘云	副站长	1993.2－2005.11
金荣堂	副站长	1993.4－2009.2
方水庆	副站长	2005.8－2013.11

3. 编制人员

县计生指导站建立后，根据编制职数和工作需要配备行政管理、宣传教育、技术服务等方面行政和专业技术人员，不断进行调整、充实。

1984年3月，县计划生育宣传（技术）指导站核定人员编制7－8人。1987年8月，县编委核定县计划生育宣传（技术）指导站全民事业编制8人。1988年8月，核定全民事业编制22人，比上年增加14人。1992年5月，新建县计生指导站，在编人员10人。1996年4月，县编委会下发《关于县计划生育宣传技术指导站增编的批复》，同意县计划生育宣传技术指导站增加事业编制5名，专职从事计划生育技术指导工作，全站编制人数增加到27人。1998年9月，县编委办公室和县职称改革领导小组办公室联合下发《关于县计划生育宣传技术指导站专业技术职务结构比例和岗位设置的批复》，核定专业技术人员人数26人，中高级专业技术职务结构比例为高级5%，中级30%，同意设高级职务岗位1个，中级职务岗位8个，初级职务岗位17个，其中会计系列初级职务岗位1个。2003年8月，县计生指导站迁址县城柯桥，在编人员达25人。2013年，县计生指导站在编在职人员为24人。

1990—2013年绍兴县计生指导站人员情况统计表

表4-2

年份	在编在职人数					文化构成				技术职称		
	总数	行政	宣教	卫技	其他	本科及以上	大专	中专	高中	高级	中级	初级
1990	10						1	5	3		1	5
2000	29	3	1	21	4	4	4	16	5	1	8	15
2013	24	1	1	21	1	11	9	3	1	5	9	10

（二）乡镇计生服务站

1. 人员配备

1993年9月29日，县编委下发《关于镇、乡计划生育服务站核定人员编制的批复》，全县25个镇、乡计划生育服务站核定全民事业编制83人。

1994年4月，县计生委招收镇（乡）计生服务站人员，第一批在6月底招收50名，第二批计划于1995年底招收33名。同年8月24日，经县人事局、劳动局批准，面向社会首次招录分配镇(乡)服务站人员41名，劳动合同由所在镇（乡）与招录人员签订，系合同制工人，业务受县计生指导，管理由所在镇（乡）政府为主，规定人员变动须征得县计生委同意。

2. 服务站经费管理

1992年10月23日，县政府批复县计生委《关于要求解决部分镇建立服务站补助经费的请示》，除贫困山区个别补助外，一律由乡镇自筹解决。同年11月10日，县计生委制定《关于镇乡服务站开展计划生育业务收费的报告》，向县物价局报批镇乡服务站开展计生服务项目的收费标准。

1993年2月2日，根据省计生委等四部门《关于重申计划生育手术收费标准的通知》和《浙江省医疗收费标准》精神，县物价局对各收费项目做出以下规定：妇科检查0.5元，妊娠试验0.5元，上环3元，人工流产7元，扩刮术8元，B超查环2元，女子绝育术14元。

1997年12月29日，县编委《关于明确全县各镇计划生育服务站经费等有关问题的通知》，规定镇计划生育服务站所需经费由镇财政解决，应把社会效益放在首位。今后服务站的一切收入，均需全额纳入镇财政预算收入。计生服务站各种责任制的建立和健全，由各镇从本地实际出发自主确定。

2000年9月7日，根据县物价局《关于重申B超环检收费标准等有关事项的通知》精神，各镇计生服务站按B超检查一次、收费一次的原则，B超环检不分机器类型，一律按每人5元标准计收。

3. 服务站建设

（1）服务站建设进程

1988年8月19日，县计生委拟定《关于建立区、乡计划生育服务站的报告》，向县政府报请解决区、乡服务站机构人员及编制问题。

1988年9月16日，绍兴县第一家乡级计划生育技术咨询服务站在安昌镇成立，计划生育工作逐步走上服务型道路，为广大育龄群众提供优质服务。施行计划生育手术282例，门诊342人次。

1992年11月30日，县计生委请示县政府建立镇、乡计划生育服务站，提出建站规划，对25个镇、乡分两年建设服务站，当年建10个，其余在次年建成。乡镇服务站主要承担计划生育宣传教育；避孕药具的发放管理；村级人员的业务培训；环情孕情的监测等技术服务。根据需要和条件可能开展节育手术。同年12月8日，县政府批复同意在全县25个镇（乡）建立计划生育服务站，是乡镇人民政府领导下的全民事业单位，承担宣传教育、避孕药具发放、环孕情监测及节育手术职责。此后，全县乡镇陆续建立计划生育服务站。

1994年5月，县计生委制定《镇、乡计划生育服务站暂行管理办法》。同月31日，县府办下发《关于进一步加强镇（乡）计生服务站建设的通知》，全县镇（乡）计生服务站面向社会招收工作人员，要求各镇（乡）做好人员接收准备，做到服务站房屋、人员、设备、工作四到位。

1996年，孙端镇、漓渚镇、福全镇、安昌镇等在上半年扩建服务站，皋埠镇、鉴湖镇购置先进B超仪，杨汛桥镇结合小城镇综合改革筹建规模较大的计生服务站。

1999年，安昌镇、齐贤镇各投入30余万元对服务站进行翻建，杨汛桥镇、陶堰镇等5个镇也舍得投入，或改建、扩建服务站，或购置器械设备。是年，全县25个服务站有20个达到二级站标准，其中11个达到省级示范站标准。

2001年，全县加强对镇计生服务站的建设和管理，在兰亭镇召开镇级计生服务站规范化管理现场会。湖塘镇新建的计生服务站正式开业。

（2）服务站人员培训

1992年9月至1994年上半年，县计生委连续八次组织镇、乡计生干部、服务站人员参加全市P35项目培训，内容涉及《人口理论》《计划生育管理》《人口统计与规划》《计划生育技术》四门课程及P35项目内容。

1995年4月25日至26日，全县对计生服务站人员进行宣传教育、避孕药具管理和发放、小B超使用与保养、术后护理及服务站管理工作培训。同年6月22日，县计生委下发《关于建立镇（乡）计划生育服务站成员例会制度的通知》，确定25名同志为县级镇（乡）服务站例会成员，每季首月的8号为例会日。

1997年，全县发动服务站人员参加医学中专学历教育，优质服务建设步伐加快，25个镇全部实现人员、用房、设备三配套，开展四项节育技术服务，基本形成以县计生指导站为中心、镇服务站为重点、村服务室为基础的计生服务网络。

2000年4月21日，县计生委下发《关于组织参加全省B超诊断技术中级培训班的通知》，组织全县服务站人员及操作B超“三查”的计生专干参加培训，为搞好生殖健康服务和“三查”服务提供技术基础。

2001年，县计生委先后下发《关于对全县镇服务站人员实行业务知识统考的通知》和《关于参加全市乡镇计生服务站人员业务统考具体事项的通知》，组织全县计生服务站工作人员做好考试准备并于10月20日在县计生指导站参加考试，提高计生服务站人员的技术水平，促进计划生育优质服务。

2003年11月7日，县人口计生局下发《关于举办计划生育技术服务站人员业务培训的通知》，传达国家卫生部、国家人口计生委关于《常用计划生育技术常规》精神，搞好优质服务，规范计划生育技术常规操作。

2009年8月26日，县人口计生局下发《关于在全县计划生育技术服务机构中开展科技大练兵和竞赛活动的通知》，要求各镇（街道）服务站人员和指导站工作人员在平时工作中强化技术服务基本理论、基础知识和基本技能训练，参加B超业务培训进修，提高计生服务站工作人员业务素质，为广大育龄群众提供优质服务，推动计划生育技术服务工作实现“二次发展”。

（3）示范服务室建设

1995年，全县791个行政村建立村服务室。1997年12月29日，经村、镇逐级申报和县复核验收，县计生委公布275个县级计划生育示范服务室名单。1999年6月2日，县计生委下发《关于做好县级计划生育示范服务室的申报及复查工作的通知》，提出到年末有40%以上的村达到示范服务室要求，建成省级示范站16个、二级站6个、一级站3个的目标，分别占总数的64%、24%和12%。同年8月10日，全县881个行政村建立计划生育服务室，通过镇街申报、县级复查验收，有425个村(居)建成配有人体秤、血压计、听诊器、体温表等装备的县级示范服务室。2000年3月，全县有323个村建成县级规范服务室。2001年3月20日，县计生委下发《关于做好县级计划生育示范服务室申报及复查工作的通知》，剔除各镇45%以上的村达到示范服务室的要求，对示范服务室提出基本设置要求，包括要有专门用房、办公桌椅、B超检查床、避孕药箱、血压仪、体温表等基本设施，要有宣传氛围，村专管员实行持证上岗等。同年12月10日，经申报、复查、验收，县人口计生局下发《关于公布绍兴县计划生育示范服务室名单的通知》，公布467个村（居）服务室达到县级示范服务室标准。

（4）等级服务站建设

1996年，全县广泛开展“放心在站室、满意给群众”优质服务竞赛活动。同年4月20日，安昌镇、福全镇、平水镇、漓渚镇、兰亭镇共5个计划生育服务站被评为绍兴市首批计划生育示范服务站。同年5月26日，县计生委给予上述5个市级示范服务站各奖励人民币1.5万元，其中20%用于奖励在创建工作中的突出贡献者，80%用于服务站建设。

1997年7月22日，县计生委转发市计生委《关于下发绍兴市乡镇计划生育服务站达标要求的通知》，发动各镇（乡）申报和创建。全县有11个镇服务站成为市级示范服务站，其中6个镇服务站成为省级首批示范服务站。

1998年3月30日，齐贤镇、杨汛桥镇、钱清镇、斗门镇、孙端镇、东浦镇共6个计划生育服务站被评为绍兴市计划生育示范服务站，到年底达到15个。全县采取镇投入为主，县适当补助和奖励的办法改善计生服务站硬件建设，20个镇计生服务站达到二级站标准。普遍开展查孕查环、术后跟踪访视、上（取）环、人流节育技术服务。皋埠镇、马鞍镇、马山镇、王坛镇4个镇的计生服务站被市计生委授予达标站，有8个镇服务站争创省级示范站。

2000年，全县力抓创建等级示范站、达标站和市级计划生育优质服务示范乡镇活动，加强对服务人员的避孕节育全程服务、优生优育知识业务培训和服务站目标管理考核，提升计划生育优质服务水平。1月30日，稽东镇、华舍镇、稽江镇计划生育服务站被市计生委命名为达标站。3月22日，华舍镇、孙端镇、兰亭镇、稽东镇、陶堰镇5个镇计生服务站被省计生委命名为省级示范服务站。全县有13个镇服务站达到三级服务站标准，4个镇服务站达到二级服务站标准。同时推进服务站悄悄话室建设，对受术者术前搞好咨询、术中规范操作、术后搞好随访。1—11月，全县共门诊咨询5.25万人次，上门咨询8326人次，施行四项手术1.02万例，无一例事故，并都开展术后随访服务。到2001年，全县又有1个服务站达到二级服务站标准。

2006年7月28日，县人口与计划生育领导小组下发《关于开展市级计划生育优质服务示范镇（街道）创建活动的实施意见》，分三年完成，提出创建目标：至2006年底，力争有30%的镇（街道）创建成功，2007年有50%的镇（街道）创建成功，2008年有80%的镇（街道）创建成功。2006年至2008年，全县共创建17个市级计划生育优质服务示范镇（街道）。

2009年，全县在镇（街道）一级，开展市级优质服务示范镇（街道）“回头看”活动，投入近10万元，为全县19个镇（街道）计划生育服务站统一配置电脑，为优质服务的深入开展提供硬件保障。在村（居、社区）一级，指导落实计生服务室建设，使之达到温馨化、标准化。全县通过改造县一级、规范镇街级、调整村一级的分层突破，健全以县计生指导站为龙头、镇街服务站为骨干、村（居、社区）服务室为基础的技术服务网络。

2012年，全县大力推进计生技术服务体系“二次发展”，加强县、镇（街道）、村三级计生服务机构标准化建设，全县95%以上村级服务室实现规范化建设。

（5）服务站考核机制

1995年9月20日，县计生委下发《关于印发镇（乡）服务站考核标准的通知》，制定镇（乡）服务站考核标准。此后，县计生委每年均出台镇级服务站岗位责任制考核办法，规定凡被评为市示范站的镇（乡）服务站，由县计生委给予精神和物质奖励，达到市示范站标准的奖励15000元，合格站奖5000元。

1999年3月1日，县计生委下发《关于印发镇计划生育服务站1999年度岗位责任制考核办法的通知》，强化服务站规范化管理，发挥服务站宣传、技术、药具、培训等功能，促进全县计划生育技术服务到位，共落实计划生育手术3.24万例，术后并发症5例。提供查孕查环查病服务12.98万人次，查出妇科病5279例。

2000年2月23日，县计生委印发《镇计划生育服务站2000年度岗位责任制考核办法》，分行政管理、技术管理、药具管理、宣传教育四大块，实行百分制考核。此后，按此模式，县计生委对各镇(街道)计生服务站进行工作考核。

二、机构评审

2002年11月，县人口计生局印发《绍兴县计划生育技术服务机构及其人员执业服务的若干规定》，规定计划生育技术服务机构必须取得《计划生育技术服务机构执业许可证》方可从事计划生育技术服务工作。镇（街道）计生服务站至少要有一名执业医师或执业助理医师资格的人员方可开展与计划生育相关的临床医疗服务（主要是指四项手术中的人工流产术）；计划生育技术服务机构的人员为育龄群众提供培训、咨询、就诊、手术等，必须持有市人口计生委核发的《计划生育技术服务人员合格证》；计划生育技术服务机构应将执业许可证明、服务项目和收费标准挂在明显位置；计划生育技术服务机构人员每年必须进行一次业务培训或每年参加由上级相关部门组织的与计划生育技术服务有关的培训。

2009年3月12日，县人口计生局根据县委办、县府办《关于认真贯彻落实省委办〔2008〕116号文件精神扎实做好有关“扩权强县”工作的通知》精神，根据市人口计生委下放的《计划生育技术服务机构执业许可证》的审批、校验和管理事项，下发《关于成立〈计划生育技术服务机构执业许可证〉及〈计划生育技术服务人员合格证〉评审小组的通知》。同日，下发《关于开展〈计划生育技术服务机构执业许可证〉及〈计划生育技术服务人员合格证〉评审工作的实施方案》，对全县《计划生育技术服务机构执业许可证》的校验、管理及《计划生育技术服务人员合格证》的审批校验及管理做出具体规定。

第二节　技术管理

一、技术考核

1989年3月15日，全县按照国家计生委《关于印发〈县计划生育服务站管理办法〉的通知》精神，对服务站机构人员、宣传教育、干部培训、技术服务、避孕药具管理、财务物资管理等方面进行规定。

1991年10月18日，县计生委下发《关于进一步做好计划生育技术服务工作的通知》，要求各医疗单位、县计生指导站、乡镇服务站积极做好计划生育工作，对四项节育手术对象努力改善服务态度，保证手术质量，严格掌握节育手术适应症，认真执行《节育手术常规》。

1993年，全县全面推行节育新技术新方法，落实“一孩放环、二孩结扎”的可靠节育措施，向育龄夫妇提供安全、有效、经济、便易的技术服务。县计生委下发《关于开展计划生育优质技术服务标兵评选活动的通知》，全县从事计划生育技术服务的县、镇、乡医疗卫生单位妇产科及县、镇、乡服务站节育技术人员均可参评，每个获奖者将受到县计生委、县卫生局的表彰奖励。

1994年10月，县计生委下发《关于加强计划生育技术服务管理的通知》，规定医疗单位及县计生指导站必须凭镇、乡出具的引产手术证明施行引产手术，严格控制计划内对象擅自引产，杜绝出生婴儿性别比例失调。

1995年9月20日，县计生委下发《关于印发乡（镇）服务站考评标准的通知》，制定乡（镇）计划生育服务站工作考核标准，全面提高计划生育技术工作质量。

1998年11月27日，县计生委下发《关于转发省卫生厅、省计生委〈进一步加强计划生育手术质量管理的通知〉的通知》，切实保障育龄人群的安全和健康，促进避孕节育措施落实。

二、孕前型管理

1986年，全县在具有较好计划生育工作的基础上提出孕前型管理并开始进行探索，扭转围着“大肚子”转的局面，既控制人口增长，又最大限度地减少计划外怀孕。大力推广节育新技术，学习、试点、推广放置宫内节育器和产后置器的经验，积极引进推广“T”铜等新型宫内节育器代替金属单环。县卫生局、县计生委联合举办新型宫内节育器放置技术培训班，提高技术人员的放置技术，并做好术后随访和效果观察，派技术骨干到基层进行现场示范和指导，开展“看谁放置宫内节育有效率高”的活动，为孕前型管理提供技术和人才保障。

1987年至1989年，全县共放置“T”铜环3.5万只，占总放置宫内节育器的83%，经过追踪调查，放环有效率提高到90%以上。

1988年，县计生委制定孕前型管理的六项标准：①完成市下达的人口控制计划，出生性别比控制在107以下；②计划生育率达到98%以上，杜绝多孩出生；③已婚育龄妇女计划外怀孕率控制在3%以下；④引产占总补救人数的20%以下，杜绝大月份引产，出生人流比降到1:0.5以下；⑤已婚育龄女可靠节育率达80%以上，一孩放环率达70%以上；⑥90%以上的村达到计划生育“六好”合格村。措施主要为落实到基层，落实在孕前。是年，全县在已婚育龄妇女增加8000多人的情况下，引流产人数反而减少1377人，全县开始走上孕前型管理的道路，并在1989年11月召开的全省计划生育工作会议上作《加强孕前型管理、提高计生工作质量》经验交流。实施孕前型管理以来，通过1984年与1989年的比较，全县计划生育率从98.13%提高到99.56%；已婚育龄妇女计划外怀孕率从4.61%下降到2.55%。有706对符合照顾生育条件的育龄夫妇自愿终身生育一个孩子，665对符合照顾生育二孩条件的育龄夫妇推迟生育时间。

1990年，全县加强孕前型管理宣传。县计生委每月编写《生与育》小报，发放到乡镇，作为基层工作指南。同年8月15日至17日，市计生委在绍兴县召开计划生育孕前型管理现场会，县计生委、龙峰乡、马山镇等在会上作孕前型管理经验介绍。核心内容为：一是加强宣传教育，在深度、广度上下功夫；二是应用新技术、新方法落实节育措施，在提高避孕节育有效率上下功夫；三是强化目标管理，把工作落到实处。孕前型管理初步形成一整套“月会制、培训制、孕情检查制、随访制、定期检查制”等五项管理服务制度，建立起“一孩夫妇”“二孩夫妇”等10种档案，每季抽查9－10个乡（镇），检查到村，引入竞争机制，设“流动红旗”，促使孕前型管理工作规范化、经常化。同时，全县围绕“务实、完整、及时”六字要求，确定每月30日为计划生育档案日。推进孕前型管理基础教育，制作3块画板，举办11场展出，参观人数达2000多人；制作优生优育、避孕节育知识卡片，发放到育龄人群。举办新婚、孕妇、家长学校和“五期”教育活动，编写《计划生育与法》宣传提纲，组织先进人物报告团现身说法。同年11月，在全国计划生育基层工作经验交流会上，县计生委会作《大力推进孕前型管理、努力提高计划生育工作质量》交流发言，探索出一条行之有效的孕前型管理道路。全县计划生育工作实现“三个转变”，即：以突击工作为主，转为经常性工作为主；从少数人做多数人工作，转变为多数人做少数人工作；工作从被动补救，转变为主动服务。同年12月，在全省计划生育宣传教育工作会议上，县计生委作《开展基础知识教育、推进孕前管理工作》典型发言。是年，全县1300多对符合照顾条件的夫妇自愿终生只生一个孩子；上环12376人，结扎2904人，可靠节育率达80%。

1992年，全县深入推行孕前型管理，对非法领养174人、非法同居1839人，以及非法生育进行清理。

1993年9月，绍兴县在全国计划生育工作“三为主”经验交流会上介绍的“形成共识抓孕前、强化基础抓教育、落实基层抓管理”工作经验，受到国家计生委表彰。

1994年6月，县委、县政府在浙北片计划生育工作会议上作《围绕孕前管理，抓好热点难点，探索计生工作新路子》典型介绍，总结提炼出“认识到位、领导到位、组织到位、制度到位、措施到位”五条工作经验。同年9月25日，县府办下发《转发县计生委〈关于进一步加强计划生育孕前管理的意见〉的通知》，提出镇（乡）孕前管理7条标准、行政村孕前管理8条标准，规划1994年到1996年实行孕前管理的镇（乡）分别达到10个、10个和5个。要求各镇（乡）严格执行生育政策，坚持实行合同管理，坚持“一孩放环、二孩结扎”原则，推广产后42天放环、产后即时放环、产后结扎、新型节育器等节育新技术、新方法。推广小型B超，力争在年底基本普及小型B超查孕查环；加强流动人口管理，扩大避孕药具零售网店，严把出证、检验关；继续开展合格村、先进村、红旗村创建活动，大力推进基层规范化管理等。

1995年2月，全县提出孕前管理的总体目标，80%的镇（乡）实现孕前管理，到1996年，孕前型管理全面实现。同年6月，全县孕前型管理工作通过省政府综合评估和验收，成为全省首批孕前型管理达标县，受到省政府嘉奖。

1986年至1996年，在全县大力推进孕前型管理过程中，全县宣传教育、避孕节育、服务措施前移，加强婚前婚后、孕前孕后、产前产后、术前术后随访，形成“村自为战”的格局，人口增长得到控制，计划外怀孕减少，确保育龄群众身心健康。

三、手术与经费管理

（一）手术管理

1983年12月，县计生委、县卫生局、县财税局联合下发《关于执行省一委二厅计划生育经费开支的规定》，明确各项计划生育开支标准和收费标准，并规定独生子女保健费在1984年1月1日起执行。

1985年4月2日，县计生委、县财税局、县卫生局下发《关于节育手术优质安全评奖的意见》，在全县范围内开展节育手术优质安全评比活动，时间从1983年5月1日起至1984年12月31日，按照评选条件，各项节育手术数达到起奖指标，发给5元奖金。奖金50%归科室或个人，50%分配给有关辅助科室人员。同年5月24日，县计生委、县卫生局兑现节育手术优质安全奖项。

1987年9月21日，县计生委对孕产妇、婴儿、病人及计划生育手术人员作出特殊用糖规定，计划生育手术者凭县计生委开具的计划生育购糖证一次性供应500克；

病人用糖凭县、区医疗单位开具的购糖证明每次不超过250克；产妇及婴儿用糖凭接生证一次性给产妇糖票1500克、婴儿3000克。11月30日，县计生委、县卫生局、县供销社对在全县计划生育宣传服务月中的流产、引产受术者的食糖供应标准从原来的500克增加到1500克。

1990年6月，《绍兴县关于实施〈浙江省计划生育条例〉的若干规定》规定：节育手术必须由持节育技术合格证的医务人员施行。施行节育手术的单位，必须严格遵守《节育手术常规》，保证手术质量，确保受术者的安全。

1991年，县计生指导站技术服务打开工作局面，与县卫生局一起组织妇幼人员外出考察学习新技术。门诊达到2711人，女扎253例，人流449例，上环737例。

1992年4月，全县计划生育技术服务工作强调服务态度与服务质量并重，重点探讨上环新技术，总结推广产后42天上环和推广新型宫内节育器。1—4月份，结扎797例，上环4583例，补救2.12万例。到年底，已婚育龄妇女累计节育率达到94%。

1999年，县计生委与县卫生局联合组成检查组，对医疗单位、计生指导（服务）站进行抽查，强化计划生育手术质量管理，督促落实“四凭一报告制”（凭证建卡、凭证接生、凭证取环、无证报告）。

2000年1月4日，县计生委下发《关于转发〈绍兴市计划生育技术政策执行规程〉的通知》，要求各镇计生办、县内各计划生育技术服务机构（医院、指导站）严格执行各项规定，包括凭证建卡、凭证接生、凭证引产等操作细则。

2002年10月9日，全县贯彻落实国家《计划生育技术服务管理条例》和《医疗事故处理条例》精神，全面规范绍兴县计划生育技术服务机构的技术服务行为。县人口计生局下发《关于转发绍兴市人口与计划生育委员会贯彻〈医疗事故处理条例〉等法规的若干意见的通知》，要求各镇（街道）贯彻执行并开展工作抽查。同年11月5日，县人口计生局下发《绍兴县计划生育技术服务机构及其人员执业服务的若干规定》，对计划生育技术服务机构及其人员执业服务提出若干规定，具体包括执证服务、知情同意、证明出具、业务培训等十大方面规定，提高群众对计生技术服务的满意度。

2003年7月9日，县人口计生局、县卫生局联合下发《转发浙江省卫生厅、计生委关于〈常用计划生育技术常规〉的通知》，全面规范全县计划生育技术服务工作。

（二）经费管理

1985年6月8日，县计生委、县财税局、县卫生局等部门重申计划生育手术经费收费标准按1983年收费标准执行，各医疗单位不能自行扩大收费项目，不能擅自提高收费标准。具体标准为：放置节育环0.80元；取出节育环0.60元；透视节育环0.20元；人工流产吸引3.00元，扩刮4.00元；人工引产5.00元；输卵管结扎术7.00元，吻合术15.00元；输精管结扎术2.00元，粘堵术2.00元，吻合术10元。

1986年5月，县计生委、县卫生局下发《关于计划生育四项手术经费实行凭卡记账的通知》，从6月1日起执行四项手术经费凭卡记账，适应财政体制改革的形势，方便群众，推动计划生育工作的开展。规定记账范围、经费标准、发卡对象和报销手续，包括计划生育的挂号、检验、手术、用药等。发卡对象为农民和乡、村企业职工、无业居民。11月，县计生委向10个区及县计生指导站共分配煤球5吨、柴油5吨，解决落实节育措施及取暖、消毒用的煤球、柴油紧缺问题。

1987年11月30日，为落实各项节育措施，县计生委下发《关于分配计划生育手术取暖柴油的通知》，拨发分配柴油5吨。同时，全县按照《浙江省计划生育条例（试行）》精神，规定计划生育手术费用开支范围，职工及职工没有固定职业的爱人、使用三个月以上的临时工、合同工，由所在单位医疗费中开支。农村社员及城镇待业人员由计划生育经费开支。

1988年12月，县计生委向10个区分配宣传技术服务月活动手术用煤5吨、柴油1.5吨。

1989年8月2日，县计生委联合县财政局、县卫生局和县物价局下发《关于进一步加强计划生育手术收费管理的通知》，对计划生育手术收费标准、结算方法进行统一规定。

1992年，全县计划生育手术经费对不纳入计划生育基本手术免费范畴的人员进行计生服务项目收费，收费标准按照省计生委等四部门的《关于重申计划生育手术收费标准的通知》和《浙江省医疗收费标准》执行。对纳入计划生育基本手术免费范畴人员进行费用减免，所需资金由县财政承担，按年度下拨。

1995年10月26日，县计生委、县财政局《关于调整计划生育手术费标准的通知》，明确放（取）环、人流、引产、结扎等11项手术费标准，规定与节育手术无关的费用不予报销。

1997年5月20日，县计生委、县卫生局、县财政局、县物价局出台《关于实行计划生育手术经费包干的意见》，决定从1997年6月1日开始，全县计划生育四项手术经费实行定额包干，终止使用手术介绍信，加强经费管理，杜绝浪费。包干测算办法根据测算数，核定手术经费，实行定额包干，外加10%经费作术后治疗，两项合计核定包干到镇，专款专用于计划生育手术开支。超支经费由各镇自负。同年6月2日，县卫生局与县计生委提出四项手术经费具体标准的补充意见。同年7月6日，县计生委、县财政局联合下发《关于下拨计划生育手术包干经费的通知》。1997年6月至2005年10月，全县每年实行计划生育手术经费包干制度。

2005年10月12日，县人口计生局、县财政局、县卫生局联合下发《关于进一步做好随访服务工作的意见》，调整对计划生育免费技术服务项目的结算标准：放、取宫内节育器50元/例，输卵管结扎术250元/例，输精管结扎术100元/例，流产术130元/例，引产术500元/例，输卵管吻合术400元/例，输精管吻合术400元/例，药物流产130元/例，避孕药皮下埋植（取出）术100元/例，B超孕情、环情检查5元/例，上述标准含术前检查费、术中手术费和材料费、手术后常规用药费、床位费等。并规定从2005年9月1日起执行，经费结算的渠道按原规定渠道不变。

2006年7月26日，县人口计生局下发《关于进一步明确计划生育免费技术服务的意见》，明确计划生育免费技术服务的项目和标准。计划生育免费技术服务的项目有：放（取）宫内节育器、输卵（精）管结扎术、人工流产、引产术、抗早孕药物流产、避孕药皮下埋植（取出）术、B超孕情（环情）检查、其他如基本的避孕药具等。计划生育免费技术服务的经费结算标准，仍按2005年10月制定的标准执行。此后，这一标准一直执行至2013年11月。

四、药具管理

（一）管理队伍

1984年，县计生指导站配备一名专职避孕药具管理员。全县面上普遍推行樊江乡集体村建立联系员队伍的经验，到年底，共有药具专管员1257人，村联系员3034人，开展培训15次，受训1500人次，多数专管员、联系员能掌握副反应处理方法。全县因地制宜分三种形式确定联系员队伍报酬：一是联系员工作一年，每包一个育龄妇女贴2－2.5元；二是一年一个联系员报酬18－25元；三是每个联系员每月记2个误工。1985年，县计生委借用避孕药具管理工作经验，以联系员队伍为基础，建立信息网络，采集从群众中反映出来的孕情信息、对生育政策的反映等，用信息指导工作，并规定一系列制度，村、乡坚持月会制，区每半个月向县汇报一次信息。县计生委除落实药具联系员送药、查访、保健知识宣传职责外，增加信息反馈、传递的任务，对联系员队伍不健全的区、乡拨款资助。全县1200多个村都设联系员，确定县、区、乡信息员，全县共有4284名信息联系员，采集避孕节育各种信息，提高节育率，药具有效率达到96%。全县通过抓信息工作，节育率、药具有效率都普遍提高。国家计生委主任王伟在绍兴县考察计划生育工作时，对这一工作给予充分肯定。同年，全县大力传播避孕节育知识，开展管理员培训12次，受训700多人次。接待全国10多个省、市30多批代表团共1144人。1986年12月26日，县计生委、县财税局对计划生育联系员报酬进行补贴，共1.5万元。1987年，全县培训避孕药具联系员8000多人次，表彰300多名优秀联系员。1992年，全县开展药具管理工作规范化管理试点，加强药具发放和查访以及对镇、乡药具管理人员的业务培训。同年12月22日，县计生委下发《关于举办镇避孕药具专管员培训班的通知》。1993年，全县25个乡镇避孕药具专管员有23人持证上岗，村（企业）、单位专管员经培训并发给合格证，发证率达92%。同年11月15日至17日，全县在县计生指导站举办避孕药具研讨会，通报全县1.7万人使用避孕药具情况，占已婚育龄夫妇总数的7.73%。1996年12月26日，县计生委在县计生指导站举办镇级避孕药具专管员培训班，全面推行药具规范化管理。1999年5月，全县推进药具供应与发放、表册登记管理规范化。各镇相继举办148期村级计划生育骨干培训班，受训7400人次，受训人员基本掌握3种以上避孕节育方法，做到咨询服务不出村。2000年起，避孕药具管理实行规范化，实行对药具质量的监控，确保药具质量安全、有效，对镇级药管员和村联系员实行持证上岗，为药具使用者提供全程优质的服务。

（二）避孕药具考核机制

1985年1月，县计生委对各乡计划生育药具管理工作情况进行抽样检查。

1986年，全县开始对乡镇避孕药具管理实行考核奖励，药具管理工作实现规范化、制度化，重点加强流动人口药具发放与管理，1200余名流动人口的节育措施得到落实。

1987年8月11日，县计生委下发《关于对乡镇避孕药具管理实行奖励办法的具体规定（试行）》，明确奖励条件与办法。同年8月26日，县计生委《转发市计生委关于避孕药具管理工作考核办法的通知的通知》，要求各乡（镇）根据通知精神，结合本乡（镇）避孕药具管理情况，找出存在的问题，从组织、业务、制度、保管、使用五大方面进行规范，提高药具管理水平。

1988年10月10日，县计生委下发《关于下达1988年避孕药具管理工作考核办法的通知》，将药具管理工作和整体计划生育管理结合起来，增加综合指标考核项目，包括节育率、年节育有效率和药具比。

1993年，全县加强避孕药具管理与考核工作，已婚育龄妇女避孕节育率达92.24%。

1995年9月27日，县计生委下发《关于建立避孕药具考核工作小组的通知》，成立避孕药具考核工作小组，将避孕药具管理考核工作纳入常规工作，并对“八五”期间避孕药具管理工作进行检查考核。

1997年3月26日，县计生委下发《关于印发1997年全县计划生育避孕药具目标管理工作检查考核的通知》，对药具应用及效果、管理制度、供应发放、报表账册、宣传培训等制定具体考核指标，在7月份及年底分二次进行综合考核，推进避孕药具目标管理责任制落实。

（三）计划调拨

1986年，避孕药具由医药系统调拨改由省、市计生系统调拨，避孕药具流通加快。市级对避孕药具进行计价调拨，县级做好药具使用人数的统计工作后，由市按季发送到县，并由乡镇为单位建立药具使用明细账，采用一人一卡，由村妇女主任定时上门送到服用对象，做好使用效果随访记录。县计生委根据市计生委要求，医药公司的避孕药具由县计生发定时按需发给。妇幼保健机构的避孕药具投放量，以人流量和放环人数为基数，再适当增加机动数进行发放。卫生部门的避孕药具由县计生委定时发给。后县计生委根据省、市计生委的避孕药具分配计划予以调拨和发放。2000年11月24日，省计生委免费调拨县计生委避孕药具费用8776元。

（四）双轨制供应

1989年4月23日，县计生委、县财政局等四个部门联合下发《关于做好避孕药具零售供应工作的通知》，在乡镇逐步试行按计划免费发放与零售相结合的双轨制供应办法，在集镇设立药具零售店，供销社的医药店增设避孕药具专柜，满足广大流动人口育龄夫妇避孕节育的需要，最大限度方便群众。同年9月，全县避孕药具管理工作经验在全省介绍。1989年，全县服药人数从1986年的2.4万余人，下降到1988年的1.8万余人，药具比从1986年的12.99%下降到1989年上半年的8.4%，避孕有效率大幅提高。1998年11月16日，全县加强避孕药具和性保健用品市场管理，开展术后和用药具后的定期随访，综合避孕率达到90.43%，避孕有效率达97.98%。1999年3月22日，县计生委同意县计生指导站设立计划生育药械经营部，开展计划生育药械经营，实行统一管理，严把商品质量关，杜绝假冒伪劣商品进入计划生育领域。全县避孕药具应用率98.61%，有效率98.70%。2000年10月26日，县计生委对计划生育药具及保健用品零售许可作出规定，国有、集体企事业单位和个别因网点需要，具有一定经营规模且合法经营的个体工商户和私营企业，经营人员熟悉计划生育药具及保健用品知识，可以申请计划生育药具及保健用品零售许可项目，由经营者向县计生指导站申请，符合条件者填写《绍兴县计划生育药具及保健用品零售点审批表》并提交经营地点、面积、人员等情况，县计生指导站组织上岗培训后，由县计生委审核，材料齐全者一个工作日内予以办结。2002年9月12日，县人口计生局下发《关于清理规范计生系统避孕药具市场供应行为的意见》，各镇（街道）计生办和服务站、县计生指导站主动自查自纠，清理规范计划生育避孕药具市场供应行为，严禁暴利欺诈行为，对无证无照的对象一律停止供应货源。2003年3月4日，县药监局、县人口计生局联合《印发〈关于避孕药具零售管理的暂行办法〉的通知》，要求已从事避孕药具零售，已取得《营业执照》，但未取得《药品经营》《医疗器械经营企业许可证》的专营或兼营单位，施行备案管理，新申请开办避孕药具零售暂不受理。各经营单位必须按照《办法》的条件和要求逐条对照检查。后于3月11日，县人口计生局在县计生指导站召开避孕药具零售商店经理会议进行贯彻落实，对申请避孕药具零售单位实行备案。同年12月15日，县人口计生局、县旅游局联合下发《关于在旅游饭店设置安全套自动销售机的通知》，由县计生指导站出资购买、安装安全套自动销售机并负责日常维护，旅游饭店负责确定安装位置并配合安装。2004年5月24日，县人口计生局下发《关于实行避孕药具“一卡通”供应的实施意见》，制定《绍兴县避孕药具免费发放服务证》发放条件、运作流程。规定从7月1日起，凡在绍兴县居住一个月以上的流动人口列入免费避孕药具供应范围，符合条件者凭《绍兴县避孕药具免费发放服务证》可到各镇（街道）计生办（服务站）和村（居）计生服务室发放点免费领取避孕药具，保障流动人口避孕药具按需供应，突出强化对流动人口随访服务、咨询服务、紧急避孕处理和定期体检，全县建立起以群众需求为导向、村（居、社区）发放为重点、优质服务为手段的避孕药具供应服务新机制。2009年，全县优化避孕药具免费发放管理，探索人口计生干部上门发放与群众按需领取相结合的避孕药具管理服务新模式，全县100%的已婚育龄妇女享受免费技术服务。

（五）药具管理改革

1984年3月，全县进行避孕药具经费承包试点工作。同年4月，国家计生委在绍兴县选择有代表性的柯桥镇（以企事业职工）、樊江乡（以农民为主）作为避孕药具管理改革试点。确立“各级实行责任制，畅通发放渠道，加强基层队伍建设，做好上门服务工作”的改革重点。重抓三项工作，即：建立一支基层联系员队伍，全县共配备4305人；畅通计划生育系统供应发放、医疗卫生系统补充发放、医药商店零星发放三个渠道；建立一系列避孕药具保管制度、档案制度、发放制度、查访制度、月会制度、培训制度、考评制度。全县实行避孕药具管理改革，药具供应渠道畅通，做到定时定量、送药上门，总结提炼出“建立联系员、服务到社员”的试点经验。在4月23日至26日召开的全省避孕药具管理工作现场会上，柯桥镇、樊江乡“经费包干、落实专人”试点做法得到肯定并被推广。同年10月，双梅乡在全国避孕药具工作会上作典型经验介绍。通过改革，药具有效率达95.9%以上，比上年提高6.22个百分点。1985年，全县把药具从乡到县领取，改为送药具到区。1984年至1986年的三年间，有20多个省（市）及县（区）的代表学习考察绍兴县的避孕药具管理改革经验。1987年，药具管理拓展宣传服务、技术服务、药具服务、生活服务、致富服务。1984年至1988年，全县避孕药具的节育效率年年在95%以上。1989年，全县在各集镇所在地供销社、医药商店设立避孕药具专柜，出售避孕药具。

1993年4月，县计生委下发《关于进一步做好避孕药具零售供应的通知》，零售单位所需的药具由县计生委供应，原则上两个月送货一次，药具按出厂价供应，销售方式为供销，并保证15%的业务收入，严禁出售潮解、变质、过期的药具，每年进行一次评比和奖励。

1995年1月28日，县计生委、县物价局联合下发《关于调整避孕药具价格的通知》，调整25种（类）避孕药具价格。全县零售点26个，零售额度为4.4万元，都比上年增长一倍。

1996年2月2日，县计生委首次召开避孕药具零售点座谈会，提出1996年零售工作，从严进货渠道，不乱设摊，不售假冒药品，不乱涨价和不售过期变质药品。

1997年1月，县计生委、县工商局联合下发《关于加强避孕药具管理工作的通知》，设立避孕药具零售点须经县计生委审核发给避孕药具上岗证和批准文书，报县工商局申领营业执照或设立经营项目。特别规定宫内节育器和米非司酮由县计生部门统一管理和供应。同月25日，全县17种避孕药具执行省物价局核定的价格。

1999年，全县共设立33个避孕药具零售点，方便群众选用。同时加强零售管理，实行零售专柜许可证制度，加强对零售人员和基层药物管理人员的管理。

五、凭证引产管理

1984年3月19日，县计生委下发《关于中期引产有关规定的通知》，从严控制大月份引产，规定大月份引产的孕妇要持乡政府或村民委员会介绍信去医院引产。手术单位凭单位介绍信接收中引，以利统一掌握全县大月份引产情况。

1990年6月，县规定节育手术必须由持节育技术合格证的医务人员施行。

1991年10月，全县执行《节育手术常规》。

1993年5月18日，县计生指导站开展引产业务，次日接收第一位引产手术者。自此，县计生指导站上环、结扎、人流、引产等四项手术全面开展。截至5月25日，第一批4名引产手术者安全出站，返家休息。

1994年5月，县计生委出台《绍兴县镇（乡）计划生育技术服务暂行管理办法》，设总则、宣传教育、培训指导、避孕药具管理、技术服务、质量管理、管理措施、财务物资管理、奖励与处罚、收费管理共10章34条，为技术服务规范化管理奠定坚实基础。同年10月，规定施行引产手术必须凭镇、乡出具的引产手术证明，严格控制计划内对象擅自引产，杜绝出生婴儿性别比例失调。

1994年11月，县计生委、县卫生局联合下发《关于加强计划生育技术服务管理的通知》，严格控制计划内对象擅自引产，纠正出生婴儿性别比失调，有效制止计划外生育，对凭证引产、凭证出生和推广节育新技术等作出规定，未落实规定的将对责任单位和责任人实行“一票否决”。

1996年12月27日，县计生委下发《关于重新确定引产定位单位的通知》，加强引产管理，重新确定引产定点单位为绍兴第二医院、第四医院、轻纺城医院、县计生指导站、第二医院分院，齐贤、皋埠、马山、王坛、平水5家镇人民医院，市妇保院、市第五人民医院等12家单位，其他单位不得施行引产。并规定引产定点单位，在施行引产手术时，要查验引产许可证明。

1997年1月20日，县计生委、县卫生局贯彻执行《绍兴市计划生育技术政策规定》，加强建卡、凭证接生、凭证引产、凭证取环、B超管理、产后结扎放环工作，对生育安排对象落实节育措施、出具生育证明、规范收费作出说明，对无证分娩实行住院医生首诊负责报告制，报告时限不得超过24小时。

2000年10月26日，县计生委下发《关于县审批制度改革后进一步规范计划生育审批事项的意见》，保留计划内病理性引产许可核准，县辖已安排生育的妇女而要求终止妊娠的孕妇，怀孕14周以上，本人或胎儿患有疾病不宜妊娠需引产的，由县级以上医院出具孕妇的相关诊断证书（须有两名以上医师签名并加盖医教科或院办室章），个人提出申请并提交身份证及县级以上医院证明，村（居）、镇审核，县计生委核准后对符合引产条件的出具引产许可证明并盖章。

2006年1月23日，县人口计生局下发《绍兴县人口和计划生育局转发省人口计生委〈关于加强再生育全过程管理和服务的指导意见〉的通知》，规范再生育全过程管理和服务的主要环节。包括规范再生育审批工作，规范孕情检查服务，规范出具终止妊娠手术证明，严格实行定点和凭证终止妊娠手术制度，严格执行出生死亡报告制度。

2007年1月8日，县人口计生局、县卫生局联合下发《关于进一步规范凭证引产工作加强出生人口性别比偏高问题综合治理的通知》，明确凭证引产所需的证明及出证明的主体，将出具终止妊娠证明的情况分成四种：符合法定生育条件；不符合法定生育条件；不到法定婚龄要求引产者；符合生育条件已领取生育证明，又不属于医学需要引产者，对每一种情况又加以细分说明。明确调整定点引产医疗单位为：绍兴市妇幼保健院、绍兴第二医院、绍兴第四医院、绍兴县计生指导站、绍兴县齐贤人民医院（绍兴县中医院）、绍兴县平水人民医院、绍兴县王坛人民医院、绍兴华宇医院。

2011年12月26日，因部分医疗单位业务范围变动，县人口计生局和县卫生局联合下发《关于调整定点引产医院的通知》，确定定点引产医院为：绍兴市妇幼保健院、绍兴第二医院、绍兴县中心医院、绍兴县计生指导站、绍兴县齐贤镇社区卫生服务中心、绍兴县钱清镇社区卫生服务中心、绍兴县平水镇社区卫生服务中心、绍兴县王坛镇社区卫生服务中心。其中定点病理性引产医疗单位为绍兴市妇幼保健院、绍兴第二医院、绍兴县中心医院。

2013年7月1日，县人口计生局、卫生局联合下发《关于进一步规范定点凭证引产工作加强出生人口性别比治理的通知》，重新明确引产证明的出具主体与种类。

六、出生性别比治理

1989年9月，县计生委根据市计生委的部署，对1988年1月至1989年6月出生婴儿性别比进行调查，确定双梅乡为典型调查乡，其余61个乡镇为普查乡。

2004年1月，县人口计生局、县卫生局下发《关于开展出生人口性别比偏高问题综合治理工作的意见》，提出要开展宣传教育，提高妇女地位，建立健全社会保障措施；加强生育管理，严格控制性别鉴定，实行定点和凭证引产；健全报告制度，提高统计质量，规范管理水平的意见。全县将出生人口性别比列入计划生育目标管理责任制考核，由县人口计生局、县卫生局定期对出生人口性别比工作进行检查。同时，按照《绍兴市计划生育技术政策执行规程》，实行凭证建卡、凭证接生、凭证引产（病理性引产凭县人口计生局病理性引产证明）、凭证取环，特殊情况须做胎儿性别鉴定须报市人口计生委批准。其他任何单位和个人一律不得用B超或其他医疗仪器和技术做胎儿性别鉴定。实施终止妊娠手术的医疗保健机构，应定期将施行终止妊娠手术情况汇总，报告县妇幼保健所，由县妇幼保健所定期报告县卫生局，并抄送县人口计生局。计划生育技术服务机构应定期将施行终止妊娠手术情况汇总，报县人口计生局。

2005年7月，县府办转发《县卫生局等部门关于绍兴县打击非法行医专项行动实施方案的通知》，专项行动自2005年6月至2006年5月，历时一年。县人口计生局负责查处未经批准，擅自从事计划生育技术服务的各种违法行为，非法为他人进行胎儿性别鉴定或选择性别的终止妊娠手术的行为。同年12月23日，县委《关于进一步加强人口和计划生育工作的意见》提出要“稳定出生人口性别比”。全县贯彻落实省政府《关于大力开展出生人口性别比偏高问题综合治理工作的意见》精神，明确县人口计生局、县卫生局、县药监局、县公安局等部门的职责。

2007年1月，县人口计生局、县卫生局下发《关于进一步规范凭证引产工作加强出生人口性别比偏高问题综合治理的通知》，建立信息通报制度，明确凭证引产所需的证明及出证明的4类主体，以及非医学需要终止妊娠出具《非医学需要同意终止妊娠证明》的4种情况，对妊娠十四周以上需要引产者，必须持相关单位出具的证明材料，到定点医疗保健机构、计划生育技术服务机构施行引产手术。

2011年8月，全省出生人口性别比考核口径调整并列入“一票否决”。全县加大出生性别比偏高治理工作力度，加强部门协调联络，加强对基层治理工作指导，县人口计生领导小组下发《关于成立出生人口性别比综合治理工作协调小组的通知》，由分管副县长任组长，县府办、县纪委（县监察局）、县委宣传部、县人口计生局、县卫生局、县公安局、县食品药品监督局、县政法委、县妇联等部门分管领导组成，协调小组下设办公室，办公室设在县人口计生局。同年9月30日，县人口计生局下发《关于进一步加强出生人口性别比综合治理工作的意见》，建立健全B超检查和人工终止妊娠登记、孕情检测、孕产过程管理办法；全面推进孕产期全程优质服务，严格非医学需要引产的审批制度，建立完善终止妊娠手术、终止妊娠药物使用技术规范；加强对从事B超操作医务人员的管理、监督和检查；建立完善住院分娩的新生儿实名制登记制度，严格执行在医院出生婴儿的统计和婴儿死亡登记、报告制度。

2012年7月，县人口计生局、县卫生局、县公安局、县药监局下发《关于开展打击“两非”集中整治月活动的通知》，自7月20日至8月20日，对柯桥开发委、华舍街道、杨汛桥镇、齐贤镇、安昌镇等重点区域涉嫌“两非”的非法行医点、地下黑诊所进行严厉打击。共出动执法车辆16辆车次，执法人员64人次，取缔非法行医点27家，立案2家，当场处罚1家，扣押药品100余箱、器械3箱，折合人民币10万元。同年8月14日，县人口计生局下发《关于实施打击“两非”行为有奖举报制度的通知》，对利用B超和其他技术手段为他人进行非医学需要的胎儿性别鉴定和选择性别终止妊娠的；个体诊所、非法行医机构和个人鉴定胎儿性别、施行终止妊娠手术和使用药物为孕妇终止妊娠的；组织、介绍他人进行非医学需要的胎儿性别鉴定和选择性别终止妊娠的；违法销售终止妊娠药品的；溺、弃女婴的等实施处罚。公开举报范围和举报电话，举报的违法行为经查证属实并有最终处理结果后，给予举报人一次性现金奖励3000元。同年11月6日，省人口计生委、省公安厅、省卫生厅、省食品药品监管局、省妇联五部门在绍兴县督查“出生人口性别比重点治理年”活动。督查内容为“平安浙江”建设、宣传治理工作、打击“两非”、生育全过程管理、定点引产管理、目标管理责任制、领导重视和部门配合等情况。听取副县长祝静芝的工作汇报，实地到有关医院、药店、镇(街道)进行检查。县人口计生局、县公安局、县卫生局、县药监局、县妇联等相关部门负责人参加。

2013年6月28日至7月28日，县人口计生局、县卫生局、县公安局、县食品药品监督局联合下发《关于开展打击“两非”集中整治月活动的通知》，对华舍街道、马鞍镇、钱清镇、杨汛桥镇等重点区域涉嫌“两非”的非法行医点、地下黑诊所进行严厉打击。全县出生性别保持在107的正常范围内。

第三节　技术服务

一、避孕节育/生殖健康

1984年，县计生委在落实育龄夫妇节育措施上改变“一刀切”的做法，提倡一胎放环、二胎结扎，但又不搞硬性规定，允许群众采取综合性避孕措施，到12月底，全县育龄女节育率达92.81%。

1986年，全县引进500只“T”铜环，对放环妇女作跟踪观察。

1987年，全县接受省科研项目“节育环对照试验”，对1447例“T”型节育器对象进行调查，效果明显，并在全县大面积推广。同年11月16日，县计生委对1984年成立以来的计划生育技术指导站进行调整充实，明确职责。

1992年，县计生委、县卫生局总结嘉会卫生院产后42天放环、提高有效率的经验。1993年，推广嘉会经验。同时在皋埠镇、华舍镇试点和研讨各种环型放置的技术。大和乡从上海引进“165”铜环，副作用少，止血止痛，当年即在全县推广。是年，全县因机构撤、扩、并，计划生育工作出现引流产比例升高现象。之后，县计生委在鉴湖镇搞点作样，制定“三大规定”“六个职责”“八项制度”，做到政策向严靠、要求向高靠、制度向全靠、效果向好靠，成为全省撤扩并后计划生育工作管理的典范，吸引不少县、市前来参观学习。

1993年2月，县计生委把放环有效率列入妇幼人员岗位责任制考核。规定从2月10日起，节育器实行计价发放。全县25个镇、乡服务站配备小B超21台。7月7日至

10日，县计生委举行镇、乡计生助理或专职干部B超培训班，全县计生技术服务重点转向抓阵地建设与新技术推广，普及小B超知识。全县有4个乡镇服务站除用B超监测孕、环情外还开展结扎、上环等技术服务。全县产后即时放环、抗早抗孕、皮下埋植三项新技术在全县推广。截至11月，累计可靠节育率达86.75%，已婚育龄妇女计划外怀孕率下降到2.61%。县计生指导站作为四项手术的服务中心，配备医疗器械，充实技术力量，全面开展四项手术服务，门诊3861人次，其中手术2461人。技术人员开展下乡查孕查环，受检4732人次，查出病情、孕情288例，县计生指导站被群众称为“放心站”。

1994年，全县引进产后即时放置宫内节育器1992只，推广V型宫内节育器6400只，药铜12050只，“妻子友”110盒。镇（乡）服务站实现人员、设备、用房三配套，逐步开展孕、环情检查，共普查21174人。

1995年上半年，全县开展“两项计划生育技术竞赛”活动，产后放环率达到52.71%，产后结扎率达到75.11%。县计生委制定县、镇（乡）、村三级服务网络发展规划。

1999年，全县全面开展四项节育技术服务，并开展药物皮下埋植避孕法和药物抗早孕、输卵管银夹术、波姆仪治疗妇科病和不孕不育诊治等新项目。

2002年，县人口计生局积极实施以生殖道感染为重点的生殖健康保健工程，把开展生殖健康和避孕节育全程服务作为优质服务的核心内容，积极推广课题成果，组织服务站人员分两期赴省计生委科研所学习B超技术。

2003年7月，全县普遍实行生殖健康优质服务制，大力实施以防治育龄群众生殖道感染为重点的生殖健康保健工程，有序推进新生儿出生缺陷干预工程，严禁非医学需要选择性别的人工终止妊娠，开展男性及青少年生殖健康教育与服务试点工作等10条计划生育技术服务措施，其中将知情选择协议书改为实行生殖健康优质服务承诺制，属全省首创。承诺内容共六条：免费提供人口与计划生育有关法律法规和政策宣传资料，提供生殖健康、优生优育、避孕方法基本知识宣传资料，提供所选择避孕方法基本药具，提供计划生育咨询随访服务，提供一年两次生殖健康检查服务，提供因避孕失败造成意外妊娠而采取的补救措施及相关手术费用。

2004年，全县深化生殖健康优质服务承诺制。县人口计生局向全县16.8万名已婚育龄妇女发放生殖健康优质服务承诺书。

2005年，县人口计生局从改进和完善计划生育服务方式方法、满足育龄群众计划生育服务需求入手，按经济社会发展水平、地域范围、人口计生工作水平等情况，在钱清镇、齐贤镇设立计划生育工作观测点，开展育龄群众生殖健康需求调查，观测点完成第一次育龄群众计划生育需求信息问卷调查分析300份。

2007年7月11日,县在计生指导站设立融自助、援助、救助于一体的绍兴县外来人口生殖健康服务中心，向外来育龄群众提供优质的生殖健康服务,开辟宣教室、咨询室等功能区，并设立救助热线。中心成立后，平均每年为外来人口提供计划生育宣传/咨询服务1100余人次，发放宣传资料2000多份。

2008年4月，全县开展百村百企“生殖健康伴你行”万人专题培训活动，制定《关于实施生殖健康知识培训工作的意见》，成立由8个单位11名专家、学者组成的绍兴县生殖健康讲师团，进村（居）、进社区、进学校、进企业开展面对面的生殖健康知识讲座，为20多万名育龄群众、青少年讲授优生优育、妇女病防治、青春期性健康、艾滋病防治等知识。

二、“三查”服务

1991年10月，县计生委下发《关于进一步做好计划生育技术服务的通知》，对节育手术、收费管理、技术鉴定等作出明确规定，确保受术者健康、安全，严防发生各种手术并发症和后遗症，严禁违法性别鉴定。

1993年3月，县计生委联合县卫生局开展计划生育优质技术服务标兵评选活动，从事计划生育技术服务的县、镇、乡医疗卫生单位妇产科及县、镇、乡服务站节育技术人员参加评选。获得标兵称号的由县计生委和县卫生局联合表彰，并给予每例节育手术0.3元，对一孩产后42天放环和二孩产后7天内结扎的每例加奖0.5元。

1996年5月16日，县卫生局、县计生委下发《关于计划生育技术服务管理检查情况的通报》，抽查平水、平江、漓渚、兰亭、杨汛桥、江桥六个医疗单位持证建卡、凭证接生、产后落实节育措施、生育证换证或转签、单位间联系等情况，对无证接生、生育证过期、建卡率低等情况进行通报。同年6月18日，县府办《关于开展全县计划生育宣传技术服务活动的通知》中提出育龄妇女半年一次查孕查环率100%等工作目标。

1998年，全县实行一年两次查孕查环查病制，为14.14万名已婚育龄妇女提供“三查”服务，普查率达99.47%；累计查出卵巢囊肿406例，子宫肌瘤201例及其他妇科疾病766例，使患者得到及时治疗。

2000年，全县为9.92万名育龄群众提供“三查”服务，查出患病人数11967人并建档入册。举办新婚、孕产、育儿、骨干培训班306期，受训人员达1.5万人次。

2001年，全县以贯彻《计划生育技术服务管理条例》为契机，抓好服务阵地建设，共为8万余名育龄群众提供查孕查环查病服务，检出各种妇科疾病1万余例。

2002年，全县开展以防治生殖道疾病为重点的生殖保健工程，共为10.57万名育龄妇女提供查孕查环查病服务，检出患病2.44万人次，计划外怀孕1443人次，通过“三查”，使这些患病和怀孕的育龄妇女及时得到治疗和采取补救措施。县计生指导站和镇（街道）计生服务站共门诊咨询4.59万人次，施行计划生育手术8015例，随访1.01万人次。同年11月14日，县人口计生局下发《绍兴县计划生育技术服务质量管理的有关规定》，对全县计划生育技术服务质量管理作出“门诊工作制度、抢救工作制度、技术服务质量检查制度”等三方面具体规定。成立计划生育技术服务质量管理小组，负责对全县计划生育技术服务的质量检查考核，县计生指导站负责技术服务质量管理的指导及日常检查考核。

2005年，县计生指导站在南部山区设服务分站，组织医务人员逢周二、周四下乡出诊，为平水、王坛、稽东等偏远镇的育龄群众提供基本的计划生育手术服务，共提供查孕查环查病9783人次，各类手术均由县计生指导站派出的医生施行，并坚持做到站内、站外“六个一样”：医生一样好、要求一样高、检查一样细、操作一样精、费用一样省、态度一样热。全县当年长效措施落实率提高，达67.20%；意外妊娠率降低，为 0.63%。5月，县人口计生局总结提炼“承诺服务法、需求分析法、分级随访法、自助选择法、政策推动法、群众参与法、文化熏陶法”等“优质服务七法”，在6月9日的县政府《参阅件》及《中国人口报》刊发。

2006年7月26日，县人口计生局规定已纳入绍兴县管理的外来育龄夫妻的计划生育四项手术和查孕查环费用实行分级承担。全县开展的免费计划生育技术服务项目有免费避孕药具供应、免费查孕查环及生殖健康检查、免费计划生育基本四项手术。在镇（街道）本级（及县属以上医疗机构）所完成的计划生育四项手术和查孕查环的费用，由当地镇（街道）财政负担。在县计生指导站所完成的计划生育四项手术和查孕查环的费用，由县财政承担。并将全县正在使用的《计划生育手术记账单》和《绍兴县流动人口计划生育手术记账单》逐步过渡到《绍兴县计划生育免费技术服务券》，推行计划生育免费技术服务券制度，发放对象由已婚育龄妇女扩大到已婚育龄夫妇，由户籍人员转为常住人员，普遍推行服务“一卡通”和“连心卡”。邀请知名专家开展女性生殖健康系列讲座8期（次）。县计生指导站投入80余万元改善内部设施，顺利通过ISO9001质量认证。

2008年4月，全县推行计划生育免费服务券制度。至年底，享受免费四项手术（含外来育龄群众）9048例。同年6月，绍兴县被列为全国第三批避孕药具不良反应监测试点县，专程派员赴南京参加全国避孕药具不良反应监测试点培训班，7月初完成上报网络建设，首年共上报避孕药具不良反应病例10例，符合率100%。

2012年，全县继续推行计划生育免费服务券制度，发放免费服务券3800张。共为40.55万人提供一年两次的孕情、环情、生殖健康服务。

2013年，全县规范镇（街道、开发区）计生服务站建设，切实为广大育龄群众提供整洁、温馨的服务环境，计划生育/生殖健康服务覆盖率达100%，全年共为33.30万人次提供孕情、环情、生殖健康服务活动。积极引导群众落实长效节育措施，对首次落实长效节育措施的1322位对象共奖励13.6万元。

三、随访服务

2004年，全县实行计划生育随访服务制，建立育龄群众信息需求反馈制度。同年3月2日，县人口计生局下发《关于进一步做好随访服务工作的意见》，对重点人群、特殊人群、一般人群的随访对象进行随访服务，随访实行县计生指导站、镇

（街道）计生办（服务站）、村（居）、片组计生联系员四级随访制，开展随访服务工作信得过镇（街道）、村（居）、优秀随访服务员、优秀随访服务笔记的评选活动。分级随访制度增进计生工作者与育龄群众的交流，群众满意度普遍提高。

2008年12月31日，县人口计生局下发《关于印发计划生育随访服务规范的通知》，贯彻落实《浙江省计划生育随访服务规范》，强化县、镇（街道）、村三级随访分工。县级职责为：计划生育节育手术出现异常情况的重点对象；计划生育手术并发症对象；经病残儿鉴定批准再生育对象；其他需要随诊及随访的对象。镇（街道）级职责为：计划生育节育手术重点对象；使用药具曾经失败的重点对象；协助做好县级对象的随访及指导好村级随访。村级随访职责为：计划生育节育手术对象；当年新婚、怀孕、生育对象；使用避孕药具对象；协助做好县、镇（街道）级对象的随访。

2009年，县人口计生局制定《关于进一步加强和改进随访服务的意见》，有效落实计划生育技术服务信息的反馈、管理和服务职责。每季度召开一次镇（街道）服务站人员例会，定期开展专题工作交流及新技术新知识培训和育龄群众生殖健康需求调查分析，确保镇（街道）计生专干人口计生基础知识掌握率达90%以上、镇（街道）技术服务人员合格证持证率达95%以上、术后随访服务率达100%以上。

第四节　知情选择

1997年7月，县计生委按照《浙江省避孕方法知情选择规程》精神要求，下发《关于开展知情选择试点工作的几点意见》，率先在钱清镇、杨汛桥镇、鉴湖镇、东浦镇等14个镇(乡)的14个工作基础实、村级经济基础较好、村级领导班子强、计生（妇女）主任素质好的村开展避孕方法知情选择试点工作，举办优质服务“知情选择”试点村师资培训班。试点重在开展计划生育政策法规和科普知识的宣传，重在让群众“知情”。

1998年，全县在20个镇分批开展避孕方法知情选择试点，参与知情选择的对象掌握三种以上避孕方法，按照群众自愿的原则自主选择长效安全的避孕方法，签订知情选择协议。

1999年12月，全县25个镇全面推行避孕方法知情选择，签订知情选择协议1.68万份，综合避孕率达89.95%，意外怀孕率降为1.77%。

2000年，县政府连续召开各镇主要负责人、分管领导和县机关有关部门负责人参加的会议，提出开展计划生育避孕节育方法“知情选择”具体目标任务。同年12月26日，县计生委下发《关于印发〈绍兴县计划生育避孕方法知情选择管理办法〉的通知》，阐释知情选择的目的，明确避孕方法知情选择对象为自愿按照国家计划生育法律法规安排生育的已婚育龄夫妇并能自觉接受国家指导、自愿履行知情选择必要的规程和责任。同日，县计生委、县卫生局联合下发《关于落实计划生育避孕方法知情选择有关规定的通知》，要求各医疗单位继续严格执行凭证建卡、凭证引产、凭证接生。各医疗单位可凭产妇持有的一孩《生殖健康服务证》或《二孩生育证》所选择的避孕方法落实措施，出具落实措施证明。据统计，全县20个镇854个村（居）全部开展避孕方法知情选择工作，群众参与意识明显增强，共有18936名育龄群众签订知情选择协议，非一孩上环和二孩结扎对象普遍签订知情选择协议。

2001年，县计生委修订完善“知情选择协议”，规范签订程序和内容，实行培训考试合格者方可签订知情选择协议制度，对落实避孕节育措施的育龄夫妇进行分级、规范随访，减少意外妊娠。全县签订知情选择协议1.34万人，签订率达100%，综合避孕率为89.4%，非意愿妊娠率1.38%。依托290所镇、村人口学校，普及知情选择知识，举办160期以知情选择相关知识为重点的育龄群众培训班，受训人数达4.1万人次。是年1—11月，全县综合避孕率达90%，95%的育龄群众通过知情选择落实有效的避孕节育措施，并全部得到定期随访和术后回访，知情选择工作取得实质性进展。

2002年，全县有序推进以“知情选择”为重点的避孕节育工程，举办3107期以“知情选择”知识为重点的育龄群众培训班，受训11万人次。规定知情选择对象具备“自愿按照国家计划生育法律法规安排生育的已婚育龄妇女，自觉接受国家指导、自愿履行知情选择的规程和责任，掌握五种以上避孕节育方法，定期接受孕情环情检查和随访服务，自觉接受村民自治、民主管理”等五个条件；明确“精神有异常、没有自知能力、违反计划生育政策、六个月内未接受孕情环情检查、累计引流产达二次以上、不能按知情选择协议履行义务”等六种对象取消知情选择权；规定知情选择必须按照“知识培训、咨询体检、签订协议、落实措施、随访管理”的五个步骤。19个镇（街道）全部推行并规范避孕方法知情选择工作。1—9月，全县应签订知情选择协议9904人，已签订9882人，签订率达99.78%；综合避孕率88.85%，群众知情选择的知晓率和满意率均达90%以上。

2003年7月10日，县人口计生局下发《关于进一步深化技术服务的有关意见》，规定从8月份起，对本地和本地居住6个月以上的外地生育对象以及避孕方法措施变更的对象，通过培训、体检、咨询和选择避孕方法后，不再签订《绍兴县计划生育避孕方法知情选择协议书》，将知情选择协议书改为实行生殖健康优质服务制。

2004年8月30日，县人口计生局、县卫生局联合下发《关于落实计划生育避孕方法知情选择有关规定的通知》，各镇（街道）计生办对领取《一孩生育证明》和《再生育证》的对象，在进行避孕方法知情选择培训的基础上，落实一种避孕措施并盖章，各医疗单位要凭证上的措施给予及时落实，出具落实措施证明，并将证明反馈到所属镇（街道）计生办或村计生主任。

第五节　优生优育

1984年，县妇幼保健所实行孕产妇系统管理，建卡率达到96.67%，产前检查率达97.61到%，有效降低难产发生率和新生儿死亡率。

1985年，全县孕产保健、儿童保健两个系统管理工作进入正常化。

1987年，建立绍兴县优生系列服务协作组。

1988年6月，全县在东浦镇开展优生系列服务试点，对1.2万人进行人口素质现场调查。举办未婚青年、新婚夫妇等不同形式学习班，传授优生、优育科学知识，编印、分发《怎样生个健康宝宝》小册子，邀请市妇保院医师开展门诊咨询，对不育症夫妇及有病残孩的夫妇进行检查治疗。8月8日，县计生委在延安路柳桥下的县计生指导站召开人口素质现场调查会审会。后派员参加全省遗传优生咨询服务研讨会，学习交流工作经验。同年12月，全县在皋北乡开展优生优育系列化教育试点，开设一个展览，召开一次村座谈会，上好一堂新婚知识课。是年，全县孕产保健系统管理达到卫生部农村甲类地区标准，建卡率98.6%，早孕建卡率56.3%，产检人均5.8次，产后访视率80.74%，产后42天检查率63.99%。

1989年，全县运用广播、录像、图片等形式宣传晚婚晚育、优生优育，提高群众的自我保健意识。之后，各乡镇开办家长学校，把教育与优生、优教、优育结合起来。对359例新生儿缺陷进行监测及科研环随访。

1991年1月，全县再次恢复婚前检查，指定柯桥镇等29个乡镇到县妇保所婚检，其他可在当地区、乡（镇）医院（卫生院）检查。到1992年底，共婚检2653对，发现先天性心脏病2人，活动型肺结核11人，肝肿4人，阴道纵隔1人。

1993年，全县建立18所新婚学校，编印《新婚知识参考》，作为各新婚学校教材。

1996年，全县普遍开展生殖健康与计划生育科普知识教育，5000多名新婚对象接受婚前教育。

1999年4月6日，省人口计生委下发《关于开展优生检测试点工作的通知》，在绍兴县等8个县（市、区）开展优生检测试点工作。县计生委加强对优生检测工作指导，举办优生检测工作技术人员和镇服务站技术人员业务培训，13个镇在孕妇中开展风疹病毒、弓形体原虫、巨细胞病毒筛查等优生检测三项工作，优生检测率达到38.58%。

2000年，全县实施出生缺陷干预工程，由点到面开展优生检测工作，邀请省计生委科研所主管技师讲解检测操作技术。邀请英国优尔格公司营养师讲解福斯福成分、作用，并发放福斯福光盘，推广应用福斯福，造福广大孕妇，上半年共发放福斯福3912盒。县计生委投入5万元，为安昌、齐贤等8个试点镇配备离心机、医用冰箱，为县计生指导站配备优生检测设备。有126名育龄妇女接受优生检测，马鞍镇、孙端镇凡符合生育条件要求生育的对象都接受优生检测。

2001年4月，全县全面部署开展优生检测工作。同年7月18日，县计生委下发《关于进一步规范出生缺陷干预工程福施福引入性试验项目管理的通知》，指出“福施福”对预防并降低神经管畸形所导致的出生缺陷有明显效果，提出规范“福施福”运作方法，指定“福施福”由县计生指导站代理，县计生委及镇计生办负责宣传推广，坚持群众自愿购买的原则，不与领取《结婚证》《生殖健康服务证》等挂钩，以规定的批零差价出售给群众，把规范推广“福施福”作为计划生育优质服务的重要内容和提高出生人口素质的重要举措。全县有三分之二的镇开展优生检测工作，有2034对夫妇接受优生检测，为34对优生检测阳性的夫妇提供优生跟踪指导，出生婴儿全部健康。

2002年，全县开展优生检测和实施出生缺陷干预工程，推广应用“福施福”，13个镇（街道）为2278名育龄妇女提供优生检测。

2003年，全县优生检测人数累计达到5777人，推广福施福6570盒。

2008年6月20日，县政府下发《关于优生促进工程的实施意见》，在优生检测的基础上加入免费补充优生营养素项目内容，并加入卫生服务内容，优生促进工程内容覆盖婚前免费医学检查、孕前免费优生检测、困难家庭孕产妇免费产前检查和高危人群免费产前诊断、病残儿免费鉴定、孕妇免费补充营养素、新生儿听力免费筛查、困难家庭孕产妇住院分娩补助等。同年7月8日，县人口计生局、县财政局联合下发《关于印发〈绍兴县优生服务券管理暂行办法〉的通知》，对优生促进工程中涉及的优生服务券使用方法进行规定。同年12月19日，全县贯彻省政府《关于实施免费婚前医学检查和免费孕前优生检测的意见》的精神，全面实施免费婚前医学检查和免费孕前优生健康检查，两项检测率均达到60%以上，并做好生殖健康教育和优生咨询指导及高危人群的重点指导和服务。是年，全县免费优生四项检测478例，免费优生营养素发放1354人次，免费病残儿鉴定29例。

2009年，全县贯彻省“优生两免”电视电话会议精神，突出实施优生促进工程重点工作，加强宣传、督查和调研指导，刊发三期《“优生两免”督查通报》。同年7月，县人口计生局、县卫生局、柯桥街道办事处、县中心医院联合启动流动人口困难家庭孕产妇住院分娩限价活动，活动为期2个月，享受对象是在绍兴县务工、经商的外来人口，夫妇双方无固定工作，月收入不足1000元的已婚孕产妇在县中心医院生产的，平产限价2200元，剖宫产限价4200元，启动仪式当天发出18张优惠券。同年10月12日，县政府下发《关于进一步完善优生促进工程的通知》，调整享受对象范围：免费孕前优生检测享受对象由原来规划生育对象更改为在绍兴县领取《生殖健康服务证》和《再生育证》的待孕妇女。困难家庭孕产妇免费产前检查和高危人群免费产前诊断对象调整为困难家庭孕产妇免费产前检查，经产前诊断机构确定需进行产前诊断的困难家庭孕妇及第一孩为病残儿的再生育孕妇免费产前诊断。免费新生儿疾病和听力筛查由原来的符合计划生育政策的城乡低保户、低保边缘户、重点优抚对象及其他困难家庭中的新生儿扩大到父或母户籍在绍兴县或在绍兴县工作一年以上并取得《居住证》的外来人员的新生儿。增加产前筛查项目，增加出生缺陷监测。全年共发放《免费优生服务券》5500份，免费优生检测3288例，免费优生营养素补充人数4630人，免费病残儿童鉴定35名，免费优生检测率达66.34%。新婚夫妇和待孕夫妇优生咨询指导率达92%以上。

2010年7月28日，县人口计生局、县卫生局、县财政局、县民政局、县残联下发《关于印发〈绍兴县优生促进工程项目实施方案〉的通知》，优生促进工程确定10个项目：婚前免费医学检查，困难家庭孕产妇免费产前检查和住院分娩补助，免费产前诊断，产前筛查部分减免，新生儿免费疾病筛查，新生儿免费听力筛查，孕前免费优生检测，免费补充优生营养素，免费病残儿鉴定，病残儿康复训练补助。县优生促进工程领导小组每周对各镇（街道）优生两免工作进行督查、指导和通报，及时解决工作中遇到的困难和问题，及时推广工作中好的经验和做法。2009年10月到2010年9月，全县免费孕前优生检测率达100%，免费婚检率达84.24%。

2011年6月，县财政安排110万元，筹建集婚姻登记、免费婚检、免费孕前优生检测、优生咨询宣教等多项功能于一体的婚育服务中心，于6月17日投入运行。同年8月20日，县优生促进工程项目实施方案规定享受对象覆盖至流动人口，规定在绍兴县工作一年以上并持有《流动人口婚育证明》等有效证件的外来在孕、待孕的已婚育龄妇女和相关人员列入享受优生促进工程相关项目，流动已婚育龄妇女获得出生缺陷干预等项目服务率达80%以上，与户籍人口同等享受“优生两免”政策、孕产妇管理、医疗保健服务、计生公益金救助。

2012年4月24日，县政府下发《关于深化优生促进工程的意见》，进一步明确优生促进工程各个项目，增加孕前免费遗传基因筛查项目。同年7月27日，县人口计生局下发《关于开展免费孕前优生健康检查和免费孕前基因筛查工作实施方案的通知》，明确孕前优生健康检查对象为：绍兴县领取《一孩生育证明》和《再生育证》的夫妇双方；持有《浙江省居住证》或取得《浙江省临时居住证》一年以上，并取得生育证明的外来夫妇双方。孕前免费基因筛查对象为：接受孕前优生健康检查夫妇中的女方。同年7月31日，县人口计生局、县卫生局、县财政局下发《关于开展免费孕前优生健康检查项目的实施意见》，明确孕前优生健康检查项目的享受对象为绍兴县领取《一孩生育证明》和《再生育证》的待孕妇女、取得《浙江省临时居住证》一年以上或持有《浙江省居住证》以及生育证明的外来待孕妇女。明确检查项目及免费标准，在原来婚检的基础上，增加国家规定的其他项目。2012年，全县免费优生检测5919例，优生检测率100%；免费婚检9119例，婚检率达98.24%；免费优生营养素发放5707人次，免费病残儿鉴定31例，免费遗传基因筛查517例，孕前优生健康检查22542人次。自此，全县建立起孕前、孕中、孕后出生缺陷干预体系，做到目标人群全覆盖。

2013年，全县推行婚姻登记、国家免费孕前优生健康检查及市孕前遗传基因筛查工作“一站式”管理，做好信息录入和建立档案工作，强化监督检查流程，实施全程跟踪随访服务，引导群众自觉参加国免项目，切实减少出生缺陷的发生，提高出生人口素质。县计生指导站加强实验室质量控制，做好血常规、尿常规室内质控，参加由浙江省计划生育技术服务检验质量监督指导中心组织开展的“国免”项目临床检验室间质量评价活动，各指标成绩优秀，获室间质评证书。是年，全县新婚参检人数8115人，再生育夫妇2320人，免费孕前优生检测率100%，免费婚前医学检查率96.13%。“七免三补”政策享受对象免费率100%，重点对象干预率达95%、跟踪随访率98%。

第六节　优质服务县建设

确保育龄群众享受计划生育优质服务，关键取决于优质服务体制机制建设。

1995年6月，绍兴县被确定为全省首批六个计划生育优质服务试点县，开始以避孕节育全程服务为重点的计划生育优质服务试点。县计生委确定钱清镇、鉴湖镇、东浦镇、杨汛桥镇四个镇为县级优质服务试点单位。

1996年12月31日，县政府下发《关于印发绍兴县计划生育优质服务实施办法的通知》，巩固低生育率，提高计划生育工作质量，促进人口与经济、社会协调发展。

1997年10月5日，县计生委转发《浙江省计划生育优质服务试点考核评估试行方案》。到1999年，试点单位由4个镇扩大到全县25个镇。

1999年6月，全县总结计划生育优质服务试点工作经验，开展宣传服务、避孕节育服务、生殖健康服务、信息管理服务，推进人口计划管理改革、避孕方法知情选择、完善考核评估体系，优质服务试点工作取得较好实绩。四年间，全县为育龄群众提供绝育服务5150人，放置宫内节育器11381人，施行药物皮下埋植术204人；提供“三查”服务92.83万人次，意外妊娠采取补救8000余人；查出脱环3661人，环移位4208人，子宫肌瘤等妇科疾病11282例，结扎随访12381人次。设立避孕药具零售点33个，实行免费发放和设点零售。四年试点实践表明，开展计划生育优质服务，促进计划生育整体工作水平的提高，全县人口出生率由1995年的16.92‰下降到1998年的10.78‰，人口自增率由9.88‰下降到3.51‰，计划生育率由99.36%提高到99.79%，计划外怀孕率由3.06%下降到1.9%，实现计划生育工作思路和工作方式“两个转变”。

2000年11月27日，县计生委下发《绍兴县深化计划生育优质服务实施意见》，提出计划生育率、知情选择率、综合避孕率、统计正确率等11项工作指标，推进全县计划生育优质服务工作深入开展。

2003年2月19日，县人口计生局向县政府呈报《关于创建全国计划生育优质服务先进县实施意见的请示》。县政府第53次常务会议专题听取县人口计生局争创国家计划生育优质服务先进县情况汇报，认为争创工作具有先发优势，具备一定基础。同年3月4日，县政府下发《关于创建国家计划生育优质服务先进县的意见》，成立县长任组长的创建工作领导小组，把“创先”作为全县的一项重点工作，制定创建规划，落实专项经费，并通过县人代会向全县人民庄严承诺。同年3月10日，县人口计生领导小组下发《关于印发绍兴县创建国家计划生育优质服务先进县有关部门和镇街职责的通知》，明确县人口计生局、县卫生局、县财政局、县人事局、县民政局、县教育局、县计生协会、县委宣传部，以及各镇（街道）的日常管理职责，发挥部门优势，形成创建工作合力。同年7月15日至17日，县“创优办”对各镇（街道）的创优工作进行预查，并于7月30日召开创建计划生育优质服务先进县预查情况通报会，作出工作部署。同年8月12日，县人口计生局下发《关于进一步做好创建计划生育优质服务先进县工作的通知》，深化全县人口与计划生育工作综合改革，启用新建的县计生指导站，加强计生服务站建设，规范村计生服务室，强化计生外环境宣传，推广优质服务承诺制，提高计生宣传品入户率，深化计生利益导向机制，加强部门协调，健全业务档案和计生队伍建设，力争创优工作一步成功。同年8月20日，县政府要求市人口计生委对全县创建计划生育优质服务先进县工作进行评估。同年10月14日，全县按照“领导重视好、完成任务好、政策导向好、依法管理好、服务质量好、基层基础好、队伍建设好、群众满意好”的基本要求，接受省级计划生育优质服务先进县评估验收，并被推荐上报国家人口计生委。同年11月26日，全县完成创建国家计划生育优质服务先进县33项评估指标自我评估工作，接受国家级计划生育优质服务先进县评估验收。以国家人口计生委国际合作司巡视员汝小美为组长的国家计划生育优质服务先进县评估验收组一行4人，对绍兴县“创优”工作进行评估和检查，专家组听取县长冯建荣的关于绍兴县经济社会文化发展情况汇报和副县长王义的创优陈述报告，并进行提问，观看《优质服务在绍兴》专题片，实地查看县计生指导站、杨汛桥镇和钱清镇计生服务站，创优工作得到评审专家组肯定。12月24日，绍兴县获得首批“全国计划生育优质服务先进县”称号，受到国家人口计生委表彰。

2004年1月17日，县人口计生领导小组下发《关于表彰国家计划生育优质服务先进县创建活动先进集体和先进个人的决定》，授予4个镇（街道）和20名个人为国家计划生育优质服务创建活动先进集体和先进个人。同年3月18日，市人口计生委授予绍兴县计划生育优质服务先进县。同年11月4日，县人口计生领导小组要求抓紧做好迎接国家计划生育优质服务先进县回顾性评估工作。同年11月15日，县府办召开迎接国家计划生育优质服务先进县回顾性评估工作访谈会，动员各镇（街道）、县人口计生局、县卫生局、县教育局、县公安局、县劳动保障局、县妇联、团县委等部门，针对回顾性复评工作，认准工作中的差距和不足，找准工作中的着力点和突破口，做好查漏补缺工作，收集、整理和编印好相关资料，撰写好复评汇报材料和完善《综合改革在绍兴》专题片，加强指导与督查，高标准确定现场样本点等一系列迎检工作，合力推进和巩固国家计划生育优质服务先进县建设成果。同年11月17日，绍兴县顺利通过国家计划生育优质服务先进县回顾性评估。评估组充分肯定绍兴县优质服务工作，认为绍兴县在流动人口管理、综合治理人口、财政投入上值得借鉴。

第七节　项目研究

绍兴县人口和计划生育工作课题项目研究主要是技术研究和工作研究，配合和参与国家、省人口计生委的有关项目研究，促进全县人口和计划生育工作管理服务创新。

一、适宜技术项目

2009年2月16日，县人口计生局下发《关于举办绍兴县计划生育适宜技术的推广应用暨镇（街道）、村（居、社区）计生干部培训班的通知》，于2月底3月初分片组织培训。培训内容为随访服务规范、优生促进工程实施注意事项及中英艾滋病策略支持项目，以此加强人口计生工作队伍能力建设，提高镇（街道）服务站人员业务知识水平，确保优生促进工程及各项技术服务工作的顺利开展。同年3月18日，根据《浙江省计划生育适宜技术的推广应用与示范机构的培育研究实施方案》的要求，县人口计生局、县卫生局联合下发《关于举办“计划生育适宜技术的推广应用”技术人员培训班的通知》，对县镇两级计划生育服务机构和医疗机构相关从业人员进行B超查孕查环和绝经后宫内节育器取出技术的培训。

二、中英艾滋病策略支持项目

中英艾滋病策略支持项目（China AIDS Roadmap Tactical Support Project，简称CHARTS项目）由中国政府、联合国艾滋病规划署和英国国际发展部共同设计，英国国际发展部、澳大利亚国际发展署和挪威政府联合资助。2006年，省人口计生委确定绍兴县人口计生局、县计生指导站作为项目点。绍兴县从2006年至2010年共执行两期，主要工作是：举办绍兴县人口计生系统基层干部艾滋病知识和防治策略培训班3次。举办农民工艾滋病防治知识宣传、咨询和安全套推广大型活动4次。县计生指导站B超室常年对前来查孕查环的流动人口育龄妇女及其同伴进行艾滋病预防知识宣传，发放各种艾滋病预防知识宣传资料4500多份。

三、不孕不育诊治项目

不孕不育诊治项目始于1998年。县计生指导站共投入41.5万元，购置一批较为高档的医疗设备，开设不孕不育诊治等新项目。当年5月至9月，县计生指导站选派医技人员到省计划生育科研所进修学习不孕不育诊治技术，邀请省计划生育科研所医师来站坐诊，帮助开展不孕不育诊治项目。到1999年，接诊不孕不育夫妇276对，有40余对怀孕生育；2000年达到门诊405对，怀孕生育105对；2001年成功治愈252对。之后，经过10余年发展，年门诊量大幅增加，到2013年达1600人次左右；受孕生育累计达4000多对，成为县计生指导站的特色业务。

四、计卫合作项目

2004年3月26日，县府办下发《关于推进计划生育技术服务和社区卫生服务合作的意见》，开始计卫技术服务合作模式，提高计划生育和卫生资源的效益，发挥社区卫生服务功能，实现强强联合和资源共享、多方共赢。各镇（街道）计生服务站不再开展计划生育四项手术业务，由社区卫生服务中心承担。但育龄妇女查孕查环查病服务仍由计生服务站承担，县计生指导站对镇（街道）社区卫生服务中心开展计划生育四项手术提供业务指导。同年7月23日，县人口计生局将安昌镇计卫合作工作意见转发各镇（街道），供学习借鉴。计生服务站和社区卫生服务中心合作模式在9月底完成。

五、百日双优活动项目

1993年10月，市计生委发起全市计生指导站、服务站“百日双优”活动，活动目的旨在促进指导站、服务站工作质量的提高，推动计划生育宣传月期间计划生育节育措施的落实。1993年10月至1994年初，县计生指导站及各镇计生服务站参与“百日双优”（即优质服务态度、优质节育技术）活动，县计生指导站被评为先进集体。1995年至1998年县指导站又连续进行第二个至第五个“百日双优”活动。1996年9月20日，成立“百日双优”活动领导小组。1997年10月，开展第四个“百日双优”活动，将“双优”定为“提供优质服务、创造优美环境”主题。1998年10月20日，县计生委转发《省计生委关于在全省计划生育生育指导站、服务站开展第五个“百日双优”的通知》，活动期间，广泛开展“放心在站室、满意给群众”“百日双优”等优质服务竞赛活动，普遍开展B超查孕查环查病、避孕药具发放管理、科普知识宣传咨询、术后跟踪访视等服务工作及上取环、人流等节育技术服务。全县举办以《节育手术常规》《计划生育优质服务手册》《计划生育技术》及避孕节育、优生优育等生殖保健的基本理论、基本知识为主内容的知识竞赛活动，有效提高全县计划生育服务机构的手术质量和服务效果，确保受术者安全和健康。

第八节　　技术鉴定

计划生育技术鉴定主要有病残儿医学鉴定和节育手术并发症技术鉴定，病残儿医学鉴定由县人口计生部门审核、申报，市级人口计生部门负责鉴定；节育手术并发症有县级人口计生部门负责实施。

一、病残儿鉴定医学鉴定

独生子女病残儿医学鉴定是涉及群众切身利益的大事，是政策性强、影响面广的工作。

1984年3月10日，县计生委下发《关于病残小孩检查的通知》，决定在第二医院开设病残小孩门诊，每季检查一次。同年8月13日，县计生委、县卫生局联合下发《转发〈关于独生子女病残儿童鉴定审批暂行规定〉的通知》，要求各有关医疗卫生单位贯彻执行。是年，全县共检查病残小孩583人次。

1985年，全县成立病残小孩鉴定小组，对可疑患有遗传病孩的父母动员去医院进行产前诊断和染色体检查，并对原来病残儿童上城鉴定改为上城与下乡结合，改变在鉴定时“来一个，陪两个人，牵动一大批人的心”的现象，既方便群众，又减轻群众负担。是年，全县检查病残儿童396人次。

1986年，县计生委采用方便群众、下乡检查的方法，共检查病残儿童352名。

1987年，县计生委妥善处理计划生育后遗症问题，组织两次检查共180人次，及时制订治疗方案，并对有实际困难者进行经济上、工作上的照顾安排。

1989年上半年，对600余名病残儿童进行鉴定。

1990年，全县加强病残儿鉴定工作，每逢3月、6月、9月、12月的17日、18日开展病残儿医学鉴定工作，按照《市病残儿鉴定程序》，严格做好鉴定申报工作，五年来没有发生病残儿鉴定不当事件。

1991年12月2日，县计生委下发《关于独生子女病残儿童鉴定的若干规定》。到1993年底，病残儿鉴定210例。

1995年9月，县计生委下发《关于调整绍兴县独生子女病残儿童医学鉴定小组成员的通知》，小组成员负责全县独生子女病残儿童医学鉴定工作，负责对病残儿童的临床检查与诊断。鉴定时间为每季度末月的17－18日。

1996年10月3日，县计生委下发《重申独生子女病残儿童鉴定工作的若干规定》，重申育龄夫妇提出其独生子女为病残儿者（一周岁以上），可以向女方户口所在地的村（居）委会提出书面申请等六项规定。

2000年10月26日，因人事变动和工作需要，县计生委下发《关于调整绍兴县独生子女病残儿童医学鉴定小组成员的通知》，由丁吉庆、金荣堂同志分别担任鉴定组组长和副组长，特聘绍兴第二医院两名专家和县计生指导站医师担任成员。

2001年8月13日，县计生委下发《关于独生子女病残儿医学鉴定的有关规定》，育龄夫妇提出其独生子女为病残儿者（一周岁以上），必须向女方管理地的村（居）委会提出书面申请；村（居）委会收到申请后，将证明其父母子女关系的户口簿和证明及残疾子女病历（癫痫需正规治疗二年以上的证明）等有关医学资料送交镇计生办；镇计生办核实后，填写《独生子女病残儿鉴定审批表》并送县计生指导站，每月17日参加鉴定。申请人准予生育的通知书下发后，须在所在村（居）公示一个月，群众无异议后方可发放《生殖健康服务证》。

2004年3月24日，县人口计生局转发《市人口与计划生育委员会〈关于绍兴市病残儿医学鉴定及再生育审批办法（施行）〉的通知》，鉴定日期为每年的3月份、9月份，共两次。县级鉴定由县人口计生局科学技术科具体负责。自2004年以来，全县病残儿鉴定工作一直按此文件精神执行。

1990年至2013年10月，全县共组织开展病残儿童医学鉴定2698例，同意再生育审批1356例。

二、节育手术并发症鉴定

1984年1月7日，省卫生厅下发《关于转发<计划生育技术管理工作条例（试行）>及<男、女节育手术并发症诊断标准（试行）>的通知》，要求各医疗单位加强计划生育技术工作，不断提高节育手术质量，全县接受节育手术后遗症病人检查65人次。

1987年，县计生委把妥善处理计划生育手术后遗症作为重要工作，组织开展两次检查，共180人，制定治疗方案，对有实际困难者从经济上、工作上给予关心，让病人满意。

1989年上半年，全县为100多名男女计划生育手术后遗症病人进行鉴定。

1996年2月6日，县计生委下发《关于调整县计划生育技术鉴定小组成员的通知》，县计生委、县计生指导站、县第二医院、县妇保所、市妇保院等7名同志负责全县计划生育技术鉴定工作。

2000年10月26日，县计生委下发《关于县审批制度改革后进一步规范计划生育审批事项的意见》，男女节育手术并发症鉴定的患者须符合卫生部下发的《男女节育手术并发症诊断标准》，由个人提出申请，填写《节育手术并发症鉴定申请表》并提交平时医疗治疗病历，由镇计生办初审，县计生委计生技术鉴定小组鉴定，集体讨论决定。对材料齐全的20天内由技术鉴定小组鉴定，10天内告知鉴定结论。同日，由于人事变动和工作需要，下发《关于调整绍兴县计划生育技术鉴定小组成员的通知》，由丁吉庆任鉴定组组长，胡春英、周清平任副组长。县计生指导站、轻纺城医院、绍兴第二医院、县及市妇保所等8名专家担任成员。

2003年5月21日，县人口计生局调整县计划生育技术鉴定小组成员，丁吉庆任鉴定组组长，胡春英、钱凤英任副组长。

2005年5月31日，县人口计生局下发《关于调整绍兴县计划生育技术鉴定小组成员的通知》，丁吉庆任组长，余雅娟、蔡帮华、钱凤英任副组长，市妇保院、第二医院、第四医院、县妇保所、县计生指导站7名专家担任成员。

2011年5月4日，因人事变动和工作需要，县人口计生局下发《关于调整县计划生育手术并发症鉴定小组成员的通知》，祝彩芳任鉴定组组长，朱明明、方水庆、相春红任副组长。

1990年至2013年，在全县组织开展的计划生育手术并发症鉴定中，确定节育手术并发症77例。

第五章 政策法规

计划生育是基本国策。绍兴县人口和计划生育工作在控制人口增长、稳定低生育水平、统筹解决人口问题的各历史阶段，全面贯彻国家、省、市一系列人口和计划生育方针、政策及有关法律法规，建立和完善人口和计划生育相配套的生育政策、技术政策、奖励政策、处罚政策、优惠政策等，成为规范群众生育行为的准则，在人口和计划生育工作法制化建设进程中，引导和规范全县广大群众自觉实行计划生育。

第一节　生育政策

一、生育政策

（一）国家规定

1984年4月13日，中共中央批转国家计生委党组《关于计划生育工作情况的报告》（中发〔1984〕7号），发出“要继续提倡一对夫妇只生育一个孩子，同时要进一步完善计划生育工作的具体政策”的指示。

2002年9月1日，《中华人民共和国人口与计划生育法》颁布实施。国家计生委印发《出国留学人员生育问题规定》：出国留学的中国内地居民在国外留学期间应自觉遵守国内计划生育法律法规。夫妻双方在国外连续居住一年以上的留学人员，不符合国家有关计划生育法律、法规的规定，在国外生育或者怀孕后回中国内地生育第二个子女的，回中国内地后不予处理。留学人员在国外生育的子女不回中国内地定居的，在执行国家有关生育政策的规定时，不计算其子女数。

（二）省规定

1984年7月20日，在《浙江省人民政府关于二胎生育政策的暂行规定》中，规定二胎生育政策为：凡符合下列条件之一的农民，本人有生育要求的，可有计划地安排生育第二个孩子：

1. 独生子和独生女结婚的；

2. 第一个孩子为非遗传性残疾，不能成长为正常劳动力的；

3. 婚后五年不孕，抱养一个孩子后又怀孕的；

4. 烈士的独生子女；

5. 夫妻一方从事采矿井下作业满五年以上，只生一个女孩，并继续从事井下作业的；

6. 夫妻双方均系归侨或台湾、港澳同胞，其子女在国外或台湾、港澳定居，身边无子女的；

7. 夫妻一方为初婚或未生育过子女，另一方在再婚前只生育过一个子女的；或另一方再婚前有两个孩子已丧偶的；

8. 男到独女家结婚落户的；

9. 夫妻一方两代及两代以上均系独生子女的；

10. 兄弟二人以上，只有一个有生育条件的；

11. 夫妻一方为非遗传性残疾，丧失劳动能力的；

12. 夫妻一方为少数民族的；

13. 从事海洋捕捞的渔民，只生一个女孩的。居住偏僻山区只生育一个女孩的农民，本人有生育要求的，可以有计划地安排生育第二个孩子。

这一规定，由县、市人民政府根据实际情况，制定实施细则，逐步实行。国家干部、职工、城镇居民，凡符合上述规定条件之一，本人有生育要求的，可以有计划地安排生育第二个孩子。符合规定条件可以安排生育二胎的对象，需经本人申请，群众评议，乡政府或街道办事处批准，方可安排生育。

1985年2月9日，省人大常委会颁布《浙江省计划生育条例》，提倡一对夫妻只生育一个子女，严禁生育超计划的二胎和多胎。《省条例》第九条规定：国家干部、职工、城镇居民，符合下列条件之一，本人要求生育的，可有计划地安排再生育一个子女：

1．独生子与独生女结婚的；第一个子女为非遗传性残疾，不能成长为正常劳动力的；

2．婚后五年不孕，收养一个孩子后怀孕的；夫妻一方为烈士的独生子女的；

3．夫妻一方为初婚或未生育过，另一方再婚前只生育过一个子女的；

4．夫妻一方为初婚或未生育过，另一方再婚前生育过两个子女已丧偶的；

5．夫妻一方连续从事矿井井下作业满五年以上，只生育一个女孩，并继续从事井下作业的。

第十条规定：农民除第九条规定的条件外，符合下列条件之一，本人有生育要求的，也可有计划地安排生育第二个子女：

1．夫妻一方两代均为独生子女的；

2．男到有女无儿家结婚落户，并赡养女方老人的；

3．兄弟两人以上，其中只有一个有生育能力的；

4．夫妻一方为非遗传性残疾，丧失劳动能力的。

第十一条规定：人口稀少山区的农民和从事海洋作业的渔民，只生育一个女孩，确有实际困难，本人要求再生育一个的，在省下达的人口发展规划指标内，由市、县人民政府作出具体安排。

第十二条规定：多胎和超计划的二胎得到有效控制的市、县，农村生育二胎可以适当照顾，具体办法由省人民政府规定。

第十三条规定：对少数民族计划生育适当照顾。夫妻一方为少数民族，要求生育第二个子女的，可有计划地给予安排。

第十五条规定：符合规定条件可再生育一个子女的，审批办法由市、县人民政府规定。除上述规定条件以外，个别特殊情况需照顾生育二胎的，作特殊问题个别处理，从严控制，并须经市、县计划生育部门批准。生育间隔期除符合第九条第二、三款规定条件之一者外，均应在四年以上。

1985年8月8日，省计生委出台《关于＜浙江省计划生育条例＞若干条款的解释说明》，其中关于安排生育二胎的条件问题中：

凡是独生子与独生女结婚的，可照顾生育二胎，但对兄弟姐妹（包括收养）中只有一个是男的，或只有一个是女的，均不能视为独生子或独生女。不属于照顾二胎的范围。

第一个子女为非遗传性残疾，不能成长为正常劳动力的，确系“非遗传性残疾”的，其鉴定标准按1984年7月21日省卫生厅、省计生委出台的《关于独生子女病残儿童鉴定审批的暂行规定》执行。

归侨、侨眷的计划生育政策，国务院规定：

1．新回国定居的华侨，在国外已生育两个子女的，不允许再生育；如入境时已怀孕的，不要动员人工流产或引产，可允许生育。

2．夫妻双方均系归侨，也应鼓励只生一胎，经说服仍要求生二胎，而他们回国时间不满六年者，可允许生育第二胎。

3．在民族自治区居住的归侨，可参照当地关于少数民族计划生育政策规定处理。

4．归侨、侨眷所生子女已在国外定居，国内无子女的，可允许其再生育一胎。

1989年12月29日修正后的《浙江省计划生育条例》于1990年1月3日正式实施。《省条例》对再生育条件作如下规定：具有下列条件之一的夫妻，经批准，可以按计划再生育一个子女：

1．双方均为独生子女，已生育一个子女的；

2．已生育一个子女，经县级以上病残儿童鉴定机构确诊为非遗传性残疾，不能成长为正常劳动力的；

3．婚后五年不孕，经县级以上医疗单位诊断并经县（市、区）计划生育部门核实为不孕症，依法收养一个子女后怀孕的；后1995年9月省八届人大常委会第二十二次会议《关于修改〈浙江省计划生育条例〉的决定》修正为“婚后五年不孕，经县（市、区）计划生育行政部门指定的医疗单位诊断，并经县（市、区）计划生育行政部门核实为不孕症，依法收养一个子女后怀孕的。”

4．一方为烈士的独生子女，已生育一个子女的；

5．一方未生育过，另一方再婚前已生育一个子女的；

6．一方未生育过，另一方再婚前丧偶并已生育两个子女的；

7．一方连续从事矿井井下作业五年以上，只生育一个女孩，并继续从事井下作业的。

夫妻均系农业户口的农民和渔民，具有下列条件之一的，经批准，可以按计划生育第二个子女：

1．一方两代以上均为独生子女的；

2．女方父母只生育一个或两个女儿，男到女家落户，并赡养女方父母的（只适用于姐妹中一人）。

从事海洋作业的渔民和山区、海岛县（市、区）的农民，夫妻均系农业户口，只生育一个女孩，确有实际困难的，经批准，可以按计划生育第二个子女。但下列对象除外：

1．进城镇自理口粮落户的；

2．一方为招聘干部、乡以上事业单位职工或在编民办教师的；

3．一方为全民或县以上集体所有制单位职工、合同制工或一年以上临时工的；

4．县（市、区）人民政府根据本地实际确定的其他不批准生育第二个子女的对象。

计划外生育得到有效控制的平原、半山区县（市）的农民，夫妻均系农业户口，只生育一个女孩，确有实际困难的，经批准，可以按计划生育第二个子女。但下列对象除外：

1．双方均系乡（镇）企业、村办企业职工的；

2．在当地领取营业执照，从事个体工商业一年以上的；

3．双方离开居住地外出经商、务工一年以上的；

4．本条例第十三条规定的不批准生育第二个子女的对象。

符合《省条例》规定条件可以生育的，审批办法由县（市、区）人民政府规定。

除《省条例》规定条件以外，因特殊情况要求生育第二个子女的，经县（市、区）计划生育部门审核，报市（地）计划生育部门批准。

除具有本条例第十一条的有关规定条件外，经批准可以再生育一个子女的，生育间隔期必须在四年以上。具体间隔年限由县（市、区）人民政府规定。《绍兴县贯彻执行《浙江省计划生育条例》的实施细则》对此规定，按细则规定再生育一个子女的，生育间隔如下：

1．除小孩病残和依法领养者外，生育间隔必须在四年以上。

2．平原镇、村中的农村独女户，小孩间隔满六周岁，婴母年龄到三十周岁，符合这二项，方可安排怀孕生育；个别婴母年龄偏大33周岁以上或婴父在40周岁以上，虽孩子间隔未到，也可适当照顾，但必须满48个月。

1995年9月，《浙江省计划生育条例》第十一条规定：具有下列条件之一的夫妻，经批准，可以按计划再生育一个子女：

1．双方均为独生子女，已生育一个子女的；

2．已生育一个子女，经县级以上病残儿童鉴定机构确诊为非遗传性残疾，不能成长为正常劳动力的；

3．婚后五年不孕，经县（市、区）计划生育行政部门指定的医疗单位诊断，并经县（市、区）计划生育行政部门核实为不孕症，依法收养一个子女后怀孕的；

4．一方为烈士的独生子女，已生育一个子女的；

5．一方未生育过，另一方再婚前已生育一个子女的；

6．一方未生育过，另一方再婚前丧偶并已生育两个子女的；

7．一方连续从事矿井井下作业五年以上，只生育一个女孩，并继续从事井下作业的。

第十二条规定 夫妻均系农业户口的农民和渔民，具有下列条件之一的，经批准，可以按计划生育第二个子女：

1．一方两代以上均为独生子女的；

2．女方父母只生育一个或两个女儿，男到女家落户，并赡养女方父母的（只适用于姐妹中一人）。

第十三条规定 从事海洋作业的渔民和山区、海岛县（市、区）的农民，夫妻均系农业户口，只生育一个女孩，确有实际困难的，经批准，可以按计划生育第二个子女。但下列对象除外：

1．进城镇自理口粮落户的；

2．一方为招聘干部、乡以上事业单位职工或在编民办教师的；

3．一方为全民或县以上集体所有制单位职工、合同制工或一年以上临时工的；

4．县（市、区）人民政府根据本地实际确定的其他不批准生育第二个子女的对象。

第十四条规定 计划外生育得到有效控制的平原、半山区县（市）的农民，夫妻均系农业户口，只生育一个女孩，确有实际困难的，经批准，可以按计划生育第二个子女。但下列对象除外：

1．双方均系乡（镇）企业、村办企业、私营企业等企业职工的；

2．从事个体工商业一年以上的；

3．双方离开居住地外出经商、务工一年以上的；

4．本条例第十三条规定的不批准生育第二个子女的对象。

2000年5月16日，省计生委下发《关于小城镇户籍改革中有关生育政策的规定》，为推进小城镇户籍制度改革，经省人大法制委员会批准，小城镇户籍改革中的生育政策规定为：进城落户的农民，在办理城镇居民户口之日起，执行城市居民的计划生育政策。到小城镇落户的农民，在办理城镇居民户口前已发给照顾生育二孩指标的，转城镇户口后，原批准生育二孩的指标可保留一年；对小城镇建成区、规划区内的农民，在办理城镇户口后，继续土地承包或将承包地折成股份转入集体经济组织后凭股权参与收益分配的，允许在三年内继续执行农村生育政策。在执行过程中，要严格按规定生育政策控制范围。在此之前有关小城镇户籍改革中计划生育政策与本规定不一致的，以本规定为准。同年12月12日，省计生委下发《贯彻省政府〈关于加快推进浙江城市化若干政策的通知〉中有关生育政策问题的通知》，要求各地严格执行省政府《通知》规定的生育政策，不得规定其他限制性措施和附属其他要求，以利于加快全省城市化进程。2001年3月12日，省计生委下发《关于贯彻省计生委〔2000年〕166号文件过程中有关生育政策问题的批复》，“农民进县（市）政府驻地镇及县以下建制镇落户，从转小城镇居民户口之日起，允许其在三年内继续执行农村生育政策。”其中允许其在三年内继续执行农村生育政策，是指对符合条件在三年内允许为其按农村生育政策办理二孩生育指标。指标批出后，不得限制生育期限。后于2003年7月规定：在户籍制度改革和城市建设用地中农村居民转为城镇居民的，自转为城镇居民之日起可以累计使用五年农村居民的生育政策。

2002年9月，《浙江省人口与计划生育条例》规定：提倡一对夫妻生育一个子女，符合本条例规定的条件，可以生育第二个子女。严禁不符合法定条件者生育。符合下列条件之一的夫妻，经批准，可以再生育一个子女：

1．双方均为独生子女，已生育一个子女的；

2．双方均为农村居民（农业人口，下同），已生育一个女孩的，但一方为机关、团体、事业单位和其他组织职工或一方从事工商业一年以上以及双方与企业建立劳动关系一年以上的除外；

3．双方均为农村居民，一方两代以上均为独生子女，已生育一个子女的；

4．双方均为农村居民，女方父母只生育一个或两个女儿，男到女家落户，并赡养女方父母，已生育一个子女的（只适用于姐妹中一人）；

5. 双方均为少数民族，已生育一个子女的；

6. 双方均为农村居民，一方是少数民族并具有本省两代以上户籍，已生育一个子女的；

7. 一方为烈士的独生子女，已生育一个子女的；

8. 一方未生育过，另一方再婚前已生育一个子女的；

9. 一方未生育过，另一方再婚前丧偶并已生育两个子女的；

10. 已生育一个子女，经设区的市以上病残儿童鉴定机构确诊为非遗传性残疾，不能成长为正常劳动力的；

11. 一方连续从事矿井井下作业五年以上，已生育一个女孩，并继续从事井下作业的。

其他特殊情况的生育，在不突破人口与计划生育指标的前提下，由省计划生育行政部门制定具体办法，报省人民政府批准后执行。

在户籍制度改革和城市建设用地中农村居民转为城镇居民的，在转为城镇居民之日起五年内，可继续享受本条例规定的适用于农村居民的生育政策。

同时规定，生育间隔期必须在四年以上，但有下列情形之一的，不受生育间隔期限制：女方在二十八周岁以上的；符合条例第十九条第一款第10项规定，即子女为非遗传性残疾，不能成长为正常劳动力的。

2007年9月28日，浙江省第十届人民代表大会常务委员会第三十四次会议通过《关于修改〈浙江省人口与计划生育条例〉的决定》，取消对生育间隔的限制。

（三）县规定

1985年11月20日，县政府颁发《关于进一步完善计划生育政策的暂行规定》，在继续提倡一对夫妇只生育一个孩子的前提下，对县内下列地区的农民，已生育一个女孩子的，确有实际困难，本人又有要求的，经批准，可有计划地照顾安排再生育 个孩了：山区乡、海涂区各乡；半山区乡的山区村（指人均山林面积在 亩以上）；个别村受地理环境影响，也可适当放宽，但要考虑到左邻右舍，由乡研究确定。以上两条，小孩间隔必须满48个月，方可安排生育。

半山区乡中的平原村、平原乡（镇）的村，婴母在1955年底以前出生的，孩子在1979年底以前出生的，符合这两项的，可照顾安排再生育一个孩子。

个别婴母年龄偏大（在33周岁以上），虽孩子间隔未到，也可适当照顾安排。

下列情况之一者，暂不列入农村“独女户”照顾再生育一个孩子的范围：夫妻双方是全民或大集体性质的农场、林场、水库、电站等的正式职工；现有孩子已吃商品粮者，或现有孩子虽属农村户口，但婴母属吃商品粮者；夫妻双方因土地征用，被招工安置在全民或大集体单位，户粮关系仍在农村的；夫妇双方，一方为全民或大集体单位正式职工，另一方已脱离农业并长期定居在城市的；对未到法定婚龄非法同居生育的，婴母在26周岁以下，小孩虽到间隔的；虽到法定婚龄，未经登记结婚生育的，小孩虽到间隔，未办结婚手续的；已生育两个孩子，而其中一个孩子出生后不知去向或送他人抚养的。

1987年5月21日，县计生委对实行以上政策规定两年后提出补充意见，以《关于要求重申计划生育政策暂行规定的报告》请示县政府进行重申。同年7月14日，县政府出台《关于计划生育政策的补充规定》：山区、海涂、半山区的山区村，小孩间隔满48个月后，可安排生育；半山区乡中的平原村、平原乡（镇），小孩间隔满6周岁的，婴母年龄到30周岁，符合这两项可安排生育；个别婴母年龄偏大（在33周岁以上），虽孩子间隔未到，也可适当照顾。有下列情况之一者，暂不列入农村"独女户"照顾再生育一个孩子的范围。夫妻一方是国家干部、招聘干部、在编民办教师，全民或大集体所有制单位职工；现有孩子吃商品粮者，或现有孩子虽属农村户口，但婴母属吃商品粮者；夫妻双方因土地征用，被招工安置在全民或集体单位、户粮关系仍在农村的；对未到法定婚龄非法同居生育的，婴母在26周岁以下，小孩虽到间隔的，虽到法定婚龄，未经登记结婚生育的，小孩虽到间隔，未办结婚手续的；已生育两个孩子，而其中一个孩子出生后不知去向或送他人抚养的。

1990年6月20日，县政府下发《绍兴县关于实施〈浙江省计划生育条例〉的若干规定》。在《省条例》授权范围内规定再生育审批范围：夫妻均系农业户口，只生育一个女孩，确有实际困难的，经本人申请，乡（镇）人民政府批准，可以按计划生育第二个子女，但下列对象除外：进城镇自理口粮落户的；一方为招聘干部、乡（镇）以上事业单位职工或在编民办教师的；一方为全民或县以上集体所有制单位职工、合同制工或一年以上临时工的；夫妻虽系农业户口，但孩子已吃商品粮者；在当地领取营业执照，从事个体工商业或私营企业一年以上的；双方离开居住地外出经商务工一年以上的；双方均系乡（镇）企业、村办企业职工的（包括个人承包企业）；早婚早育和非法生育者；弃婴、溺婴、第二个子女出生后去向不明者及批准生育而擅自引产者。对符合规定可再生育一个子女的，经本人申请，村（居委会）审核，乡（镇）人民政府批准，签订生育、节育合同，领取准生证，方可怀孕生育。

1996年，《绍兴县贯彻执行〈浙江省计划生育条例〉的实施细则》规定，计划外生育得到有效控制的镇（乡），夫妻均系农业户口，只生育一个女孩，确有实际困难的，经批准，可以按计划生育第二个子女，但下列对象除外：进城镇自理口粮落户的；一方为招聘干部、乡以上事业单位职工或在编民办教师的；一方为全民或县以上集体所有制单位职工、合同制工或一年以上临时工的；夫妻虽系农业户口，但孩子已属非农业户者（包括"A"字户、蓝本户、蓝印户、轻纺城居民户等）；早婚早育和非法同居生育者；弃婴、溺婴、第二个子女出生后去向不明及批准生育而擅自引产者；双方均系镇（乡）、村办、私营等企业职工的；从事个体工商业一年以上的；双方离开居住地外出经商、务工一年以上的。同时规定，生育间隔期必须在四年以上，但有下列情形之一的，不受生育间隔期限制：女方在二十八周岁以上的；符合《省条例》第十九条第一款第十项规定，即子女为非遗传性残疾，不能成长为正常劳动力的。《实施细则》还规定：对华侨侨眷符合下列条件的，可以有计划地安排再生育一个孩子：新回国定居的华侨，在国内外已生育两个以上子女的不允许再生育，如入境时怀孕的，可允许其生育；夫妻双方均系归侨，也应鼓励只生一胎，经说服仍要求生二胎，而他们回国时间不满六年者，可允许生育第二胎；归侨、侨眷所生子女已在国外定居，国内无子女的，可允许再生育一胎。同年5月29日，县计生委下发《关于平原女儿户照顾生育二孩按月审批的通知》，决定从6月1日起，对符合《浙江省计划生育条例》和本县有关生育政策规定，可以安排的平原女儿户照顾生育二孩对象，严格执行婴母30周岁、小孩6周岁政策，并实行按月审批制度，哪月到间隔，哪月办理审批手续。领取《生育证》后，方可怀孕生育。

二、特殊情况生育政策

（一）审批对象

特殊情况生育审批是现行生育政策的重要组成部分。1990年3月，省计生委《关于〈浙江省计划生育条例〉具体应用中有关问题的解释》，对《省条例》所说的“因特殊情况要求生育第二个子女的”的情况作出解释，是指除《省条例》规定条件以外，个别确有实际困难、需要照顾生育第二个子女的对象。同时要求各地必须集体讨论，从严控制，各市（地）每年批准“特殊情况”照顾生育的出生数，不得超过本市（地）当年总出生数的2‰。

1997年7月28日，县计生委转发省计生委《从严控制特殊情况生育审批的意见》。此后，一直以此作为特批的原则性规定。

2001年，省计生委《关于特殊情况生育审批的试行意见》规定：特批对象必须是确有特殊困难，群众普遍同情，不易攀比的合法夫妻；劳动力缺乏、生活困难等因素不能作为特批的理由；且特批对象的家庭必须有利于子女健康成长；特批必须从严控制，各县（市）区当年特批数不得超过上一年度人口出生数的千分之二，多孩率不超过百分之一，并纳入人口与计划生育目标责任考核。规定特批条件为：双方各生育过一个子女，身边无子女的再婚夫妻；双方各生育过一个子女，其中一方丧偶，身边无子女或只有一个子女的再婚夫妻；一方已生育过两个子女，另一方未生育过，身边无子女的再婚夫妻；一方已生育过一个子女，另一方未生育过，再婚后合法生育的第一个子女经县级以上病残儿童鉴定机构确诊为非遗传性残疾，不能成长为正常劳动力的；再婚夫妻，一方已生育过一个子女，另一方未生育过且满28周岁及以上的，可以不受生育间隔的限制；其他特殊情况，由市特批小组按特批原则严格掌握。

2002年12月，省计生委印发《浙江省计划生育特殊情况生育审批办法》，申请特殊情况生育的夫妻必须同时符合以下条件：无违反生育政策的行为、夫妻双方均有生育意愿并提出生育申请、家庭环境有利于子女的健康成长，并具备下列条件之一可提出申请：夫妻一方经设区的市计划生育部门组织鉴定不能生育，依法收养一个子女后又怀孕的；一方已生育过两个子女，另一方未生育过，身边无子女（指夫妻再婚时法院判决或离婚协议确定未成年子女随前配偶，新组合的家庭无子女）的再婚夫妻；各生育过一个子女，其中一方丧偶，现家庭无子女或只有一个子女的再婚夫妻；有其他特殊情况的。

2004年10月，省人口计生委根据2002年9月3日颁布实施的《浙江省人口与计划生育条例》第十九条的授权规定，修改《浙江省计划生育特殊情况生育审批办法》，经省人民政府批准并印发，取消2‰的特批数量限额，由设区的市计划生育行政部门审批。申请特殊情况生育的夫妻必须同时符合以下条件：夫妻双方提出生育申请、无违反生育政策多生育子女、家庭环境有利于子女的健康成长，并具备下列条件之一可提出申请：夫妻依法收养一个子女后又怀孕的；再婚前一方已生育过两个子女，另一方未生育过，身边无子女的夫妻；再婚前双方各生育过一个子女，现家庭无子女的夫妻；再婚前双方各生育过一个子女，其中一方丧偶，现家庭只有一个子女的夫妻。家庭无子女是指夫妻新组合的家庭无未成年子女，再婚前所生的未成年子女依法院判决或离婚协议随前配偶生活。

2007年6月，省人口计生委增加计划生育特殊情况生育审批范围，将下列三种情况增列为计划生育特殊情况生育审批范围：夫妻生育第一胎子女为双胞胎，经设区的市以上病残儿童鉴定机构确诊，两个子女都为非遗传性残疾、不能成长为正常劳动力的；夫妻生育第一胎子女为遗传性残疾，不能成长为正常劳动力，根据国家《病残儿医学鉴定诊断标准及其父母再生育的指导原则》，通过产前诊断和筛选可以再生育的；再婚夫妻再婚前双方曾生育子女合计不超过两个、再婚后现家庭有一个经设区的市以上病残儿童鉴定机构确诊为病残儿，不能成长为正常劳动力的。

2008年12月，省人口计生委把“再婚前双方曾生育子女合计为两个，现家庭只有一个子女的夫妻”增列为计划生育特殊情况生育审批范围。至此，特殊情况生育审批对象共8类。

（二）审批权限

省人口计生委根据2002年9月3日颁布实施的《浙江省人口与计划生育条例》第十九条的授权规定，规范计划生育特殊情况生育审批工作，经省政府同意，于2004年10月9日下发《浙江省计划生育特殊情况生育审批办法》，由设区的市计划生育行政部门审批。2008年，市人口计生委贯彻省委办《关于扩大县（市）部分经济社会权限的通知》精神，在2009年2月将此权限下放到县级计划生育行政管理部门。县人口计生局在同年2月17日下发《关于开展计划生育特殊情况生育审批工作的实施方案》，成立领导小组，制定夫妻申请、村级核实，镇级初审、村级公示，县级复审、党组备案的审批步骤。

第二节　技术服务政策

20世纪80年代，计划生育技术服务政策主要为大力倡导“一孩上环、二孩结扎”。计划生育以预防为主，避孕为主，因人制宜，采取综合性节育措施。

1984年，全县执行的技术服务政策为1982年的《浙江省计划生育条例（试行）》规定的政策。具体规定为：要做好避孕技术指导工作，推广安全、有效、经济、方便的避孕方法和药物。农村已生育两个孩子的育龄夫妇，要教育其主动做绝育手术。对节育手术受术者，医疗单位要优先进行检查和手术。节育手术受术者，在国家规定的假期内，工资照发，不影响评奖。农村社员也应给予适当补贴。绝育手术受术者可发给适当营养补贴，需另一方照顾的，经手术单位证明，可给予一定的假期，工资照发。节育手术受术者，因子女丧亡或严重伤残，要求再育者，经单位证明，县、市计划生育办公室同意，可免费施行吻合手术。对确有手术禁忌者的已婚育龄妇女，多年上环有效的，可以不结扎，但须签订计划生育合同。有生育能力的夫妻都要因人制宜，落实可靠节育措施。计划外怀孕的妇女，必须及早采取补救措施。

1985年，《浙江省计划生育条例》规定：对接受节育手术的干部、职工，在国家规定的假期内，工资照发，不影响全勤奖。农民可由所在乡（镇）、村根据实际情况给予适当补贴。接受绝育手术者，所在单位可发给适当营养费。接受绝育手术的妇女，需男方照顾的，经手术单位证明，可给予男方5－7天的假期，干部、职工的工资照发。接受绝育手术者，因子女夭亡或严重残疾，并符合再生育一个子女条件的，经单位证明，市、县计划生育部门批准，可免费施行吻合手术。

1990年6月，《绍兴县关于实施〈浙江省计划生育条例〉的若干规定》规定：计划生育技术指导工作以卫生行政管理部门为主，计划生育部门协同进行。经县以上节育手术并发症鉴定小组确诊为节育手术并发症的，给予免费治疗。经治疗仍不能从事体力劳动的，所在单位或乡（镇）人民政府应当妥善安排，在工作上和生活上给予照顾。对丧失劳动力的，生活确有困难的，民政部门和乡（镇）人民政府，应当按规定给予社会救济，并免去义务工。

1995年9月，《浙江省计划生育条例》规定有生育能力的夫妻必须按规定落实可靠节育措施。计划外怀孕的，应当采取措施中止妊娠。对接受节育手术的国家工作人员和职工，在国家规定的假期内，工资、奖金照发。国家工作人员和职工因配偶接受绝育手术需要照顾的，经手术单位证明，所在单位可以给予3－7天的假期，工资照发。对接受节育手术的居民和农民，应当给予适当照顾。

第三节　晚婚晚育政策

1985年，绍兴县执行《浙江省计划生育条例（试行）》，规定国家干部和职工，双方符合晚婚条件，除国家规定的婚假外，增加婚假12天。实行晚育的，除国家规定产假外，可增加产假15天。对晚婚晚育的青年，在住房分配方面，应优先照顾。同时大力提倡和鼓励晚婚、晚育。按法定婚龄推迟三年以上结婚的为晚婚，已婚妇女24周岁以上或晚婚生育第一个孩子的为晚育。

1990年1月，《浙江省计划生育条例》规定：晚婚晚育的，应当给予奖励和照顾。国家工作人员和职工男女双方晚婚的，增加婚假12天；晚育的，男方可以享受5－7天护理假。对晚婚晚育的，分配住房，应当在同等条件下优先照顾，35周岁以上未婚的应当视同已婚参加分房。同年6月20日，县政府下发《绍兴县关于实施〈浙江省计划生育条例〉的若干规定》，提倡晚婚，推行晚育。按法定婚龄推迟三年以上依法登记结婚的为晚婚；已婚妇女24周岁以上生育或晚婚后怀孕生育第一个子女的为晚育。严禁未到法定婚龄者结婚和生育。

1995年，《浙江省计划生育条例》规定：晚婚晚育的，应当给予奖励和照顾，具体办法由县（市、区）人民政府规定。1996年11月，《绍兴县贯彻执行〈浙江省计划生育条例〉的实施细则》规定：35周岁以上未婚的应当视同已婚参加分房。同时规定集体企业、镇（乡）企业（包括租赁、股份、合资、私营等企业）职工参照执行。

2002年9月，《浙江省人口与计划生育条例》规定：机关、团体、企业、事业单位和其他组织职工晚婚的，增加婚假12天，工资、奖金和其他福利待遇照发；男方可享受7天护理假，工资、奖金和其他福利待遇照发。

2003年5月，县委县政府出台《绍兴县人口与计划生育工作若干规定》，鼓励公民晚婚晚育。晚婚晚育的，应当给予奖励和照顾。国家工作人员和职工男女双方晚婚的，增加婚假12天；晚育的，男方可以享受5－7天护理假。对晚婚晚育的，分配住房，应当在同等条件下优先照顾。男女双方均系农业户口，晚婚晚育的，具体办法有乡（镇）人民政府规定。各镇人民政府（街道办事处）、企业、事业单位及其他组织除执行《省条例》奖励、照顾规定外，均可在各自的职权范围内制定其他对晚婚晚育的奖励和照顾规定。

2007年9月，《浙江省人口与计划生育条例》规定“男女双方按法定婚龄推迟三年以上依法登记结婚的为晚婚；已婚妇女24四周岁以上生育第一个子女的为晚育”。

第四节　奖励优待与处罚政策

一、奖励优待政策

（一）终生只生育一个孩子的夫妇及独生子女奖励优待政策

1. 省规定

1983年至1985年1月，根据《浙江省计划生育条例（试行）》有关规定：持有《独生子女证》的家庭，可享受以下奖励和优待：

（1）干部和城镇职工14周岁以下的独生子女，每年发给独生子女保健费30元至50元或相当的奖励，由父母双方所在单位各发50%。

（2）机关、群众团体和企事业单位，在分配住房时，要优先照顾独生子女家庭，其住房面积可按两个子女标准分配。城镇独生子女及其父母符合招工、招生条件的，在同等条件下，可优先录用、录取。独生子女可优先入托儿所、幼儿园，分配工作可优先照顾留在父母身边。

（3）农村独生子女家庭，在承包土地、划给自留山、调整自留地和安排建房用地等方面给予照顾，并优先安排进社队企业，优先扶持其发展家庭副业。

（4）农村领有《独生子女证》的社员，年老丧失劳动力以后，社队应给予经济和生活方面的照顾。已经实行退休制度的社队，要给予无子女老人和独生子女老人一定的优待，随着生产的发展，群众生活的改善，适当增加退休金。

（5）医疗和卫生保健部门对独生子女要定期进行健康检查。独生子女患病，优先挂号、就诊、住院。

1985年2月，《浙江省计划生育条例》规定：

（1）干部、职工的独生子女在14周岁以下的，每年发给不低于50元的独生子女保健费，由夫妻双方所在单位各发50%，发放时间不超过10年。有条件的单位，经主管部门批准，也可给独生子女的母亲一年产假（包括法定产假），产假期间工资照发（实行计件工资、浮动工资的，比照同等条件人员的平均工资发给），不影响晋升调资。夫妻双方不在同单位工作的，男方单位将应承担的独生子女保健费在两年内付给女方单位，作为发放产假工资的补偿。上述两种奖励办法，只能享受其中一种。

（2）已领取《一孩父母光荣证》的夫妻，一方亡故的，其独生子女保健费由另一方所在单位全数发放；离婚的，由子女判随一方所在单位发50%的独生子女保健费。

（3）单位分配住房（包括农村企事业单位），在同等条件下优先照顾独生子女家庭，独生子女按两个人计算。对农村的独生子女特别是只有一个女孩的家庭，可分别采取扶持其发展生产、优先贷款或优先安排进乡（镇）、村企业工作等办法照顾。

（4）农村年老丧失劳动力的独生子女父母，所在乡（镇）、村应给予经济和生活方面的照顾。实行退休金制度的地方，可适当增加退休金。

（5）独生子女可优先入托儿所、幼儿园；患病可优先就诊、住院，并定期进行健康检查。

1990年1月，《浙江省计划生育条例》规定：国家工作人员和职工持有《独生子女父母光荣证》的，可以享受下列奖励和照顾：领取每年不低于100元的独生子女父母奖励费，从领取《独生子女父母光荣证》当年起至子女14周岁止。女方产假期满后抚育婴儿有困难的，经本人申请，所在单位可以给予6个月的哺乳假，工资按本人工资的80%发给，不影响晋级、调整工资，并计算工龄；有条件的单位，可以给女方产后一年假期（含法定产假），工资照发，不影响晋级、调整工资，并计算工龄。但两项不能同时享受。独生子女父母奖励费由夫妻双方所在单位各发50%。夫妻一方是农民或夫妻一方亡故的，独生子女父母奖励费由另一方单位全数发给。享受前条第2项奖励和照顾，夫妻不在同一单位工作的，男方所在单位应当在两年以内按前条第1项规定应当承担的独生子女父母奖励费付给女方所在单位。

1995年9月，《浙江省计划生育条例》规定：国家工作人员和职工持有《独生子女父母光荣证》的，可以享受下列奖励和照顾：

（1）领取每年不低于100元的独生子女父母奖励费，从领取《独生子女父母光荣证》当年起至子女14周岁止。女方产假期满后抚育婴儿有困难的，经本人申请，所在单位可以给予6个月的哺乳假，工资按本人工资的80%发给，不影响晋级、调整工资，并计算工龄。

（2）有条件的单位，可以给予女方产后一年假期（含法定产假），工资照发，不影响晋级、调整工资，并计算工龄。但上述两项不能同时享受。

独生子女父母奖励费由夫妻双方所在单位各发50%。夫妻一方是农民或夫妻一方亡故的，独生子女父母奖励费由另一方所在单位全数发给。

单位和房管部门分配住房、农村审批宅基地，独生子女按两人计算。农村承包土地和山林等，在同等条件下优先照顾独生子女家庭。农村扶贫，应当把贫困的独生子女户和女儿户作为重点对象。

2002年9月，《浙江省人口与计划生育条例》规定：机关、团体、企业、事业单位和其他组织职工持有《独生子女父母光荣证》的，可以享受下列一项待遇：领取每年不低于100元的独生子女父母奖励费，从领取《独生子女父母光荣证》当年起至子女14周岁止。女方产假期满后抚育婴儿有困难的，经本人申请，所在单位可以给予6个月的哺乳假，工资按不低于本人工资的80%发给，不影响晋级、调整工资，并计算工龄；有条件的单位，可以给予女方产后一年假期（含法定产假），工资照发，不影响晋级、调整工资，并计算工龄。独生子女父母奖励费由夫妻双方所在单位各发50%。

夫妻一方是农村居民或夫妻一方亡故的，独生子女父母奖励费由另一方所在单位全数发给。

农村居民持有《独生子女父母光荣证》的，在审批宅基地、村级集体经济收益分红等利益分配时，独生子女按两人计算。农村承包土地和山林等，在同等条件下，优先照顾独生子女家庭。农村扶贫应当把贫困的独生子女户和女儿户作为重点对象。

持有《独生子女父母光荣证》的夫妻再生育子女的，应当收回《独生子女父母光荣证》和独生子女父母奖励费，取消其他优惠措施。

2. 市规定

2002年，市人口计生委《关于印发绍兴市计划生育优先优惠若干意见的通知》规定：对农村“双农独女户”家庭，政府给予800－3000元的一次性奖励；农村分配宅基地、自留山、自留地等时，独生子女按两人计算；对农村“双农独女户”家庭，其独生女在参加中考时实行加分制度，市区的乡镇增加5分。各县（市）可根据当地实际情况确定加分额度；独生子女家庭成员和计划生育协会会员优先参加有关部门举办的致富科技知识培训，并享受减免收费；独生子女家庭在承包土地、山林和种养殖场时，同等条件优先；涉农部门为独生子女家庭优先优惠提供种子、市场信息和技术服务；有关部门在安排项目时优先考虑独生子女家庭，银行、信用社等金融机构优先安排贷款；独生子女家庭老人及计划生育协会会员优先进养老院，同等困难时优先给予照顾；符合农村居民最低生活保障条件的独生子女家庭，给予必要的优惠和倾斜，具体帮扶措施由各县（市、区）自行制定；独生子女意外伤残（按现行规定1－4级的）或死亡后，其父母不再生育或收养的，享受“双农独女户”待遇，允许按“双农独女户”规定参加城镇企业职工养老保险；农村“双农独女户”家庭凭优惠证，可在计划生育指导站（服务站）和约定的医院与卫生院享受咨询费、挂号费、诊疗费免收政策，可在计划生育指导站（服务站）享受B超、X光透视和血、尿、便三大常规检查费减半的政策。各县（市、区）还可根据本地实际情况，制定其他优惠措施；有关部门优先减免有困难的独生子女家庭和计划生育协会会员的农业税。

3. 县规定

1985年2月，《浙江省计划生育条例》规定：只生育一个子女的育龄夫妻，采取节育措施后，经本人申请，所在单位核实，由乡（镇）人民政府或街道办事处发给《一孩父母光荣证》。下列情况之一，不再生育的，也可发给《一孩父母光荣证》：夫妻一方为初婚或未生育过，另一方再婚前只生育过一个子女的；一对夫妻按规定的条件生育过两个子女，死亡一个的。

1988年10月27日，县财税局下发《关于修改独生子女保育费补助标准的通知》，对独生子女和计划内第二胎的孩子实行享受托幼补贴的内容作如下调整：入托在本单位托儿所（幼儿园）的保育费不能报销。如本单位没有托儿所（幼儿园）或虽有托儿所（幼儿园）因额满等原因不能收托，而寄托在外单位举办的托儿所（幼儿园）的干部职工子女，可以按规定给予补贴，但在入托前应经本单位领导批准；入托在外单位托儿所（幼儿园）的孩子，保育费的补贴标准：凡领取独生子女证的儿童，在60%范围内报销，未领证的第一个孩子和规划内第二个孩子可在40%范围内报销。有些托儿所（幼儿园）如实行两种收费标准，外单位入托的子女因此而多收的保育费可以回原单位补贴，但个人负担部分不能低于本单位干部职工所负担的保育费。超过以上范围的，不得享受托幼补贴，补贴的单位限于保育费。学杂费、代管费、伙食费、点心费及其他杂费均应由家长自理。保育费的收费标准以经物价部门批准的数额为准，超过标准部分不得享受补贴。

1990年6月，《绍兴县关于实施〈浙江省计划生育条例〉的若干规定》规定：有条件的乡（镇），独生子女父母奖励费可以作为独生子女父母的养老保险金。对夫妻双方均系农业户口，符合条件要求再生育一个子女的，经批准后，须退回《独生子女父母光荣证》和已领取的奖励费，对已享受独生子女父母奖励和照顾，又计划外生育的，必须收回《独生子女父母光荣证》及已领取的各种奖励和待遇，并按《省条例》有关规定处理。

1996年，《绍兴县贯彻执行〈浙江省计划生育条例〉的实施细则》规定，夫妻一方为临时工、合同工等，且连续工作三个月以上的，用工期间独生子女父母奖励费由用工单位发给50%。夫妻离婚的，独生子女父母奖励费由子女共同生活的一方所在单位发给50%。夫妻一方从事个体工商业的，独生子女父母奖励费由工商行政管理部门从个体工商管理费中列支50%。一方为城镇无业居民的，独生子女父母奖励费在计划生育经费中列支50%。农民持有《独生子女父母光荣证》，应当给予奖励和照顾，农村年老丧失劳动力的独生子女父母，所在乡（镇）、村应当给予经济和生活方面的照顾，实行养老金制度的地方可以适当增加养老金。农村的独生子女，可以优先进乡（镇）企业工作。单位和房管部门分配住房、农村审批宅基地，独生子女按两个计。农村承包土地和山林等，在同等条件下优先照顾独生子女家庭。农村扶贫应当把贫困的独生子女户和女儿户作为重点对象。符合《绍兴县贯彻执行〈浙江省计划生育条例〉的实施细则》规定可以再生育一个子女，有生育能力但自愿终身只生育一个子女，落实可靠节育措施，领取《独生子女父母光荣证》夫妻，除享受本细则的有关优惠待遇外，一次性奖励800元，县、镇（乡）各承担50%作为独生子女父母养老保险金。《对〈浙江省计划生育条例〉第三十六条有关规定的解释》规定：再婚家庭中，夫妻双方各有一个子女且持有《独生子女父母光荣证》的，参照独生子女父母奖励费各享受半数的方法，其家庭在分配住房、审批宅基地时增加一个人的单位面积。

2002年12月，县府办下发《绍兴县计划生育优先优惠若干意见（试行）》，规定独生子女户和农村二女户，除享受《中华人民共和国人口与计划生育法》和《浙江省人口与计划生育条例》有关奖励规定外，还可以享受县委、县政府及相关部门出台的计划生育优先优惠政策。同年12月，县政府出台《关于实施农村计划生育社会养老保险工作的意见》，对符合《省条例》规定照顾生育二孩条件而放弃生育的农村夫妻，本着政府激励和群众自愿的原则，允许其一方参加比照城镇职工的社会养老保险。

2003年5月，县委、县政府出台《绍兴县人口与计划生育工作若干规定》，农村独生子女户（指夫妻双方均属农民，已经领取《独生子女父母光荣证》的家庭）和农村二女户，除享受法律、法规、规章及本县已出台的有关奖励规定外，还可以享受下列优惠政策：

（1）优先参加有关部门举办的致富科技知识培训，并享受减免收费。符合低保条件的，优先享受最低生活保障救助金；

（2）在收到利益侵害时，司法部门应及时立案处理；在办理有关公证手续或代理民事、刑事诉讼时，要优先及时受理，对符合条件的免费提供法律援助；

（3）子女在本县范围内就学，在同等条件下，优先入托、入学，优先获得助学金；

（4）符合救济条件的，优先享受农村扶贫救济项目；

（5）在分配宅基地、自留山、自留地等时，独生子女按两人计算；

（6）在同等条件下，优先承包农村的土地、山林和种养殖项目；

（7）涉农部门为独生子女户优先优惠提供种子、市场信息和技术服务。

符合照顾生育二孩条件而主动承诺放弃生育，并已领取《独生子女父母光荣证》的家庭，除享受法律、法规、规章及本县已出台的有关政策规定的待遇外，凭《计划生育优惠证》还可以享受下列优惠：

（1）子女在本县范围内就学的，初中升普通高中时总分给予加5分；

（2）放弃生育的夫妻及其独生子女可在县内各级计划生育指导站、服务站和约定的医疗单位享受咨询费、挂号费、诊疗费免费政策；可在计划生育指导站、服务站享受B超、X光透视和血、尿、便三大常规检查费减半的政策；

（3）独生子女意外伤残（按现行规定1－4级的）或死亡后，其父母不再生育或收养的，允许参加农村计划生育社会养老保险。

城市建设、“城中村”改造和其他建设拆迁移民过程中，在安排宅基地、村级集体经济收益分红等利益分配时，要落实好独生子女按两人计算的政策。

独生子女父母奖励费由夫妻双方所在单位各发50%。夫妻一方是农村居民或夫妻一方亡故的，独生子女父母奖励费由另一方所在单位全额发给。夫妻双方均为农村居民或城镇无业居民（失业人员）的独生子女父母奖励费，由各镇（街道）负责发放，所需经费由各镇（街道）统筹解决。所在村集体经济基础较好的农村居民的独生子女父母奖励费，可以由村集体经济支付，具体由各镇人民政府或街道办事处确定。

2008年6月，县府办下发《关于独生子女父母奖励费发放管理的意见》，规定自2008年起，夫妻按政策自愿终生只生育一个子女（含依法收养一个子女），申请领取《独生子女父母光荣证》，从镇（街道）政府（办事处）发证之月起至子女满14周岁止，不论其从业状况如何，每年都发给独生子女父母不少于100元的奖励费。全县城乡独生子女父母奖励费发放实现全覆盖。农村独生子女父母奖励费由政府“埋单”在全省乃至全国属首次。据统计，2008年，全县46746户领证家庭得到共415.6万余元奖励。

（二）落实节育措施奖励

1990年6月，县委、县政府出台《绍兴县关于实施〈浙江省计划生育条例〉的若干规定》，对自觉落实节育手术的国家工作人员和职工，在国家规定的假期内，工资、奖金照发。接受手术者，具体按照下列标准休假：

1．放置宫内节育器：自手术日起休息2天，重体力劳动者，在术后一周内不作重体力劳动。

2．去宫内节育器：当日休息1天。

3．输精管结扎：休息7天。

4．单纯输卵管结扎：休息21天。

5．人工流产：休息20天；人工流产同时放置宫内节育器，休息30天；人工流产同时结扎输卵管，休息40天。

6．中期终止妊娠，同时结扎输卵管：休息50天。

7．产后结扎输卵管：按产假另加14天。

8．国家工作人员和职工因配偶接受绝育手术，需要照顾的，经手术单位证明，所在单位可给予3－7天的假期，工资照发。

1996年11月，《绍兴县贯彻执行〈浙江省计划生育条例〉的实施细则》中增加的集体企业、镇（乡）企业（包括租赁、股份制、合资、私营企业）参照上述标准执行。

2003年5月19日，县政府印发《绍兴县人口与计划生育工作若干规定》，接受节育手术的机关、团体、企事业单位和其他组织的职工，在规定的假期内，工资、奖金照发。接受手术者，具体按下列标准休假：

1．放置宫内节育器（包括皮下埋植），休息2天，重体力劳动者，在手术一周内不作重体力劳动；

2．取出宫内节育器，当日休息1天；

3．输精管结扎，休息7天；

4．单纯输卵管结扎（包括银夹术），休息21天；

5．药物流产，休息7天。人工流产，休息24天。人工流产同时放置宫内节育器，休息30天。人工流产同时结扎输卵管，休息40天；

6．中期中止妊娠休息30天，中期中止妊娠同时结扎输卵管休息50天；

7．产后结扎输卵管，产假外另加休假14天。

接受节育手术的费用，在计划生育部门规定的范围内，回原单位报销。对接受节育手术的农村居民，应当给予适当照顾，具体办法由各镇人民政府或街道办事处规定。

2007年4月，县府办出台《关于对落实长效节育措施的育龄群众实行奖励的意见》，规定自2007年1月1日起,对县籍已婚育龄群众在避孕方法知情选择中自愿选择并首次实行女子输卵管结扎术的，一次性奖励500元；实行男子输精管结扎术的，一次性奖励100元；实行宫内节育器放置术的，一次性奖励50元；实行避孕药物皮下埋植术的，一次性奖励100元。奖励经费由县、镇（街道）各半承担。2007年，全县共奖2822人。

2011年，全县将奖励对象扩大到在本县居住一年以上且在本县首次落实长效避孕节育措施的外来流动育龄夫妻。滨海工业区一名四川籍职工成为外全县外来已婚育龄妇女领取500元长效节育措施奖的第一人。2007年至2013年，全县共奖励17039人。

二、处罚政策

（一）省规定

1983年至1985年1月，《浙江省计划生育条例（试行）》对不按计划生育的，实行必要的经济限制：

1．国家干部和职工计划外生第二个孩子的（包括送他人抚养的子女），从出生之月起，扣夫妇双方工资的50%，扣工资的时间为7年。1980年4月1日以后，生第三个及第三个以上孩子的（包括送他人抚养的子女、再婚夫妇生育的子女，但规划内第二胎为双胞胎或多胞胎的除外），从怀孕之月起至出生后十四周岁止，扣夫妇双方工资的10%。此后，每多生一个，采取累进的办法，增扣工资的5%。干部、职工超生应扣的工资，由所在单位每月从工资中扣除。城镇个体劳动者超生的，应按上述比例，由所在街道办事处根据其经济收入予以征收，工商管理部门和劳动服务部门予以协助。

2．农村社员计划外生第二个孩子的（包括送他人抚养的子女），从出生之月起，扣夫妇双方工分的5%，扣工分时间为七年。1980年4月1日以后，生第三个及第三个以上孩子的（包括送他人抚养的子女、再婚夫妇生育的子女，但规划内第二胎为双胞胎或多胞胎的除外），从怀孕之月起至出生后14周岁止，扣工分的10%。此后，每多生一个，采取累进的办法，增扣工分的5%。农村社员超生应扣的工分，由生产大队监督所在生产队在分配时扣除。实行包产到户、包干到户的社队，对超生子女的社员给予少包责任田，或提高包产指标、增加集体提留等限制。对社员超生的子女，不得划给责任田、自留地、自留山、宅基地，已划给的，应予收回。

3．未经结婚登记而生育的，从孩子出生之月起，到结婚登记后一年止，职工扣男女双方工资的10%；农村社员扣男女双方工分或劳动总收入的10%。

1985年2月，《浙江省计划生育条例》规定：对计划外生育子女的夫妻，要征收超生子女费。

1．干部、职工计划外生育第二个子女的，由所在单位每月扣除夫妻双方不低于15%的工资，连扣5年；生育第三个子女的，扣除夫妻双方不低于30%的工资，连扣5年。

城镇个体劳动者的超生子女费应按上述比例，由所在街道办事处负责征收，工商管理、税务、劳动服务等部门予以协助。

2．农民计划外生育第二个子女的超生子女费，一般征收夫妻双方不低于15%的年总收入，一般征收5年；生育第三个子女的，一般征收夫妻双方不低于30%的年总收入，一般征收5年。具体征收的数额、年限和办法，可由乡（镇）人民代表大会作出决定。

3．符合再生育一个子女条件，但未到生育间隔期而提前生育的，由所在单位每月扣除夫妻双方不低于10%的工资（农民则征收夫妻双方不低于10%的年总收入），至间隔期满止。

4．未到法定婚龄非法同居生育的，由所在单位每月扣除男女双方不低于15%的工资（农民则征收男女双方不低于15%的年总收入），从怀孕之月起，至结婚登记后一周年止。

1990年1月，《浙江省计划生育条例》规定：对计划外生育的，由乡（镇）人民政府或街道办事处按以下标准征收计划外生育费：

1.计划外生育第二个子女的，五年内每年按男女双方年总收入20%－50%的标准征收；计划外生育第三个以上子女的（含第三个下同），加重征收。

2.符合本规定条件，可以再生育一个子女，但未满当地规定间隔提前生育的，每年按男女双方年总收入20%－50%的标准征收，至间隔期满止。提前生育不到一年的，按一年计算。

3.未满法定婚龄非法同居生育第一个子女的，每年按男女双方年总收入的20%－50%的标准征收，至依法登记结婚止。已满法定婚龄非法同居生育第一个子女的，按男女双方年总收入的20%－40%的标准征收。

4.登记结婚后未经批准生育第一个子女的，按男女双方年总收入的10%－30%的标准征收。

计划外生育第二个以上子女（含计划外生育第二个子女）的，除按前条规定征收计划外生育费外，征收超生子女社会抚养费，子女系非农业户口为5000元，农业户口为3000元。

窝藏无计划怀孕者，处以1000元以内的罚款。提供计划外怀孕信息的，给予适当的奖励。

对外出躲避无计划出生的，必须同时负担一切寻找的旅差费用。

征收计划外生育的生育费和超生子女社会抚养费具体标准，由县（市、区）人民政府在本条例规定的幅度内规定。

对计划外生育第二个人以上子女的国家工作人员和职工，除按本条例有关规定征收计划外生育费和超生子女社会抚养费外，产假期间不发工资，妊娠、分娩、产褥期的一切费用自理，取消其他生育福利待遇，男女双方各处以降级以上行政处分，直至开除公职。

对计划外生育第二个子女以上子女的居民和农民，除按本条例有关规定征收计划外生育费和超生子女社会抚养费外，县（市、区）人民政府可以规定其他限制措施。城乡个体工商户计划外生育第二个以上子女，情节严重的，由工商行政管理部门吊销营业执照。

1999年，省计生委《关于对未成年人计划外生育如何处理的批复》规定：未成年人生育的，计划外生育费应由其父母或其他监护人承担。

2000年，省计生委《关于对有限责任公司股东计划外生育如何计算其年总收入的批复》规定：有限责任公司分配当年税后利润，在依法弥补亏损和提取法定公积金、法定公益金后所剩利润，按照股东的出资比例分配，为股东的个人收入。股东个人收入还包括其工资、奖金、股息等其他收入。

2001年，省计生委《关于对有限责任公司所提取的任意公积金是否可作为其股东年总收入的批复》规定，年总收入还包括其在股份公司中自愿转入任意公积金的可得利润。

2008年12月，省人口计生委印发《浙江省人口与计划生育条例》“农转城”人员生育政策适用范围的解释，对于“农转城”人员符合以下两种情况之一，即可适用《浙江省人口与计划生育条例》规定的农村居民的生育政策：一是户口登记在农村村民委员会并且属农村集体经济组织成员；二是成建制（包括户籍制度改革和城市建设用地）变更为城镇居民的原农村集体经济组织成员，且尚未享受到城镇居民社会保障待遇的。同时取消五年时间限制。

对私自为计划外怀孕者接生造成计划外生育的，应按《浙江省人口与计划生育条例》第48条第六项“其他妨害计划生育工作行为”论处，由县级计划生育行政部门处以罚款。每一例罚款按省计生委《关于对私自接生者处罚问题的批复》及当地规定的其超生者应罚款的20%－40%征收。

男女双方同居计划外生育后，省计生委《对于非法同居生育有关问题的批复》，女方不如实陈述男方是谁，或称不知男方是谁，且行政机关无法查明的，可按《省条例》规定计算出对女方征收计划外生育费金额后，对女方予以双倍征收。

（二）县规定

1990年6月，《绍兴县关于实施〈浙江省计划生育条例〉的若干规定》规定：对计划外生育的，有乡（镇）人民政府处以罚款。

1. 计划外生育第二个子女的，五年内处以夫妻双方年总收入20%－50%的罚款；计划外生育第三个以上子女的（含第三个下同），加重罚款。

2. 符合本规定条件，可以再生育一个子女，但未到间隔提前生育的，每年处以夫妻双方总收入40%－50%的罚款，到间隔期满止，一次性交清。提前生育不到一年的，按一年计算。

3. 到法定婚龄非法同居生育第一个子女的，一次性处以500－1000元的罚款；未到法定婚龄非法同居生育第一个子女的，处以1000元以上的罚款；非婚先孕及登记结婚后未经批准生育第一个子女的，处以500元以下的罚款。（此款1991年3月《关于修改县府部分规范性文件的通知》修改为到法定婚龄非法同居生育第一个子女的，一次性处以500－1000元的罚款；未到法定婚龄非法同居生育第一个子女的，处以1000元以上2000元以下的罚款；登记结婚后未经批准生育第一个子女的，处以500元以下的罚款）

计划外生育第二个以上子女的（含第二个下同）除按前条规定处以罚款外，并征收超生子女社会抚养费。子女系非农业户口为5000元，农业户口为3000元。

窝藏无计划怀孕者，处以1000元以内的罚款。提供计划外怀孕信息的，给予适当的奖励。

对外出躲避无计划出生的，必须同时负担一切寻找的旅差费用。

对计划外生育第二个人以上子女的国家工作人员和职工，除按本规定处罚外，其他处分按《省条例》第四十条、第四十一条处理。城乡个体工商户计划外生育第二个以上子女，情节严重的，由工商行政管理部门吊销营业执照。

1993年，全县按照市计生委《行政处罚程序》规定，紧扣五个环节实施行政处罚，即由镇（乡）计生办分管领导同意后立案；组织人员调查取证；由镇（乡）行政领导按违法事实比照法律条文作出决定；送达当事人并取回送达回执；行政处罚决定。当年，作出行政处罚决定650起，实施处罚608起，2起申请法院强制执行。

1996年，《绍兴县贯彻执行《浙江省计划生育条例》的实施细则》规定，未满法定婚龄非法同居生育第一个子女的，每年按男女双方年总收入40%－50%的标准征收，每年最低不少于2400元至依法登记结婚止。已满法定婚龄非法同居生育第一个子女的，一次性按男女双方年总收入30%－40%的标准征收，最低不少于1800元。对办厂、经商、承包企业、外出打工和其他个体户的年总收入按实际收入计算，实际收入无法计算时，按所在镇（乡）的劳均收入的五至十倍计算。

（三）其他处罚政策

1990年1月，《浙江省计划生育条例》规定：严禁弃婴、溺婴。弃婴、溺婴以及婴儿出生后去向不明或怀孕后胎儿下落不明的，按计划外生育处理，构成犯罪的，依法追究刑事责任。

禁止非法收养，非法收养的，按计划外生育处理。

严禁任何单位和个人未经市（地）计划生育行政部门或卫生行政部门批准进行胎儿性别鉴定。擅自进行鉴定的，由县（市、区）计划生育行政部门没收其非法收入，并按以下规定处理：

1. 对非法鉴定胎儿性别活动的鉴定人、介绍人及其他参与人，每例分别处以二千元至一万元的罚款，并由有关部门给予行政处分；情节严重的，由卫生行政部门依法取消职业资格，个体行医的，没收其鉴定设备。

2. 对管理不严、出现非法鉴定胎儿性别活动的单位，每例处以二千元至一万元的罚款，由其主管部门予以通报批评，并对单位法定代表人给予行政处分。

非法鉴定胎儿性别，构成犯罪的，依法追究刑事责任。

突破计划生育控制指标的地区或出现计划外生育的单位，当年不得评为先进地区、先进（文明）单位。出现计划外生育第二个以上子女的男女双方所在机关、团体、企业、事业等单位，由县（市、区）计划生育行政部门每例分别处以五百元至一万元的罚款，并可以提请有关部门对单位法定代表人给予行政处分。

有下列行为之一的，由县（市、区）计划生育行政部门处以罚款：

1. 伪造、变造或骗取计划生育证明的，每例处以三千元至五千元罚款。

2. 为他人出具计划生育假证明、施行假节育手术，每例处以五千元至一万元罚款。

3. 擅自为他人取环或破坏其他节育措施的，每例处以五千元至一万元罚款。

4. 有其他破坏计划生育行为的，每例处以五百元至一万元罚款。

有上述行为的，并可按有关规定给予行政处分；构成犯罪的，依法追究刑事责任。

拒绝、阻碍计划生育工作人员依法执行公务或侵犯计划生育工作人员人身、财产安全，违反治安管理的，由公安机关依法处罚；构成犯罪的，依法追究刑事责任。

计划生育工作人员应当严格执行国家有关法律、法规和条例，秉公执法。对滥用职权、徇私舞弊、玩忽职守的，依照有关规定予以行政处分；构成犯罪的，依法追究刑事责任。

任何单位和个人不得挪用计划生育经费及收取的计划外生育费、超生子女社会抚养费、照顾生育社会抚养费。对贪污、挪用、挥霍浪费上述费用的，按有关规定给予行政处分；构成犯罪的，依法追究刑事责任。

1990年6月，《绍兴县关于实施〈浙江省计划生育条例〉的若干规定》规定：严禁任何单位和个人未经市计划生育部门和卫生行政部门批准进行胎儿性别鉴定。对擅自进行性别鉴定的，由县计划生育部门没收其非法收入，对责任者处以五千元以上的罚款。卫生行政部门必须给予行政处分。突破计划生育控制指标或出现计划外多孩的乡（镇）与单位，当年不得评为全面先进，机关、团体、企事业单位出现计划外生育第二个以上子女的，由县计生委对单位处以五百元至一万元罚款，并可提请有关部门对单位主管负责人给予行政处分。区、乡（镇）企事业单位，出现计划外生育的，乡（镇）人民政府可以处以罚款，对主管负责人追究必要责任。

1993年，省计生委《关于对非法取环者如何处罚》的批复：对在非法为育龄妇女摘除节育环中具有谋取钱财、侮辱、奸污妇女、损害妇女身体健康等行为的违法犯罪分子，应追究其刑事责任。对未构成犯罪也不需给予治安处罚的非法取环者，应根据《省条例》第四十八条的规定给予行政处罚，并可提请当事人所在单位给予行政处分。对非法取环造成计划外二孩生育的，罚款数额不应超过当地对计划外生育第二个子女夫妻的罚款数的上限。后省计生委又下发《关于对擅自做吻合受术者如何处罚的批复》，对擅自去做吻合手术造成计划外生育的，在《省条例》第三十七条、第三十八条规定的处罚幅度内从重处罚；未造成计划外生育的，依据《省条例》第四十八条第六项按计划外生育应罚款数额的一半予以处罚。为他人非法实施吻合手术，应依据《省条例》按每例五千元至一万元处以罚款。并提请当事人所在单位予以行政处分；构成犯罪的，由司法机关依法追究刑事责任。擅自摘取节育环亦按以上几种情况处理。《关于以谋利为目的为他人介绍私自吻合手术的中介人可否按〈条例〉第四十八条规定进行处罚的批复》规定：为他人擅自施行吻合手术充当介绍人，属于破坏计划生育的行为。凡在伪造、变造或骗取计划生育证明的活动中，在为他人出具计划生育假证明、施行假节育手术的活动中，在擅自为他人取环或破坏其他节育措施的活动中充当介绍人的，均应按“有其他破坏计划生育行为”

的规定处理。

2002年9月，《浙江省人口与计划生育条例》规定：有下列行为之一的，由乡（镇）人民政府、街道办事处给予批评教育，责令其改正，并可由县（市、区）计划生育行政部门处以五百元以上三千元以下的罚款：

1. 藏匿、包庇违反计划生育人员的；

2. 介绍、参与非法鉴定胎儿性别的；

3. 替代他人参加节育措施检查的。

机关、团体、企业、事业单位和其他组织的职工不符合法定条件生育的，所在单位当年不得评为文明单位、先进单位，不得授予荣誉称号。

2003年5月，《绍兴县人口与计划生育工作若干规定》规定：不符合法定条件生育者，除按《省条例》规定处理外，是农村居民的，十年内不得批给宅基地。

2009年3月20日，县人口计生局印发《绍兴县人口和计划生育局关于进一步规范行使行政自由裁量权实施办法》，规范在社会抚养费征收和行政处罚中的自由裁量行为，确保公平公正。2012年4月，县人口计生局予以重新修订和印发《绍兴县人口和计划生育局关于印发进一步规范行使行政自由裁量权实施办法的通知》。

第五节　行政执法

一、人口和计划生育建设

20世纪80年代，绍兴县全面实行计划生育，在具体工作实践中探索形成较为完善的计划生育政策措施、管理方法和规章制度，为人口和计划生育工作步入法制化轨道奠定坚实基础。全县认真贯彻1982年修订的《中华人民共和国宪法》关于“国家推行计划生育，使人口的增长同经济和社会发展计划相适应”“夫妻双方有实行计划生育的义务”等精神和党的十二大将实行计划生育确立为基本国策、《浙江省计划生育条例》等法律法规精神，开展人口和计划生育政策法规宣传活动，建立人口和计划生育行政执法工作机制，开展违法生育专项治理检查，大力推进人口和计划生育法制化建设。

21世纪开端，全县人口与计划生育工作迈入体制机制建设步伐。

2002年，县委、县政府出台《关于人口与计划生育工作综合改革的意见》，对人口与计划生育综合改革的指导思想、主要目标、主要内容及其组织领导提出明确要求，为推动全县人口与计划生育工作提供有力的政策保障。

2003年5月，《绍兴县人口与计划生育工作若干规定》提出对人口与计划生育工作作出显著成绩的单位和个人，应当给予精神和物质奖励。对人口与计划生育事业费开支较大，镇人民政府或街道办事处财政负担过重的，县财政要给予适当补助。

2007年5月，全县全面推进法治建设，加强对人口和计划生育“五五”法制宣传教育的领导，县人口计生局成立“五五”法制宣传教育领导小组，负责领导本系统的“五五”普法、依法治理工作。制定《法制宣传教育第五个五年规划》，建立完善法制宣传教育工作的考核评估与奖惩机制、监督与激励机制，提高依法决策、依法行政、依法服务能力。同年6月13日，县人口计生局下发《关于规范性文件管理规定的通知》，由局政法科负责清理，每两年清理一次，并将本年度现行执行的规范性文件和清理结果进行汇编，对清理后的规范性文件向社会公布。

2008年4月，县人口计生局制定《行政决策听证制度》《重要行政决策合法性论证制度》《重要行政决策集体决定制度》《重要行政决策责任追究制度》《行政执法错案和执法过错责任追究办法》。下发《关于规范行政自由裁量权工作的实施方案》，加强对权力运行的制约和监督，建立健全结构合理、配置科学、程序严密、制约有效的权力运行机制，规范行政审批自由裁量权、行政征收自由裁量权、行政处罚自由裁量权，防止发生滥用行政自由裁量权行为。同年10月8日，县人口计生局制定《行政执法检查监督制度》，对制定和发布的规范性文件的合法性及合理性；人口与计划生育法律、法规和其他规范性文件的实施情况；人口与计划生育行政执法主体的合法性；具体行政行为的合法性与适当性；人口与计划生育行政执法的协调与督查等进行检查监督。同日，下发《行政赔偿和行政补偿暂行办法》，对导致相对人权益受损等情况进行国家赔偿。

2010年5月12日，县人口计生局制定《绍兴县人口计生系统基层文明执法专项活动实施意见》，完成“五五”普法考核验收工作。

2011年，全县开展计划生育依法行政示范乡镇创建活动，钱清镇、福全镇先后被推荐为全国计划生育依法行政示范乡镇，柯桥街道、柯岩街道、杨汛桥镇、齐贤镇创建成为市级计划生育依法行政示范乡镇。全县开展违法生育社会抚养费征收工作，修订完善《绍兴县征收社会抚养费操作规程》。

二、行政执法主体和依据

1990年实施的《浙江省计划生育条例》规定：“省、市、县（区）计划生育委员会是同级人民政府的计划生育主管理部门。”明确计划生育部门的行政执法主体地位。后又在历次修订中明确计划生育行政管理部门的主要职责。

1992年，省计生委印发《计划生育行政处罚工作程序（试行）》规定：对违反《省条例》规定计划外生育的，必须由乡（镇）人民政府或街道办事处作出处罚决定。违反《省条例》第四十四条、第四十五条规定和违反《省条例》第四十八条规定，既不属治安管理处罚又未构成犯罪的，由县级计生委作出处罚决定。

2002年9月，《浙江省人口与计划生育条例》规定：社会抚养费的征收，由县级人民政府计划生育行政部门作出书面征收决定；县级人民政府计划生育行政部门也可委托乡（镇）人民政府或街道办事处作出书面征收决定。

三、执法行为规范

（一）行政执法程序

1987年，县计生委加强计划生育执行公务活动，组织有关人员跑医院、到基层协助解决计划生育工作中遇到难题、遭受围攻等问题。

1989年6月，县计生委专题对福全乡、皋埠镇进行生育政策执行过程中有关问题的调查，形成《关于生育政策的调查报告》。

1992年，全县按照省计生委《计划生育行政处罚工作程序（试行）》精神，规定乡（镇）人民政府、街道办事处和县计生委在作出处罚决定前，须对公民、法人或其他组织违反《省条例》规定的事实进行调查取证。调查取证工作应当由两人以上进行。乡（镇）和街道计生办、县计生委政策法规机构或有关组织应当根据违法事实和证据材料等进行集体讨论。承办人根据讨论结果，填写处罚意见书，报主管领导和法定代表人批准后，方可填写处罚决定书。处罚决定书应于领导签发后五日内送达当事人，并报上一级计生委备案。上一级计生委应当对所报处罚决定书进行审查。发现处罚决定书引用法律条文不当或罚款数额不符合《省条例》规定的，应当建议乡（镇）人民政府、街道办事处或下一级计生委撤销原处罚决定，或提请同级人民政府撤销原处罚决定，并由原作出处罚决定的机关重新作出处罚决定。送达处罚决定书应持送达回证，当事人签收日期为接受日期。当事人不在，由其亲属签收；当事人拒绝接受决定书的，送达人应当请当地有关基层组织的代表或其他人到场说明情况，并在送达回证上注明拒收的理由和日期，由送达人、见证人签名或盖章，把处罚决定书留在当事人的住处，即视为送达。送达方式可采用邮寄，以挂号回执上所注明的收件日期为送达日期。送达处罚决定书时应当告诉当事人申请复议权和申请复议期限。当事人逾期不申请复议，又不执行处罚决定的，作出决定的乡（镇）人民政府、街道办事处或县计生委可以申请人民法院强制执行。

1993年11月，县计生委对贯彻《浙江省计划生育条例》开展执法检查，重点检查生育节制、流动人口计生管理、处罚及罚款使用、非法生育、弃婴溺婴、胎儿性别鉴定、群众检举揭发等。1—10月，全县计划外已处罚57人，兑现55.24万元，完成率74.75%。非法同居611人，应罚26.25万元，已罚22.58万元，完成率97.47%。合同违约95人，收取违约金3.26万元。收取流动人口管理费1.19万元。

1998年，县计生委制定并实施《计划生育行政征收处罚程序》《计划生育合同管理程序》《生育审批程序》《特殊情况生育审批程序》《病残儿童审批程序》等工作细则，组织县、镇二级行政执法人员考取行政执法证件，做到持证上岗、持证执法。

2005年，县人口计生局、镇（街道）计生干部全部参加《浙江省行政执法证》

资格考试。

2009年，全县加强行政执法队伍规范化建设，加强对执法人员的培训，共有87名计划生育管理人员持有《浙江省行政执法证》，做到亮证执法、文明执法。

2011年，又有19名计生干部通过考试并取得《浙江省行政执法证》。

（二）行政执法责任制

1998年10月30日，按县委、县人大依法治县的决定、决议和《绍兴县人民政府行政执法责任制实施方案》精神要求，县计生委制定《绍兴县计划生育委员会行政执法责任制》，范围确定为县本级及其所属各镇人民政府、街道办事处。实施计划生育行政执法责任制，要求达到执法内容标准化、执法程序合法化、执法制度规范化、执法监督经常化、执法管理制度化。

1999年1月26日，县计生委转发县政府《关于绍兴县计生委行政执法责任制实施方案的批复》，并于8月20日下发《关于建立行政执法责任制考核制度的意见》和《行政执法责任制考核制度》，分解责任，明确考核内容，落实各岗位行政执法责任。

2000年11月22日，县计生委调整县计划生育行政执法责任制工作领导小组成员，健全行政执法工作组织领导体系。

2002年，县计生委本着“有法必依、执法必严、违法必究”的法治原则，全面推行计划生育行政执法责任制，加大对计划外生育的查处力度，规范计划生育行政执法工作，杜绝“七不准”行为的发生。

2003年，县计生委全面推行以“一把手”为第一责任人的计划生育行政执法责任制，建立持证上岗执法制度、办事程序制度、案件审理制度、过错责任追究制度和政务公开制度。大力推行计划生育信访规范化管理和逐级信访制度。全县无计划生育行政败诉案件，无行政执法不当或行政侵权行为而引发的恶性事件，杜绝计划生育“七不准”行为的发生。同年8月，县人口计生局被评为全国计划生育系统法制建设先进集体。

2006年3月，县人大开展人口与计划生育“一法三规一条例”执法检查。同年12月5日，县人口计生局对1999年实施的行政执法责任制根据职能和法制化建设要求进行重新修订，促进人口计生工作法治化，提高全县计划生育行政执法能力和执法水平。在此基础上，县人口计生局印发《全面推进人口和计划生育依法行政工作任务和责任分解方案的通知》，分解工作任务并明确责任：

办公室：制定和完善本部门内部决策机制，明确决策权限、决策程序、决策责任，逐步健全、完善决策工作制度；建立决策评估机制，对本部门各科室决策执行和结果进行跟踪与反馈。强化行政决策监督和行政问责制度，建立健全行政决策过错责任追究制度，对决策失误造成经济损失或社会影响的进行责任追究；严格执行计划生育“一票否决制”；加快人口和计划生育信息化建设，整合信息资源，实现资源信息共享。推进人口计生网上办公，提高办事效率，降低管理成本；优化人口计生经费支出结构，建立资金的追踪问效和反馈机制，探索推行经费支出计划评价考核制度，提高资金使用效益。清理和规范人口计生事业性收费，加强人口计生事业性收费管理，严格执行收支两条线等工作的财经纪律；自觉接受人大法律监督和政协民主监督，高度重视社会监督，依法及时处理群众反映和媒体曝光的问题。

宣传教育科：对计划生育广告内容、宣传品进行审定；加强法制宣传，增强全社会尊重法律、遵守法律的观念，积极引导公民、法人等依法维护自身权益，逐步形成与建设法治政府相适应的良好社会氛围。

政策法规科：进一步依法清理行政许可事项，规范行政许可程序，建立健全对实施行政许可的监督制度；健全人口计生工作政务公开制度，推进政务公开，增强人口计生工作透明度，保障公民的知情权、参与权、监督权；强化行政应急管理，建立健全应对各种突发公共事件的预警和应急机制，制定总体预案和专项预案；对违反计划生育法律法规规章的行为实施行政处罚；健全和完善人口计生利益导向机制，把计划生育利益导向机制建设与社会经济领域的改革和发展结合起来，整合社会资源，构建奖励、救助、保障、优惠、扶持等多元化的利益导向政策体系；督促法律法规规定的计划生育家庭奖励保障经费落实，确保农村部分计划生育家庭奖励扶助金发放到位；完善行政执法体制，落实行政执法责任制，建立、制定和完善行政执法责任追究办法或实施细则，研究社会抚养费征收中的新情况，探索行政执法新机制，规范行政征收和行政处罚的程序；健全行政执法案卷评查制度，规范行政处罚、行政许可格式文书，建立统一的立卷归档制度，制定行政执法案卷评查规则，实行年度案卷评查；完善行政执法主体确认和行政执法主体社会公告制度，完善行政执法人员资格管理及资格考试和监督管理制度；落实建设“平安柯桥”、构建和谐社会中的职责，完善信访处理等工作制度，建立多元化的防范和化解社会矛盾的工作体系；全面贯彻落实信访行政法规、地方法规的各项制度，完善信访处理规则，切实解决人民群众通过信访举报反映的问题，建立信访和行政复议相互配合、分工分流的工作机制；全面贯彻落实《浙江省县级以上人民政府行政执法监督条例》的各项制度，接受行政执法部门对本部门行政行为的监督；贯彻实施《行政复议法》，建立和落实行政复议责任追究制度；建立和完善行政机关执法人员和公务员学法制度，加强行政执法人员业务轮训和新录用的行政机关工作人员依法行政知识的培训。

规划统计科：实施再生育子女审批、特殊情况生育审核、绝育复通术批准，实施计划生育统计调查审批。

科学技术科：实施非医学需要的终止妊娠手术审批，实施计划生育技术服务监督管理。

（三）政务公开

人口和计划生育政务公开的内容必须符合现行的人口计生法律法规规章和相关政策，必须以《行政许可法》的有关规定为要求，规范公开内容和形式。公开的内容有法律依据、办理（受理）条件、办理程序、提交材料、办理（受理）机关、办理期限、收（免）费情况等，并在政务公开栏上常年公开，及时更新；其他公开内容可用上墙和编印宣传小册子的形式进行公开；办理结果及有关情况可以阶段性定期公开。县人口和计划生育政务公开畅通监督和投诉渠道，公布投诉和监督电话，接受群众监督、投诉和举报。

1998年7月，县计生委根据县委、县政府统一部署，在全县计划生育系统推行政务公开制度，组织人员到省推行政务公开制度试点单位学习考察。按照县、镇、村三级层面拟定政务公开内容，在斗门镇试点。同年9月3日，县计生委全面推广计划生育政务公开制度，成立绍兴县计划生育系统推行政务公开工作领导小组，印发《绍兴县计划生育系统推行政务公开制度实施方案》，对政务公开范围和公开内容、公开形式、监督措施和实施步骤作出明确规定。其中，计划生育政务公开的范围确定县、镇二级计划生育部门及各村（居）民委员会。公开内容包括办事内容、办事依据、办事程序、办事结果、监督及投诉等内容，在村一级实行“四公开一监督”。

1999年1月，县计生委汇编政务公开目录，包括推行政务公开领导小组名单、实施方案、政务公开监督员名单、县（镇、村）三级政务公开内容。强化监督服务机制，聘请10名政务公开监督员。县计生委在办公区域设立政务公开栏和投诉信箱，公布监督电话，制作委机关工作人员的台牌和佩证，统一制作120块村级计生政务公开牌，做到镇镇有规范的计生政务公开栏，村村有统一的计生政务公开牌。县计生委作为第二批推行政务公开单位的典型在全县第三批推行工作会议上作经验介绍。

2000年，全县计划生育政务、村务公开制度深入推进，做到安排二孩生育指标（包括特批、病残儿审批）、征收计划外生育费账目全面公开，逐步开展村级计划生育民主管理。同年10月26日，县计生委调整政务公开工作领导小组成员，加强对政务公开工作的领导。

2002年9月，全县根据《省条例》中“人口与计划生育管理工作应当实行政务公开，安排再生育前公示，接受群众评议、监督”的要求。全县每个安排再生育对象在村级政务公开栏公示后再逐级上报审批。

2006年2月，县人口计生局规范和完善人口计生政务公开工作，印发《关于进一步规范政务公开工作的意见的通知》，根据县、镇（街道）、村（居）三级承担的人口计生工作的不同职责，规定具体的公开内容：

县级人口和计划生育政务公开内容为：机构职能类包括职能调整、主要职责、内设机构；规范性文件包括人口与计划生育法律、法规、规章；行政许可类包括再生育审批、特殊情况生育审核、绝育复通术许可、计划生育统计调查审批、非医学需要的终止妊娠手术许可；便民服务类包括病残儿医学鉴定、《一孩生育证明》办理、再生育审批、《流动人口婚育证明》办理、《独生子女办父母光荣证》办理；工作动态类包括工作简报、廉洁自律、干部任免、财务开支情况。

镇（街道）人口和计划生育政务公开内容为：生育政策、再生育审批、《一孩生育证明》办理、《独生子女父母光荣证》办理、社会抚养费征收标准、《流动人口婚育证明》办理与查验、计划生育免费服务项目。

行政村（居）人口和计划生育政务公开内容为：生育政策、再生育审批、再生育（特殊情况生育）对象名单公示与审批结果公布、农村部分计划生育家庭奖励扶助对象名单和结果、计划生育奖励救助优先优惠政策、《独生子女父母光荣证》办理、《流动人口婚育证明》办证及验证、计划生育免费服务项目。

2013年5月，县人口计生局以推进镇、村两级计划生育便民服务窗口为契机，积极推动政务公开工作，将相关生育政策、办事流程、所需资料在服务窗口和电子触摸屏上进行公布，方便群众查阅。同时，根据县纪委的统一安排，将人口和计划生育政务公开的相关内容通过有线电视网络进行公开。

（四）“一票否决制”

1996年3月25日，县委办转发《省委办公厅、省政府办公厅关于实行计划生育“一票否决制”的通知》。当年共否决15家省、市、县级先进、文明单位和3名县级先进个人。

2004年6月29日，县委办下发《关于印发〈绍兴县人口和计划生育“一票否决”试行办法〉的通知》，否决项目与年度目标管理责任制考核相一致。规定各镇（街道）、县机关部门、各单位在评选文明单位，综合性先进集体、先进个人和劳动模范，授予集体和个人荣誉称号，推荐各级党代表、人大代表或政协委员，入党入团，录用国家公务员，晋职晋级，职称聘任时均实施计划生育“一票否决”。《办法》同时适用于各级负责审查或上报县以上各种荣誉称号的综合性评比等。是年，县本级审核25批次，否决2个村和1名个人。后县委办、县府办又进行修订完善，于2008年7月8日下发《中共绍兴县委办公室绍兴县人民政府办公室关于印发人口和计划生育“一票否决制”实施细则的通知》。2007年至2012年，全县共审核270批次，其中单位3143家，个人4167人，共否决单位29个，个人1名。此《实施细则》目前仍在执行。

（五）证件管理及生育审批

1. 计划生育证件管理

（1）生殖健康服务证（一孩生育证）

1998年，在群众普遍自觉接受计划生育政策的前提下，本着相信群众、依靠群众、服务群众的原则，全县开展人口计划管理改革，对已办理合法登记的新婚（初婚）夫妇，由镇计生办发给《生殖健康服务证》，新婚夫妇可自愿安排一孩的生育。同年9月15日，全县根据市计生委《关于启用〈绍兴市生殖健康服务证〉及有关应用问题的通知》精神，自1998年10月1日起，对符合生育政策的1999年度一孩生育对象，统一按原《生育证》管理关系，由乡镇计生办核发《生殖健康服务证》，《生殖健康服务证》须有育龄妇女照片并加盖乡镇人民政府的钢印。办理结婚手续的夫妇应在领取结婚证的一个月内凭《结婚证》（异地登记结婚的夫妇还须持结婚登记时的《婚姻状况证明》复印件）到乡镇计生办领取《生殖健康服务证》。领取《生殖健康服务证》的夫妇，在生育有效期内没有生育的，加盖延期印章后，生育有效期可延期一年，延期后仍未生育的，可第二次延期，以此类推。生育后婴儿死亡的，必须持有效证明及时调换新证。

2001年，全县根据人口计划管理改革精神，县不再向镇、村下达人口计划，取消对一孩生育的审批，并以《生殖健康服务证》取代以往的《生育证》，实现一孩生育由“按计划生育指标”向“按政策生育”的重大转变。

2004年7月28日，县人口计生局下发《关于规范再生育审批及启用〈一孩生育证明〉和〈再生育证〉的通知》，自8月1日起，全县统一开始启用《一孩生育证明》，原颁发的《生殖健康服务证》仍可继续使用，过渡期为17个月，2006年1月1日起原颁发的《生殖健康服务证》停止使用。《一孩生育证明》有效期为一年，领证满一年未生育的，需持有效证明及时调换新证。全县目前仍继续使用此证。

（2）再生育证

1984年，全县实行再生育审批。1985年，县成立病残儿童鉴定小组，在审批中属于病残儿再生育审批的，鉴定权在县里，鉴定结果交乡镇，由乡镇审批，给予批准的，发放《准生证》。

1993年4月，县计生委建立县审批小组，实行集中审批，照顾生育二胎《准生证》一律由县计生委统一编制登记并盖章发放，当年审批二孩《准生证》4600本。

2002年1月25日，县人口计生局下发《关于启用〈绍兴市二孩生殖健康服务证〉的通知》，全县从2002年2月1日起启用新的《绍兴市二孩生殖健康服务证》，过渡期为11个月，在2002年2月1日至2002年12月31日间，原《二孩生育证》与新的《绍兴市二孩生殖健康服务证》同时有效。2003年1月1日起，原《二孩生育证》停止使用。新的《绍兴市二孩生殖健康服务证》审批方法、途经、编码按原方法不变。领取新的《绍兴市二孩生殖健康服务证》的夫妇在有效期内没有生育的，加盖延期印章后可延期一年，延期后仍未生育的可再次延期，以此类推。生育后，婴儿死亡的，需持有效证明及时调换新证。

2004年7月，县人口计生局制定再生育申请审批操作规范，明确《再生育证》的撤销和注销规定，规范再生育审批工作。

2006年12月31日，县人口计生局下发《关于统一启用新版〈再生育证〉的通知》，从2007年1月1日起统一启用新版《再生育证》。原核发的《再生育证》仍可继续使用至2007年12月31日，过渡期为12个月。2008年1月1日起启用新版《再生育证》。新版《再生育证》实行换证制度，自发证之日起两年内有效。在标注的有效期内未生育的，持证人应在有效期截止前一个月，凭本人身份证、结婚证及相关证明到原发证机关换证。再生育后婴儿死亡的，需持有效证明及时换领新证。

2012年6月19日，省人口计生委下发《浙江省人口计生委关于印发浙江省再生育审批办理规定的通知》，规定《再生育证》由省人口计生委统一印制，有效期为一年，在有效期内仍未生育的，应及时到发证机关办理换证手续。

2013年3月18日，全县进一步规范再生育审批程序，对再生育申请所需材料、受理、审核、公示、审批、送达、期限等作出明确规定，凡材料齐全有效的，镇人民政府（街道办事处）自受理之日起10个工作日内审核并上报县人口计生局；县人口计生局自收到申请审批表之日起20个工作日内作出《批准再生育决定书》或《不予批准再生育决定书》。

（3）调换、转签生育管理

1997年3月24日，县计生委下发《关于调换、转签生育证有关规定的通知》，严肃生育政策，严格生育证管理和使用，规定已发放的一孩、二孩生育证有效期均为一年，如一年内未出生，第二年必须转签后才能续用，第二年如仍未出生，第三年要重新调换生育证，原证作废。调证或转签证的，一孩由镇计生办负责办理，二孩由县计生委负责办理。2000年至2001年，全县转签二孩生育证3112例，撤销二孩生育指标并归还社会抚养费50多人。

2. 生育审批

（1）再生育审批：

1993年，省计生委印发《浙江省基层计划生育管理规范》（试行）的通知：一孩生育指标由乡级人民政府审批，并发给生育证；二孩生育指标须经本人申请，村民委员会证明，乡级人民政府审核，县计生委批准，发放生育证。一孩、二孩生育证均由乡级人民政府发放到育龄夫妇。

1995年9月，省八届人大常委会第二十二次会议《关于修改<浙江省计划生育条例>的决定》规定：符合本条例规定条件可以生育的，由夫妻双方提出申请，经双方所在单位或户籍所在地村（居）民委员会签署意见后，按以下规定报有关部门审批：

①生育第一个子女的，报乡（镇）人民政府或街道办事处审批；

②生育第二个子女的，经乡（镇）人民政府或街道办事处审核后，报县（市、区）计划生育行政部门批准。其中，因第一个子女被确诊为非遗传性残疾或因其他特殊情况申请生育第二个子女的，经县（市、区）计划生育行政部门审核后报市（地）计划生育行政部门批准。

1997年，县计生委执行省计生委《关于县（市、区）级计生委可否撤销已批准的生育指标的批复》规定：生育指标一经批出，不得随意撤销，查明当事人有恶意欺骗行为的，可以撤销。需撤销生育指标，应由审批机关下达书面文件，并送达当事人。当事人已怀孕的，应动员其终止妊娠；造成计划外生育的，应对其征收计划外生育费。

2000年，县计生委《关于县审批制度改革后进一步规范计划生育审批事项的意见》规定：照顾生育第二孩（指标）审批程序为：由夫妻双方共同提出申请→填写《照顾生育二孩呈批表》→经夫妻双方所在单位（村、居）和所在镇审核→报县计生委批准→发给《二孩生育证》。

（2）特殊情况生育审批

县计生委根据《省条例》精神，规定特殊情况照顾再生育一个子女审核的审批程序为：夫妻双方提出书面申请，并附有相关证明材料→填写《特殊情况生育审批表》→村（居）、镇核实→县计生委审核上报。独生子女病残照顾生育审核程序为：夫妻双方提出书面申请，并随带证明父母子女关系的有效证明和病残儿童病史资料→镇计生办初审→填写《独生子女病残儿童鉴定审批表》→县病残儿童鉴定小组鉴定→县计生委审核上报。同年10月26日，县计生委下发《关于成立计划生育审批监督工作领导小组的通知》，组成6人监督小组，加强对计划生育审批行为的监督，明确审批监督工作责任科室为政策法规科。

2002年9月，《浙江省人口与计划生育条例》规定：符合条例规定再生育条件的夫妻，可以向双方所在单位或村（居）民委员会领取《申请再生育表》，经生育管理所在地乡（镇）人民政府或街道办事处审核后，报县（市、区）计划生育行政部门批准。县（市、区）计划生育行政部门应当在收到《申请再生育表》之日起三十日内作出是否批准的决定，批准的，发给《二孩生育证》；不批准的，应当书面说明理由。同年12月，省人口计生委印发《浙江省计划生育特殊情况生育审批办法》，特批程序为：①夫妻双方在生育管理地乡镇（街道）领取《计划生育特殊情况生育申请审批表》，填写后分别交给夫妻双方所在单位（村委会或居委会）；②夫妻双方所在单位（村委会或居委会）调查核实后分别签署意见，报乡镇（街道）计划生育办公室；③乡镇（街道）计划生育办公室调查核实后签署意见，报县（市、区）计划生育行政部门；④县（市、区）计划生育行政部门调查核实后签署意见，报市计划生育行政部门审批；⑤市计划生育行政部门收到申请审批表后。经审查符合条件的，通报申报特批的乡镇（街道）在夫妻常住户口所在地的行政村（居委会）公示，时间为十天。公示无异议的，审核批准；公示有异议的，应当由申报特批的乡镇（街道）重新组织调查，审批机关也可以自行组织调查。对不符合特批条件的，审批机关应当书面通知当事人；⑥当事人夫妻所在单位（村委会或居委会）、乡镇（街道）计划生育办公室、县（市、区）计划生育行政部门，应当在收到《计划生育特殊情况生育申请审批表》二十日之内分别完成调查核实工作，并上报审批机关审批；市计划生育行政部门应当在收到《计划生育特殊情况生育申请审批表》三十日之内作出是否批准生育的决定，并书面通知当事人。

2004年6月，县人口计生局根据省人口计生委《关于人口计划生育行政机关实施再生育审批的规定》，对符合条件的夫妻申请再生育，必须亲自填写《夫妻再生育申请审批表》或《夫妻特殊情况生育申请审批表》，同时附身份证、结婚证、户口簿（户籍证明），女方近期一寸照一张，及其他相关资料经行政村（社区居委会）签署核对意见后，予以不少于七天的公示。递交至生育管理地乡镇人民政府（街道办事处）计生办，乡镇人民政府（街道办事处）计生办受理审核后交县人口计生局复核。

2012年6月，县人口计生局根据《中华人民共和国行政许可法》《浙江省人口与计划生育条例》以及《浙江省计划生育特殊情况生育审批办法》等有关规定，省人口计生委印发《浙江省再生育审批办理规定》，坚持依法、公开、便民的原则，实行乡镇人民政府（街道办事处）和县级人口计生部门两级审核批准制度。乡镇人民政府（街道办事处）负责再生育审批申请的受理、申请材料的审核调查以及拟报上级批准的公示等工作，并对审核调查的结果承担相应责任；县人口计生局根据需要进行复核以及决定是否批准再生育审批申请，并对审批结果负责。属于特殊情况的生育审批，实行审批领导小组集体讨论决定。申请人如实填写婚育等基本情况以及申请再生育的理由和依据。经双方或一方户籍所在地村委会（社区居委会）在《夫妻再生育审批表》签署核对意见后，由夫妻当事人或受委托人将申请表及审批表等有关材料送交至应受理申请的乡镇人民政府（街道办事处）。乡镇人民政府（街道办事处）受理其再生育申请后，要作出书面受理通知。材料不齐全或者不符合法定形式的，乡镇人民政府（街道办事处）应当场或者在5个工作日内一次告知申请人需要补正的全部内容。乡镇人民政府（街道办事处）应当由两名以上工作人员对申请人提交的再生育申请表和所附材料审查核实，并就是否具备《省条例》第二十四条和第二十五条规定的情形等组织必要的调查。经审核调查认为事实清楚，拟报县人口计生局批准的，应在申请人户籍所在地行政村（社区居委会）进行公示，公示时间不得少于7个工作日。乡镇人民政府（街道办事处）自受理再生育申请之日起20个工作日内，将全部材料呈报县人口计生局。公示有异议或情况复杂的，乡镇人民政府（街道办事处）应及时向县人口计生局报告。如有必要，县人口计生局应当组织专题调查，并由乡镇人民政府（街道办事处）再次公示申请人申请再生育的情况和调查结果。县人口计生局应当自收到乡镇人民政府（街道办事处）呈报的审批材料之日起30个工作日内依法作出批准或不予批准的书面决定。批准再生育的，出具《批准再生育决定书》；不予批准的，出具《不予批准再生育决定书》。当事人在怀孕后三个月内凭医院诊断证明和《批准再生育决定书》到乡镇人民政府（街道办事处）领取《再生育证》。《批准再生育决定书》和《不予批准再生育决定书》应当自出具之日起10个工作日内送达申请人。县人口计生局及时将批准再生育的情况，以政务公开的形式在公告栏或电子信息网上公开。特殊情况生育审批结果还应报送市级人口计生委备案。此后，绍兴县再生育审批严格按照《浙江省再生育审批办理规定》执行。2004－2013年，全县共申请获批特殊情况再生育781例。

（六）社会抚养费征收

1. 征收依据

1995年，省计生委下发《关于对计划外生育第二个以上子女的非婚生育对象如何征收社会抚养费问题的批复》，婚外生育属计划外生育。对婚外生育的男女双方，参照《省条例》对夫妻计划外生育处理的有关规定执行。对计划外生育第二个以上子女的双胞胎及多胞胎，按孩子出生个数计算征收超生子女社会抚养费的份额。婚外生育的子女属于计划外生育第二个以上子女的，应参照《省条例》第三十七条第一项的规定处罚，并对男女双方所在单位按《省条例》第四十五条规定处罚。婚外生育的子女属于计划外生育第一个子女的，参照《省条例》第三十七条第三项规定的对“已满法定婚龄非法同居生育”的处罚标准执行。1995年，全县计划外生育有1994年的111人减少到103 人，应征收包括历年遗留1077人计133.59万元，实际征收1045人计131.49万元，征收率98.43%。全县无一起违反“计划生育七不准”现象。到1997年，全县作出征收决定书689份，已征人数比例达到98.69%，应征金额345.43万元，实征271.80万元，占78.69%。申请法院强制执行14件，办结12件。对出现计划外二孩以上的单位依法进行处罚，共作出处罚决定书15份，当年全部办结。

2002年9月，《浙江省人口与计划生育条例》规定：违反本条例规定生育的，对男女双方分别按照统计部门公布的当地县（市、区）上一年城镇居民人均可支配收入或农村居民人均纯收入的下列倍数征收社会抚养费：

（1）多生一胎的，按照二倍至四倍征收；

（2）多生二胎以上的，按照前一胎的征收标准加倍征收；

（3）符合再生育条件但不到间隔生育时间生育以及已满间隔生育时间但未经批准生育的，按照零点五倍至一倍征收；

（4）未婚男女已满法定婚龄非婚生育第一胎的，按照一倍至二倍征收；

（5）未满法定婚龄生育的，按照一点五倍至二点五倍征收；

（6）有配偶的一方与他人非婚生育的，按照第一项、第二项规定的标准加倍征收；

（7）民政部门、计划生育行政部门、乡（镇）人民政府、街道办事处发现收养子女不符合《中华人民共和国收养法》规定的，应当责令当事人在五个月内改正；当事人未在五个月内改正的，按照第一项、第二项规定的标准征收。

个人年实际收入高于当地城镇居民人均可支配收入或农村居民人均纯收入的，还应当按照其超过部分的一倍至二倍加收社会抚养费。

当事人未在规定的期限内缴纳社会抚养费的，自欠缴之日起每月加收欠缴社会抚养费的2‰的滞纳金；仍不缴纳的，由作出征收决定的计划生育行政部门依法申请人民法院强制执行。

同年9月，省人口计生委《关于征收社会抚养费和实施计划生育行政处罚的若干规定》规定，征收社会抚养费、实施计划生育行政处罚，必须以事实为依据，以法律为准绳，遵守法定和规定的程序。社会抚养费的征收，由县级人民政府计划生育行政部门作出征收决定；县级计划生育行政部门也可以委托乡（镇）人民政府或街道办事处作出征收决定。作出计划生育处罚决定的主体只能是县级计划生育行政部门。行使行政执法权实施征收、处罚的行政执法人员，应当按《浙江省行政执法证件管理办法》的规定申领行政执法证，持证执法。

2007年9月28日，县人口计生局根据《省条例》取消生育间隔的规定，取消对符合再生育条件但不到间隔生育时间生育以及已满间隔生育时间但未经批准生育的社会抚养费征收，并将“未婚男女已满法定婚龄非婚生育第一胎的，按照一倍至二倍征收”。“已满法定婚龄未办理结婚登记而生育第一胎满六个月，仍未办理结婚登记的，按照零点五倍至一倍征收”，其他款项保持不变。

2008年，县人口计生局制定《社会抚养费操作规程》，明确社会抚养费征收的程序、标准等。

2012年4月，县人口计生局明确行政处罚罚款裁量指导标准和行政征收裁量指导标准，制定《绍兴县征收社会抚养费操作规程》，进一步规范办案程序。

2. 征收项目

（1）超生子女调节费征收。1985年9月，县计生委、县财税局、县审计局联合转发国家计生委、财政部、审计署《关于认真做好清理整顿超生子女费工作的通知》，重点对乡、村二级自1979年至1985年6月征收的超生子女费等款项的收支情况、账目设置、核算手续、管理制度等进行全面清理整顿，各乡镇在11月底全面完成。县计生委先在城南乡江家溇村试点，稳妥处理，让干部满意、群众乐意。然后将江家溇的做法在全县推开，市计生委也予以转发城南乡的经验做法。是年，全县应征超生子女费2212.66元，已征1728.95元，基本都符合规定，无贪污、挪用等现象。1986年1月，县计生委、县财税局转发国家计生委、财政部《关于加强超生子女费管理的暂行规定》，加强超生子女费管理。规定各乡镇从1月起建立统一的账本，做到收有凭、支有据，手续齐全，账目清楚，收取的费用全部用于计划生育事业，包括独生子女保健费的支出，补助计划生育手术者的部分营养；个别节育者施行手术时的路费困难补助。到1987年，全县超生子女生育费征收达34.62万元。

（2）计划生育调节费。1993年3月，县计生委、财政局、物价局决定自1993年

4月1日起在全县范围内对符合政策规定，照顾生育第二个子女的夫妇征收一定数额的计划生育调节费。计划生育调节费的征收对象是：符合《浙江省计划生育条例》第十一条第一、三、四、五、六、七项；第十二条、第十三条、第十四条、第十五条、第十六条、第十八条第二款和县政府《关于贯彻《浙江省计划生育条例》的若干规定》中批准照顾生育第二个子女的夫妇和特殊情况照顾再生育一个子女的夫妇；对虽然符合照顾二孩条件，但不到县政府规定的生育间隔，未经批准生育的，除按《省条例》规定处罚外，仍应征收计划生育调节费；第一个子女为非遗传性残疾，经批准照顾其再生育一个女的夫妇，不属征收对象的范围。同时确定计划生育调节费征收标准，凡批准生育第二个子女的夫妇（包括不到生育间隔的），农村征收计划生育调节费300元，城镇征收计划生育调节费500元，因特殊情况批准照顾再生育一个子女的夫妇，农村征收500元，城镇征收700元，农村、城镇的口径与《浙江省计划生育条例》相同。同年4月7日，县计生委下发《征收计划生育调节费的有关政策措施》，规定所缴对象以安排生育二胎的女方所在地为准，征收实绩与岗位责任制挂钩，作为评比红旗单位、先进集体的条件之一，实行主任奖励基金，收缴90%的奖励1%。

（3）照顾生育社会抚养费。1996年，根据浙政发《关于照顾生育社会抚养费征收管理办法的通知》精神，照顾生育社会抚养费征收对象为符合《浙江省计划生育条例》规定批准再生育一个子女的，除第一个子女被确诊为非遗传性残疾外。同年6月17日，县政府批复同意县财政局、县物价局、县计生委《关于要求调整照顾生育社会抚养费和征收管理办法的请示》，对符合《省条例》规定批准再生育一个子女的，除第一个子女被确诊为非遗传性残疾外，征收照顾生育社会抚养费。属农村的，征收500元；属城镇的，征收800元。当年全县共征收照顾生育社会抚养费130.23万元，实行县收县管，并按时上缴省、市各13.02万元。1999年7月5日至6日，县计生委会同财政、监察、审计、物价等部门，对全县1990年以来的计划生外生育费征收、使用和管理情况进行抽查、整顿，规范计划外生育费管理工作。2002年9月，《浙江省人口与计划生育条例》颁布后，全县不再收取照顾生育社会抚养费，按原《省条例》收取的照顾生育社会抚养费原则上不作退还，并按《浙江省人口与计划生育条例》开始征收社会抚养费。

（4）计划外生育费。1994年7月8日，县财政局、县审计局、县计生委联合下发《关于清理整顿计划外生育费的通知》，对各镇（乡）1991年7月1日至1994年6月30日之间计划外生育费的征收、使用、财务核算、管理制度等进行清理整顿，促进计划生育事业不断发展。同年10月13日，县财政局、县计生委再次下发《关于进一步加强计划外生育费管理的通知》，对计划外生育费征收范围、征收单位、征收期限、征收凭据、分成使用等进行规定，实行以镇（乡）为主，三级核算管理，按县级15%、镇（乡）65%、村20%的比例分成，全部用于计划生育事业。同月14日，全县成立计划外生育费清理整顿领导小组，由县财政局、县审计局、县计生委组成。各镇（乡）相应建立组织，具体负责落实清理整顿工作。1996年8月，县政府成立由分管副县长为组长，财税、审计、农经、计生等部门组成的县计划外生育费管理领导小组。县计生委、县财政局、县物价局、县农经委联合转发《浙江省计划外生育费管理办法》，下发《关于计划外生育费实行“乡收县管”有关具体问题的通知》，统一印制《计划外生育费情况清查表》和《计划外生育费收支情况表》，办理《征收证》《收费许可证》，统一使用《浙江省计划外生育费专用收费票据》。同年8月2号，县政府成立绍兴县计划外生育费“乡收县管”领导小组。同年9月7日，县政府召开计划外生育费“乡收县管”管理会议，全面推行计划外生育管理费“乡收县管、财政管理”新体制。同年12月28日，县计生委下发《关于印发〈绍兴县计划外生育费“乡收县管”管理制度的通知〉》，制订四项计划外生育费管理制度，即上缴下拨专户存储制度、征收票据管理制度、会计档案管理制度、审批监督制度。计划外生育费按规定85%返乡镇使用，15%由县计生委统筹用于计划生育事业。是年，全县25个镇全部实行“乡收县管”，全年共上缴县计划外生育费43.04万元。1997年4月25日，县计生委、财政局联合转发省计生委、省财政厅《关于开展计划外生育费财务大检查的通知》，组织各镇开展自查。县计生委会同县财政局于6月3日至5日抽查12个镇计划外生育费管理使用情况，基本达到管理办法的要求，“乡收县管、财政审计监督”的管理体制基本形成。到1997年，全县共征收计划外生育费271.80万元。上缴县计生委270.69万元，上缴率99.59%。1999年6月1日，全县健全规范计划外生育费“乡收县管，财政监督”体制，促进计划生育工作，县计生委、县财政局、县监察局、县审计局、县物价局在全县开展计划生育行政执法情况及计划外生育费清查工作检查，清查内容为1990年1月至1999年3月计划外生育对象的征收决定执行情况、计划外生育费专用票据管理使用情况（1997年1月至1999年3月）、计划外生育费使用及“上缴下拨”制度执行情况（1997年1月至1999年3月）、计划外生育的财务核算和管理制度、押金情况、政务公开等。在各镇自查基础上，于7月5日至6日对钱清、安昌、齐贤、马鞍等四个镇进行抽查。同年7月16日，形成《绍兴县计划外生育情况及计划外生育费整顿工作情况报告》。据统计，全县1990年1月至1999年3月有计划外生育1400人，省口径1332人，其中1990年至1996年1288人，1997年1月至1999年3月112人，共作出处罚和征收决定1227人，金额1254.76万元，累计罚款和征收计划外生育费1145.37万元，占应征收数91.28%，尚有138个计划外生育对象未处理。同年12月18日，县计生委下发《关于转发浙江省计生委〈关于开展计划外生育费专项财务自查工作的通知〉的通知》，在全县范围内各镇开展1998年度计划外生育费的自查工作，规范计划外生育费管理工作。2000年8月4日，县计生委下发《关于重申全面取消计划生育押金、保证金等有关问题的通知》，停止对属于计划内一孩的未婚先孕者征收计划外生育费。2000年10月31日，县计生委请示省计生委对计划外生育子女死亡的男女是否征收计划外生育费。同年11月16日，省计生委批复可在《浙江省计划生育条例》规定的征收幅度内酌情从轻处理。2002年9月，县人口计生局根据《浙江省人口与计划生育条例》规定，将征收“计划外生育费”统一为“社会抚养费”，征收主体为县人口计生局。

（5）社会抚养费

2002年起，全县加强社会抚养费征收管理。到2004年，计划生育行政征收案件立案率达95.65%，结案率为43.48%；其他各项指标均达到市政府考核要求。

2006年，全县按照建设“法治浙江”要求，规范人口计生行政行为，以创建市级计划生育便民维权示范镇（街道）为载体，建立行政征收和行政处罚案件审理小组，完善计划生育行政案件审理等制度，提高人口计生工作法治水平。同年在3月，按照省、市、县政府法制工作的要求，全县开展人口计生法律法规执行情况自查总结工作，加强行政执法制度建设，分步推进行政执法责任制实施方案的修订工作，制定行政征收和行政处罚裁量实施办法，做到程序公开、高效便民。建立人口计生与司法、公安等部门参加的行政执法联席会议制度，明确各自工作职责，开展社会抚养费征收集中整治活动，解决社会抚养费征收难等问题。是年，全县共作出社会抚养费征收决定书32例，应征金额156.45万元，实征96.10万元，金额兑现率为61.43%；实际征收119.07万元，其中本年度征收款85.96万元，往年欠缴款32.11万元，预征2007年度1万元。

2009年5月8日，县人口计生局制定《规范行使行政自由裁量权实施办法》，加强对权力运行的制约和监督，建立健全结构合理、配置科学、程序严密、制约有效的权力运行机制，突破社会抚养费征收“取证难、征收难、执行难”问题。与中国人民银行绍兴市支行协作建立人口和计划生育信息共享机制，共有96对夫妻和个人纳入银行城镇居民、企业法人违法生育情况征信系统。县人口计生局被评为县依法行政规范化示范创建单位。

2010年，县人口计生局对三起在河南、江西、重庆等地避重就轻处罚的案件进行调处，对原决定撤销三起。县人口计生局有两件行政征收案件获市“十佳征收案件”。

2007—2013年，全县作出社会抚养费征收决定书870份，应征4795万元，已征收3877万元，现金兑现率为80%，全额征收到位748例，结案率86%。无行政复议、行政诉讼行为发生。

四、信访工作

计划生育信访工作是计划生育工作的重要组成部分，是了解基层计划生育工作的窗口，是密切党群、干群关系的桥梁纽带，是倾听群众呼声、接受群众诉求的有效途径。县计生委对计划生育的信访工作十分重视，建立和完善一系列信访工作制度，促进计划生育工作有序开展和社会稳定。

1984年11月，县计生委根据《浙江省计划生育信访工作暂行细则》精神要求，明确信访工作组织领导职责与分工、工作要求与方法，制定计划生育信访问题处理常规及信访工作人员守则。

1985年6月，县计生委开展清查有关计划生育政策和技术遗留问题的上访老户，按登记造册、摸底排队、处理结案、组织回访的方法步骤，妥善处置信访案件，做好善后工作，促进安定团结和计划生育工作。

1986年至1990年，县计生委共受理人民来信231件，接待人民来访1107人次，直接办理1066件次，领导亲自查办占48.60%，结案率达到100%。此后，县计生委要求信访受理案件做到“事事有回音、件件有着落”。

1988年10月，县计生委坚持信访工作必须领导重视有位置，服务群众有班子，精通业务有路子，尊重客观结案子的工作理念，在全县信访工作经验交流会上作《认真处理来信来访，促进计划生育工作》的经验介绍，后又于1990年7月11日在全省计划生育信访工作会议上介绍，其坚持宣传教育，做好信访群众的转化工作；坚持原则，发挥信访工作的监督作用；坚持服务群众，密切党群关系；依靠基层队伍，把信访问题解决在萌芽状态的基本经验得到大会肯定。

1995年5月，绍兴县被确定为浙江省全国计划生育信访工作规范化管理试点县，因地制宜地开展计划生育信访的规范化管理工作，落实“三为主”，推行“三结合”。县计生委成立计划生育信访工作领导小组，各镇（乡）也相继成立以分管领导或纪委书记为组长、3－7人组成的计生信访领导小组；完善信访工作岗位目标管理责任制和考核办法，修订完善《绍兴县计划生育信访规范化管理实施办法》，建立县、镇、村三级计生信访工作网络。县计生委主任亲自主抓主管，在受理、查办来信来访中，亲自批阅人民来信，亲自接待来访群众。建立完善办信工作程序、接访工作程序、立案信访办案程序、信访员道德规范等规范化管理制度。

1997年2月20日，县计生委出台《绍兴县计划生育信访处理规定》和《绍兴县计划生育信访规范管理制度》，统一《绍兴县计划生育群众来访处理意见书》等表式。7月8日，全省计划生育信访工作现场会在绍兴县召开，与会人员听取鉴湖镇开展计生信访规范化管理情况，参观县计生委和鉴湖镇信访接待室，认为绍兴县的做法具有示范推广价值。2月28日，县计生委把计划生育信访工作列入专职干部岗位责任制考核，其核心内容为认真处理群众来信来访，严格按县《信访规程》办理，按时完成交办的信访查办任务；严禁将揭发、举报信件转给被揭发或被举报单位和个人。

90年代，全县建立计划生育信访工作制度，形成制度化的信访规范化工作体系，1991－1999年度，县计生委先后六次被评为全县信访工作先进集体。

2000年12月26日，县计生委下发《关于建立计划生育信访登记报表制度的通知》，要求各镇自2001年开始，建立计划生育信访登记档案和报表制度，夯实信访工作基础，认真、及时处理群众来信、来访、电话访和上级转办的各种信访案件，按时报送信访报表。

2005年6月30日，县人口计生局出台《关于印发绍兴县计划生育有奖举报制度的通知》，促进人口和计划生育信访工作社会化。

2006年5月9日，县人口计生局下发《关于印发绍兴县计划生育信访老户专项治理制度的通知》，着重做好历史遗留的，经过多次、多层级处理仍未息访的，以及因人口和计划生育问题引发的重复上访的对象的信访案件处置工作。

此后，全县一直重视人口和计划生育信访工作，切实解决历史遗留案件和“12345市长热线”等涉及人口和计划生育的信访案件，无重大、恶性信访案件发生，确保社会大局稳定。

第六节　执法机制改革创新

一、计划生育薄弱镇（街道）整转

1992年5月，县计生委下发《关于在撤区扩镇并乡之前必须抓紧做好计划生育工作的紧急通知》，在月底开展透环、孕情、妇检工作；对计划外怀孕者，结扎、上环对象，超生处罚等进行全面清理；对计生档案作全面检查入册；制止早婚早育，对非法同居、非法抱养等进行查处。后县计生委制定计划生育管理试点计划，在鉴湖镇开展计划生育管理试点工作，探索机构改革后计划生育管理新方法和管理工作规程，镇成立人口与计划生育领导小组、协调小组（含流动人口管理、宣传教育协作）、重建计划生育协会；确定人口发展、晚婚晚育、节育措施、工作质量、少生优生、宣传教育、队伍建设、合格村建设等八个目标；落实生育指标、政策、行政处罚、网络、宣传教育、药具技术、流动人口、统计档案等八大指标；建立合同管理、孕情检查、婚前教育、月报月会、业务培训、工作汇报、“四公开一监督”、联村联厂干部计划生育岗位责任制等八项制度，指导推动全县计划生育工作发展。同年6月30日，总结提炼试点工作经验，下发《转发鉴湖镇规范化管理实施方案》，在全县推广，全县计划生育工作的“断层”“滑坡”得到扭转。

1999年6月11日，根据《关于绍兴县王坛镇等计划生育重点乡镇已实现后进转化目标的通报》，全县唯一的市级计划生育重点镇王坛镇，实现后进乡镇转化目标，不再列为市计划生育重点乡镇，被市政府摘掉“重点乡镇”帽子。

2004年6月，全县加强计划生育基础薄弱镇（街道）整转工作，如有以下情况之一者即被确定为计划生育基础薄弱镇（街道）：平均计划外怀孕率超过2%的；平均统计误差率超过2%，或含补报超过3.5%的；非意愿性妊娠的大月份引产平均每年超过2例的；平均计划生育率低于95%的；计划外多孩出生平均每年超过1例的；村级不合格协会达20%以上的；领导重视不够，工作措施不力，机构队伍和经费未按规定落实的；在省、市、县考核评估中影响差的；在省、市暗访中被发现有上述情况之一的。后全县通过创建计划生育示范镇（街道）方式，建立县委、县政府领导联系计划生育基础薄弱镇（街道）制度，加强领导、检查、督促和指导，达到整转工作指标，经验收合格后全部取消“薄弱镇（街道）”帽子。

二、计划生育押金、保证金清理

1999年4月26日，县计生委转发国家计生委在1995年印发的《关于在计划生育行政执法中坚持七个不准的规定》，严肃生育政策，严格生育审批，规范计划生育行政执法工作，杜绝计划生育“七不准”行为，坚决取消计划生育各类押金、保证金。

2000年5月26日，全县开展计划生育行政执法检查工作，重点检查贯彻落实“七个不准”、清理规范性文件、行政执法规范管理、计划外生育费“乡管县收”、来信来访等情况。同年8月4日，下发《关于重申全面取消计划生育押金、保证金等有关问题的通知》，必须全面取消各种名义的计划生育押金、保证金，尚未清退的要适时退还给育龄群众，必须停止对属于计划内一孩的未婚先孕者征收计划外生育费，全县各镇停收计划生育各类押金、保证金并逐一进行清退，共清退1999年的押金、保证金3659人计280.30万元，计划外生育费的征收、管理和使用逐步纳入规范化轨道。

2001年5月11日，县计生委转发《省计生委〈关于在计划生育工作中依法收费和禁止收取保证金、押金的通知〉的通知》。同年6月，县计生委在全县计生系统开展计划生育依法收费自查清理活动，对计划生育行政事业性收费以及对已收取的计划生育押金、保证金是否及时归还、有否搭车收费等进行自查清理，并限期于8月底全部清退。至11月底，共清退计划生育押金、保证金188.41万元，占应清退总额的95%。同年8月6日，县计生委下发《关于规范计划生育工作收费行为切实减轻农民负担的通知》，明确计划生育收费项目和标准，规范收费行为，对计划外生育费、流动人口计划生育管理费、《流动人口婚育证明》工本费等做到应收尽收，对计划生育押金、保证金、超生费等做到应退尽退，对有关计划生育相关收费如计划生育系列保险、优生监测费、斯利安、福施福等费用，坚持群众自愿原则参与，严格按规定程序和原则办理，不得变相强制收费。严禁搭车收费和利用办理《一孩生殖健康服务证（生育证）》等关口搭车办理保险、推介“福施福”等。

2002年，全县推行涉农收费公示制度。1月4日，县物价局、县财政局联合《转发省物价局、省财政厅关于全面清理整顿外出、外来务工人员收费的通知》，取消县人口计生局的流动人口计划生育管理费，并立即办理收费注销手续，开展行政事业性收费和经营服务性收费清理和自查自纠。同年6月6日，县农民负担监督领导小组下发《关于公布农民建房等五个领域涉农行政事业收费（基金）专项清理结果的通知）》，规定农村计划生育收费项目为《流动人口婚育证明》工本费4元、社会抚养费征收按《省条例》征收、照顾生育社会抚养费每对300－800元、病残儿鉴定县级每人次70元。县人口计生局以此为契机，通过县、镇、村三级计划生育政务公开栏，公开涉农收费事项和收费标准。

三、依法管理达标乡镇创建

1999年9月9日，全县开展市级计划生育依法管理达标（先进）乡镇创建活动。各镇（街道）规范执法行为，积极申报。钱清镇、福全镇等2个镇被命名为1998年度计划生育依法管理规范先进镇，柯桥镇等19个镇被命名为1998年度计划生育依法管理规范达标镇。2000年，全县深入开展计划生育依法管理情况自查和规范化乡镇达标考评活动，在各镇（街道）自查、申报，县计生委审核上报市计生委的基础上，华舍镇、钱清镇被市计生委命名为计划生育依法管理规范先进镇，齐贤镇等20个镇被命名为达标镇。2001年，全县15个镇被命名为市依法管理规范达标镇。2002年4月2日，县人口计生局下发《关于开展2001年度计划生育依法管理规范镇（街道）达标考核意见》，对计划生育执法“五个规范”、行政征收、政务公开、清退押金和保证金以及信访工作等提出具体指标要求，实行各镇（街道）申请达标，在此基础上推荐市级先进镇（街道）。同年7月，华舍街道、钱清镇、杨汛桥镇被市人口计生委命名为2001年度计划生育依法管理规范先进镇（街道），另有12个镇被命名为达标镇（街道）。

四、计划生育行政审批改革

2000年10月26日，全县积极推进政府审批改革，县计生委在12项计划生育审批事项中，减少6项，保留7项（其中一项为降格），减幅50%。规范保留的审批事项为“计划生育照顾生育两孩审批、计划内病理性引产许可核准、节育手术并发症鉴定、绝育吻合术核准、计划生育药具及保健用品零售许可、特殊情况照顾再生育一个子女审批、独生子女病残照顾生育审批”等。对减少的“绝育吻合手术（审批降格为核准）、跨省外出人员婚育证明核准、因症取环许可、暂缓施行输卵管结扎手术、外来建筑施工单位进城许可”等事项提出后续管理意见，其中不孕症夫妇收养子女移交民政部门，计生部门负责出具收养夫妇《婚育状况证明》，其余除绝育吻合手术外，均交由镇计生办审核把关和负责办理。县计生委以此为契机，把国家计生委规定的“计划生育七不准”下发到镇、村，增加执法透明度，推动和促进计划生育依法行政工作。

2002年10月，全县推进第二轮行政审批制度改革，公开涉农收费事项和收费标准，县人口计生局减少绝育吻合术核准和独生子女病残照顾生育审核等2项计划生育审批事项，保留“计划生育照顾二孩审批、计划生育病理性引产许可、节育手术并发症鉴定、计划生育药具及保健用品零售许可、特殊情况照顾再生育一个子女审核”等5项。同年9月，全县取消照顾生育社会抚养费，将征收社会抚养费、预征社会抚养费、发放《一孩生育证明》三项执法内容委托镇（街道）办理。

2004年，县人口计生局在清理规范性文件的基础上，五项行政许可项目向社会公示，并建立与之相配套的七项制度。

五、计划生育办案规范化

2001年6月，全县深入推进计划生育办案规范化，开展“绍兴县最佳计划生育行政执法案件”评选活动，评出华舍、湖塘、柯桥、富盛、稽江5个镇的6件执法案件为最佳行政执法案件。县计生委被县政府法制局授予“十佳行政处罚案件”和“十佳办案规范单位”。县计生委、王坛镇的两件征收案件被评为市“十佳计划生育行政执法案件”。

2003年2月27日，全县进一步规范计划生育行政执法办案行为，建立计划生育行政案件审理制度，对行政案件“当事人生育是否符合法定条件、案件调查的违法事实是否清楚、证据是否确凿充分，征收社会抚养费有无法定依据，行政征收程序是否合法，征收决定书是否规范完整”等进行审理。出台《绍兴县计划生育行政征收案件操作规程》，规范执法行为，减少执法的随意性和简单化，提高计划生育法治水平。1—6月，全县对10起违反计划生育案件作出行政征收决定。6月，县人口计生局被市人口计生委推荐为全国人口和计划生育法制建设工作先进集体。

2012年，县人口计生局开展计划生育规范化办案室建设，进一步规范执法，保障执法人和行政相对人的合法权益。出台《关于创建计划生育行政执法规范化办案室的通知》，有17个镇（街道、开发区）建成规范化办案室并投入使用。办案室统一挂置“计划生育办案室”牌子，配备办公桌、橱柜、电脑、摄像头、录音工具等装置，实时记录办案全过程，实行规范办案、阳光办案。

六、违法生育专项治理

2005年，县人口计生局会同有关部门加大对非法收养、非法制作计划生育证件和施行假手术、出具假证明等破坏计划生育违法行为的打击力度，取缔两个非法行医点，共没收药品21箱、B超机1台、节育器40余只、各类器械5件。认真查处各类违反计划生育的案件，解决群众反映强烈的问题，消除影响计划生育工作发展的不利因素，杜绝因计划生育问题处理不当而造成上访案件、恶性案件的发生。查处稽东镇一起积沉多年的违法生育案件，奖励举报人员1名，金额800元。

2007年9月，根据国家和省、市人口计生部门的统一部署，全县从2007年9月份开始集中9个月时间，开展违法生育“大清理”专项治理行动。县委、县政府召开违法生育“大清理”专项治理行动动员大会，明确任务，落实责任。主要任务是

“六个一”，即：组织一次系列宣传活动、开展一次清底梳理活动、处理一批违法生育案件、曝光一批违法生育典型案件、落实一项制约措施、健全一项长效工作机制。具体分宣传发动、调查摸底，清查核实、依法处理，规范管理、评估总结等三个阶段组织实施。专项行动中，县人口计生局在13个集镇闹市区和92个村（居委会）组织开展违法生育专项治理行动宣传车“进百村、入万户”巡回宣传活动，举行广播宣传105次，文艺演出1场，发放宣传资料10000余份，展出展板13场次，有奖问答参与人数1800余人。摸排出近七年来违法生育案件188例，其中征收结案95例，未征收到位52例，待办41例。专项治理行动结束后，截至2008年6月底，全县清理违法生育257例，实际征收社会抚养费201例计796.78万元，清理党员干部违法生育5名（其中开除党籍一名）。

七、计划生育便民维权

2013年，县人口计生局以“便民利民、服务一流、群众满意”为目标，因地制宜，积极创新和优化计划生育行政服务，扎实推进计划生育行政事项便民服务进中心。选取柯桥街道和钱清镇蜀风村作为建立镇、村两级便民服务中心的试点单位，开展“五个优化”：即：(1)优化政务公开。完善和规范区、镇、村三级计划生育信息公开工作，统一公开内容，将计生政策法规、办事程序和需提供的各种证件、资料等信息在电子触摸屏、宣传窗等进行公开，让群众看明白，便于一次性办理。(2)优化服务平台。按照便民利民的原则，实行“集中办公、三级联动、统一受理、专人代办、限时办结”，为育龄群众提供方便、快捷、优质、高效的服务。区一级专门设立行政服务科，指派一名干部到区行政服务中心窗口工作，将再生育审批等行政服务事项纳入窗口服务；镇一级便民服务中心设立“一站式”计生行政服务事项办理窗口，受理群众办事申请，提供相关政策和法律法规咨询；村一级设立计生服务窗口，代办群众申请事项。全县实行三级联动，提升计划生育行政效能。(3)优化服务项目。对所有计生行政服务事项进行全面梳理，简化办事流程，全县减少计生行政事项4项，明确将《一孩生育证明》《流动人口婚育证明》《独生子女父母光荣证》、再生育审批、计划生育家庭奖扶特扶和关爱制度、病残儿医学鉴定、计划生育手术并发症鉴定等六大类事项全部纳入中心服务范围。县一级对镇、村两级的办理和代办的行政审批、咨询举报、办理代办情况进行实时交流与督办，为群众提供便捷、有效的服务。(4)优化操作程序。全程代（办）理工作分为受理、办理、回复三个步骤：在受理阶段，凡群众要求为其提供的计划生育服务，统一向村（居、社区）便民服务中心提出办事申请，同时提供相关材料并进行办理登记；在办理阶段，属镇便民服务中心直接办理的，及时进行办理，属于代办的，由代办人全程负责将材料转报县人口计生局，能即时办理的就即时办理，不能即时办理的按承诺时限进行办理；在回复阶段：代（办）理事项办结后，由全程代办人将办理结果告知申请人。(5)优化服务机制。建立健全计生首问责任制、岗位责任制、服务承诺制、限时办结制、一次性告知制、失职追究制等制度。同时，畅通群众投诉渠道，设立24小时“12356”阳光计生语音热线电话，方便群众咨询、监督、投诉和反映意见建议；聘请机关部门、社会人士、热心群众为行风监督员，开展行风广播对话活动，加强媒体宣传和舆论监督，切实维护群众的计划生育合法权益。在试点基础上，于6月底在全县推广，各镇、村级便民服务中心都设立计划生育窗口，开展计生行政事项代办服务，方便群众及时就近办理计生相关事项。同年7月5日，市人口计生委就计划生育行政事项进镇、村二级便民服务中心工作来绍兴县调研指导。8月8日，全市便民服务工程推进会在绍兴县召开并在会上推广绍兴县的经验与做法。2013年5月至10月，全县镇级提供办理服务1564项，村级提供代办服务32267项，办结率均达100%，为群众提供上门服务15次，切实方便群众，提高行政效能。

八、合同管理

实行计划生育合同管理，是加强计划生育工作的一项重要手段。计划生育合同的成立，具有法律约束力，当事人必须全面履行。县计生委推行计划生育合同管理目的是规范计划生育和避孕节育知情管理工作。

1985年5月24日，县计生委对婚姻登记中有关签订晚育合同及收取晚育押金、事实婚姻等问题进行调查、分析并形成报告报县政府。

1985年7月，县计生委在解放乡进行完善计划生育政策试点工作，制订“开小口子”政策，规定扩大照顾范围，先在半山区村的桃源村试点，与10对一孩夫妇签订计划生育合同，发放84份同意生育二胎批准书，全县计划生育合同管理迈出第一步。

1989年6月，县计生委联合县司法局、县公证处在袍谷乡进行计划生育合同公证试点，由乡政府与育龄夫妇签订计划生育合同，并由公证处公证，证明所签合同（协议）的真实性、合法性。

1990年，全县继续在袍谷乡试点，与可以安排照顾生育二孩的夫妇签订生育合同。后为解除部分男孩户认为政策放宽之误，县计生委与南池乡政府联合开展《省条例》宣传试点，试点要求对未婚青年发放《男女青年须知》，其主要内容为结婚必须办理登记手续、自觉做到晚婚晚育和婚前检查；对不属照顾二胎对象发放《不再生育通知书》，与可以照顾生育二孩的夫妇签订生育合同，并在全县推广。1—10月，全县应发放《不再生育通知书》55202人，已发放51529，发放率93.35%。应签订生育合同书19054人，已签订16818人，签订率88.26%。应发放《未婚青年须知》人数75981人，已发放69752人，发放率91.80%。以后每年对新生的一孩、二孩夫妇签订一次合同，做到“政策稳、人心定”。

1992年4月，县计生委把计划生育合同管理看作是一次教育的过程，对前几年签订的生育合同进行“回头看”，未签订的要组织签订，提出合同签订率达到95%，

《不再生育通知书》发放率达到100%的目标。

1993年，全县机构撤扩并后，合同管理新情况复杂，对此，县计生委要求合同签订率达90%以上，并开展计划生育合同“回头看”，对发现的合同签订过程中年龄计算误差较大的问题坚决予以纠正，对“顶牛”者，由所在地政府发文中止合同，重新签订。

1999年，县计生委根据省计生委《关于进一步推进和规范计划生育合同管理的指导性意见》，健全和完善计划生育合同管理制度，规定双方的计划生育权利和义务。

2001年7月17日，县计生委针对省减轻农民负担暗访组发现计划生育工作存在涉农收费项目不规范问题，请示县减轻农民负担监督领导小组就计划生育合同公证问题作出明示。同年7月29日，县农民负担监督管理领导小组在《关于计划生育合同公证问题的答复》中，指出计划生育合同管理做法存在没有坚持自愿原则、操作程序不规范、公证费用单方面向农户收取等不足，提出合同公证应由双方当事人决定，应在农户知情、自愿的前提下进行；公证程序须严格按照申请、受理、审查和出证四个程序进行；公证费用须由双方各半负担；办理合同公证须公证处的公证人员直接办理，不能由各镇计生部门代办公证手续，并限定8月15日起停止执行这一做法。同年8月6日，县计生委下发《关于规范计划生育工作收费行为切实减轻农民负担的通知》，要求各镇（街道）立即停止协办计划生育合同公证。11月12日，县物价局作出取消计划生育合同公证收费项目。至此，全县计划生育合同管理告一结束。

第六章 宣传教育

宣传教育为主、避孕节育为主、经常性工作为主是计划生育宣传教育的工作方针。绍兴县的人口和计划生育工作通过各种有效的宣教教育形式、手段、方法，将党和国家的人口和计划生育工作方针、政策以及相关法律、法规、人口理论、科普知识等传播、输送给广大群众，发挥积极正确的舆论导向作用，让计划生育基本国策家喻户晓，引导群众自觉实行计划生育，推动人口与经济、社会、资源、环境的可持续发展。1984年12月，县委成立计划生育宣传教育活动领导小组。1990年后，县计生委、各乡镇都配备专职的计划生育宣传干部。县成立人口与计划生育基础知识教育领导小组和计划生育宣传教育联席会议制度，使教育有组织、有计划、有目的、有步骤、全面持久地深入地开展。

进入21世纪，全县加强人口与计划生育宣传教育队伍建设，对计划生育宣传教育干部进行不同层面、不同内容的培训，全面提升整体素质和工作水平。重视人口和计划生育宣传设施配备，县级层面配备投影仪1台，照相机2台，电脑20台，电视机1台，录音笔1支等。乡镇(街道、开发区)全部配备电脑，建成规范化镇、村两级的人口学校，专门设立宣传教育阵地。

第一节　宣传教育内容

一、政策法规宣传教育

1984年11月27日，县委、县政府在全县开展以宣传贯彻中央七号文件精神为中心内容的计划生育宣传教育活动，全面落实各项节育措施。同月29日，全县已有八个区成立计划生育宣传教育活动领导小组。12月8日，县召开计划生育宣传教育领导小组成员会议，要求继续深入贯彻中央七号文件精神，把中央七号文件精神原原本本告诉群众；继续完善计划生育工作政策，要堵大口子，适当开小口子，符合规定的口子一定要开好。12月16日，全县召开计划生育宣传教育联络员会议，对三个区的工作进行分析，肯定成绩，找出薄弱环节，特别是对“外逃”人员要运用各种办法落实措施。12月17日，副市长、市计划生育宣传教育活动领导小组副组长沈云姑，听取越南区委工作汇报并给予充分肯定，到区卫生院看望慰问节育手术病人和医务人员。据统计，11月27日至12月23日，全县共培训骨干7393人，落实四项手术3210人，其中结扎124人，落实补救措施714人，放环2372人。12月25日，全县再次召开计划生育宣传教育活动领导小组会议，县计生委主任李杏芬代表县计划生育宣传教育领导小组就抓好扫尾、总结、验收工作提出具体任务和工作安排。

1985年2月，全县组织乡计划生育领导小组学习、讨论新颁布的《浙江省计划生育条例》，拟订执行《省条例》的决议或乡规民约；召开脱产干部、村党支部书记、村委主任、妇女主任会议，以及村民会议或广播会，宣讲《省条例》精神。4月，全县宣传贯彻中央〔1984〕7号文件和《省条例》精神，层层举办骨干培训班6564人，制定《完善生育政策，抓紧抓好计划生育工作》宣传提纲，张贴宣传资料2000份。与县电影公司一起创作幻灯片《母女心》，在全省计划生育幻灯调演时获奖；配合省计生委拍摄电视《马寅初先生的故乡》。

1986年11月30日，县计生委对各乡（镇）计划生育宣传月活动经费给予补助，共2.5万元，促进计划生育各项工作的开展。

1990年3月，全县制定《省条例》宣传试点计划，自3月21日至4月5日，在南池乡搞点作样，培育典型，重点做好发一个通知、一个须知和签订好两个合同，完善调整乡、村计划生育领导班子和协会联系员队伍，建立工作制度，表彰奖励自愿终生只生育一个孩子的父母，推行独生子女养老保险。试点工作分准备、宣传和总结三个阶段。准备阶段做好摸清底子和各种数据，包括人口与土地、经济，以及未婚男女青年数、需安排照顾的二胎数、需落实节育措施数和自愿终生只生一个孩子数等。同时准备好宣传提纲、宣讲稿，准备好一个通知、一个须知、两个合同，以及广播宣传稿，培育好先进典型。宣传阶段主要是骨干培训，通过“会、声、字、图、物”进行广泛宣传，“会”即召开各村村民会进行宣传；“声”即举办广播专题节目、学校成立呼喊队；“字”即黑板报、情报；“图”即电影放幻灯、图片展览；“物”即利用标本宣传优生优育和咨询服务。全县印发《省条例》宣传册5000份，各种宣传资料4000多份，受教育率达到90%以上。同年7月，为纪念《中共中央关于控制我国人口增长问题致全体共产党员、共青团员的公开信》发表十周年，全县举办“计划生育演讲会”。

1991年，县委宣传部、县计生委提出全县计划生育宣传工作意见，在全县开展“五个一”宣传活动：召开一次人口与计划生育基础知识教育经验交流会，召开一次计划生育合格村建设现场会，组织一次乡镇计划生育宣传先进广播站评选活动，组织一次计划生育文娱节目调演，组织一次计划生育图片、标本、录像、咨询等集市宣传活动。

1992年12月，县计生委下发《关于开展计划生育进村入户宣传活动的实施意见》，时间从1992年12月中旬至1993年3月上旬止，突出宣传政策、传授知识、提倡晚婚晚育、制止早婚早育等宣传主题。

1993年3月27日，县计生委制定计划生育“征收对象和金额、为什么要征收、如何收好管好计划生育调节费”等宣传提纲，从4月1日起在全县进行广泛宣传。

1994年，计划生育宣传教育重点在“新、深、广、实”上下功夫，深化普及人口与计划生育基础知识教育，宣传计划生育政策、法律法规，普及率达到85%以上。

2001年2月，县计生委下发《关于开展计划生育政策法规宣传服务月活动的通知》，宣传生育政策、流动人口计生管理、避孕方法知情选择，消除知情选择工作在群众中造成的各种误解。各镇张贴宣传标语、向广大育龄妇女发放公开信、组织上街宣传咨询及开展稽查活动，声势强大，共发放宣传资料16.88万份，其中避孕节育方法知情选择公开信10万份，张贴宣传标语5597条。同年12月4日，是全国第一个法制宣传日，县计生委下发《关于组织开展全国“12·4”法制宣传日活动的通知》，突出“增强宪法观念，推进依法治国”主题，宣传计生政策法规、生育政策、避孕方法知情选择、流动人口计生管理办证程序，提升计划生育工作整体水平。

2002年9月，县人口计生局部署开展《中华人民共和国人口与计划生育法》宣传活动，印发《人口与计划生育法》小册子1.3万本，公告和宣传画各950套。举办多层面的法律法规培训班，采用黑板报、电视、广播、培训、文艺、知识竞赛等形式广泛宣传，形成强大的宣传声势。

2010年9月20日，全县在县文化发展中心音乐厅举行纪念《公开信》发表30周年大会暨文艺演出，《绍兴县报》在9月25日刊登首任原县计生委主任、县政协主席李杏芬《控制人口过快增长、改善人民生活水平》专稿。

二、计生科普知识宣传教育

（一）优生优育宣传教育

1987年，县计生委将观念的变革融于宣传教育，运行各种机会到各区、乡开展优生优育、避孕节育知识宣传与授课共17次，听课人数达2500多人次。

1996年11月，县计生委下发《关于在全县开展计划生育优生优育和生殖保健知识宣传咨询活动的通知》，配合国际科学与和平宣传周活动。采用广播、电视、黑板报、墙报、成人学校、人口学校或培训、讲座等形式，重点宣传避孕节育、优生优育和围绕生育、不育、节育等生殖保健知识，形成宣传普及计划生育科学知识热潮。

1999年，全县按文化层次定位制作发放优生优育计生宣传品，对新婚的，编印一本《新婚知识》；对达到婚龄的青年发一封信，给予政策知识；对文化层次较低的，编印10张知识卡片；对初中文化层次的，编印《人口与计划生育基础知识》。全年共发放宣传品26万余份。

2009年4月，县人口计生局自4月10日起至5月30日开展“优生六免两补政策宣传服务月”活动，并于5月29日在平水镇启动“优生六免两补政策”和浙江省“优生两免”政策大型宣传活动，指导各地张贴“优生六免两补政策”标语口号20条，在县调频广播电台《民情热线》进行优生促进工程政策宣传，向全县新婚夫妇赠送新婚礼包（一张优生知识动漫DVD、一份优生知识小册子和一张新婚夫妇告知书），向村（居、社区）发放宣传“优生两免政策”墙报12期，向基层群众、婚育对象、重点人群发放“优生两免政策”小折页等宣传资料、读物。全县发放宣传小折页5.2万份，新婚礼包100多个，新挂横幅150条，张贴标语172条，免费义诊200人次，发放避孕药具300多人次，参与计生有奖知识问答200多人次。

2010年5月25日，县人口计生局下发《关于开展“三优”培训工作的意见》，普及预防出生人口缺陷、科学育儿、人口早期教育等科普知识，提高人口素质，推进人口早期教育。成立由6名人口计生、医务工作者、妇幼保健、教育方面的专家学者组成的“三优”(优生、优育、优教)讲师团，为农村、社区、企业、幼儿园和单位进行“三优”知识宣讲，举办“三优”培训班5期430余人。确定柯桥街道、齐贤镇、钱清镇、湖塘街道为“三优”平台建设试点镇（街道），以点带面，逐步推开，建设“三优”指导中心12家，“三优”知识普及率96.40%。同年5月28日，县计生协会、柯桥街道计生协会联合在柯桥鉴湖园社区开展以“生育关怀－促进优生优育优教”为主题的宣传活动，开展咨询维权服务、生殖健康讲座、生育关怀慰问活动，观摩鉴湖园社区早教基地。活动期间发放宣传资料300多份，避孕药具200盒，接受咨询服务100多人次，播放宣传片2部，向10户计生困难家庭、30户待生育家庭发放生育关怀基金和慰问品。据统计，全县各镇（街道）共开展宣传活动60场次，累计发放计划生育便民维权宣传卡5万余张，免费提供避孕药具4500多盒，法律援助20人次。

2011年，全县坚持高起点规划，高标准建设，规划设计和新建钱清镇为省级“三优”指导中心，平水镇为市级“三优”指导中心。开展县级“三优”示范点创建活动，发挥示范点示范、引领、辐射、带动作用。2011－2012年，湖塘街道、福全镇、孙端镇、杨汛桥镇、夏履镇、马鞍镇、漓渚镇、王坛镇“三优”指导中心被命名为县级“三优”指导中心。平水镇、齐贤镇“三优”指导中心被命名为绍兴市“三优”指导中心，钱清镇“三优”指导中心被命名为省级“三优”指导中心示范点。

（二）青春健康宣传教育

2000年，教育部门在初中教育阶段开设人口知识和青春期生理卫生知识课，拓展青春期生殖健康教育。

2005年1月，县人口计生局与县教育局联合编制《绍兴县青少年青春健康教育规划》，正式启动青春健康教育活动。

2006年3月至11月，县人口计生局在杨汛桥镇展望村开展青少年青春健康教育工作。展望村计划生育协会借助各方力量，建立“青少年青春健康教育活动中心”，定期举办各类知识培训，每逢星期六开展全村青少年青春健康教育培训。邀请专家作《懂得性健康》知识讲座，杨汛桥镇江桥中学近200名师生和55位家长代表，以及县人口计生局中层以上干部和各镇（街道）计生业务负责人共300人参加讲座，形成学校、家庭、社会“三位一体”的教育新格局。同年5月，县人口计生局、县计生协会在鉴湖中学常年为青少年提供青春期生殖健康和性健康教育知识培训，联合搞好青少年青春期健康教育工作。

2007年，县人口计生局以“因地制宜、体现特色、讲求实效”为原则，指导各级学校、社区、企业开展青少年青春健康教育和服务。5月28日，在杨汛桥镇的浙江电子工程学校举行纪念“5·29”计生协会活动日暨“青春健康教育”系列活动启动仪式。在启动仪式上，成立“青春健康社团”并授牌和赠书，举行“拥抱青春、点燃未来”青春健康讲座等。青春健康教育系列活动为期一年，内容包括“青春传承希望”书画展、“谁是最受欢迎的男生女生”演讲比赛、性知识讲座等。马鞍镇、平水镇和孙端镇等也开展规模不一的青春健康教育讲座。全县各地累计举办青春健康教育讲座651场次。

2008年11月，全县开展女中学生“青春期健康卫生”讲座活动。为安昌镇中学200多名女生讲授青春期生理心理特征、青春期卫生保健、如何度过青春期等青春期健康卫生知识，帮助初中女生度过青春期这一“特殊时期”。

2009年，全县深入开展青春健康教育活动，推广市级示范学校创优成果，在中小学校进行生殖健康教育培训活动，为3000多名中小学举行7期生殖健康知识培训。组织专家到10个镇（街道）开展生殖健康巡回讲座，受训人员达3000余人。

（三）生殖健康保健宣传教育

1996年，全县以各级人口学校为主阵地，分类办班，全面系统地开展育龄群众生殖健康教育。

1998年，县计生委7次组织人员下乡开展生动、形象、直观的生殖健康保健宣传教育，为群众提供宣传咨询和生殖健康服务。

1999年，全县统一制作1220本《生殖健康服务指南》下发到各村，向育龄群众传授生殖健康保健知识。

2005年，全县各镇（街道）根据女性青少年、未婚女青年、女性流动人口、农村妇女等不同女性群体的特点，举办15期生殖健康知识培训班。

2006年10月28日，县人口计生局围绕“健康与幸福同在、责任与和谐同行”主题，在柯桥街道大寺居委会举办“关爱男性健康，促进社会和谐”男性健康日活动。邀请绍兴四院、县计生指导站的内科、泌尿科、伤科等10余名医生，针对男性生殖健康问题开展咨询服务。发放男性健康宣传品2000余份，问诊275人，其中男性197人。以后每年10月28日，全县各地把男性生殖健康宣传作为一项常规宣传。

2007年5月，县计生指导站组织医务人员在杨汛桥镇60多家规模以上企业开展为期一个月的“心性关怀、诚信服务”生育关怀进企业活动，为外来务工人员提供妇科病检查、B超、红外线乳透等生殖健康服务，同时进行计生科普知识宣传、避孕药具发放、病情孕情检查等。全县各镇（街道）广泛开展生殖保健、优生优育等宣传培训活动，受训人员达57020人次。

2008年4月，县人口计生局、县卫生局联合成立绍兴县生殖健康教育讲师团，由市人口计生委、县人口计生局、县计生指导站、华宇医院、县疾控中心、县妇保所、绍兴四院、鉴湖中学、职教中心8个单位的11名专家、学者组成，县人口计生局、县卫生局联合颁发聘书。讲师团主要任务是深入农村、社区、企业、学校和单位进行生殖健康知识宣讲，为全县生殖健康教育工作献计献策。至2009年，讲师团为中小学生作生殖健康巡回讲座7期，参与学生3000余人。

三、人口理论宣传教育

人口理论是国家推行计划生育、制定方针政策的重要依据和理论基础。通过人口理论教育，提高各级领导、计生干部和社会公众对计划生育工作的认识，自觉按照人口发展规律指导人口和计划生育工作。

（一）党校人口理论教育

1984年，县委党校在举办的各类培训班中安排人口理论课，由党校人口理论教师授课。在二年制以上干部读书班、中专班中安排学时授课，或结合课文讲解人口与计划生育基础知识。

1988年，全县各地凡村党支部书记、村委主任、新干部上岗培训班，都邀请县计生委干部作人口理论、计划生育报告或讲座。

1990年12月，全县62个乡(镇)党校都开设人口理论课，讲述计划生育的重要性、紧迫性，树立共产党员为国分忧、为民解难的责任感；介绍典型、学习先进，树立计划生育的光荣感。县委党校开设人口理论课，在轮训农村党支部书记、乡(村)长上岗培训时，把人口理论教育作为一项重要内容，举办的4期农村党支部书记轮训班均开设计划生育与政策课，对乡、村换届干部都进行培训，增强人口意识，树立人均观念。

1996年7月8日，县委中心学习组专门组织“可持续发展与人口”的人口理论学习，邀请市委党校副校长叶振东作专题辅导。县委党校举办的副局级干部、中青年干部、团干以及新上任的村党支部书记等9次培训班均设人口理论课。

1999年，县、镇两级党校对108期党员干部培训班进行人口理论教育，特别是村“两委会”换届后，县委党校把计划生育作为培训村干部的必修课，列入教学计划。全年受教育村干部达1.5万人次。

2000年，县、镇两级坚持把人口理论教育作为干部培训的必修课。县委党校举办的6个中专班和1个农村干部大专班、以及中青年干部培训班都开设人口理论课。组织人口理论教师下基层讲课45场次，受训2.2万人。

2002年，县委党校在各类干部培训班中，都安排《人口与计划生育法》辅导课。

2003年，县委党校培训各级各部门行政干部均设人口理论课。

（二）学校人口理论课

1989年，县教委在全县中、小学人口与计划生育基础知识教育中，按教育部规定，在中、小学开设人口课，先在柯桥中学试点，在高中学生中每学期安排16教时，后普及到全县各学校。

1990年，在人口“四普”时期，县教委编写“人口·土地·粮食”教材，在高小以上学生中开展教育。有35所中学开设未来育龄人群人口理论和性知识教育活动，人数达18128人，使学生懂知识、懂政策，具有新型生育观。同年，皋埠中学被省教委定为P19项目试点，属全国第三批、全省第一批试点单位。到1993年，全县已开展三批，受教学生500多人。华舍镇成人学校被定为P20项目，在成人教育中开设人口课，使用中等农民学校教材《人口教育》。

1996年3月，县教委在全县乡镇成人文化技校、职业学校中开展人口教育工作，提出人口教育的目标与任务，指定华舍成校承担业务培训、教材、资料和师资培训任务。县教委统筹规划和指导全县学校人口教育，争取全县省、市级示范性乡镇成校列入全省P20项目学校。在职业学校和成校附设职高班中开设人口教育课，安排教学计划32学时。乡镇项目学校人口教育不少于15学时，项目学校人口教育联系点、村成校和乡镇企业职工学校人口教育不少于10学时。全县58所中学普遍开设人口理论课并列入教学计划。到1999年，全县有42所中学、职校及25所镇成人文化技校普遍开设人口理论课。

（三）人口学校人口理论教育

1990年，全县62个乡（镇）、1015个行政村全面开展人口学校人口理论教育，面授人数达16.7万人，占应受教育对象的70.11%。同时根据农村不同特点，开办家长学校81所，新婚学校61所，育龄夫妇学校50所，孕妇学校55所。在县、乡（镇）党校、中学开设人口理论课，举办各类讲座100多次，组织知识竞赛、猜谜、文体等活动上百场，30余万育龄人员受到人口理论教育。

1998年，县计生委发挥各级人口学校的主阵地作用，在295个1000人以上的村设立人口分校，把教育阵地延伸到村一级。通过经常性分类办班、咨询指导、上门访视、发放科普资料等途经，向育龄人群普及人口与计划生育基础知识，普及率达91%。全县各级人口学校建立定期教育机制，做到有牌子、有班子、有师资、有教材、有档案，共举办新婚期班304期，孕产期班71期，育儿期班65期，累计受教人数达20379人。

1999年，县计生委加强村(居)人口学校建设，389个村(居)设立人口学校分校。全县各级人口学校举办“五期”教育培训班2434期，累计受教人数达9.34万人。

2000年，全县各镇充分利用各级人口学校优势，举办新婚期、孕产期、育儿期和计生骨干培训班，普及优生优育、避孕节育、生殖保健等科学知识。

2002年，全县大力普及人口与计划生育科学知识，依托290所镇、村人口学校，举办2197期以“知情选择”为重点的育龄群众培训班，受训6万人次。

2003年，全县各镇（街道）、村（居）均成立人口学校，专门培训基层计生专干和育龄群众，累计办班1901期，受教育人数8.14万人次。

四、典型宣传

2000年3月，县计生委部署开展“争做新时期育龄群众贴心人”活动，制定具体活动规划，评选表彰39名“绍兴县新时期育龄群众贴心人”。2001年，继续开展“争做新时期育龄群众贴心人”活动，授予24名基层计划生育工作人员“绍兴县新时期育龄群众贴心人”称号，以典型激励人、引导人。

2005年7月，县委办下发《中共绍兴县委办公室绍兴县人民政府办公室关于开展首届绍兴县人口奖评选活动的通知》，绍兴县人口奖为常设的个人荣誉奖。评选活动分发动推荐阶段、资格确定阶段、评选审定三个阶段。15名候选人的事迹在《绍兴县报》刊登。经县委、县政府批准人口奖和提名奖表彰人员，由县政府颁发荣誉证书，并给予奖励。首届绍兴县人口奖评选表彰人口奖10名，提名奖5名。2009年3月，再次开展第二届人口奖评选活动，表彰人口奖10名，提名奖5名，并于7月10日在县文化发展中心音乐厅第二届人口奖颁奖典礼。

2006年9月，县人口计生局开展“十佳诚信生育标兵”“十佳优质服务随访员”和“十佳让育龄群众感动的事”的“三十佳”评选活动。“十佳诚信生育标兵”为模范遵守人口和计划生育法律法规，自愿放弃生育二胎且生育的子女健康聪明，近五年内未发生意外妊娠的绍兴县已婚育龄群众。“十佳优质服务随访员”为从事计划生育工作满三年，政治素质好，业务精通，群众认可度高，工作业绩优，最近三年中所在单位的计划生育工作在市、县级综合考核中名列前茅的各级在岗计划生育干部。“十佳让育龄群众感动的事”为发生在2003年1月1日以后与人口计生工作密切相关的事件，且在当地乃至全县引起较大反响和实际效果，让育龄群众感动的事件。

五、三个《决定》宣传

1991年5月12日，中共中央、国务院下发《关于加强计划生育工作严格控制人口增长的决定》。县计生委专门印发宣传《决定》35条宣传标语口号，在全县掀起宣传《决定》的热潮。同年7月10日，县计生委专门印发《小王走访计生委李主任》广播宣传稿，帮助干部群众理解《决定》精神。

2000年3月，中共中央国务院作出《关于加强人口和计划生育工作稳定低生育水平的决定》。县计生委制定宣传《决定》的计划，召开计生干部会议，交流学习《决定》体会。各镇(街道)结合婚育新风进万家活动，开展计生政策、科普知识、优生优育宣传，使《决定》精神进村入户，入耳入脑。各有关部门(单位)发挥职能优势，把落实中央《决定》精神统一到部门参与、齐抓共管、形成合力、综合治理。

2006年12月17日，中共中央国务院作出《关于全面加强人口和计划生育工作统筹解决人口问题的决定》。2007年春节期间，全县掀起学习、宣传、贯彻《决定》热潮。县人口计生局、县委宣传部研究开展学习宣传《决定》方案和具体步骤，组织县、镇、村三级计生干部学习《决定》。县人口计生局组织局机关工作人员和计生业务负责人开展专题学习《决定》座谈会。富盛、马鞍、孙端等镇分片、分村组织各村（居）计生联系员学习《决定》全文，领会《决定》精神实质。县人口计生局开展“计生干部学《决定》”征文活动，征集优秀征文20篇。印制500册《决定》宣传读本分发到县四套班子成员和计生系统工作人员手中，使全县党政主要领导领会和掌握《决定》的精神实质。在计生系统开展《决定》精神大讨论活动，把计生干部的思想和行动统一到《决定》精神上来。协调相关部门参与宣传《决定》，在春节“三下乡”活动和安昌“腊月风情节”期间开展《决定》的宣传，共发放宣传资料678份，宣传品213份。在县报开设学习《决定》专栏，以政策解读的形式宣传中央《决定》精神。各镇（街道）在有线电视中滚动播放《决定》相关内容213次。同时，县人口计生局在绍兴县人口与计划生育网“最新动态”栏目及时报道各镇（街道）学习宣传《决定》动态，共刊载学习信息15篇，并编入学习宣传《决定》简报。设计制作开瓶器5000份、记录本5000本等宣传品分发到机关干部和育龄群众手中。各镇(街道)还制作水杯、围裙、毛巾等宣传品95569份。县政府组织镇（街道）分管计生工作的领导、计生办业务负责人和县人口计生局中层干部共47人在南京人口管理干部学院举办为期三天的学习《决定》专题研修班，学习听取《决定》学习辅导，学习考察南京市玄武区的人口计生工作。

第二节　宣传教育形式

一、黑板报、标语、图片宣传

（一）标语宣传

1990年，县计生委总结推广棠棣乡抓计划生育外环境宣传的做法，把计划生育标语上墙列入计划生育合格村考核。同年3月，县计生委制定《省条例》宣传标语20条，刷新宣传标语1417条，其中高档永久性标语325条，10个乡镇制作大型宣传牌，全县共有2507条次计划生育宣传标语在墙头“开花”。后县计生委又重新制定计划生育标语口号29条，派专人在公路、铁路沿线实地踏看，逐条落实宣传位置。1992年，县计生委制作1500幅塑料标语，每套8张，在各村、厂张挂。1995年，县计生委下发《关于清理不规范计划生育宣传标语的通知》，要求各乡镇按照通知精神和印发的50条标语口号，开展标语口号清理规范活动，新增永久性标语1269条。1998年，全县刷新计划生育宣传标语1100余条，其中制作永久性搪瓷大幅标语33条，出黑板报、宣传窗1300期。1999年2月23日，县计生委下发《关于印发人口与计划生育标语口号的通知》，共印发包括基本国策与政策法规、人口与可持续发展、人口与国情、人口与经济社会发展、计划生育、优生优育、婚育新风等57条标语，要求各镇（村）对陈旧、不规范的计划生育宣传标语进行清理、更新，规定镇所在地计划生育宣传标语不少于5条，每个村不少于3条。2007年6月，全县规范和清理人口计生宣传标语，清理65条，规范239条，更新188条。

（二）黑板报宣传

1990年9月11日至13日，县委宣传部、县计生委在全县计划生育法律法规培训班期间，举办计划生育黑板报评比活动，学习宣传贯彻《公开信》，宣扬共产党员、共青团员先进人物，弘扬计划生育先进事迹。1999年10月12日，县计生委下发《关于组织“世界六十亿人口日”黑板报竞赛的通知》，鉴湖镇获一等奖，马山镇和钱清镇获二等奖，齐贤镇、皋埠镇、夏履镇、稽江镇获三等奖。全县共建立黑板报、宣传窗1116个，刊出6753期；征订各类宣传品2.91万份，编印发放12种42.5万份宣传资料。

（三）图片宣传

1987年，县计生委制作世界50亿人口日宣传画、漫画、图表，以及拍摄先进人物照片到各地展出。在宣传车上装配放像设备，购制科教片，用图像、声音、画板、文字到乡（镇）进行街头宣传，观众达1万多人次，改变群众的生育观念。截止12月底，全县领取独生子女父母光荣证已有61308对，一大批群众自愿终身只生一个孩子。

1988年，县计生委坚持每月编写一期《生与育》。1989年10月，县计生委、县计生指导站制作“艰巨的事业、坚强的毅力”计划生育图片展，在全县10个区62个乡镇展出，庆祝中华人民共和国成立40周年，反映全县计划生育工作成就。制作36块画板，开着宣传车赴各集镇展出。1993年上半年，县计生委组织编绘十四年计划生育成就回顾展，一串串有说服力的数据、一组组记载历史的照片，形成计划生育也是经济工作、经济效益的认识，在县党代会、县人代会上产生较大影响。2000年，计划生育宣传教育以建设宣传长廊营造外部环境为重点，每个镇每个村都达到有宣传长廊、永久性宣传标语和大型宣传画。2002年，县人口计生局印发1.3万本《人口与计划生育法》宣传画册，分发到广大育龄群众手中。

二、报刊、广播、影视宣传

报刊、广播、电视等媒体是开展人口和计划生育宣传的有效载体，具有较强的时效性，传播速度快、面广、感染力强，为全县多采用的宣传载体。1996年，县政府首次与县新闻舆论部门签订计划生育责任书，使计生舆论氛围得到进一步强化。

（一）报刊宣传

1984年，县计生委在《绍兴文艺》专发计划生育演唱资料，共4辑。县计生委、县文广局联合出版文艺刊物《减产》，从各个角度宣传计划生育好处，抨击传统偏见，颂扬好人好事。1990年以后，全县新闻媒体发展迅速，利用报刊传播计划生育工作信息和经验成为理想的宣传途经。1990年6月19日，《浙江日报》报道《绍兴县把科技引入计划生育工作》，大多数乡镇引进科学的尿妊娠检查和透环检查，全县1－5月计划生育率达99.9%，引起较大反响。1994年上半年，《中国人口报》对全县在东浦镇开展“新家庭计划”试点活动进行报道。1997年，县计生委与县报社联办《巧解烦恼事》征文活动。2002年，全县在安昌镇举行为期10天的以“弘扬婚育新风”为主题的电影进村巡回放映活动。2005年以后，全县计生新闻宣传“遍地开花”，一系列有影响、有特色的好作品在《中国人口报》《中国人口网》接连不断发表。2007年7月，《中国人口报》特派出记者采访绍兴县奖励扶助制度实施情况。从2005年至2013年，全县在《中国人口报》共发表有影响力的人口计生新闻稿件35篇，在《绍兴日报》《天天商报》刊发26篇，在《绍兴县报》刊发计生新闻稿件200多篇，全县人口和计划生育工作特色经验源源向外广为传播。

（二）广播宣传

1984年，农村经济体制改革以后，农村广播的作用更大，每逢元旦、春节或计划生育重大活动，县委、县政府都会通过有线广播召开动员大会。1987年7月，全县组织开展“世界50亿人口日”纪念活动，县广播站在“7·11”当日开设“世界

50亿人口日”专题广播讲座。1988年，县计生委开展“飞速的人口增长意味着什么？”大讨论，在县广播站连续播出。1989年4月14日是世界“十一亿人口日”，县委、县政府召开广播大会，唤起社会民众重视人口问题。1991年4月4日，县计生委、县文广局联合在全县开展计划生育宣传先进广播站评选活动，评选标准为“组织领导好、组织实施好、群众反映好、向县站投稿好”。验收时间范围为1990年8月到1991年3月，并将名额分配到各区，柯桥、越南、齐贤三区各2个，其余七个区各1个，共13个名额。同年7月，县人口计生局、县计生指导站开展宣传中央9号文件精神活动，印发计划生育广播宣传资料《小王走访计生委主任》在县广播站开播，共五讲。各区、乡(镇)广播站在计划生育节目中安排开播。1994年，县计生委与县广播电台合作，开辟计生专题节目，每周二次，每次五分钟，加强舆论覆盖宣传，发挥大众传媒作用。县电台在“小划船”栏目介绍新家庭示范户，播放先进典型，宣传12亿世界人口日、“计划生育，丈夫有责”“女儿也是传后人”等。2006年6月12日至18日，县人口计生局依托县广播电台“民情热线”栏目，采取群众参与、声讯互动的形式，开展奖扶制度专题宣传，搭建起人口计生工作与广大群众空中交流互动的桥梁。至2013年，每年举办一次共8次。

（三）电视、电影宣传

1983年后，电影、幻灯片宣传面较广。县电影公司制作有画面、有口号的幻灯片在电影放映前宣传。1989年12月6日至次年1月，全县开展“人口与健康”科教电影汇映活动。1991年，全县开展16部计划生育电影汇展活动。1992年9月5日，县委宣传部、县计生委、县文广局部署开展反映计划生育主题《女人也是人》的影片宣传、发行、放映工作，启迪人们心灵，引导群众实行计划生育。1995年5月26日，县计生委、县文广局联合下发《关于做好科教片“性与健康”组织放映工作的通知》，作为内部放映片，供已婚夫妇或已达婚龄即将结婚的青年男女进行计划生育的宣传教育，不向社会或电视台公开播放，严禁未成年人观看。1998年，全县在“一报二台”开设计划生育专栏、专题节目，制作县新家庭计划活动的纪实专题片《细胞工程的魅力》。各镇把有线电视、广播作为宣传计划生育的主要阵地，月月有安排，每周有内容。1999年，县计生委与县电视台搞好《计划生育》联办节目，采用电视传播婚育新风。县计生委与省计划生育宣教中心联合摄制反映东浦镇汤德华一家悲欢离合故事的专题片《父亲》，在市电视台播出后，引起较大社会反响。县计生委将约三分钟、配上本地化画面和解释词的《祝你幸福》在电视台播放，宣传婚育新风典型事迹。2002年，县政府分管县长发表电视讲话，县人口计生局局长在县电视台《沟通》栏目中与观众谈《人口与计划生育法》。2003年7月，县人口计生局、县电视台联合摄制《优质服务在绍兴》电视专题片，引起社会各界关注。2004年6月2日，县人口计生局与县教育局联合举办“绍兴县独生子女家庭才艺表演电视大奖赛”，10户家庭分获一、二、三等奖，充分展示独生子女计生家庭的精神风貌，促进优生优育，推动新型人口文化建设。

三、文艺宣传

1983年，市越剧团上演《光荣的减产主任》在全县10个集镇巡演。1984年，县计生委组织计划生育小戏，在农村演出30多场。1988年4月22日，全县举行以实行晚婚晚育的新婚家庭、独生子女三代大家庭（孩子在14周岁以下）为参赛单位的“家庭娱乐赛”。1989年5月14日，县计生委、县妇联、县文化馆联合举办“家家乐”文娱选拔赛，全县各乡镇的14个独生子女家庭参加演出。1988年起，全县每年开展独生子女家庭娱乐赛及文艺调演活动。1990年，县计生委邀请杭州滑稽剧团演出《人口爆炸》，在绍兴、柯桥、陶堰等地演出3场，场场爆满。1992年5月，县妇联、县计生委、县教委、县文广局联合开展“优生优育优教”主题文艺调演活动，各区选送1－2个节目参加调演，有小品、莲花落、独角戏等。1997年12月，省新农村新家庭建设协调小组主办、县政府承办的全省新农村新家庭建设表彰会暨《越过越红火》大型广场文艺演出在东浦镇举行。1998年，全县举办宣传少生优生、富裕文明、健康幸福为主题的文艺晚会。2002年，在市计划生育文艺调演中，绍兴县选送的《老孙减产》荣获唯一的一等奖，莲花落《裘爹片断》获特别演出奖。2005年5月26日，全县在柯桥明珠广场举办“合作银行杯”“我爱我家”大型主题文艺演出活动。2008年7月，全县在“7·11”世界人口日期间，开展人口文化文艺节目巡演活动。2012年6月，县人口计生局开展计生文艺作品创作与宣传活动，创作3个计生专题节目，把融合计划生育、优生优育、政策法规、均等服务等知识的计生文艺作品搬上舞台。

四、广告宣传

1984年，县计生委20制作块永久性宣传牌和一幅大型宣传画。1987年3月11日，县文广局、县文联、县计生委联合在全县征集计划生育宣传作品，包括摄影作品、美术作品、文学作品、书法作品及其他文艺作品，各类作品均设一、二、三等奖及纪念奖。1994年，县计生委与各乡(镇)制作标语牌400多块，在钱清镇、皋埠镇、杨汛桥镇、湖塘镇、斗门镇等104国道（南复线）途经的镇建起10多幅大型高规格宣传广告画。1999年，全县10个镇制作大型计划生育宣传牌及精美灯箱画。2000年，全县各地普遍开展大型计划生育宣传阵地建设，钱清镇投入40余万元，在集镇建起宣传一条街和20余只计划生育广告灯箱，在104 国道旁设绍兴市最大的一幅计生宣传广告画。兰亭镇在境内绍大线设3幅大型搪瓷计划生育宣传画和一块大型计生宣传广告牌。全县基本达到每个镇有高档大型宣传广告画。2002年，县人口计生局统一向省计生宣教中心购买《人口与计划生育法》公告和宣传画各950套，由各镇（街道）、村（居）张贴。绍兴县选送的《人口经济社会发展富民强县》的宣传品获2002年全省人口与计划生育大型宣传牌评比二等奖。2004年4月28日，县人口计生局与县环保局联合举行以“人与自然和谐”为主题的绍兴县“人口·生育文化”书法、摄影、公益广告作品大赛，共有111位作者获奖。2010年，全县开展人口计生宣传进公交候车亭活动，在县城群贤路金柯桥大道10个公交候车亭设立人口计生公益宣传广告，在高速公路入口设立160平方的大型人口计生宣传公益广告牌。2013年，县人口计生局以“倡导男女平等、促进性别平衡”为主题，在县域柯桥主城区4条公交线路35辆公交车上开展打击“两非”计生公益广告宣传。

五、知识竞赛

（一）基础业务知识竞赛

1987年，全县首次在计划生育专职干部中举行计划生育基础知识竞赛，以后每年一次，并发展到群众参赛。1988年，绍兴县参加绍兴市计划生育知识竞赛并获一等奖，代表市计生委赴省参赛。1989年，县计生委培训师资，在全县三分之一以上的乡镇分层次、多渠道、多形式地开展人口与计划生育基础知识系列教育活动，更新干部和群众的婚育观念。4月10日，县委宣传部、县计生委制定全县人口与计划生育基础知识教育试点工作计划，确定皋埠区皋北乡为试点乡，所有干部和80%以上的育龄群众都要接受教育，提出干部要“学多一点、学深一点、学好一点”；育龄群众要自觉实行“晚婚晚育、少生优生”，落实可靠避孕节育措施的教育目标。县计生委制定复习提纲，举行知识测试，总结皋北乡经验后在全县推广。1990年5月28日，县计生委、县计生协会、县保险公司共同举行人口与计划生育基础知识竞赛，以区组队，每队三人。全县共5000多名农民、乡镇企业职工、乡村计生干部参加各级竞赛。1990年9月3日至6日，县计生委与县卫生局联合举办计划生育业务知识竞赛，区、乡（镇）二级施行计划生育手术人员，计划生育技术指导站人员和有业务技术职称的计划生育专职干部共145人参赛，竞赛内容为各种避孕、绝育、终止妊娠方法的适应症、禁忌症，节育手术操作常规、术前术后的处理，并发症防治等。1991年12月，全县举办人口与计划生育保险知识竞赛，印发问卷5000份，参加竞赛4500多人，公布一等奖5名，二等奖10名，三等奖30名，纪念奖150名。同年8月15日，县计生委对各乡镇计划生育基础知识教育活动进行考核验收。同年10月30日，全县在鉴湖镇召开新婚学校现场会，总结和巩固人口与计划生育基础知识教育取得的成果。1997年7月，县计生委、县委宣传部、县文广局、县计生协会联合下发《关于举办“越峰杯”庆回归人口与计划生育知识电视大奖赛的通知》，于7月7日在县政府二招会议室举行决赛，县机关代表队获一等奖，鉴湖镇、稽江镇获二等奖，斗门镇、钱清镇、安昌镇获三等奖，县直机关工委、马山镇获组织奖。同年7月28日，县计生委部署开展全国“恩威杯”生殖生理健康知识竞赛，下发竞赛用书答卷2070份、报纸答卷1550份的回收任务。2003年6月，县人口计生局在全县计生系统工作人员、村委主任、村级计划生育专管员中开展人口与计划生育知识竞赛活动，评比产生一等奖1名，二等奖2名，三等奖3名，组织奖5名，最佳选手奖1名。

（二）法规政策知识竞赛

1996年1月，县计生委与县计生协会联合举行纪念《中共中央关于控制我国人口增长问题致全体共产党员共青团员的公开信》发表15周年和中国计生协成立10周年知识竞赛，评选产生一等奖1名、二等奖2名、三等奖3名、鼓励奖100名，竞赛组织奖10个。2002年9月，《中华人民共和国人口与计划生育法》《浙江省人口与计划生育条例》相继实施，全县组织形式多样的竞赛活动。县人口计生局、县司法局、县计生协会、柯桥街道联合在柯桥农贸市场通过发放宣传资料、宣传车巡回宣传、现场咨询等形式，开展《人口与计划生育法》大型宣传咨询活动。同年12月16日，绍兴县在省计生委、省司法厅组织的“钙易达”杯“一法一例”知识竞赛中获组织奖，个人获二等奖1名，三等奖2名。2007年，全县举办《中共中央国务院关于全面加强人口和计划生育工作统筹解决人口问题的决定》知识竞赛活动，全县分四个竞赛组参加竞赛。2009年12月11日，县人口计生局、县流动办在县广播电视总台演播大厅举行绍兴县“金蝉杯”《流动人口计划生育工作条例》知识竞赛活动，8支代表队参赛，华舍街道代表队获一等奖，安昌镇代表队、王坛镇代表队、柯岩街道代表队获二等奖，县农村合作银行代表队、中厦集团代表队、县机关代表队、金蝉家纺代表队获三等奖。竞赛活动结束后，县组成竞赛集训队代表全省参加全国竞赛。2010年4月13日，县《流动人口计划生育工作条例》知识竞赛团队代表浙江省参加在北京举行的“紫竹药业杯”全国《流动人口计划生育工作条例》知识竞赛，获竞赛优胜奖和最佳组织奖。2012年6月，《中华人民共和国人口与计划生育法》颁布10周年，县人口计生局在《绍兴县报》刊登《关于举办人口和计划生育知识竞赛的启事》和《绍兴县人口和计划生育知识竞赛试题》，共收到有效答题卡2261份，经阅卷评审，产生一等奖2名,二等奖5名,三等奖20名,纪念奖100名。

六、重大纪念日宣传

1989年，县政府召开共13人参加的“能人名人”座谈会，纪念中国大陆11亿人口日。同年，结合国庆40周年，开展计划生育18年成就评估活动。

1990年8月10日，县委宣传部与县计生委部署开展纪念《中共中央关于控制我国人口增长问题致全体共产党员共青团员的公开信》发表10周年系列活动。1995年2月，县委宣传部、县计生委、县统计局下发《关于开展中国12亿人口日及中国计划生育纲要宣传活动的通知》，要求广泛宣传计划生育基本国策、显著成绩、先进典型等，促进人口与经济社会协调发展。

1996年7月2日，县计生委部署开展“7·11”世界人口日宣传活动，运用黑板报、广播电视讲话、座谈会等宣传计生国策、人口形势、《省条例》和流动人口计划生育管理规定、新农村新家庭计划活动建设先进典型。

1999年10月12日是“世界60亿人口日”，县计生委下发《关于开展世界六十亿人口日宣传周活动的通知》，呼吁全社会关心和重视人口与可持续发展问题，增强协调发展与可持续发展意识。县长徐纪平发表电视讲话，县委副书记陈月亮在《当代家庭报》上发表署名文章，《绍兴县报》刊发专版，邀请部分老计生干部和党政领导同叙国策情怀，共商发展大计。在齐贤、王坛、平水、平江等地开展巡回宣传咨询，掀起宣传高潮。

2000年6月，县计生委在“7·11”第13个世界人口日之际，运用广播讲话、专题培训、上街咨询等形式宣传贯彻中央《决定》，增强全社会的人口意识、资源意识和环境意识。同年9月22日至28日，开展《公开信》发表20周年宣传周期活动，宣传全县人口与计划生育工作的地位作用、巨大成就、今后十年目标方针等，号召广大党、团员带头实行计划生育。

2001年，县计生委围绕“人口、发展与环境”主题开展生育文化、生育政策、生育知识等系列宣传活动，为广大育龄群众提供生产、生活、生育、健康等信息和技术服务。

2005年1月6日是中国13亿人口日，县人口计生局自1月6日至12日在全县开展“成就辉煌、应对挑战”中国13亿人口日主题宣传周活动，宣传全国人口与计划生育工作取得的辉煌成就、人口与计划生育法律法规、计划生育优生优惠政策以及新型生育文化。同年7月11日，县人口计生局、县计生协会主办，柯桥街道办事处、计生协会联合承办举行纪念“7·11”世界人口日专场文艺晚会，晚会从《红红的蝴蝶结》中拉开序幕，2000多名市民驻足观看。

2007年7月10日，县人口计生局围绕“男性参与孕产妇保健”主题，在县文化发展中心音乐剧场举办纪念世界人口日大型专场文艺晚会，纪念第18个世界人口日。演出摇滚快板《计生工作新风采》、莲花落《情暖外乡女》等11个节目，观众达500多名。

2010年7月11日，县人口计生局围绕“每个人都有贡献”宣传主题，开展人口形势分析活动、“三优”宣传活动、基层文明执法自查活动、计划生育便民维权活动、流动人口计划生育信息清查活动等，推动基层开展人口计划生育宣传教育和文明执法。

2011年9月20日，县政府在县文化发展中心举行《公开信》发表30周年大会暨文艺演出，并组织开展一次专访活动，进行一次“心系育龄群众、服务基层一线”集中宣传活动，开展一次慰问走访活动等系列活动，掀起《公开信》发表30周年宣传热潮。

七、重大活动宣传

1988年6月，县计生委在全县开展“四百万人口意味着什么”的宣传月活动，在《绍兴经济报》刊发专稿，将宣传提纲印发至基层。宣传活动与精神文明建设、狠抓计划生育“六月关”相关工作相结合，宣传《宪法》《婚姻法》《省条例》，以及晚婚晚育、模范执行计划生育政策的先进典型。

2006年7月10日，县人口计生局围绕“关爱女孩，行动起来”活动主题，在华舍街道兴越社区启动“生育关怀进社区”活动。活动现场，社区群众前来咨询计生奖扶政策、妇科病诊治、询问优生避孕方法等。同年8月25日，县政府在县电视台精功演播厅举行“幸福人生”农村部分计划生育家庭奖励扶助金首发仪式，10名奖扶对象代表上台领取奖扶金。

2007年5月23日，县人口计生局成立人口和计划生育“五五”法制宣传教育领导小组。同年6月5日，在县委党校报告厅举办共407人参加的全县村级人口计生干部培训班，推进基层人口计生法治建设。

2008年3月15日，县人口计生组织局机关干部开展“国策宣传面对面、随访服务心连心”下村（居）宣传培训活动，培训对象为各镇、村育龄女代表，1000多名育龄群众参加，发放《倡导婚育文明、创造幸福生活》等宣传资料和宣传品2000多份，现场问卷调查1000多人次。同年5月28日，县人口计生局下发《关于开展纪念改革开放30周年人口计划生育成果展活动的通知》，展示计划生育在社会主义新农村、新社区建设中的新风采；展示优生优育、关爱女孩、男女平等、尊老爱幼的新风尚；展示计划生育利益导向机制普惠计生家庭的新机制；展示基层计生工作者优质服务、辛勤工作、无私奉献的新风貌。同年7月10日，在举行纪念改革开放30周年人口和计划生育成果展期间，县政协主席李杏芬，县委常委、宣传部长孙君和副县长张荣社参观成果展。同年7月12日，县人口计生局在兰亭镇政府四楼会议大厅举行人口计生系统干部“我歌我赞爱计生”演讲比赛，将纪念改革开放30周年活动推向高潮。同年11月11日，县人口计生局在柯桥街道开展流动人口计划生育“大宣传、大调查、大服务”大型活动，开展现场咨询活动、召开“他乡是我家”民主恳谈会、生殖健康讲座等活动。共发各类宣传品2000多份，免费咨询100多人次，免费义诊100人次，发放避孕药具300多人次，参与有奖知识问答200多人次。

2012年5月29日，县政府在富盛镇举行创建幸福家庭活动启动仪式暨纪念全国第14个“5·29”会员活动日活动，推进全县“增进计生关爱、促进家庭幸福”深入开展。

八、宣传服务月活动

1984年，全县把计划生育宣传与计划生育服务有机结合，从11月27日起，开展以贯彻宣传中央〔1984〕7号文件精神为中心内容的计划生育宣传教育活动，培训骨干9256人次，宣讲742场，受教育人数38.71万人。到12月31日，全县结扎148人，引、流产835人，上环2805人，计划生育措施落实，工作任务圆满完成。

1985年12月，全县围绕贯彻《省条例》精神开展宣传服务月活动，群众对实行计划生育的思想更加牢固，育龄妇女的避孕节育措施更加落实，仅半个月时间，全县落实结扎360人，上环2900人，落实补救措施620人。各乡（镇）都按《省条例》的十三种对象完善政策，拟定1986年的人口规划。

1986年11月，县政府部署开展具有计划生育工作历史转折意义的宣传教育服务活动。县计生委、财税局下拨计划生育宣传教育活动补助经费25000元，以利于计划生育各项工作的开展。同年12月，县计划生育宣传教育领导小组对前期开展活动的情况进行检查，对后期工作具体部署，要求抓好抓细抓实宣传服务活动。全县结扎1638人次，上环3641人，落实补救597人，征收超生子女费41806元。

1987年12月19日，县计生委开展对计划生育工作及宣传技术服务月活动完成任务情况进行检查，明确五条经验标准，抽查各区2个乡并检查到村。

1988年11月下旬到12月上旬，全县开展以“统一认识、稳定政策、抓紧工作”为主要内容的宣传技术服务活动，并印发《绍兴县计划生育宣传技术服务活动标语口号》16条。

1990年10月14日，全县部署开展计划生育宣传技术服务月活动，要求以中央和省委的两个《决定》为武器，宣传计划生育政策，落实各项工作措施，开创全县计划生育工作新局面。

1992年，因机构变动需要，全县规定每年6月、11月各开展一次计划生育宣传技术服务活动。同年6月，县长陈敏尔在全县经济工作会上作部署宣传技术服务活动，副县长章榴先在乡镇领导小组组长签订责任书会上提出具体任务。全县印发宣传资料10000份，结扎449人，上环1910人，落实补救557人，收缴罚款13.65万元，干部群众的计划生育意识得到提高。

1993年10月9日，全县计划生育宣传技术服务月活动重点宣传“三为主”方针和“一放二扎”措施。之后至1996年，县委办、县府办每年分别专题部署开展全县计划生育宣传技术服务活动。

2004年10月20日至11月30日，县府办下发《关于开展人口和计划生育宣传服务月活动的意见》，确定“承诺服务、依法治育、诚信生育”主题，促进综合避孕率、意外妊娠率、流动人口计生服务管理率、随访服务率、政策法规知晓率、奖励政策落实率和群众满意率等指标达到市政府考核要求。县人口计生局在《绍兴县报》、县广播电台开辟专栏、专题，分析人口形势，解读人口政策。县、镇（街道）两级共开设电视专题节目131期（次），新增宣传广告755.59平方米、宣传标语670条，提供咨询服务31625人次，发放宣传资料28.4万份；流动人口婚育证明持证率，比活动前提高12.88个百分点；长效节育措施落实率比活动前提高16.35个百分点；在宾馆、高档消费场所及外来流动人口密集的地方安装56台自动售套机。

第三节　新型生育文化建设

一、婚育新风进万家活动

1999年，全县婚育新风进万家活动刚刚起步，主要工作突出“四个一”，即：推广一批典型、抓好一支队伍、建好一个窗口、制作发放好一份宣传品。各镇因地制宜制作电视专题节目，培训人口学校师资、编印发放《村干部读本》，打好活动基础。同年5月3日，县计生委《联系实际，贴近群众，深入开展婚育新风进万家活动》在宁波召开的全省会议上作经验介绍。同年7月12日，绍兴市计划生育婚育新风进万家暨优质服务现场会在绍兴县马山镇召开，县政府在会上作《倡导婚育新风，搞好优质服务，提高计划生育工作整体水平》经验介绍。

2000年，全县把婚育新风进万家活动作为宣传教育的重中之重，着力点放在基层，在“进”字上下功夫，在“优”字上求提高，在“实”字上见实效。各镇纷纷开设宣传一条街、宣传长廊等，营造氛围。同年2月，县委宣传部、县计生委在世纪之交之际部署全县计划生育宣传教育工作，促进全县婚姻家庭领域的精神文明建设，为全县跨世纪发展和提前基本实现农业农村现代化创造良好的人口环境和社会舆论环境。同年7月21日，绍兴市在绍兴县钱清镇召开婚育新风进万家活动经验交流会，省计生委主任徐八达，副市长李露儿参加会议并讲话。县计生委、钱清镇在会上作典型经验介绍，与会人员实地到钱清镇东畈村、凤仪村、墅后村参观考察婚育新风进万家活动。

2001年，全县以婚育新风进万家活动为载体，抓骨干培训、抓环境宣传、抓知识普及、抓集中活动，开展运用大众传媒“进”、结合综合服务“进”、融于文化中心“进”、开展群艺活动“进”、营造环境氛围“进”、利用电脑网络“进”、采用板报窗橱“进”、注重学校教育“进”、赠送宣传资料“进”等“十个进”活动，使婚育新风尚、新观念、新知识植根于千家万户，全县育龄群众计划生育知识普及率达到95.9%，517对育龄夫妇主动放弃二孩生育指标，1674对育龄夫妇主动推迟生育二孩间隔。国家计生委宣教司在绍兴县考察时充分肯定绍兴县婚育新风进万家活动的做法。同年11月，绍兴县被中宣部、国家计生委授予全国“婚育新风进万家活动”先进县称号。同年12月9日至11日，全省婚育新风进万家活动总结表彰大会在绍兴县召开，省委宣传部副部长沈立江，省计生委主任徐八达、副主任严掌法和宋贤能出席会议，中国人口出版社社长兼总编陶庆军到会祝贺。副县长吴晓采用多媒体演示稿，向与会人员介绍全县开展婚育新风进万家活动情况。县委、县政府作《构筑宣传网络，建设新型生育文化》经验介绍。县、镇联动邀请省计生宣教中心编印3万册《婚育新风指南》，发放150张计划生育科普知识VCD，232个村购买并播放反映新时期计划生育工作的影碟《新甜蜜事业》。

2003年8月27日，县人口计生局下发《关于做好婚育新风进万家活动考评准备工作的通知》，要求各镇（街道）自查宣传品发放情况、宣传广告标语、人口学校、宣传教育活动、群众参与等情况，做好迎接考评准备。同年9月15日，国家财政部、国家人口计生委组织专家对绍兴县婚育新风进万家示范项目进行为期6天的绩效评估，绍兴县获总分第一，专家组对绍兴县项目实施取得的成效给予高度评价。同年10月25日，县政府制定《婚育新风进万家基层示范工作项目实施方案（2003年10月—2004年12月）》，引导婚育新风进万家活动向纵深发展。

2005年11月，绍兴县再次获“全国婚育新风进万家活动先进县”称号。

2006年5月，全县按照省人口计生委转发的中宣部、国家人口计生委《关于2006—2010年继续深入开展婚育新风进万家活动的意见》精神要求，推进第三周期婚育新风进万家活动。2011年7月，省人口计生委表彰全省第三周期婚育新风进万家活动先进集体和先进个人，绍兴县4家单位，3名个人榜上有名。同年7月，全县拉开2011—2015年第四周期婚育新风进万家活动。

二、首届人口生育文化节

2004年6月9日，县府办下发《关于举办绍兴县首届人口生育文化节的通知》，巩固绍兴县创建国家计划生育优质服务先进县工作成果，倡导科学、文明、进步的婚育新风，打造先进人口生育文化品牌，为实现“保强争优，统筹发展”营造良好的人口和文化环境，为文化大县、生态县建设注入新的活力。县首届人口生育文化节由县人民政府主办，县人口计生局承办，从7月11日开始到19日结束。7月11日，县委副书记、县长冯建荣发表“7•11”世界人口日《倡导新型生育文化、统筹人口计生发展》署名文章。是日晚上，县首届人口生育文化节开幕式暨“鉴湖欢歌”文艺晚会在中国轻纺城大剧院拉开帷幕，1200多名干部群众参加。7月19日，全县首届人口生育文化节闭幕。活动期间，全县在《绍兴县报》、县广播电视台、《中国人口报》等开设“人口生育文化”专栏、专题和专版，邀请人口理论专家作专题报告，举办党政主要领导谈人口与资源、环境可持续发展的“人口论坛”、社会各界谈“关爱青少年健康成长”座谈会、基层优秀计生干部谈人口和生育文化建设研讨会，开设人口生育文化展览，举办“生态杯”人口和生育文化公益广告作品大赛，举行夏履人口文化广场落成典礼、独生子女家庭才艺表演电视大赛等系列活动，为全县广大群众送上丰盛的生育文化“大餐”。全县10个部门、19个镇（街道）、1100多名党政干部、近10万群众参与首届人口生育文化节的活动，其中男性参与率达55%。

三、生育文化镇、村、园区建设

2001年，全县加强新型生育文化建设，建立分管副县长吴晓任组长，县委宣传部、县计生委主要负责人任副组长，各有关部门负责人为成员的建设新型生育文化指导组，负责全县生育文化建设的指导、协调、督查工作。2009年9月10日，省农办、省人口计生委组成的省新农村生育文化建设工作督查组在绍兴县督查新农村生育文化建设工作，听取县人口计生局、县农办、县委宣传部、县文广局等单位新农村生育文化建设工作，查阅资料，实地考察县计生指导站、鉴湖中学、齐贤镇光明村生育文化建设，给予高度评价，全县新农村生育文化建设通过省考评组评估验收。

（一）生育文化镇(街道)、村(居)建设

2002年，全县积极营造生育文化氛围，开展创建“生育文化特色村（社区）”。至年底，全县有近100余个村创建成“生育文化特色村”。2003年到2004年，全县成立县建设新型生育文化指导组，开展创建生育文化一条街、人口生育文化广场、生育文化特色村（居）活动，新建首个人口生育文化广场－夏履镇人口文化广场，239个村（居）成为全县首批生育文化特色村（居）。2005年3月，全县新型生育文化示范镇（街）、示范村（居）创建活动进一步深入，县人口计生领导小组下发《关于深入开展新型生育文化示范镇（街）、示范村（居）创建活动的实施意见》，提出到年底，全县要有40%的镇(街道)达到生育文化镇(街道)、30%的村达到生育文化示范村(居)。到2006年底，则分别要达到60%和50%。并把新型生育文化建设纳入“文化大县”建设之中，同步规划，同步实施，使新型生育文化真正成为社会主义先进文化的重要组成部分。夏履镇和孙端镇三条娄村分别被确定为镇（街道）级、村（居）级新型生育文化示范镇、村样本点。同年10月27日，县人口计生领导小组下发《关于对新型生育文化示范镇（街）、示范村（居）创建活动进行评估验收的通知》，在各镇(街道)规划申报、县人口计生领导小组办公室评估验收的基础上，于12月30日命名表彰柯桥街道等9个镇（街）为县新型生育文化示范镇（街道），育才社区等102个村（居、社区）为县新型生育文化示范村（居、社区）。2005年6月，市人口计生委开展生育文化特色乡镇（街道）、村（居）创建活动，全县首批获市级生育文化特色镇(街道)5个，特色村(居)18个。2005年至2012年，全县共获绍兴市生育文化特色乡（镇、街道）9个，生育文化特色村（居、社区）102个。

（二）生育文化园(广场)建设

2004年7月，绍兴县首个人口生育文化广场，在全球生态环境“500佳”的夏履镇落成，广场占地30亩，总投资320万元，由中国美院园林设计研究所规划设计并承建，由主雕、副雕、浮雕及人文景观组成，融休闲、娱乐、教育三大功能于一体。2006年9月27日，全省人口和计生宣传教育工作会议召开,省委宣传部、省人口

计生委命名绍兴县夏履人口·生育文化广场为浙江省生育文化园区。

2007年5月，市人口计生委在全市开展市级生育文化园区创建工作，对有一定规模、宣传婚育新风内容、新型生育文化氛围浓厚和有利于群众参与的宣传阵地命名为市级生育文化园。是年，全县结合新农村文化建设，动员和指导基层单位积极开展，兰亭镇里木栅村、柯岩街道新风村、柯岩街道河塔村、华舍街道兴越社区、柯桥街道鉴湖园社区、安昌镇前畈村等6个单位的生育文化园被命名为首批市级生育文化园区。2009年5月6日，省委宣传部、省人口计生委组成省新型生育文化园区创建考核组对绍兴县柯桥街道鉴湖园社区生育文化园创建进行考核验收。2007年至2012年，全县先后建成18个市级生育文化园，1个省级生育文化园。

（三）新家庭文化屋建设

2009年2月25日，县人口计生局在全县启动开展新家庭文化屋工程建设。“新家庭文化屋”统一建在计划生育服务站、人口学校、企业、镇（街道）和人口集中的村及其他便于群众出入阅览的公共场所，统一配置开放式书柜、阅览桌椅、电视机、DVD机、电脑等基本设施。每个“新家庭文化屋”图书不少于300种1000册，报纸期刊不少于5种，音像制品不少于50种。鉴湖园社区、河塔村、新风村、聚贤社区、光明居委会、蜀风村、村头村、国庆村、西宸村、洞桥村、乌石村、夏履镇计生服务站等12个村（居、社区、站）被命名为全县首批“新家庭文化屋”。2009年至2012年，全县连续四年开展新家庭文化屋工程建设，共命名四批79个县级新家庭文化屋。

四、生育文明建设

2006年，县政府把建设生育文明强县作为全面深化人口计生工作综合改革、加快推进工作新机制建设、全面提升人口计生工作整体水平的重要载体，列入2006度年县政府重点工作。4月4日，国家关爱女孩行动专家组组长陈胜利、省人口计生委副主任宋贤能等领导专程到夏履镇、柯桥街道、柯岩街道、齐贤镇调研指导生育文明建设。2007年3月27日，国家人口计生委宣教司副司长施春景在绍兴县调研生育文明建设，为绍兴县生育文明建设提出前瞻性意见。同年8月7日，县府办出台《关于开展生育文明建设创建活动的实施意见》，明确提出2006年至2010年生育观念文明、生育行为文明、生育制度文明、生育管理文明、生育服务文明、生育科技文明的六大目标任务，维护广大群众实行计划生育的合法权益，倡导婚育新风，引导广大群众负责任地生育，全面推进生育文明建设。在实施中，县委、县政府加强领导，落实相关部门工作职责，围绕“三推进”目标(即推进婚育新风进万家活动、推进计划生育优质服务、推进流动人口计生“亲情管理、真情服务”活动)，设计工作载体，开展创建省级生育文化园区、市级生育文化特色镇村（居）和县级示范镇村“三级联创”活动，深化“三项服务”（即免费服务、承诺服务和需求服务），实施“三大工程”（即普法育民工程、诚信生育工程和打击“两非”工程），弘扬“男女平等”“生男生女一样好”等新型生育文化，形成关爱女孩、关心妇女的强大舆论氛围和工作氛围，保障群众合法权益，规范群众生育行为，实现生育文化制度化和优质服务人本化。全县开展生育文明建设的做法得到上级业务主管部门的肯定，并在全省计生宣教工作会议上推广。

2009年3月17日，县人口计生局、县农办制定《关于加强新农村生育文化建设促进生育文明的意见》，对新农村生育文化建设作出总体部署，提出推进农村生育文化建设、突出农村生育文化建设地位、提高生育文化传播有效性、健全农村生育文化阵地建设、营造农村生育文化宣传氛围、创新农村生育文化活动形式、拓展农村生育文化传播途径、协同部门共同搭建工作平台的八大主要任务。同年4月，全县开展生育文明示范镇（街道）创建活动，制定九项工作指标和七大类58项测评标准，实行分批创建、总量控制的办法，每年有10%的镇（街道）开展创建活动。2009－2012年，指导各镇(街道、开发区)申报和创建，夏履镇、柯桥街道、柯岩街道、孙端镇、湖塘街道、齐贤镇、兰亭镇、钱清镇、福全镇、安昌镇10个单位获市生育文明示范镇（街道）。

五、阳光计生行动

2000年12月22日，县计生委下发《关于进一步推进阳光工程的实施意见》，部署开展“阳光工程”工作，深化政务公开、建设工程交易公开、政务采购公开和预算外资金管理公开，促进机关办事效率的提高和工作作风的转变。

2008年8月18日，县人口计生局下发《关于开展阳光计生行动的实施意见》，实行人口和计划生育“阳光管理”“阳光服务”“阳光维权”，做到依法行政不侵权，优质服务不失信，廉洁爱民不谋私，让人民群众得实惠。

2009年10月，县人口计生局深入开展“阳光计生行动”，力创全省“阳光计生行动”示范点，把柯岩街道作为阳光计生示范点进行重点推进。

2010年12月，县人口计生局部署落实阳光计生行动的重点任务，要求各镇（街道）报送阳光计生行动示范点创建规划，培育创建典型，把柯岩街道、柯桥街道作为市级阳光计生行动创建示范点。2011－2012年，柯岩街道、柯桥街道、齐贤镇先后被市人口计生委命名为“阳光计生”示范单位。

六、关爱女孩行动

关爱女孩行动是2003年倡导的全国性行动，是继婚育新风进万家活动的又一次大规模宣传教育活动。

2005年7月，全县贯彻落实国家人口计生委“关爱女孩行动”工作要求和省人口计生委《关于开展“关爱女孩行动”工作的通知》精神要求，县人口计生局启动开展“关爱女孩－结对助学献爱心”活动，作为贯彻计划生育基本国策、消除性别歧视、维护女童合法权益的重要举措，建设新型生育文化的重要载体，以及婚育新风进万家活动的深化提升，更作为新时期人口和计划生育的重点工作。凡家庭人均月收入低于500元，年龄在1－14周岁之间女孩户家庭，以及在绍兴县居住一年以上外来创业人员的贫困女孩户家庭可进行资金帮扶。同年12月5日，县人口计生局确认首期受助100名（其中外来建设者特困家庭女孩19名）受助名单，资助期限3年，每年每人500元。同年12月10日，在稽山宾馆举行启动仪式。2007年至2013年，全县共开展关爱女孩行动11期次，受助女孩1024人次计51.20万元。

2008年8月，全县开展“助学献爱心、励志促成才”关爱女孩行动，激励女孩自强、勤奋学习。受助条件为在校表现突出、品学皆优的妇女大学生，在校期间无违反校纪校规现象；在当年高考中取得优异成绩；其家庭没有违反计划生育法律法规；家庭经济收入处于当地贫困之列，父母年收入在5000元以下。若父母在绍兴县居住一年以上，并持有效的《流动人口婚育证明》等合法证明的外来建设者女孩，符合上述四个条件也可申请资助。首批受助的30名贫困女大学生，由县计生公益金管理办公室拨出资金，每人每年2000元，直到四年大学毕业。同年8月23日，县人口计生局在绍兴市区稽山宾馆举行发放仪式。2009年8月14日，县人口计生局在稽山宾馆召开关爱女孩座谈会，1名女大学生因家庭经济状况好转而退出。至2011年，全县29名受助女大学生圆满毕业，共发放助学励志金23.4万元。

七、新家庭计划活动

1993年，浙江省在全省推进以创建“少生优生、富裕文明、健康幸福”为主要目标的新家庭计划活动，促使计划生育工作更紧密地与发展农村经济相结合,与帮助群众勤劳致富奔小康相结合,与建设富裕、文明、幸福的家庭相结合，使计划生育工作从以往就计划生育抓计划生育向综合治理人口问题转变，由社会制约为主向利益导向和社会制约相结合,宣传教育、综合服务、科学管理相统一的机制转变。同年12月3日，县计生委组织6位同志赴省试点单位桐乡县计生委学习、考察。

1994年初，全县把新家庭计划活动作为农村计划生育工作的重要载体，借鉴桐乡新家庭活动计划经验，在东浦镇先行试点，通过拟标准、订计划、定政策、强服务、办培训，吸引6000多户家庭参与。同年8月，东浦镇党委、镇政府总结提炼出《新的探索，有益尝试》的试点经验，确定新家庭五条标准：“努力学习、遵纪守法、优生优育、文明幸福、实现小康”，实施10户小康示范户、100户新家庭达标先进户、1000户新家庭达标户的“111”工程。同年9月12日，县计生委下发《绍兴县新家庭活动计划实施意见》，印发《东浦镇开展新家庭计划活动的实施意见》，指导全县面上有计划、有目的、有步骤、有成效地推进。同年10月，全县选择10个经济发展、计生基础等方面情况不一的镇作为新家庭计划活动示范镇进行推广。

1995年1月25日，县委在制定“九五”计划和精神文明建设“九五”规划中，把新家庭计划活动作为验收小康村的标准之一。成立新家庭计划活动领导小组，县委副书记赵六四任组长，县计生委、县委宣传部、县农经委、县农业局、县民政局、妇联、团委、县计经委、县教委、县财税局、县科委11个部门组成。在全县开展以“少生优生、富裕文明”为主要内容的新家庭计划活动，向广大群众传授生产、生活、生育方面的科学知识。开展致富技术和劳动技能培训，帮助群众制订家庭计划。全县有11余万户家庭参与，参与率为54.45%。同年4月17日，县委、县政府召开新家庭计划活动座谈会，全县20多个镇普遍开展新家庭计划活动，东浦镇、柯桥镇、孙端镇、斗门镇作会议交流。同年8月9日，县委办下发《关于开展新家庭计划活动的通知》，明确“少生优生、文明幸福”新家庭五项基本标准、1996－1999年新家庭计划活动步骤及规划目标、新家庭计划活动县级20个部门职责。到1995年下半年，全县普遍开展新家庭计划活动，有19万户家庭参与，涌现出97户县级新家庭示范户、3100户镇级示范户。

1996年，全县新家庭计划活动进一步深入，以“新村庄、新家庭、新农民”的“三新”工作为重点，实施以优化家庭细胞为目标的“家庭文明工程”，有19万户家庭参与，其做法在省新农村、新家庭建设电视电话会议上作专题介绍。同年2月3日，国务委员、国家计生委主任彭佩云专程在绍兴县考察新家庭计划活动，给予高度评价。上半年，全县有7个镇被市政府授予新家庭计划活动示范镇，2户家庭成为市级新家庭计划活动示范户。同年8月28日，全县新家庭计划活动引起中央、省新闻媒体的关注，新华社、《今日浙江》、《浙江科技报》、浙江电视台、《当代家庭报》等5家新闻单位作专题采访。同年10月16日，县委、县政府在全省计划生育电视电话会议上作《围绕新农村建设，大力推进新家庭计划活动》经验交流。同年12月5日，县委决定取消原新家庭计划活动领导小组，成立新农村新家庭建设协调小组，赵六四任组长，章生建、陈楚卿、董根源任副组长，县委宣传部、县农办等16个部门为成员单位。同年12月8日，部署开展第二批百户勤劳致富、计划生育新家庭示范户创建活动，柯桥、齐贤、皋埠三个镇各推荐6户，稽江、平江、夏履各推荐2户，其余各镇推荐4户。同年12月28日，县委办下发《关于“九五”期间围绕社会主义新农村建设实施新家庭计划的通知》，到1997年全县农村有65%的家庭达到新家庭标准，到2000年达到80%以上。

1997年4月，县新农村新家庭建设协调小组命名101户新家庭示范户。同年4月30日至5月20日，在齐贤镇开展新农村新家庭评估试点，评出100户镇级新家庭示范户、875户村级新家庭示范户和1.51万户达标户。同年5月4日，根据市《新家庭计划活动示范乡(镇)验收标准》，开展示范镇考评验收。同年6月14日开始，全县分三个阶段开展新农村新家庭建设评估工作。到年底，全县有23.60万户农户参与新家庭计划活动，参与评估21.58万户，参评率91.44%，其中达标户20.31户，参评达标率94.12%。新家庭计划活动受到国际组织和上级新闻媒体的关注。同年10月6日，国际知名人口学家，西班牙大学社会学、历史学教授芮达维，美国加利福尼亚大学社会学教授王丰考察绍兴县安昌镇计生服务站、东浦镇新家庭计划活动。同年

10月27日，国家计生委与省新闻采访团考察绍兴县新家庭计划活动，并实地到柯桥镇考察。同年11月4日，省新农村新家庭建设采访团一行8人在绍兴县采访。12月2日，全省总结推广新家庭计划活动经验，全省新农村新家庭建设表彰会暨大型广场文艺演出在绍兴县东浦镇举行。演出期间，为包括绍兴县齐贤镇谢如炎家庭在内的全省1997年度“少生优生、富裕文明、健康幸福”新家庭示范户代表授奖。

1998年，全县加快新农村新家庭建设步伐，推进帮扶计划，开展少生快富服务，全县有23.25万户农户参与新家庭计划活动，占全县农户总数的90.75%，其中有21.71万户参与新家庭建设评估，达标率占参评户数的90.92%。在此基础上，全县自下而上评出镇级新家庭示范户2841户，县级示范户100户，推荐市级新家庭示范户24户。其做法受到国家计生委肯定和中央电视台关注。同年7月3日，国家计生委在绍兴县召开浙江省新家庭计划活动理论论证会，与会代表听取绍兴县新庭计划活动情况介绍，参观东浦镇东浦村新家庭计划活动。中央电视台三次播放绍兴县开展新农村新家庭建设活动。全县新家庭计划活动在全县新农村建设达标验收中受到省验收组的肯定。

1999年，全县继续深入开展新家庭计划活动，通过舆论宣传、分类办班、典型示范等形式，创建“富裕文明、健康幸福”新家庭，把计划生育与群众性精神文明创建活动结合起来，促进群众生育观的转变，为巩固低生育率打下坚实基础。县计生委配合县委、县政府中心工作，下派一名干部去平水镇张家山村任职，帮贫扶困，并带去5000元扶贫资金。据统计，全县25个镇举办各类实用技术培训班505期，受训10.53万人次，用于计生户扶贫资金总额达96.97万元。同年9月1日，县新农村新家庭建设活动协调小组下发《关于做好1999年度新家庭计划活动评估和示范户评选工作的通知》，推动全县新家庭计划活动深入开展。同年9月28日，下发《关于公布绍兴县涉农部门对新家庭计划活动参与户和协会会员的若干优生优惠政策的通知》，县农业局、县林业局、县水电局、县供销社、县粮食局、县民政局、县财税局、县卫生局、县教委、县科委、县计生委、县计生协会12个部门共出台44条优先优惠政策，激发群众参与新家庭计划活动，推动农业、农村现代化建设。到年底，全县有23.37万户农户参与新家庭计划活动，占全县总农户数的91.22%；达到新家庭建设标准的21.05万户，达标率90.84%。全县自上而下评出镇级新家庭示范户2056户，县级示范户101户，推荐省、市级示范户24户。

第七章 流动人口

随着市场经济的不断发展和改革开放的不断深入，国内人员流动日益频繁，流动人口逐年增加。在处于人口大流动、经济大发展的新时期，流动人口带来的计划生育问题，成为全县人口和计划生育工作的重中之重。绍兴县根据国家、省《流动人口计划生育工作管理办法》《国家流动人口计划生育工作条例》等法律法规，将流动人口纳入本地居民统一管理服务，实行同宣传、同管理、同服务、同投入，积极构建流动人口计划生育服务均等化工作机制，营造流动人口“同居一地、共谋发展”的和谐生存环境，提高流动人口为绍兴县经济社会发展的贡献率。

第一节　管理服务规定

20世纪80年代，流动人口计划生育管理服务对象主要是离开户籍所在地跨乡镇、省、市、县(市、区)务工、经商人员中的育龄人员，重点是已婚育龄妇女。90年代起全面关注成年育龄人员，并开始从政策层面上关注流动人口计划生育服务管理，流动人口计划生育管理服务工作开启一个新时代。

一、国家规定

1991年12月26日，国家计生委颁布《流动人口计划生育工作管理办法》，对流动人口计划生育管理的对象,政府、部门和用工单位的职责，流动人口的权利、义务和法律责任作出具体规定。

1999年1月1日，国家计生委颁布修订后的《流动人口计划生育工作管理办法》，适用对象调整为在现居住地不是户籍所在地，异地从事务工、经商等活动或者以生育为目的异地居住，可能生育子女的已婚育龄人员。《办法》规定由常住户口所在地和现居住地人民政府共同管理调整为由其户籍所在地和现居住地的地方人民政府共同管理，以现居住地管理为主。明确现居地和户籍地各级政府部门在流动人口计划生育管理中的职责和要求，明确对违反流动人口计划生育管理的单位和个人的法律责任和罚款金额。同年11月29日，国家计生委发布《流动人口婚育证明管理规定》，对办证对象、办证机构、办证条件、证件格式、办证流程和法律责任作出统一规定，加强对《流动人口婚育证明》的管理和婚育信息的查验。

2003年12月1日，国家人口计生委发布《流动人口计划生育管理和服务工作若干规定》（以下简称《若干规定》），2004年1月1日起开始施行。《若干规定》要求流动人口较多的地方应根据需要,设立流动人口计划生育管理机构，配备必要的专（兼）职工作人员。现居住地应将流动人口计划生育工作纳入本地区经常性管理和服务范围，实行与户籍人口同宣传、同服务、同管理；规定流动人口户籍地乡（镇）人民政府或者街道计划生育工作机构的七项职责和流动人口现居住地乡（镇）人民政府或者街道计划生育工作机构的八项职责；现居住地可为流动人口办理临时《流动人口婚育证明》；提出建立流动人口户籍地与现居住地的计划生育信息交换和反馈制度；跨省流动人口夫妻符合条件的，可由现居住地人口和计划生育部门按照现居住地有关规定办理第一个子女生育服务证件；违法生育行为由户籍地和现居地协调征收。

2009年10月1日，《流动人口计划生育工作条例》施行。流动人口重新定义为“离开户籍所在地的县、市或者市辖区，以工作、生活为目的异地居住的成年育龄人员”。但“因出差、就医、上学、旅游、探亲、访友等事由异地居住、预期将返回户籍所在地居住的人员，在直辖市、设区的市行政区域内区与区之间异地居住的人员”除外。流动人口计划生育工作由流动人口户籍所在地和现居住地的人民政府共同负责，以现居住地人民政府为主，户籍所在地人民政府予以配合。建立流动人口计划生育信息管理系统，实现流动人口户籍所在地和现居住地计划生育信息共享，并与相关部门有关人口的信息管理系统实现信息共享。流动人口现居住地和户籍所在地的乡（镇）人民政府、街道办事处之间建立流动人口计划生育信息通报制度，及时采集流动人口计划生育信息，运用流动人口计划生育信息管理系统核实、通报流动人口计划生育信息。计划生育管理更具人性化，取消凭《流动人口婚育证明》用工、办理有关登记和证照的前置条件，取消违反流动人口计划生育的单位和个人的行政处罚，已婚育龄妇女由必须落实长效避孕措施调整为自觉落实计划生育避孕节育措施，第一次以行政法规规定流动人口可以在现居地办理一孩生育服务登记，《流动人口婚育证明》办证对象由成年流动人口调整为成年育龄妇女。

二、省规定

1990年1月3日，《浙江省计划生育条例》首次列入流动人口计划生育管理内容，明确已婚育龄妇女在户籍地以外的地区暂住三个月以上的，必须向户籍地乡（镇）人民政府或街道办事处领取《计划生育证明》。在暂住地办理暂住户口登记、领取营业执照或办理其他有关手续时，必须交验《计划生育证明》。

1993年6月1日，《浙江省流动人口计划生育管理实施办法》施行。《办法》共六章四十条，对流动人口常住户口所在地和流动人口现居住地的计划生育管理作出具体规定，外出经商、从事劳务活动的育龄夫妇和计划生育行政管理部门认为需要管理的其他育龄人员，外出前必须到常住户口所在地的乡（镇）人民政府、街道办事处申请领取《浙江省流动人口计划生育证明》。明确两地乡（镇）人民政府、街道办事处在流动人口计划生育管理工作中的职责。对政府、单位和个人在流动人口计划生育管理过程中的违法行为作出具体处罚措施和罚款金额。

1999年12月24日，省政府发布《浙江省流动人口计划生育管理办法》，对成年流动人口定义为同时符合两种情形的18周岁以上的育龄人员，即“具有本省户籍但离开户籍所在地的乡（镇）或者市区的；不具有本省户籍但进入本省行政区域的，异地从事务工、经商等活动或者以生育为目的异地居住30日以上的”。具体规定流动人口现居住地的乡（镇）人民政府或者街道办事处在流动人口计划生育管理中的八项职责、户籍地的乡（镇）人民政府或者街道办事处在流动人口计划生育管理中的九项职责、与已婚育龄流动人口形成劳动关系的用人单位和雇主的四项管理职责。已婚育龄流动人口计划外生育的，明确为由现居住地乡（镇）人民政府或者街道办事处向其征收计划外生育费，由户籍所在地乡（镇）人民政府或者街道办事处向其征收超生子女社会抚养费。对违反流动人口计划生育管理的单位和个人明确具体法律责任和罚款金额。

三、县规定

绍兴县一贯重视流动人口计划生育工作。90年代，从事外出务工、经商、建筑、企业打工等农村剩余劳动力频繁流动。但绍兴县因经济发展较快，特别是乡镇企业快速发展，流入人口明显多于流出人口。全县将流动人口计划生育工作纳入本地经济社会发展规划，并提供必要保障。

1990年6月，县政府规定：“流动人口的计划生育管理，按国家、省和县政府《关于绍兴县流动人口和个体工商户计划生育管理细则》的有关规定执行。户籍地和暂住地要相互联系，双重管理。在本县范围内节育措施由暂住地负责落实，无计划出生的各承担一半责任。”

1993年6月14日，县政府要求各镇（乡）及有关部门加强对流动人口计划生育管理工作的领导，依法落实管理职责，确定专（兼）职人员管理日常工作，做好宣传贯彻、发证验证和检查工作。镇（乡）和县有关部门承担相应的管理职责，并督促下属单位做好经常性管理工作。县计生委负责检查督促有关部门、单位和各镇（乡）流动人口计划生育管理工作的落实情况，定期向县政府汇报。

1994年1月28日，县府办下发《关于流动人口计划生育管理的通告》，规定全县外出、外来育龄人员必须办理领证、验证手续。

1998年5月，县政府下发《关于制止非法收养、非法同居、加强流动人口计划生育管理的意见》，严厉制止非法收养、非法同居、流动人口超生现象。要求各镇人民政府、县有关部门加强流动人口计划生育管理工作，严格履行职责，实现齐抓共管，严把外出、外来人员计生证明发证关、验证关。公安、工商、建设、劳动、交通及其他行业管理部门切实履行职责，在办理各种证照、许可证时，核查外来育龄人员所持的现居地乡镇（街道）人民政府（办事处）计划生育办公室出具的计划生育查验证明及计划生育责任书，并将审批结果通报当地镇(乡、街道)人民政府(办事处)计划生育办公室。流动人口计划生育工作实行法定代表人计划生育责任制。

2002年5月20日，县府办下发《关于进一步加强流动人口计划生育管理的意见》，《意见》共五个部分：一是深化管理措施。建立和完善流动人口计划生育管理工作制度。建立以现居地管理为主的制度，实行现居地和户籍地双向联系制度；建立发证、验证和孕、环情检测制度；实行合同管理制度；建立监督检查制度；建立计划外出生有奖举报制度；逐步实现流动人口计划生育计算机信息管理。二是落实工作经费。要求各镇（街道）将流动人口计划生育管理经费列入年度预算，保证流动人口管理和服务需要，同时对现居地人民政府（街道办事处）落实市内户籍流动人口计划外怀孕补救的，按照每例300元给予奖励。三是明确管理责任。实行考核评估。从2002年起，实行外来人员计划外出生纳入现居地计划生育管理的工作考核制度。四是加强队伍建设，健全组织网络。县成立流动人口计划生育管理领导小组，组建流动人口稽查大队，与流动人口计划生育管理办公室合署办公。五是落实工作要求。加强领导，齐抓共管，依法行政。规定县公安局、县工商局、县劳动保障等部门在审批成年流动人口暂住证、出租房屋许可证、工商营业执照(含年检年审)、就业证等证件时，必须检查其现居住地镇人民政府(街道办事处)出具的婚育查验证明，并将审批结果通报给现居住地镇人民政府(街道办事处)；没有婚育查验证明的，不得批准。同年7月15日，县委办、县府办《印发〈关于进一步加强外来人口管理和服务工作的若干意见〉的通知》，建立健全外来人口管理运行机制，成立外来人口管理领导小组，下设办公室，与县社会综合治理办公室合署办公，负责全县外来人口管理和服务工作的指导、协调、检查和考核。县人口计生局作为成员部门，根据自身职责，切实做好外来人口的管理和服务工作，以控制和减少外来人口违法生育为重点，加强对外来育龄妇女的宣传教育和避孕技术服务，实行有效管理，配合县公安局等部门共同做好外来人口《暂住证》《就业证》《流动人口婚育证明》“三证合一”工作，把外来人口计生管理纳入现居地计划生育管理服务体系。各镇（街道）、村（居）对外来已婚育龄妇女提供避孕药具、施行计划生育四项手术、定期组织孕情环情监测服务。与外来育龄人口形成劳动关系的单位和个人，履行管理职责，落实专（兼）职管理人员。

2003年5月，县政府进一步落实流动人口计划生育现居住地管理为主的管理机制。规定医疗保健机构在为已婚流动人口中的孕妇施行孕期检查或者分娩前，应当要求其出示《生殖健康服务证》（或《生育证明》）；对没有《生殖健康服务证》（或《生育证明》）的，应落实补救措施及合适的避孕节育措施。县建设局、县交通局、柯桥开发委、柯岩旅游度假区、滨海工业区、城市投资等部门应督促建筑施工企业及其他用工单位与户籍地镇人民政府或街道办事处签订好计划生育责任书，确定专人负责所招用的成年流动人口的计划生育管理工作。与流动人口计划生育有关的用工单位、私营企业主、房屋出租户等，应明确管理责任，把流动人口计划生育管理责任层层分解落实到有关岗位和个人，与招工、就业、房屋出租等管理措施有机地结合起来，体现“谁用工，谁主管，谁留宿，谁负责”的归口管理、条块结合原则。县、镇两级财政将流动人口计划生育管理所需经费纳入计划生育事业费之中，保证流动人口计划生育管理和服务的经费需要。绍兴市内户籍流动人口的节育手术费，有用工单位的，由用工单位负责；无用工单位的，由现居住地镇人民政府或街道办事处垫付，县人口计生局负责监督户籍地与居住地镇人民政府或街道办事处结算。对现居住地镇人民政府或街道办事处落实市内户籍流动人口计划外怀孕补救的，按照每例300元给予奖励，奖励经费由流动人口户籍所在地镇（乡）人民政府或街道办事处按季兑现，县人口计生局负责监督落实。非绍兴市内户籍流动人口的节育手术费，有用工单位的，由用工单位负担；无用工单位或用工单位落实有困难的，由现居住地镇人民政府或街道办事处为主承担，户籍地和上级主管部门适当补助。各镇人民政府或街道办事处为市外育龄人员垫付的四项手术经费，每年底将发票复印件和身份证复印件上报县人口计生局，由县人口计生局向上级主管部门申请补助。

第二节　管理服务措施

一、组织机构和服务网络

1992年4月，全县贯彻《流动人口计划生育工作管理办法》，建好流动人口管理网，从县到乡（镇）都设立流动人口联络员，形成纵横交错的信息网络。中国轻纺市场设有专职计划生育协理员。

1993年3月，全县成立中国轻纺城流动人口计划生育管理办公室，加强流动人口计生管理工作。

1994年9月24日，县政府成立流动人口计划生育稽查领导小组，由副县长傅建祥担任组长，成员由公安、宣传、交通、城建、乡企、劳动、农业、工商、轻纺城管委会办公室、文广、计生的主要负责人构成，下设办公室（设在县计生委内）。后因县领导人事变动，于1995年1月、1996年12月、1998年7月、2000年5月进行四次调整，先后由副县长赵兴旺、章生建、车晓端、吴晓担任组长，成员单位不变。

1999年，绍兴县轻纺城流动人口计划生育管理服务中心成立。

2000年7月，成立由公安、计生、劳动和柯桥镇四个单位组成的柯桥暂住人口综合管理办公室，抽调专职人员实行合署办公，实现流动人口劳动就业、计划生育、社会治安“三位一体”，对柯桥镇的外来人口实行统一管理、全程服务。中央电视台对绍兴县流动人口计生管理作专题采访，并于4月18日、4月20日播出。同年7月22日，县计生委下发《关于建立流动人口计划生育专职管理员例会制度的通知》，规定每季末20日为例会日，首次例会在7月27日召开。是年，各镇(街道)专职流动人口计生管理员配备到位，其中华舍、安昌等5个镇的专管人员在2人以上。

2001年2月，县设立流动人口计划生育管理办公室和稽查组织，对镇级流动人口管理队伍进行调整和充实，较大镇及流动人口较多的镇也设立相应的组织，核定编制，配备专职人员，负责本辖区流动人口的计划生育管理、服务和稽查，公安、计生、工商、税务、劳动保障、卫生、建设等有关部门切实履行职责，围绕办证、租房、用工等环节，相互协作，共同进行管理和服务。2002年3月1日，县计生委请示县编委成立绍兴县流动人口计划生育稽查大队。同年4月30日，县编委批复新建绍兴县流动人口计划生育稽查大队，负责全县流动人口计划生育稽查和检查，督促抓好流动人口计生管理工作，受县计生委委托，负责对全县范围内违反流动人口计划生育管理规定的单位和个人实施行政处罚。同年5月20日，县府办下发《关于进一步加强流动人口计划生育管理的意见》，规定人口较多的镇(街道)和流动人口管理任务较重的镇(街道)要建立组织，已采取公安、计生、劳动合署办公形式的镇要完善提高，流动人口在1000人以上的镇(街道)要配备专职管理人员。县建设局、县交通局、柯桥开发委、城市投资等部门要督促施工企业及其他用工单位与户籍地镇(街道)签订好计划生育责任书，确定专人抓好所招用的成年流动人口计划生育管理工作。同年7月23日，成立绍兴县外来人口管理工作领导小组，县委副书记李杏芬担任组长，成员由县委办、县府办、县政法委（县综治办）、县劳动和社会保障局、县人口计生局、县财政局、县建设局、县国土资源局、县教育局、县工商局、县司法局、县民政局、县委宣传部、县公安局等主要负责人组成，下设办公室(设在县综治办)，实行两块牌子一套班子。

2003年12月，全县落实驻村指导员“指导帮助本村范围内的外出、外来流动人口计划生育工作，健全基层台账，帮助村干部与出租房户签订好计划生育协议书”三项流动人口管理职责。

2006年6月23日，县委办、县府办联合下发《印发〈关于切实加强外来人口管理服务工作的实施意见〉的通知》，探索和建立集管理、服务、教育、维权于一体的长效工作机制，将县外来人口管理工作领导小组更名为县外来人口管理服务工作领导小组，下设办公室（以下简称县外管办），归口政法委，负责全县外来人口管理服务工作的指导、协调、检查、考核。工作人员从县机关相关职能部门抽调。各镇（街道）、开发区也相应建立外来人口管理服务工作领导小组，村(居、社区)、企业建立外来人口管理服务站。各镇（街道）、开发区按800:1的比例配备外来人口专管员，身份为镇（街道）、开发区临时聘用人员，实行一年一聘劳动合同制。明确专（协）管员流动人口计生管理职责，在采集流动人口治安管理信息的同时，一并采集外来育龄妇女的婚育信息，包括婚姻状况、生育子女数、避孕节育措施等五项内容，并录入暂住人口信息系统。同年8月，县人口计生局指派一名计生干部驻县外管办，与综治、公安等部门实行集中办公，负责指导、检查、督促、协调全县专职协管员队伍，以及938个村（居、社区）、企业的流动人口服务管理站计生工作，做好人员登记、证件查验、信息反馈等工作。

2007年，全县建立县、镇、村三级组织网络，落实各自工作责任，配备两支专业队伍，即：专职协管员队伍由各镇（街道）、开发区以上年流动人口数为基数，按500:1的比例配备，落实到村居（社区）、企业驻村包片开展登记查验、信息采集报送等工作；兼职协管员队伍由流动人口50人以上的村居（社区）、企业按一定比例配备，协助专职协管员开展流动人口服务管理工作。全县共有1100余名专职协管员和2000余名兼职协管员。各镇（街道）计生干部落实1－2名流动人口计划生育专职工作人员，加强与专（兼）职协管员的联系、沟通工作。县外管办牵头组织公安、计生等部门开展流动人口专管员、协管员业务规范培训。

2008年8月，全县健全流动人口计划生育服务网络和管理机构，建立由流动人口协管员统一采集源头信息，公安、人口计生、卫生、民政、统计等部门互相交换、互相补充信息，流入地和流出地及时交换变更信息的流动人口计划生育信息管理模式，实现流动人口信息统一采集、证件统一查验、数据统一使用。在流动人口集中的社区、企业、集贸市场等成立计划生育协会，配合做好流动人口计划生育管理服务工作。

2009年8月20日至21日，县人口计生局组织70多名基层计生干部参加全省全员流动人口统计信息工作培训。全县基本形成流动人口专管员、协管员“两员管理”，公安派出所、计生“两方配合”，流出地、流入地“两地制约”的管理网络。

2011年7月8日，全县创新流动人口服务管理体制，实施流动人口计划生育基本公共服务均等化项目。县人口计生局成立社会管理创新工作领导小组。

2012年至2013年，全县开展创建集“基础管理、宣传教育、孕环检、免费避孕药具发放、计划生育信息交换等“五位一体”的“流动人口计划生育规范化服务中心”，柯桥街道、夏履镇、福全镇、钱清镇成功创建市级流动人口计划生育规范化服务中心；柯桥街道、夏履镇通过省级“流动人口计划生育规范化服务中心”验收。

二、部门目标管理责任制

1992年起，县政府开始对流动人口计划生育实行目标管理责任制。是年，签约部门为农业、工商、乡企、劳动、民政、卫生、城建、公安、交通、计生10个部门，实行综合治理、齐抓共管。县政府负责协调各部门及条块在计划生育工作中的有关问题，督促乙方抓好计划生育工作，并委托县计生委对乙方的计划生育目标责任制完成情况进行指导考核。各有关部门的职责为：把计划生育工作列入本部门工作计划，落实分管领导，配备专（兼）职工作人员，建立信息网络，充分运用各部门的职能，与所在地政府一起，共同抓好本部门及所属单位的计划生育工作；严格执行《浙江省计划生育条例》和《浙江省流动人口计划生育管理办法》，各部门制订的政策必须有利于计划生育，并按部门职责完成计划生育目标管理责任制的规定和要求，做到年初有计划、年终有总结。

1993年4月，县计生委制定镇、乡流动人口计划生育目标管理考核办法。9月1日，县委办下发《关于计划生育协调部门职责分工的意见》，促进综合治理和分工负责制，对县计生委、县计经委、县委组织部、县委宣传部、县卫生局、县教委、县财税局、县民政局、县文广局、县公安局、县司法局、县工商局、县交通局、县城建局、县劳动局、县人事局、县报社、县总工会、县妇联、团县委、县二轻公司、县供销社、县乡企局、县农业局、中国轻纺城开发区、城南开发区27个部门的计划生育管理职责进行明确分工。工商、公安等部门在办理营业执照、暂住户口时加强对流动人口计划生育管理；建设部门对23个外来建筑企业进行计生证明和工作责任审核。同年12月2日，轻纺城开发管理委员会办公室下发《关于加强中国轻纺城流动人口计划生育的意见》，规定所属各公司要重视计划生育工作，使计划生育落在实处，抓出实效；要有专人负责，制订考核办法，教育和督促职工自觉执行晚婚、晚育和计划生育政策，对违犯者，按规定作出严肃处理；凡计划生育工作做得好的单位，办公室和总公司将及时予以表彰奖励；对抓而不紧乃至出现后果者，将首先追究单位领导的责任。县城建局驻中国轻纺城办事处依法承担进入中国轻纺城开发区的施工队伍的计划生育工作，对进入开发区的建筑企业及人员，必须查验其施工所在地计生办出具的计划生育查验证明以及与户籍地政府签订的计划生育工作责任书副本，才能核发建筑企业施工许可证，验证率必须达到98%以上。对已审批的施工单位进行不定期检查，发现计划外怀孕的应及时采取补救措施，并按《实施办法》进行处理。驻轻纺城各房地产开发公司对在开发区购买房子的外来育龄人员，在发证时必须交验其户籍地的计划生育查验证明，无证明的外来育龄人员不准办理买房手续。各单位配合和支持计生部门开展工作，接受计生部门的指导，服从计生部门的监督。

1995年，县政府与各部门签订的流动人口计划生育目标管理责任制增加“干部、职工（包括临时工、合同工、外来用工）无计划外生育”一项部门职责。增加县土管局、县教委等2个签约部门，总数达12个。1996年增加“计划生育奖励政策兑现率达100%”，“与下属单位签订计划生育目标管理责任书，制订奖罚办法，签订率100%”两项部门职责，签约单位增加县计经委、县水利局、县粮食局、县二轻公司、县供销社、县委宣传部、县委党校、县文广局、县商业局、城南新区开发委、中国轻纺城管委会等，签约部门由1995年的12个增加到23个。

2000年，在县农业和农村现代化建设目标管理责任制考核中，县政府调整对流动人口计生工作考核分值，考核权重从2分提高到6分。

2002年，全县强化街道、部门间流动人口计划生育工作联动和责任考核，县政府将流动人口计划生育工作纳入全县人口与计划生育目标管理责任制及人口计生、公安、劳动保障、工商、粮食、建设、卫生、柯桥开发委等8个部门的岗位目标责任制考核。同年9月6日，外来人口管理办公室下发《外来人口管理服务工作考核办法》，流动人口计生工作考核占20分。

2004年，全县目标管理责任书签约部门调整为县公安局、县教育局、县财政局、县工商局、县建设局、县劳动和社会保障局、县人口计生局、县卫生局、县交通局、县国土资源局、县文广局、县粮食局、县民政局、柯桥开发委、柯岩旅游假区管委会、滨海工业区管委会、县国资公司17个，签约部门（单位）比1996年减少7个。

2006年6月23日，县委办、县府办《印发〈关于切实加强外来人口管理服务工作的实施意见〉的通知》，把流动人口计划生育服务管理工作列入其中，实行对外来人口管理服务工作的指导、协调、检查、考核。建立由县府办牵头，县公安局、县人口计生局、县外管办联合的镇(街道)外来人口每月一次抽查和半年一次督查考核制度，以日常考核、定期考核、专项检查、责任倒查等形式，将每月督查情况以《外管信息》进行通报。是年，全县外来育龄人员31.39万人，女性占13.59万人，其中9.75万人已婚育龄妇女全部纳入管理服务。

2007年，县级部门流动人口计划生育目标管理责任制考核增加建管(房管)局、轻纺城建管委，签约部门达到19个。考核内容为：部门把人口和计划生育工作列入本部门工作计划，与所在地镇（街道）共同抓好本部门及所属单位的人口和计划生育工作，自觉接受当地镇（街道）的检查、督促，做到年初有布置，年终有检查总结；落实分管领导，确定职能科室，配备专（兼）职工作人员，建立信息网络及人口和计划生育档案；严格执行《人口与计划生育法》《省条例》《流动人口计划生育工作管理办法》等法律法规；制订本部门各项政策须有利于人口和计划生育工作；充分发挥行业调控作用，按部门职责完成人口和计划生育目标责任制的规定和要求；干部、职工（包括临时工、合同工、外来用工）无违法生育行为，计划生育率达100%；计划生育奖励政策兑现率达100%；与下属单位签订人口和计划生育工作目标管理责任书，制订奖惩办法，签订率达100%。年终在部门自查评分的基础上，县人口计生领导小组办公室组织检查考核，根据部门工作实绩进行奖惩。对目标管理责任制完成较好的部门(单位)和个人进行表彰奖励；对出现“由于缺少配合而致某项人口和计生工作处于全市后进的、部门出台政策不利于人口和计生工作的、部门及所属单位人员出现违法生育或隐瞒、庇护、执法不力等情况之一的实行“一票否决”。

2011年，县人口计生领导小组下发《关于下达2011年人口和计划生育目标责任制考核任务的通知》，县签订目标管理责任制部门再次调整为17个。签约单门(单位)的职责任务为：

县教体局：督促全县所属各中、小学和成教学校把人口理论教育、青春期教育列入教育计划,普及人口理论教育。扩大教学知识面和教育范围，有80%以上的中小学开展青少年青春期健康教育活动，并培育一批示范学校；认真执行《绍兴县人口与计划生育若干规定》，落实持有《绍兴县放弃再生育优惠证》的家庭子女在初中升普通高中时总分给予加5分的优惠政策；完善信息共享机制，及时为计生部门提供流动人口在校子女的信息。

县公安局：在计划生育工作中发生的妨碍公务及弃（溺）婴、出生性别选择等触犯《治安管理处罚条例》《刑法》的行为,要及时调查，依法处理；加强与人口计生等部门的配合，共同做好流动人口计生管理。在核发外来育龄人员居住证时，应查验其计划生育《查验证明》，对领证人员进行登记造册，并实现与人口计生部门的信息共享；督促基层派出所积极配合计划生育部门，加强对新住宅区、旅馆、建筑工地等居住的流动人口计划生育管理；加强与计生部门的联系，及时为计生部门提供总人口、人口迁移、死亡、分年龄组人口及出生婴儿户口申报等人口信息资料。

县民政局：根据《绍兴县优生促进工程项目实施方案》的要求，组织推进优生促进工程，落实相关责任；配合有关部门，认真做好男、女青年的婚前教育、婚前医学检查工作；经常与计生部门沟通，并及时为计生部门提供婚姻登记、收养登记等信息；牵头治理非法收养，发现非法收养的应会同计生部门共同做好说服教育和行政处罚等工作，对符合法定条件的要及时给予办理有关手续；在开展社会救济福利工作中，协助建立完善有利于人口计生工作的相关优先优惠政策。

县财政局：把计划生育经费纳入财政预算，确保全县人均计生事业经费达到省、市考核要求，并加强对经费使用情况监督，确保专款专用；督促、检查、指导全县社会抚养费征收、使用、管理工作，保障社会抚养费县留部分全额用于人口计生工作；协助人口计生部门做好企业相关人员个人收入状况核查。

县人力资源和社会保障局：加强计生干部队伍的招录、管理与教育培训，做好人口计生系统技术人员职务评聘的有关工作。在干部职工晋升晋级中认真落实计划生育“一票否决”制；做好农村计划生育家庭的社会保障和优先优惠政策的落实工作。配合人口计生部门做好实施农村部分计划生育家庭奖励扶助对象参加社会养老保险情况的资格把关工作；协助有关部门定期对招用工单位的外来人员计划生育管理情况进行督促检查。

县国土资源局：指导所属单位加强计划生育工作，接受当地计生部门的督促、检查；按照《流动人口计划生育工作条例》有关规定，加强对下属企业的外来员工（包括临时招聘人员）的计划生育管理，督促下属企业建立计划生育档案，杜绝计划外生育；落实法律法规和相关文件规定的计划生育优先优惠政策。

县住房和城乡建设局：指导有关单位加强计划生育工作，接受当地计生部门的督促、检查；按照《流动人口计划生育工作条例》有关规定，加强对下属单位员工（包括临时招聘）的计划生育管理，督促下属单位建立计划生育档案，杜绝计划外生育。

县建管局：加强外出外来建筑企业计划生育管理，及时提供流动人口计划生育信息；落实法律法规和相关文件规定的计划生育优先优惠政策。

县交通运输局：指导所属交通运输管理单位加强计划生育工作，接受当地计生部门的督促、检查；按照《流动人口计划生育工作条例》有关规定，指导所属交通运输管理单位，建立健全交通运输行业人员的计划生育账、卡、册，做到底子清、情况明；在职工人数较多的下属单位建立计划生育协会。

县文化广电新闻出版局：把人口和计划生育作为文化、广播等宣传的重要内容；督促各镇（街道）文化站积极开展计划生育的宣传教育；加强本部门及下属企事业单位（包括外来员工和临时招聘人员）的计划生育管理，督促下属企事业单位建立计划生育档案，杜绝计划外生育。

县卫生局：根据《绍兴县优生促进工程项目实施方案》的要求，组织推进优生促进工程，落实相关责任；督促医疗单位按照相关规定提供优质的计划生育技术服务。杜绝假手术、假证明现象的发生，一旦发生，严肃查处；协助人口计生部门做好节育手术并发症、后遗症及病残儿童鉴定、诊治工作；严格把好各种计生技术政策关，督促医疗单位严格实行定点引产和凭证引产制度，落实凭证建卡、接生后无证报告制度；建立计生、卫生相关信息、报表交流制度，实现资源共享；加大“两非”打击力度，严肃查处非医学需要的胎儿性别鉴定和选择性别的人工终止妊娠行为。

县人口计生局：协同有关部门编制人口发展的长远规划和年度计划，通过计划、组织、指导、协调等职能，确保人口目标的实现；全面组织落实好本县的人口和计划生育工作，及时向县委、县府反映计划生育动态情况，为领导决策提供服务；具体负责计划生育方针、政策和法规的贯彻落实，做好人口和计划生育宣传教育、依法行政、科学研究、统计分析、队伍建设、信息化建设、避孕药具供应、经费管理和使用等工作，加强对各镇（街道）、开发区人口和计划生育工作的业务指导；起草各部门、单位在人口与计划生育工作中应承担的职责、任务；受县人口与计划生育领导小组委托，检查、督促各部门、单位职责执行情况，及时做好联络、沟通工作。

县工商局：督促基层工商部门和个体劳协会加强对个体工商户和从业人员的计划生育管理，建立计划生育联系网络，开展经常性宣传教育；配合人口计生部门做好个体工商户和私营企业经营者违法生育情况调查，提供相关信息。

县轻纺城建管委：结合本部门工作职责，开展经常性的计划生育宣传教育活动，配合相关部门在中国轻纺城市场区域开展计划生育宣传；督促下属企事业单位做好计划生育工作，落实管理人员，建立计划生育档案，杜绝计划外生育；督促下属公司在市场管理中做好市场经营户的计划生育宣传教育工作，积极发挥市场协会作用。

县供销社、水务集团、国资公司：开展经常性的计划生育宣传教育工作，在本部门及下属单位有固定的计划生育宣传标牌。对党员、干部、职工特别是育龄妇女开展人口与计划生育基础知识教育，有一份以上计生报纸杂志等计生宣传资料，同时对已婚育龄妇女，包括临时工、合同工等进行一年二次的孕情环情检查；本部门及下属企、事业单位在招用育龄流动人员时，应查验招用对象的《流动人口婚育查验证明》，无《查验证明》者不得录用；加强本部门及下属企事业单位（包括外来员工和临时招聘人员）的计划生育管理，督促下属企事业单位建立计划生育档案，杜绝计划外生育；在职工人数较多的下属单位应建立计划生育协会，并经常开展相关的活动。

此后，县人口计生领导小组每年与县有关职能部门签订部门人口和计划生育目标管理责任书，并从2012年起，将流动人口信息交换工作纳入对镇（街道、开发区）的年度岗位目标管理责任制考核。各部门(单位)切实履行职责，加强检查考核，建立起“政府主导、部门参与、齐抓共管”的流动人口计划生育管理和服务格局。

三、宣传服务月活动

1993年6月，全县组织开展流动人口计划生育管理为中心的宣传教育活动，召开座谈会230次，广播宣传3390次，出黑板报403期，发放宣传手册14619本，张贴宣传品3100份，发公开信2630封，清理流动人口5977人，联系3098人，落实上环468人，结扎97人，采取补救措施59人。因人口流动频繁，发证率和领证率始终在50%和30%左右。

1996年1月10日，县府办《转发省府办公厅关于加强元旦春节期间流动人口计划生育管理的通知》，抓住流动人口返乡过节有利时机，落实与外出人员见一次面、作一次孕环情检查、出验好一张证明的优质服务。

1998年2月，县府办部署开展流动人口计划生育宣传服务月活动，实行“两个结合”、狠抓“两个落实”、促进“两个提高”、做到“两个到位”、实现“两项推进”的宣传目标，落实外出返乡人员发一封信、见一次面、查一次孕(环)情、验（发）一本证的“四个一”服务，共发宣传资料 11.8万余份，刷新计生标语181条，上街宣传20次，为返乡育龄人员提供查孕查环服务8208人次，发证842本，验证798本。

2000年，全县注重抓好流动人口集中性宣传服务活动，在“开一次流管会议、搞一期专题节目、送一份宣传资料、见一次面、查一次孕、发（换）一本证”等“六个一”上下功夫。召开外来人口计生春节团拜会及开展上街咨询等形式进行宣传，共发放宣传资料12.5万份，外出人员换发《流动人口婚育证明》845本。

2001年，在春节前后，县计生委开展流动人口计划生育管理宣传服务月活动，加强对用工单位和房屋出租户的流动人口计划生育稽查，提高流动人口的计生管理率，全县共印发宣传资料19.77万份，外出人员发证489本，查孕查环10333人，外来人员验证2489本。

2002年至2013年，县人口计生局在每年的元旦、春节期间开展经常性的流动人口计划生育宣传服务月活动。

四、《流动人口婚育证明》查验

1992年4月，全县贯彻《流动人口计划生育工作管理办法》，建好流动人口管理网，建好流动人口账卡，做好流动人口查访工作，对流动人口集中的地方定期进行孕情检查。对流出、流入人口进行登记、验证。

1993年，全县执行《流动人口计划生育工作管理规定》，外出经商、从事劳务活动的育龄人员须申请领取《浙江省流动人口计划生育证明》。全县统一印制《流动人口计划生育查验证明》，实行半年一次验证、检查。

1994年1月，县政府颁发《绍兴县关于流动人口计划生育管理的通告》，并在2月3日的《绍兴县报》全文登载，对流动人口年龄划定、办证、验证、处罚等作出具体规定。同年6月7日，县计生委下发《关于开展流动人口计划生育管理办法并实行经济处罚的通知》，从6月下旬开始，对尚未执行《实施办法》规定的单位和个人实行经济处罚。要求各镇（乡）通知村、厂及有关单位，在6月20日前做好领证、验证“补课”工作。1—11月，全县共出证11303人，验证6808人，出证率和验证率分别达到88.42%和81.27%。

1995年2月，县计生委印发4万份《流动人口计划生育须知》，加强与外出回家育龄妇女的联系随访，强化婚育证明管理，外出人员出证率达87.48%，外来人员验证率达86.69%。

1996年6月5日，全县对流动人口计划生育工作实行统一领导、统一管理、统一验（发）证、统一收费服务、统一考核。各用工单位加强计划生育证明查验。县法院对华舍镇2家违反流动人口计划生育管理实施办法的企业采取强制措施。全县外来承包、施工、经营单位须提交计划生育责任书和育龄人员计划生育情况证明，把流动人口计划生育推上综合治理的轨道。

1998年4月15日，县计生委加强流动人口计划生育基础档案规范管理，对建档对象、建档种类、外出外来育龄人员办理有关手续程序作出明确说明，省内流动的到镇计生办申领《浙江省流动人口计划生育证明》。跨省的外出育龄人员在镇计生办申领《浙江省流动人口计划生育证明》后，须到县计生委盖钢印。夫妻双方外出，应出具人手一本的计划生育证明并分别编号。同年10月，县公安局要求各分局、各派出所健全登记制度、联系制度、检查制度，对无计生证明的要求限期补办《临时计划生育证明》。

1999年，根据国家计生委《流动人口婚育证明管理规定》和《浙江省流动人口计划生育管理办法》的有关规定，全县统一使用《流动人口婚育证明》，截至9月30日，全县26164名外出人员有25822人办理《流动人口婚育证明》，办证率98.69%；外来流动人口66775名持证，验证65534人，验证率98.14%，并都建立管理服务档案。2000－2002年，全县《流动人口婚育证明》持证率、验证率均大幅提高。其中2000年12858名外出育龄妇女有12452人办理，发证率达98.39%；2001年，外出育龄人员23836人，出证23655人，发证率99.24%；外来育龄人员91317人，验证91212人，验证率99.88%。2002年1至9月，外来育龄妇女61743持证33163人，持证率53.76%；外出育龄妇女26719人，发证26433人，发证率98.9%。

2004年2月，全县根据“同宣传、同服务、同管理”原则，探索流动人口异地办理临时《流动人口婚育证明》工作机制，提高《流动人口婚育证明》持证率，全年共办证34522本。

2006年6月，全县针对流入人口长住本地，《流动人口婚育证明》过期及持证率低、返乡办理难情况，建立公安和计生台账合一、计生和治安出租房责任书合一、办理与查验《暂住证》和《流动人口婚育证明》合一的“三合一”工作模式，提高流动人口已婚育龄妇女的管理服务率。全县外出育龄人员19961人，其中女性9895人（已婚9059人），发证9668人，出证率97.71%。

2007年起，流入人口的《流动人口婚育证明》实行与公安的《暂住证》合一，流入人口的婚育信息通过流入人员个人承诺，在办理暂住证时由公安、计生把关婚育查验信息。

五、计生管理协议（责任）书

1993年3月12日，县计生委下发《关于抓好流动人口计划生育管理工作的通知》，开展暂住人口调查工作，核对查验外来育龄人员的计划生育信息，完善计划生育档案。制定县对镇（乡）流动人口计划生育管理考核办法，对流动人口较多的镇、乡实行重点指导，与外出人口签订计生管理协议，与房主签订管理协议，与村、厂签订责任书，19个镇（乡）对外出人口进行二次以上跟踪随访。

附1:

流动人口计划生育协议书

为加强流动人口计划生育管理，从紧从严控制人口增长，根据《浙江省流动人口计划生育管理实施办法》和县人民政府有关规定，__________（以下简称甲方）与外出人__________（ 以下简称乙方）签订本协议书。

一、甲方职责

1. 为外出者出具计划生育证明。

2. 对外出者计划生育情况进行监督。

3. 对外出者违约情况进行处理。

4. 无用工单位的外出者落实节育措施，手术费凭手术发票和现住地政府或街道办事处证明予以报销。

二、乙方职责:

1. 落实好一孩上环、二孩结扎可靠节育措施，并接受现住地管理。

2. 于_____年_____月回家进行孕检和环检或寄回现住地县级以上计生指导站出具的计划生育检查证明。

3. 交纳计划生育保证金_____元，缺一次检查愿扣保证金_____元。

4. 两次不检查，愿支付镇、乡同志到现居住地联系的全部旅差费用。

5. 避孕失败，自觉落实补救措施。

6. 外出期间自觉执行省府30号令，确定单位_____同志作为担保人。

三、本协议书自甲、乙双方签订之日起生效。

协议书一式三份，甲、乙双方，镇乡政府各执一份。

甲方单位和代表签字 （盖章）　　　　　　乙方签字（盖章）

签订日期_____年_____月_____日

附2：

流动人口计划生育管理协议书

为加强流动人口计划生育管理，从紧从严控制人口增长，根据《浙江省计划生育条例》和流动人口计划生育管理的有关规定，__________（以下简称甲方）与房屋出租户（单位）__________（以下简称乙方）签订本协议书。

一、乙方职责：

1. 出租房屋时，应查看育龄女性房客户籍地政府出具的计划生育情况证明，并三天内将其婚育情况报告甲方，对没有证明的，一律不准出租。对已租住的无计划生育证明者，限定房客在一个月内办理补证手续，若有违反，视情节处_____元罚款。

2. 积极配合政府做好法制宣传教育和租房育龄妇女的节育措施落实工作，发现房客计划外怀孕生育，视作窝藏同等处理。房客有非法同居等违法行为，应立即制止，并及时报告当地政府及有关部门。如发现违者而不报告者，视情节按有关规定处罚。

3. 乙方出租房子，若房客增减、搬迁，应主动在三天内向甲方报告。

4. 对居住已满三个月的育龄妇女房客，应通知其到所在地镇政府交验户籍地政府出具的计划生育情况证明。

二、甲方职责：

1. 对房子出租户及其房客的婚育情况进行登记。

2. 对已满三个月的外来已婚育龄妇女建立计划生育档案，并按现住地规定进行管理。

3. 配合乙方做好房客计划生育工作，帮助落实避孕节育措施，并主动与外来育龄妇女户籍地政府联系。

三、本协议书自甲、乙双方签订之日起生效。

协议书一式三份，甲、乙双方，镇（乡）政府各执一份。

甲方单位和代表签字（盖章）　　　　乙方单位和代表签字（盖章）

签订日期_____年_____月_____日

附3：

企业计划生育工作责任书

为切实加强本企业所属人员的计划生育管理工作，落实责任制，有效地制止计划外生育，特签订本计划生育工作责任书。

一、确定_____同志负责本企业的计划生育管理工作，保证在镇、乡政府领导下，完成下列指标：

1. 计划生育符合率100%；
2. 晚婚率80%以上；
3. 一孩出生三个月内上环率90%以上；
4. 二孩出生月内结扎率95%以上；
5. 流动人口计划生育验证率98%以上；

二、将本企业人员中已婚育龄妇女（包括随厂家属、外来用工及派往外地的在册职工）登记造册、建立计划生育档案、进行日常计划生育宣传教育和管理。具体分管同志每月参加镇、乡月会，交流信息。

三、建立一孩妇女产后即时上环、产后42天上环、二孩妇女产后月内结扎及一年一次孕情检查制度，并接受镇、乡人民政府对计划生育工作的指导、检查、督查。

四、按镇、乡规定支付企业职工依法履行计划生育各项义务所需一切费用（如独生子女父母奖励费、手术营养补贴费等），对自觉落实节育手术的职工，在国家规定的假期内工资、奖金照发，孕检、环透误工费照付。

五、企业招用、聘用外来育龄人员，按《浙江省流动人口计划生育管理实施办法》查验现住地镇、乡计划生育办公室出具的计划生育查验证明，无证明的一律不招用、聘用，违者按《实施办法》处理。

六、法人代表协同政府对违反计划生育的职工按政府有关规定进行处理。

七、年终镇、乡政府对各企业进行指标考核。对出色完成各项指标和工作的企业进行表彰、奖励；法人代表违反责任书规定，没有完成以上指标的按每项每下降5%罚款1000元，累计处理，造成计划外怀孕生育的（包括计划外怀孕后擅自离厂的计划外生育者），镇、乡政府按每人5万元对企业进行罚款。

八、本责任书一式三份，正本存镇、乡人民政府，副本一份交镇（乡）计划生育办公室，一份企业留存。本责任书自签订之日起生效。

镇（乡）人民政府（盖章）　　　企业名称、企业法人代表签名（盖章）

签订日期_____年_____月_____日

1994年，全县企业普遍转制，计划生育工作面临挑战。全县按人口与计划生育法律法规，提出股份制企业、租赁企业、私营企业都应执行计划生育基本国策，率先推行转制企业法定代表人计划生育目标管理责任制。是年，全县有434家镇级转制企业与镇（乡）政府签订责任书，落实企业计划生育联系员，实行企业计生联系员制度，建档设册，建章立制，企业在办理转制交接时，办好已婚育龄妇女孕情交接手续。同年6月，绍兴县的这一做法在绍兴县召开的浙北片计划生育工作会议上介绍。

1998年3月5日，县计生委、县工商局强化对外商投资企业计划生育管理，规定外商投资企业须与当地计生部门签订计划生育工作责任书，递交计划生育情况报告。

2001年2月，县委出台《关于进一步加强人口和计划生育工作稳定低生育水平的意见》，进一步落实企业法定代表人计划生育责任制。各种所有制形式的企业和事业单位、各种社会组织等都依据有关法律法规承担管理计划生育的责任，落实计划生育工作人员和经费，建立监督管理机制。

2004年2月，县人口计生局围绕“一转四化”（转变管理理念，实现市民化待遇、亲情化服务、人性化执法、信息化管理），加强对流动人口的管理服务，建立健全“123”管理服务机制（“一卡”：发放流动人口计划生育服务卡；“二制”：建立健全外来流动人口计生信息通报制和例会制度；“三率”：将外来人口计划生育率、随访服务率、婚育证明持证率纳入镇（街道）计生业务工作评估办法，评估结果与镇（街道）人口与计生目标管理考核相挂钩）。

2005年，全县推进企业法人代表计划生育责任制，具体落实四项职责：一是开展宣传教育。经常性开展外来人员计划生育的政策法规的宣传教育，经常性开展流动人口优生优育、避孕节育、生殖保健、艾滋病防治等知识宣传。二是落实专人负责。企业须有外来人员计划生育专（兼）职管理员，按时参加镇（街道）举行的各种计划生育会议和培训。企业招用外来人员须凭《流动人口婚育证明》，并组织和督促外来人员在十天内到镇(街道)计生办查验，持证率和查验率均须达到90%以上，无证的外来人员应按规定办理临时《流动人口婚育证明》。外来人员无计划外出生和无大月份引产。三是健全档案管理。企业必须建立外来人员计划生育管理档案，规范登记、注销，及时、准确上报各类报表；四是提供有效服务。组织育龄妇女办理《绍兴县避孕药具免费发放服务证》。建立流动人口计生协会，定期开展活动。同时，全县在村（居）、企事业单位落实妇女主任流动人口计划生育工作职责：参与登记站开展登记、调查摸底，建立计划生育档案，按月上报信息，与派出所做好指导核对工作；开展外来人员《流动人口婚育证明》查验工作，督促应持证而未持证者去户籍地办理《流动人口婚育证明》，《流动人口婚育证明》查验率95%，女性持证率50%；组织企业、村外来已婚育龄妇女参加一年两次的查孕、查环、查病服务，提供计划生育四项手术咨询；免费发放避孕药具，实行“零收费服务、零距离管理”，服务率100%。

2006年3月，县政府组织公安、人口计生、劳动等部门开展外来人员“大调查、大走访、大服务”活动。每季开展一次企业随机稽查活动，指导企业落实企业法人计划生育责任。全县外来已婚育龄妇女管理服务率达97.60%，94名违法怀孕的外来育龄妇女落实补救措施。同年8月8日，全县对年销售收入在500万元以上的规模企业开展企业法人代表计划生育责任制落实情况、建立计划生育工作制度情况、计划生育服务情况和奖励优惠政策落实情况的统计调查，40%以上的规模企业落实法人计划生育责任责任制。

六、综合管理服务

20世纪90年代，全县城乡经济体制改革不断深入，外出务工、经商、办企业人员逐年增加，外出已婚育龄夫妇超生、躲避生育现象随之增多。全县加强部门联合，探索、建立和完善流动人口计划生育免费服务、综合治理新机制。

1988年12月，县政府颁发《绍兴县流动人口和个体工商户计划生育管理细则》，首次对外出、外来务工经商人员的计划生育管理作出明确规定。

1990年，全县开始关注流动人口生育现象，强化查访工作，柯桥镇流动人口计生管理在全市会议上作经验介绍。

1992年11月5日，县委、县政府在计划生育工作协调会议上提出：加强流动人口计划生育工作要处理好与当前发展经济、部门工作、深化改革三对关系，各部门要通力协作，齐抓共管。是年，全县有外出育龄妇女6410人，其中省内3584人，省外2826人。外出已婚育龄妇女已出生81人，其中计划外12人。外出已婚育龄妇女应落实节育措施5680人，已落实5557人，节育率为97.83%。应出具证明5763人，已出具3359人，占58.29%。全县有外来育龄妇女5452人，其中省内4380人，省外1072人。外来育龄妇女已出生11人，无计划外出生。应落实节育措施1594人，已落实1529人，占95.92%。应查验证明1670人，已查验1068人，占63.95%。

1994年12月30日，县计生委、县工商局下发《关于在工商管理中进一步加强计划生育管理的通知》，国有、集体、合资、外资、私营、个体企业在申领工商营业执照时均须递交与企业所在地政府签订的计划生育工作责任书副本，明确单位法人计划生育管理责任；在年审时须递交企业所在镇（乡）计生办签发的《计划生育情况报告》，提供材料不齐的，工商、计生部门根据各自职责依法作出处理，并抓好外出外来人员的发证、验证工作，负责搞好计划生育方针、政策的宣传教育和业务辅导工作。

1995年2月，全县流动人口实行综合治理，突出“落实、协调、督查、服务”工作主线，公安、计生、劳动等部门在华舍镇开展“四统一”管理试点。

1996年6月5日，县公安局、县劳动局、县计生委积极探索流动人口劳动就业、计划生育、社会治安“三位一体”综合管理办法，加强对外出育龄人员外出前签好一份计划生育协议、查好一次孕、发好一本证的计划生育管理。各用工单位招用流动人口严格执行《浙江省流动人口计划生育管理办法》，交验计划生育查验证明。县法院对华舍镇2家违反流动人口计划生育管理实施办法的企业采取强制措施。外来承包、施工、经营单位须提交计划生育责任书和育龄人员计划生育情况证明，把流动人口计划生育推上综合治理的轨道。同年6月24日，县计生委举办部门流动人口管理人员宣传教育、管理协调和统计工作培训班。同年11月12日，县法院、县计生委下发《关于建立在受理离婚案件时查验计划生育证明制度的通知》，计划生育证明由镇（乡）计生办出具，堵截个别当事人在离婚诉讼中隐瞒生育真实情况、采用假离婚等手段违反计划生育政策、逃避制裁现象。凡未提交计划生育证明的，责令其补证，待补证后符合立案条件的，予以立案受理。同年11月25日，县计生委再次下发《关于在企业工商年检和建筑业中抓好计划生育工作的通知》，继续要求各类企业在工商营业执照验证审查时递交由镇（乡）计生办出具的《计划生育工作情况报告》。

1998年，全县贯彻落实国家计生委新颁布的《流动人口计划生育工作管理办法》，实行部门流动人口把关管理季报制。

1999年，全县大力实施综合治理，规范人口有序流动。

2000年5月15日，县计生委按《浙江省流动人口计划生育管理办法》第三十一条规定，要求县人事局将各镇计生服务站、县计生指导站、柯桥暂住人口管理办公室等单位的《事业单位登记证》的职责或服务范围中增加“受委托实施行政处罚”等内容，抓好流动人口计划生育管理。县计生委、县公安局专门组织外来人口在5000人以上的乡镇和有关部门领导赴深圳、珠海、黄岩、象山等地学习考察流动人口综合治理机制。在华舍镇率先采取公安、计生合署办公，实行“统一领导、统一政策、统一办证、统一收费、统一服务”一张网式扎口管理。柯桥、杨汛桥、钱清、齐贤、华舍、安昌、马鞍、夏履8个镇开始运作“政府牵头、公安为主、部门配合、扎口管理、条块结合”的管理新机制。实行流动人口计划生育管理例会制，外来人口较多的镇落实流动人口专职管理员，实行“一盘棋”管理并逐月反馈信息。同年8月2日，县府办组织开展流动人口计划生育工作检查。至9月30日，全县外出育龄妇女节育措施落实率为99.8%；外来育龄妇女41968人，查验率达100%，并都建立档案，提供服务。同年12月30日，县府办下发《关于明确流动人口计划生育管理中有关部门职责分工的通知》，调整和细化计生、公安、劳动三个部门的职责。

2003年，全县不断推进流动人口计划生育工作综合管理机制建设，管理变单一的部门管理为综合协调、齐抓共管，变阶段性突击管理为经常性制度化管理，变单纯的被动式管理为管理、服务、教育并重的主动式管理。流动人口可凭《流动人口婚育证明》免费领取避孕药具。是年，全县共为24910名外出人员办理《流动人口婚育证明》，为46117名外来育龄妇女提供“三查”服务，为2233名外来育龄妇女提供四项手术免费服务。

2004年，全县创新流动人口计划生育综合管理，建立“一转四化”（转变思路，树立流动人口也是绍兴建设者的理念；实现市民化待遇、亲情化服务、人性化执法、信息化管理）工作机制，突破工作难点，推进管理服务，编印11000本《流动人口计划生育管理服务工作指南》，组织上街宣传24次，发放宣传资料28万余份，组织查孕查环查病9613人。发放流动人口计划生育服务卡，建立健全外来流动人口计生信息通报制和例会制度，将外来人口计划生育率、随访服务率、《流动人口婚育证明》持证率纳入镇（街道）计生业务工作评估办法。

2005年，县府办、县公安局、县人口计生局及部分镇(街道)有关领导和工作人员赴宁波、金华、义乌等市专题学习考察流动人口管理服务经验，推进全县流动人口计划生育综合治理工作。县人口计生局专门对各镇（街道）进行暗访检查，并将结果报送县府办及各镇（街道）。

2008年1月，全县开展流动人口计划生育“五进企业”（宣传培训进企业、免费服务进企业、生殖保健进企业、维权服务进企业、慰问救助进企业）“关怀关爱维权”活动，共组织宣传活动67次，发放宣传资料473920份，举办知识讲座66场，受教育20202人次；提供查孕查环7463人，查病3179人，落实四项手术431人，发放药具1817份，发放免费服务券8937张。

2009年，县流动办、县公安局、县人口计生局联合开展每月一次的流动人口计划生育工作检查和统计分析，其工作经验在10月29日召开的全市流动人口计划生育工作现场会作介绍。全县积极推进免费避孕药具“一卡通”和免费服务券制度，加强外出流动人口的计划生育跟踪管理与服务，不定期地组织县计生指导站服务人员进企业为流动人口提供生殖健康关爱服务，实现流动人口计划生育公共服务均等化，共提供计生免费技术服务13.70万人次，服务管理率达95%以上；有4000余名外来人员得到生殖健康服务救助，发放避孕药具“一卡通”8000多本。

2010年，县流动办、县公安局、县人口计生局指导和督促基层流动人口计划生育的登记、婚育信息的采集和录入工作。全县共有流入育龄妇女22.97万人，其中流入已婚育龄妇女17.37万人，提供服务17.48万人次。

2012年，全县开展春、秋两季流动人口计划生育暗访、督查活动，加强流动人口计划生育法律法规宣传服务，推进流动人口已婚育龄妇女信息核查和反馈工作，提高流动人口计划生育信息掌握率，全年流动人口已婚育龄妇女信息掌握率达99.25%。

2013年，全县实施流动人口“网格化管理、组团式服务”，推进综合治理，免费为流动人口提供两年一次的生殖健康服务。全县共为外来已婚育龄妇女提供查孕查环查病11.21万人次，实施免费四项手术2201人，发放免费避孕药具6447份，办理避孕药具“一卡通”234本，发放免费服务券4971张。

七、执法稽查

1994年11月，县公安局、县工商局、县计生委联合对鉴湖镇、柯桥镇、钱清镇、福全镇、马鞍镇等地的建筑工地开展流动人口计划生育稽查，共查处15家单位346人，收缴罚款2万元。

1995年10月30日，县政府下发《关于开展全县流动人口计划生育管理工作检查的通知》，从11月15日至20日，对全县流动人口计划生育工作进行检查。重点检查各镇组织领导、职责制度和发证验证三项工作。采取听取镇（乡）、有关部门自查情况汇报，随机抽查公安、工商、劳动、交通、城建、卫生、民政、农业、宣传、文广、轻纺城、城南开发区等部门的一个基层单位；随机抽查5－10家私房出租户。由县政府主管领导负总责，抽调有关部门人员组成检查组。通过检查，促进全县流动人口计划生育管理工作，并做好迎接省、市检查考核准备。

1995年8月4号，县计生委下发《关于对流动人口计划生育依法管理情况开展自查的通知》，检查各镇流动人口计划生育领导小组是否成立；流动人口计划生育协调小组成员、协调部门职责是否落实；流动人口发证、验证情况；用工单位流动人口持证情况；外出返乡人员的孕（环）情检查、补救措施落实及补办发证和随访工作情况。对各用工单位、市场、工地、房屋出租户等开展稽查。县计生委组织随机抽查，抽查结果列入年终考核内容。

1997年5月15日至16日，县计生委会同公安、工商部门到中国轻纺城、马山镇的企业开展流动人口计划生育执法稽查。加强对外来人口的清理、外出人口的孕情监测，建立起镇（乡）流动人口计生协管员队伍，镇级稽查人员达214人。

1999年，全县抽查公安、工商、建设、劳动四个部门及湖塘、柯桥、斗门、齐贤四个镇各两个村的流动人口计划生育管理工作，主要检查流动人口计划生育证明发放和查验、部门把关、出租房管理等工作。检查发现普遍存在外来领暂住证人数少、查验计生证明少、管理措施少，以及外出发证人数少等问题。中央电视台于4月18日、20日专题播出绍兴县流动人口计生管理服务情况。上半年，县计生委共对30家单位开展流动人口计划生育稽查，共处罚53名计1.06万元。同年7月7日，县府办部署开展对外出流动人口计划生育证明发放情况和外来流动人口计划生育证明查验情况、各部门把关执行情况、房屋出租房管理情况、流动人口执法稽查情况等进行重点检查。同年8月4日至6日，由县府办、公安、工商、民政、建设、劳动、计生各部门抽调人员组成检查组，对有关部门的下属单位和乡镇、村随机抽查流动人口计划生育工作情况。

2000年，全县加大对流动人口计划生育稽查与处罚力度，密集开展5次流动人口计划生育稽查活动，委托各镇实施流动人口计划生育行政处罚权，被查单位6个，被查人数708人，对2家单位和1对夫妇作出行政处罚共1500元。

2001年，全县流动人口管理服务工作出现新的起色，建立和完善流动人口现居住地管理为主工作机制，加大流动人口计划生育的稽查力度，县计生委4次联合公安、工商、劳动等部门对14家企业和12户出租房进行检查，共处罚金7600元。

2002年9月，县流动人口计划生育稽查大队首次开展流动人口计划生育执法稽查，共对17家单位、18户出租户和4户工商户进行执法检查。

2003年，全县对15个镇流动人口计生管理比较薄弱的单位进行重点稽查，对柯桥城区近200户经营户进行宣传教育，处罚14家。在华舍街道查处婚育证制假点一处。同年8月，县人口计生局重点对外出人员的出证率、服务率，外来人员的查验率、持证率、档案入册，出租房管理和服务情况进行检查，共抽查企业34家，流动人口352名。94%的企业落实管理要求，90%以上的外来已婚育龄妇女享受到优质服务。

2004年，县人口计生局建立健全流动人口计划生育信息月报告制，实现部门间信息联享、服务联合、宣传联动、整治联手，合力推进流动人口问题综合治理。

2005年7月20日至22日，县政府办公室牵头，县人口计生局、县公安局、县工商局、县卫生局、县建设局组成联合稽查组，赴杨汛桥镇、钱清镇、安昌镇开展为期三天的流动人口计划生育管理执法稽查。副县长刘勇亲临钱清镇指导执法稽查活动。共稽查企业6家，外来员工1789 人，持证1680人，持证率达94% ，验证率达88%。其中已婚育龄妇女729人，持证率100%；635名已婚育龄妇女得到免费的“三查”服务，综合管理服务率达84%。

2006年9月21至22日，县府办牵头组织县人口计生局、县公安局、县工商局、县卫生局、县劳动和社会保障五部门有关人员，以随机抽查、听取汇报、查阅档案、实地检查相结合的方式，共稽查2家企业和2个村，涉及外来育龄人员4730人，其中已婚育龄妇女1407人。

2011年3月14日，县府办下发《关于开展全县流动人口计划生育管理稽查工作的通知》。抽调人口计生、公安、工商、交通、建设、劳动和社保等相关部门人员组成检查组，采取看资料、查档案、实地检查的方式，对马鞍镇、齐贤镇、夏履镇、杨汛桥镇4个镇开展流动人口计划生育稽查，重点检查外来流动人口婚育证明查验情况、部门（包括企业）把关情况、房屋出租户管理情况等。

第三节　管理服务机制

一、现居住地为主体制

1999年12月17日，县计生委下发《关于建立以现居地管理为主的流动人口计生管理机制的意见》，主要有十一方面内容：提高对外来流动人口计划生育以现居地管理为主的思想认识，增强对外来流动人口的计划生育的宣传、管理和服务的责任；落实流动人口计生专职管理员，将流动人口计生管理工作列入各镇人口与计划生育目标管理责任制考核；建立和完善外来流动人员的计划生育档案；建立部门流动人口计划生育目标责任制；开展外来流动人员的优质服务；加强流动人口计划生育"一盘棋"管理；建立流动人口专职管理员例会制；落实中国轻纺城流动人口计划生育服务中心职责；加强流动人口计划生育执法力度；强化房屋出租户签订流动人口计划生育管理协议；开展流动人口计划生育工作调查研究，探索新路子，不断完善提高。

2002年4月27日，县委、县政府《关于人口与计划生育工作综合改革的意见》指出：改革以"户籍地为主"的管理模式，建立"以现居住地管理为主"的新体制。逐步把流动人口、下岗（失业）职工和人户分离及新建住宅小区入住育龄人员的婚育行为纳入现居住地进行管理，重点抓好流动人口计划生育管理。全县按照"政府牵头、部门参与、条块结合、综合治理"的要求，加快落实流动人口计划生育以现居住地管理服务为主、户籍地配合的管理体制。公安、工商、人口计生、交通、劳动和社会保障、卫生、建设等有关部门相互协作，共同进行有效的管理和服务。积极探索公安、劳动、计划生育"三办合一"，以及外来人口《暂住证》《务工许可证》《流动人口婚育证明》"三证合一"模式，建立外来流动人口现居住地管理和服务体系。加强流动人口计划生育管理力量，县建立流动人口计划生育管理办公室和稽查队，配备专职人员，负责全县流动人口的计划生育管理、服务和稽查。在外来流动人口相对集中的镇（街道）建立管理和稽查组织，明确责任，落实人员和经费。同年5月20日，县府办下发《关于进一步加强流动人口计划生育管理的意见》，深化管理措施，建立流动人口计划生育以现居住地为主的管理机制，实行现居住地和户籍地双向联系制度，明确已婚育龄妇女是流动人口计划生育重点管理对象。建立发证、验证和孕、环情检测制度。现居住地对外来已婚育龄妇女进行一年二次的孕、环情查访，并以《浙江省流动人口计划生育孕情环情检查报告单》形式向户籍地通报结果。实行合同管理制度，户籍地镇(街道)或村(居)委会与外出育龄妇女签订计划生育管理合同。建立监督检查制度和有奖举报制度。开展流动人口计划生育计算机信息管理。同年7月25日，县委办下发《关于进一步加强外来人口管理和服务工作的若干意见》，明确县人口计生局要以控制和减少外来人口计划外生育为重点，加强对外来育龄妇女的宣传教育和避孕节育服务，实行有效管理；配合县公安局、县劳动局等部门做好《暂住证》《就业证》《流动人口婚育证明》“三证合一”工作，建立外来人口居住地管理和服务体系。

二、柯桥城区流动人口计生管理

2001年2月，县委下发《关于进一步加强人口和计划生育工作稳定低生育水平的意见》，提出加强以柯桥县城为重点的流动人口计划生育管理，切实将流动人口计划生育管理纳入综合治理的轨道。在柯桥县城建设进程中，加强社区计划生育管理，建立和完善“单位负责，社区管理，居民自治”的属地化管理新体制，把计划生育作为一项重要工作纳入城市社区管理体制和综合服务体系，加强下岗职工、失业人员和人户分离对象的计划生育管理，强化镇、街道、居委会计划生育管理的职能和责任。在加强城市外来人口管理和服务中，建立以居住地申报户口，以职业划分人口结构的新型户籍管理制度，加快外来人口向城市集聚。

2002年，随着县城建设步伐加快和柯桥撤镇设街顺利实施，城市社区计划生育工作强化属地管理的任务越来越突出，根据城市流动人口计划生育管理纳入城市社区管理体制和综合服务体系的要求，县政府顺势因时调整和完善柯桥城区流动人口计划生育工作管理体制。同年2月26日，县政府召集县府办、县人口计生局、县劳动保障局、县公安局柯桥分局、柯桥街道办事处、柯岩街道办事处等负责人，就加强柯桥城区流动人口计划生育管理工作有关问题召开专题会议，肯定柯桥暂住人口综合管理办公室、各相关职能部门和镇(街道)对柯桥城区外来人口实行统一管理、全程服务所取得的工作成效，就加强柯桥城区流动人口计划生育管理工作达成共识，形成《关于加强柯桥城区流动人口计划生育管理工作专题会议纪要》，核心内容为：一是认清形势，提高认识。按照国家、省、市有关流动人口计划生育管理工作规定，实行户籍所在地和现居住地人民政府共同管理、以现居住地管理为主的工作新机制。针对县城建设步伐加快、柯桥撤镇设街的现实形势，把城市社区计划生育工作强化属地管理放在突出位置，纳入城区社区管理体制和综合服务体系。二是明确要求，健全组织。调整、完善柯桥城区流动人口计划生育工作管理体制，健全城区各街道流动人口计划生育属地化管理工作职责，柯桥城区流动人口计划生育实行属地化管理，柯桥、柯岩、华舍三个街道全权负责本辖区内流动人口计划生育管理工作，成立街道流动人口计划生育管理组织和机构，落实专职管理人员和工作经费，健全行政村、居委会、企事业单位流动人口计划生育管理网络，加强基层基础管理工作。县成立流动人口计划生育稽查大队，以柯桥为重点，负责全县流动人口计划生育执法稽查。强化街道、部门之间对流动人口计划生育管理工作的联动。鉴于柯桥城区流动人口特别是各类市场、工业园区、建筑工地等流动人口管理较为复杂，县人口计生局、县建设局、县工商局、县公安局、县卫生局、县劳动和社会保障局、县粮食局、县城市投资公司、柯桥开发委等部门积极配合辖区所属街道，按照部门主管、街道服务的原则共同做好管理工作，配备专兼职人员，在办理流动人口暂住证、营业执照、就业证、房屋租赁登记证、建筑施工证等各个环节中，认真核查外来人口的婚育证明，及时通报计划生育情况，把好各自关口。三是落实职责，强化考核。落实柯桥城区流动人口计划生育管理工作职责。县政府将流动人口计划生育工作纳入全县人口与计划生育目标管理责任制，同时纳入县政府对县人口计生局、县劳动和社会保障局、县公安局、县工商局、县粮食局、县建设局、县卫生局、柯桥开发委等部门的年度岗位目标责任制考核。各相关街道、部门将流动人口计划生育工作纳入下属单位和工作人员的年度岗位目标责任制考核，做到责任落实、严肃奖惩。县对辖区所属主管部门流动人口计划生育工作的日常管理与年度考核，委托当地街道为主实施，并由县人口计生局指导、监督。县政府根据年度考核情况，对流动人口计划生育工作成效明显的街道、部门给予表彰和奖励。

2003年，全县把流动人口计划生育融入社区综合治理，由县综治办牵头，公安、工商、劳动、卫生、计生、文化等部门共同参与流动人口综合治理，对成年流动人口实行统一领导、统一管理、统一验证、统一服务。在街道，实行公安、计生合署办公“一站式”服务，做到定点、定人员、定责任。在社区，实行以现居住地管理为主的办法，推行“警备进社区”，由包片民警协助社区计生干部对已婚育龄妇女进行调查摸底，登记建档，把好《流动人口婚育证明》查验关、计划外生育关。对出租房屋实行一户一档，定期排查，更新档案，并做到避孕药具供应、生殖健康服务和定期回访，实行人性化管理。同年9月8日，全县《构建新平台，实践新体制，着力推进城区人口与计划生育工作》经验在全省城镇社区人口与计划生育工作现场会上介绍。

三、流动人口免费服务

2005年4月5日，县府办下发《关于印发绍兴县流动人口计划生育免费服务实施办法的通知》，规定从4月1日起，凡持有规范《流动人口婚育证明》来绍兴县创业的已婚育龄妇女，可免费享受基本的避孕药具、计划生育四项手术、查孕查环、宣传咨询和随访服务，实现市民化待遇。向流动人口提供人口与计划生育法律法规和政策的宣传资料；提供生殖健康、优生优育、避孕方法基本知识的宣传资料；提供计划生育的咨询和随访服务；为符合条件者办理临时《流动人口婚育证明》；提供基本的避孕药具；提供计划生育四项手术；提供查孕查环服务。免费服务以属地管理原则，由镇（街道）为主提供免费服务。镇（街道）本级实施的免费服务所需费用由镇（街道）自行负责，县计生指导站提供的计划生育四项手术和查孕查环的免费服务所需费用由县财政安排。各镇（街道）根据流动人口需要提供的免费服务情况，出具《绍兴县流动人口计划生育手术记账单》，县计生指导站凭此单提供相应的免费手术和服务。是年，全县共有3218名外来流动人员享受到免费服务。

四、外出人员跟踪管理

1997年，全县加强外出流动人口计划生育管理，遏制外出已婚育龄夫妇计划外生育现象。同年8月26日，全县在福全镇召开流动人口计划生育管理现场会，推广花为媒家私、福全镇、杨汛桥镇、湖塘镇的规范管理和外出人员孕情跟踪服务经验，以点带面推动全县提高管理水平。

2006年4月14日，县人口计生局下发《关于印发绍兴县外出已婚育龄妇女计划生育跟踪管理制度的通知》，对外出前、外出期间、返乡后的计划生育管理作出规定。外出前计划生育管理主要为宣传流动人口计划生育政策法规，引导和教育外出育龄人员自觉接受户籍地和现居住地计划生育双重管理和服务；建立外出已婚育龄妇女计划生育基础档案，对已婚育龄妇女在外出前进行一次孕环情检查，落实好避孕节育措施，掌握孕育情况；建立与外出已婚育龄妇女有效的联系方式（联系电话、通信地址、E－mail等），填写好《绍兴县外出育龄人员计划生育初审表》，掌握外出去向和住址，保持经常联系；免费出具《流动人口婚育证明》，签订好《绍兴县外出育龄人员计划生育协议书》。外出期间计划生育管理主要是外出已婚育龄妇女既可回户籍地进行孕环情检查，也可不回户籍地检查，但须向户籍地寄回现居住地计划生育部门出具的《流动人口计划生育避孕节育情况报告单》，一年二次(间隔小于5－6个月)。寄回的孕环情报告单由村(居)计生主任审验其姓名、身份证号码、照片、印章的真实性，并经镇(街道)计生干部核实后，各在孕环情报告单上签名。对可疑迹象须及时与对方(现居住地)计生部门进行联系核实；镇（街道）、村(居)计生干部经常关注外出已婚育龄妇女避孕节育情况，通过电话询问、通信联络，采取外出上门随访等形式，动态掌握外出已婚育龄妇女计划生育信息；一旦发现外出已婚育龄妇意外妊娠，及时采取补救措施，属违法怀孕或违法生育的，依据人口与计划生育法律法规及时处理；从本地实际出发，创造条件逐步建立外出育龄群众现居地计划生育协会组织或联系点，进一步完善计划生育管理服务。返乡后计划生育管理是指村(居)计生干部及时上门随访，了解避孕节育情况和生殖保健需求，指导落实避孕节育措施；核发或换发《流动人口婚育证明》，若育龄人员还将继续外出，续签《绍兴县外出育龄人员计划生育协议书》。

2007年，全县继续加强外出育龄群众计划生育管理，外出人员在外出前落实好避孕节育措施，自觉接受现居住地政府的计划生育管理，落实一年两次（每隔小于5－6个月）孕环情检查，凡避孕失败的，自觉落实补救措施。婚育节育情况发生变更的，应在3个月内持《流动人口婚育证明》到户籍所在地办理变更登记手续，并告知户籍所在地的镇（街道）计生办。

五、流动人口《一孩生育证》

2009年11月6日，县人口计生局制定《关于流动育龄夫妻在现居住地镇（街道）办理一孩生育证有关问题的意见》。规定流动育龄夫妻生育第一个子女的，可在现居住地镇政府或街道办事处办理生育服务登记。提供夫妻双方的居民身份证（原件、复印件）；结婚证（原件、复印件）；现居住地村（居）、社区出具的居住证明（原件、复印件）；女方的婚育证明和男方户籍所在地乡（镇）人民政府或街道办事处出具的婚育情况证明（原件、复印件）；女方近期免冠彩照2张，夫妻双方联系电话。其办理流程为：现居住地镇（街道）社事办收到流动育龄夫妻在现居住地办理一孩生育证的申请，所提交材料审查无误后，在七个工作日内将《绍兴县镇（街道）流动育龄夫妻一孩生育证办理登记表》邮寄给夫妻双方户籍所在地乡（镇）人民政府或街道办事处；收到户籍地反馈后，核查无误的，即时为育龄夫妻办理一孩生育证。现居住地的镇（街道）社事办为流动育龄夫妻办理一孩生育证后，在15个工作日内将《绍兴县镇（街道）流动育龄夫妻一孩生育证办理情况告知书》通过邮寄或传真的形式发给育龄夫妻户籍所在地的乡（镇）人民政府或者街道办事处，通报办理结果。

2013年3月16日，县人口计生局下发《关于办理流动人口一孩生育服务登记的意见（试行）》，就办理流动人口一孩生育服务登记过程中的办理对象、办理机构、需提供的材料、办理流程、注意事项和工作要求作出明确规定。简化流动人口一孩生育服务登记程序，对夫妻双方的居民身份证（原件、复印件）；结婚证（原件、复印件）；现居住地村（居）、社区出具的居住证明；女方的婚育证明和男方户籍所在地乡（镇）人民政府或街道办事处出具的婚育情况证明材料；男女双方近期2寸合照1张，女方近期免冠彩照1张等材料齐全的，由原来的22个工作日调整为即时办理。是年，全县共为22对外来育龄夫妻办理一孩生育服务登记。

六、精细化管理评价体系

2010年5月12日，县人口计生局下发《关于建立流动人口计划生育精细化管理评价体系的通知》，评价体系包括统筹管理、基础工作、依法行政、均等服务、综合治理、区域协作、信息管理、统计分析、工作创新九方面38项内容，每年底进行一次自查总结和资料汇总。满分为100分，设两项工作创新共5分的附加分。整体评价体系总分达105分。评价方法采用自查、抽查、平时调查走访或专题评估等形式，对各镇（街道）工作进行全面评价。专题评估时采用听汇报、看资料、抽查信息系统和实地考察等方法。评价体系两部分得分合计为绩效评价总分，85分为达标。评价总得分作为年度业务考核、评比先进的依据。

七、“积分制”管理

2012年10月24日，县人口计生局下发《关于贯彻落实流动人口积分制管理工作的意见》，贯彻落实县委县政府《关于印发绍兴县流动人员积分制管理办法（试行）的通知》和《绍兴县人民政府办公室关于印发绍兴县流动人员积分制管理办法实施细则(试行)的通知》等精神要求，提高流动人口计划生育服务管理水平，真正实现计划生育基本公共服务均等化。《意见》对流动人口积分制计划生育管理工作中审核的对象、工作内容、计划生育权益、公共服务和工作要求做出具体规定。明确镇（街道、开发区）社事办（局）在流动人口积分操作过程中的主要职责是审核积分制申请人是否在绍兴县有过违法生育行为，并为申请人及其配偶出具《接受计划生育管理情况证明书》。积分对象按积分高低可以享受落实长效避孕节育措施奖励、免费孕前优生检测及优生营养素补充、申请计划生育公益金、申请享受绍兴县独生子女家庭同等补助等四项待遇，并规定具体的享受条件、标准、操作流程。

第四节　信息化管理

2003年7月21日，绍兴县被列为省际间流动人口计划生育信息交换工作试点县，与户籍地计划生育部门实现计划生育信息共享。同年12月，“全国流动人口计划生育信息交换系统”和“浙江省流动人口计划生育信息交换系统”试运行。县人口计生局扎实做好国家、省流动人口计划生育信息交换平台工作，进行信息采集、交换、监控和反馈，及时变动数据信息，实行流动人口计划生育工作信息化管理。

2004年1月，全县依托全国和省流动人口计划生育信息平台，推进流动人口计划生育信息化管理。

2005年1月5日，县人口计生局下发《关于进一步加强流动人口计划生育信息交换工作的意见》，对做好全国、省流动人口计划生育信息交换工作提出具体要求：

“全国流动人口计划生育信息交换平台”：流入地计生部门提交辖区内三类重点管理对象（未持有流出地开具的《流动人口婚育证明》或《流动人口婚育证明》不规范的、已经怀孕的、未采取长效避孕节育措施的已婚育龄妇女）。信息内容包括育龄妇女的基本信息、生养信息、避孕服务、生殖健康检查服务等。流出地计生部门反馈流入地计生部门提出的查询需求。各镇（街道）于每月15日前，将上述三类对象需查询、核实基础信息的人员进行收集、汇总，输入“全国流动人口计划生育信息交换平台”离线软件，并将输入的信息发给县级管理员，在次月15日前将对方查询信息及时反馈，对流入地需查询的重要信息（如怀孕政策属性），流出地在一周内反馈。

“浙江省流动人口信息系统”：流入地计生部门提交辖区内的全部育龄人员信

息，分省内流动和省际流动两类。流出地计生部门反馈流入地计生部门提出的查询需求及流入地的落户申请。各镇（街道）对属于辖区内跨县的流动人口都全部输入浙江省流动人口信息系统。同月9日，县人口计生局召开流动人口计划生育信息交换平台工作专题会议，落实整改措施，创新工作机制，大力推进流动人口计划生育信息化建设。县人口计生局成立流动人口计划生育信息交换平台工作办公室，建立健全流动人口管理信息采集、登记、交换、更新、监控、分析、通报、考核等制度，流动人口信息交换平台工作列入镇（街道）业务考核。当年，在国家和省流动人口信息交换平台共提交信息18028条，接收率和反馈率分别达100%和99.38%。

2007年8月8日，县公安局、县人口计生局联合下发《关于进一步加强户口迁移信息共享的意见》，遏制利用跨省区迁移户口或办理离婚等手段规避违法生育责任的行为。要求各公安派出所以电子文档形式在每月5日前将上一月户口迁移信息反馈给所在镇（街道）社事办，由派出所和社事办共同做好户口迁移信息共享工作。镇（街道）社事办与派出所保持经常性联系，核对户口申报及育龄人员户口迁入、迁出信息，及时提供有可能违法生育的育龄人员信息。2005年至2007年，全县流动人口计划生育信息化管理工作一跃成为全市先进并受到市人口计生委表彰。同年7月，县人口计生局被国家人口计生委评为全国流动人口计划生育信息化建设先进集体。

2008年7月28日，县人口计生局下发《关于开展流动人口计划生育信息采集录入规范月活动的通知》，时间从8月1日起至8月31日结束，逐步建立流动人口计划生育信息库。在规范月活动期间，将2007年末跨县流入已婚育龄妇女人数的15%录入浙江省流动人口信息系统中。具体内容为现居住地提出查询需求（针对流入人员）和户籍地的接收、检查与反馈（针对流出人员）情况。同年11月13日，县人口计生局下发《关于贯彻落实居住证申领制度的意见》，要求各镇（街道）社事办落实专人负责对申领《居住证》人员的《流动人口婚育证明》及当前孕情进行审核，掌握流动人口在申领《居住证》过程中的婚育信息。

2009年6月1日，县人口计生局下发《关于加快推进流动人口计划生育信息化工作的通知》，全面推广应用省流动人口信息管理系统，逐步提高系统应用水平，实现信息录入率85%、信息反馈率90%、信息完整率80%、信息及时率80%的初步目标，要求达到利用公安部门信息数占省流动人口信息管理系统基础信息录入量的85%以上，出具《流动人口计划生育避孕节育报告单》的外来已婚育龄妇女检查结果上网率90%以上的目标。长期目标是省流动人口信息管理系统与PADIS对接，流动人口信息管理系统完全替代原纸质档案和报表，提升流动人口服务管理工作水平。全县共从居住人口信息系统离线导入数据26.7万条，实现流动人口信息公安和人口计生部门共享应用，流动人口信息交换平台工作位居全市前列。

2010年，全县流入总人口57.49万人，全部由镇（街道、开发区）从当地派出所直接提取信息进行日常管理。

2011年，全县推进流动人口信息化建设，加快应用“浙江省全员人口和计划生育管理服务综合平台”，全年导出上传流入数据72.59万条，各项指标均达90%以上，孕、环检结果录入查孕查环服务系统。全员流动人口信息登记入库率达95%，向户籍地发送孕、环检结果17681条。2012年，全年导出上传流入数据66.95万条，向户籍地发送现孕信息1150条，未办理《流动人口婚育证明》信息43528条，未采取长效避孕节育措施信息22703条，避孕信息23914条；反馈接收信息1395条。2013年，全年导出上传数据59.66万条。外来、外出已婚育龄妇女信息掌握率和流入已婚育龄妇女出生子女信息掌握率均在95%以上。向户籍地发送现孕信息1616条，未办理《流动人口婚育证明》信息43360条，未采取长效避孕节育措施23976条，避孕信息22140条，反馈接收信息1228条。

第五节　服务管理创新

一、“亲情管理、真情服务”

2005年4月7日，县政府召开人口和计划生育工作联席会议，专题研究流动人口计划生育管理问题。会上，进一步明确各成员单位的工作职责，讨论并通过《关于开展流动人口计划生育亲情管理、真情服务活动的实施方案》并形成会议纪要。同年4月26日，县府办下发《关于开展流动人口计划生育“亲情管理、真情服务”活动的实施意见》，其工作目标是加快建立和完善流动人口育龄妇女月信息报告单制度，企业法人代表计划生育责任制，部门综合治理等一系列工作制度，探索“主职主抓、主管实抓、部门联抓、上下齐抓”的工作格局，实现流动人口计划生育管理服务亲情化、法制法、市民化、信息化，全县流动人口计划生育管理服务覆盖率达95%以上。工作重点为外来、外出已婚育龄妇女的管理和服务。全县成立以副县长刘勇为组长，县府办、县人口计生局、县公安局等11个部门和各镇（街道）计生分管领导组成的领导小组，领导小组下设办公室（设在县人口计生局），负责具体的联系、指导、协调、督查等工作，保障活动顺利开展。同年4月28日，县委、县政府召开流动人口计划生育“亲情管理、真情服务”活动动员会，县委副书记孙云耀主持会议并作重要讲话，副县长刘勇作动员报告，部署全县流动人口计划生育“亲情管理、真情服务”活动，对外出已婚育龄妇女实行动态管理，信息跟踪，主动服务，实时联系；对外来已婚育龄妇女实行全员登记，分类建档，同等服务，依法管理。在此基础上，全县加强流动人口“信息、生育、孕前、双向”等四项管理；开展“宣传、政策、技术、随访”等四项服务；开辟登记与办证、咨询与查验、落实避孕方法与采取补救措施的绿色通道，实行“零收费服务、零距离管理”；设立集信访、举报、咨询于一体的热线电话，建立违法生育有奖举报制度；完善公安、计生、卫生、工商等部门联合打击计划生育的制假、违法行为的工作机制；创新服务方式，广泛开展“温馨服务日”“生殖健康关爱周”“宣传服务月”等活动，做好流动人口外出前、回家时、返乡后的计划生育工作。同年8月18日，全县召开流动人口计划生育“亲情管理、真情服务”工作现场会。会上，柯桥街道、马鞍镇、钱清镇作典型介绍，引导、推进全县流动人口计划生育“亲情管理、真情服务”活动。同年10月13日，《实施亲情管理，提供真情服务，全力打造流动人口和谐计生新平台》在全市流动人口计划生育“一转四化”机制建设工作会议作经验介绍，流动人口计划生育管理服务工作“老大难”转化成全县整体人口计生工作的一大亮点。是年，全县外来育龄人员达到23.88万人，其中已婚育龄妇女8.46万人，共有2.82万余名已婚育龄妇女享受免费服务政策，管理服务率达到94.1%，基本形成“主职主抓、主管实抓、部门联抓、上下齐抓”工作格局，实现外来建设者计划生育属地市民化待遇，建立起“以房管人、以企管外、以外管外、以站管人”的流动人口计划生育管理模式，有效破解流动人口计生管理服务难题。

二、双向协作试点

2008年1月2日，省公安厅、省人口计生委联合下发《关于开展流动人口服务管理协作工作的通知》，要求各级人口计生、公安部门信息统一采集、证件统一检查、数据统一应用。同年1月18日，县人口计生局转发上海、江苏、浙江三省（市）人口计生委《关于加强流动人口计划生育服务和管理区域联动协作有关问题的意见》。同年2月，绍兴县被省公安厅、省人口计生委确定为全省流动人口服务管理协作试点县。同年4月29日，全省流动人口服务管理试点县调研座谈会在绍兴县召开。同年5月10日，县流动人口服务管理工作领导小组办公室、县公安局、县人口计生局联合下发《关于开展流动人口服务管理协作试点工作的实施意见》，明确指导思想、工作目标、工作措施、工作步骤、工作要求和公安、流动办、人口计生三部门职责，加快流动人口信息管理系统的改造和流动人口计划生育信息系统的升级步伐，全心、全力落实试点工作目标任务，建立起“信息统一采集、证件统一查验、数据统一管理、绩效统一考核”的工作机制。试点工作在4月至7月份进行，分组织准备、具体实施和总结验收三个阶段。全县成立流动人口服务管理协作试点工作办公室，办公室设在县流动办，具体负责试点工作的组织协调和日常工作。各镇（街道）、开发区也成立流动人口服务管理协作试点工作办公室。县流动办发挥流动人口服务管理工作的指导、协调、检查、考核职能，指导开展流动人口信息采集工作，积极探索流动人口服务管理工作的新思路、新方法；县公安局做好流动人口服务管理有关政策落实工作，加强流动人口发证管理，会同相关职能部门加强信息平台建设，提供暂住人口管理信息和户口迁移信息；县人口计生局做好流动人口信息采集和平台建设，提供相关资料和计生业务培训，规范流动人口计划生育信息采集内容和制度，联系、指导和督促镇（街道）为流动人口提供免费计划生育技术服务；县流动办根据考核结果，定期向镇（街道）、开发区划拨专项经费。镇（街道）、开发区以每个流动人口15元的标准配套，主要用于专职协管员工资报酬、办公费用及村级流动人口服务管理工作经费补贴。在试点期间，全县实行检查考核制度、定期通报制度、会议协调制度，落实流动人口同宣传、同管理、同服务、同投入。是年1－6月，全县共投入流动人口服务管理工作经费1000余万元；登记发证34.98万人，其中外来育龄妇女10.93万人，与上年同比增长59.19%；；已婚育龄妇女7.97万人，与上年同比增长61.43%，服务外来育龄妇女10.72万人,服务率为98.14%;外来流动人口犯罪率1.79‰，比上年同比下降0.58‰。同年7月11日，全省流动人口服务管理协作试点现场会在绍兴县召开，总结提炼试点工作经验，全县在试点工作中探索形成的“信息统一采集、证件统一查验、数据统一管理、绩效统一考核”的流动人口服务管理的做法得到肯定与推广，流动人口计划生育服务管理工作走在全市乃至全省前列。同年10月15日，县流管办、县公安局、县人口计生局召开流动人口服务管理协作工作座谈会，进一步完善各自职责，认真总结经验，继续加强探索，为全省创造更好经验。2009年3月26日，省人口计生委专题在绍兴县调研流动人口计划生育服务管理协作试点工作情况。通过协作试点，全县流动人口计划生育服务管理工作积极融入实施“新柯桥人”计划，牢固树立“外来人口、本地人口，都是创业力量；第一故乡、第二故乡，都是温馨之乡”的理念，积极开展跨省、市的区域性流动人口服务管理协作工作，与安徽省绩溪、省内乐清市等10余个县（市、区）签订区域协作协议。2012年，与20个县（市、区）签订双向服务管理协议书，共向户籍地通报违法怀孕、违法生育201例。配合户籍地征收社会抚养费159例，通报孕、环检结果40096例，提交现孕信息1155条、未办理《流动人口婚育证明》信息43528条、未采取长效避孕节育措施信息40883条。2013年，全县深入推进流动人口计划生育“一盘棋”协作管理，从7月7日起，在全县开展流动人口计划生育专项清查行动，对近两年的流入人口怀孕（出生）情况进行集中清查，建立个案信息台账和档案，掌握外来流动人口在绍兴县的生孕信息，通过双向协作，遏制流动人口违法生育现象。

2008年以来，县人口计生局以开展流动人口服务管理协作工作为契机，围绕流动人口计划生育工作重点，创新工作方法与措施，相继与流出地市（县、区）签订流动人口计划生育服务管理双向协作书。2008年7月至2013年11月，县人口计生局与山东省淄博市周村区人口计生局、沂水县人口计生局，安徽省怀宁县人口计生委、淮南市潘集区人口计生局、六安市金安区人口计生委、亳州市谯城区人口计生委、宁国市人口计生委、宣城市绩溪县人口计生委、宣城区人口计生委、马鞍山市含山县人口计生局，云南省楚雄州大姚县人口计生委，陕西省安康市石泉县人口计生局、勉县人口计生局、洋县人口计生局、富平县人口计生委，四川省简阳市人口计生局、开江县人口计生局、凉山州雷波县人口计生局，湖北省松滋市人口计生局、汉川市人口计生局、咸丰县人口计生委、恩施土家族苗族自治州巴东县人口计生委，福建省漳州市平和县人口计生局、晋江市金井镇计生办，湖南省新化县人口计生局，河南省淅川县人口计生委、商丘市睢阳区人口计生委、商城县人口计生委，青海省西宁市湟源县人口计生局、乐都县人口计生局，贵州省安顺市西秀区人口计生局，浙江省宁波市江东区人口计生局、长兴县人口计生局，重庆市丰都县人口计生委，福建省莆田市城厢区人口计生局，山东省阳信县人口计生局等36个市（县、区）人口计生委（局）签订流动人口计划生育双向管理协议书。

三、“一盘棋”服务管理

1996年8月13日，县计生委转发市计生委《关于印发〈绍兴市流动人口计划生育全市“一盘棋”管理暂行办法〉的通知》，开始探索流动人口计划生育“全市一盘棋”管理机制。“一盘棋”管理对象为全市范围内跨县（市、区）流动的，年龄在18岁至49岁的女性，49周岁及以下的已婚男性和当地计生部门认为需要管理的其他育龄人员。县计生委根据市计生委要求，从严格控制流动人口计划外生育入手，按月上报《外出育龄妇女计划外生育情况报告单》；指定专人负责定期将外来育龄人员验证情况反馈给市内流出的有关县（市、区）；动态管理基层流动人口计划生育档案；恢复季报制度；对市内外来怀孕妇女核查《生育证》；全市范围内流动的已婚育龄妇女查孕查环可以由现居地乡镇计生办检查，并出具查孕查环证明；户籍地在发《流动人口计划生育证明》时，严禁“搭车收费”；加强育龄妇女的查孕查环工作；充分运用微机反馈情况。在管理上：流动人口计划生育管理以现居地管理为主；现居地将外来查验、查孕、查环、离开情况及时通报给户籍地；外来育龄妇女查孕查环由现居地落实；外出育龄妇女由户籍地计生部门提供两次以上的跟踪服务；在上级计生部门检查时有违反规定职责情况的，与目标管理责任制考核挂钩。

1999年12月17日，县计生委下发《关于建立以现居住地管理为主的流动人口计生工作管理机制的意见》，提出加强流动人口计划生育宣传、落实专职管理员、部门协调、提供流动人口计划生育优质服务、加强全市“一盘棋”管理、开展执法稽查等11条意见，推动建立以现居住地管理为主的流动人口计划生育工作管理新机制。

2007年，全县深入推进流动人口计划生育工作“一盘棋”管理，开展户籍地与现居住地区域协同管理试点，对违法怀孕处理、社会抚养费征收、节育措施落实等进行协同管理。试点期间，全县向市内流动人口户籍地发放《流动人口育龄妇女计划生育信息通报单》42份，收到回执30张，获取信息25条。同年4月，全县按国家人口计生委《关于促进形成全国流动人口计划生育工作“一盘棋”格局的意见》、省人口计生委《关于建立流动人口计划生育全省“一盘棋”管理服务机制的意见》和市流动人口计划生育市内“一盘棋”服务管理试点工作的精神，加强服务和管理工作，在马鞍和孙端两镇开展流动人口“一盘棋”管理试点，以体制机制创新为突破口，以信息化为依托，逐步实现流出地与流入地两地信息互通、管理互补、服务互动、责任互担、经费互结的双向协作长效机制，实现合作多赢，并在全市流动人口计划生育工作专题会议上作经验介绍并提供现场参观点。县公安局、县人口计生局、县卫生局每月召开协调会议，研究流动人口服务管理上存在的问题和困难，确定对策措施；县流动办专门为县人口计生局开通暂住人口管理信息系统，实行暂住人口信息共享；县流动办、县人口计生局、县民政局等每月进行流动人口计划生育信息通报和交流；县卫生局、县人口计生局、县公安局、县药监局等部门定期对流动人口违法怀孕、违法生育和“两非”行为进行专项打击。同年7月11日，全县在县计生指导站成立外来人员生殖健康服务救助中心，为流动人口育龄妇女提供互助式的知识学习平台，配齐触摸式电脑、优生优育、避孕节育的光盘、书籍、知识卡片等，同时安排专业人员为其提供讲解、咨询服务，为流动人口提供生殖健康、避孕节育、性病防治等咨询和技术服务。中心还为流动人口免费提供上取环、流产、引产等救助服务。全县有3000多名外来育龄人员领取避孕药具“一卡通”，享受免费计划生育四项手术4100例。同年12月10日，绍兴市市内流动人口计划生育“一盘棋”服务管理机制建设工作会议在绍兴县召开，总结推广绍兴县流动人口计划生育“一盘棋”服务管理经验做法，省、市人口计生委参会领导对绍兴县的做法给予高度评价。同年12月28日，县人口计生局下发《关于进一步加强流动人口计划生育“一盘棋”服务管理工作的意见》，探索建立流动人口计划生育统一管理、优质服务新体制，建立以流动人口违法生育为内容的登记、通报、反馈制度和台账，以及社区、村、企业流动人口计划生育登记制度、各类经济社会组织法定代表人计划生育工作责任制，实行出租屋流动人口计划生育合同管理制度，定期上报外出育龄妇女的变动信息，开通流动人口计划生育维权热线和电子信箱，通报流入人员的相关信息，逐步实现户籍地与现居住地的信息共享。建立以流动人口违法生育责任追究为核心的双向考核制度，落实户籍地和现居住地工作责任，形成流动人口计划生育服务管理基础实、信息畅、协同强的“一盘棋”格局。2008年8月，县委、县政府下发《贯彻落实中共中央国务院关于全面加强人口和计划生育工作统筹解决人口问题的决定的实施意见》，对流动人口管理服务工作提出“深化完善来绍人员服务管理、促进人口合理有序流动”的总体要求，深化流动人口服务管理体制改革，明确各镇（街道）、开发区和相关部门的管理责任，深化流动人口计划生育“信息互通、管理互补、服务互动、责任互担、经费互结”的“一盘棋”管理服务体制。按照“属地化管理、市民化服务”原则，将流动人口计划生育管理服务纳入经常性工作范围，提供与户籍人口同等的免费服务，实行以流入地为主的目标管理双向考核。流出地配合流入地做好外出人员的宣传培训、《流动人口婚育证明》办理等相关工作，加强区域协作，实现资源共享。2010年1月26日，省人口计生委在绍兴县检查评估流动人口计划生育“一盘棋”工作。检查评估突出流动人口“一盘棋”服务管理的统筹管理、均等服务、信息共享、区域协作、双向考核等内容。省考评组专题听取县人口计局和柯桥街道办事处关于流动人口计划生育服务管理“一盘棋”工作的情况汇报，实地检查柯桥街道计生服务站、流动人口办证中心的相关资料，充分肯定绍兴县流动人口“一盘棋”服务管理的做法和取得的成效，认为绍兴县工作起步早、措施实、效果好，在维护流动人口宣传教育权、生殖健康权和均等服务权上所做的探索具有借鉴意义，符合新时期流动人口计划生育服务管理的方向和趋势，尤其是实行公安、计生协作，提升流动人口服务管理水平，为全省流动人口计生“一盘棋”工作创造经验。全县流动人口计划生育“一盘棋”工作通过省人口计生委检查评估。

四、均等化服务

2011年2月22日，县府办下发《关于印发关于创新流动人口服务管理体制推进流动人口计划生育基本公共服务均等化工作实施意见的通知》（下称《实施意见》），提出工作总体目标：进一步建立完善流动人口计划生育基本公共服务均等化政策体系，基本建立运转高效、保障有力的流动人口计划生育基本公共服务均等化运行机制和适应城镇化、促进城乡一体化发展的流动人口服务管理新体制。到2012年，计划生育基本公共服务和延伸服务覆盖全部流动人口，在流动人口计划生育服务管理上实现同宣传、同管理、同服务、同投入、同救助，使流动人口与户籍人口计划生育服务差距明显缩小，普惠型流动人口计划生育服务体系基本建立。《实施意见》提出均等化工作的四大主要任务包括全面推进流动人口计划生育公共服务均等化、进一步完善流动人口计划生育服务管理机制、完善流动人口计划生育公共服务网络体系、推广应用流动人口服务管理信息系统。服务均等化具体为九项内容：一是强化宣传倡导服务。流动育龄妇女计划生育基础知识知晓率达到90%以上；二是优化计生技术服务。流动已婚育龄妇女在现居住地免费接受孕环情检查率达到95%以上，流动人口免费药具获得率达到90%以上，免费计划生育四项技术服务率达到95%以上；三是拓展优生优育服务。将流动人口纳入“三优”工程项目之中，使流动人口在流入地能够享有同等的优生优育服务。为在绍兴县登记结婚的所有育龄夫妻免费提供婚前医学检查；外来流动人口在绍兴县工作一年以上、持有《流动人口婚育证明》且符合法定条件生育的，免费获得孕前优生检测及优生营养素补充，享受与户籍人口同等待遇的免费产前诊断和产前筛查补贴，其新生儿可享受与户籍人口同等待遇的免费疾病筛查和听力筛查。符合条件的流动育龄妇女获得出生缺陷干预等项目服务率达到80%以上；四是提升生殖健康服务。根据流动育龄群众需求，开展生殖健康咨询指导，定期为流动育龄人员提供与户籍人口同等的生殖健康检查、随访服务。持有《流动人口婚育证明》的流动已婚育龄妇女可以免费享受不少于两年一次的生殖健康体检，建立流动育龄妇女生殖健康档案。落实住院分娩、B超检查、计划生育手术等实名登记制度，及时更新相关信息，并实行网络化动态管理；五是延伸奖励优待服务。对在绍兴县居住一年以上且在绍兴县首次落实长效避孕节育措施的外来育龄夫妻，享受与绍兴县户籍人口同等的奖励政策；外来流动人口实行晚婚晚育或在绍兴县施行计划生育手术的，享受与绍兴县户籍人口同等的休假等待遇；六是积极推行孕产优待服务。流动人口与户籍人口同等享受孕产妇管理和医疗保健服务；七是开展便民维权服务。流动人口计划生育免费服务定点单位统一悬挂标识牌，向社会公布单位地址、联系电话和维权监督电话，公开办事项目和程序，公开免费服务项目；八是实施帮扶救助服务。符合《绍兴县计划生育公益金管理实施办法》规定条件的外来流动人口可申请公益金救助。实行计划生育的流动人口困难家庭，可获孕产妇住院分娩专项补助；九是其他基本公共服务。认真落实企业职工基本养老保险和流动就业人员基本医疗保障关系的转移接续办法，加强新生代农民工服务管理。通过实施均等化服务，推动形成“政府主导、统筹协调、部门联动、综合治理”的流动人口计划生育工作格局，探索建立“政府统筹、统一登记、计生服务、部门协作”的流动人口计划生育工作模式，形成部门协同推进流动人口公共服务均等化工作合力。同年4月25日，按照“社区化管理、均等化服务”的要求，县人口计生局下发《关于开展流动人口基本公共服务均等化试点工作的意见》，自4月至9月在县计生指导站、柯桥街道鉴湖园社区开展试点工作，分组织准备、具体实施、总结验收三个阶段实施。确定“不断完善全县人口和计划生育技术服务建设，加强标准化、规范化建设，加大资金投入，强化教育培训，培育优质服务文化，着力改善硬件，提升软件，完善功能，把县计生指导站建设成为绍兴县流动人口计划生育技术服务的龙头和主阵地，成为流动育龄妇女享受生殖健康、接受计生技术服务的温馨之家、放心之家”的试点工作目标。其主要工作任务是县计生指导站按照“功能相对完备、布局科学合理、装饰温馨舒适、体现均等服务”的总体要求，融入“三优”元素进行适度改造，进一步落实流动人口计划生育宣传教育、孕情检查、避孕药具发放、计划生育技术服务和生殖保健、生育服务、优生促进等工作。加强站内管理，确保信息网络正常运作、技术服务安全规范。社区作为最基层的服务窗口，抓好登记、就业、就学、计生卫生、法律援助服务。按照适应绍兴县便民服务中心建设要求，将民政、人力社保、卫生、人口计生等服务事项纳入社区便民服务范围，将全县惠及流动人口计划生育公共服务政策体系和维权机制与社区居民紧密结合，夯实流动人口基本公共服务管理基础。通过实施流动人口计划生育均等化服务，全县流动人口计生服务管理机构队伍健全，17个部门职责明确、配合密切。各镇(街道、开发区)都出台实施均等化服务的政策措施，建立起“全覆盖、同待遇、共享受、促融入”的服务体系。投入近200万元，完成对县计生指导站的适度改造。县人口计生局在滨海工业区(马鞍镇)召开试点工作推进会。是年，全县为流动人口已婚妇女开展查孕查环服务5.23万人次，免费接受孕环情检查率达到95%以上；免费发放流动人口避孕药具3.49万人次，免费药具获得率达到90%以上；免费生殖健康体检确保两年一次，共有4.59万人落实免费生殖健康检查。县财政局、县人口计生局专门下达2011年度流动人口计划生育均等化服务生殖健康检查经费，保障流动人口计划生育基本公共服务均等化顺利推进。

2011年，县财政每年新增安排250万元用于流动人口生殖健康体检、孕前优生检测和优生营养素发放以及落实长效节育措施奖励。每年全县各级流动人口经费投入总量超过2500万元，人均经费投入在40元左右。

2012年4月6日，绍兴市流动人口计生均等化服务工作现场会在绍兴县召开，县人口计生局在会上作经验介绍，与会人员对绍兴县重统筹、齐推进、强服务的流动人口计生均等化服务工作给予高度评价。2013年，县人口计生局在全县395个村（居）设立避孕药具免费发放点，全县实现流动人口避孕药具管理发放全覆盖，共为3.98万人免费提供避孕药具。推进基本技术服务项目全免费，共为流入已婚妇女提供免费计划生育服务10.67万人次，免费生殖健康体检4.54万人次。2011年至2013年，全县42万人（次）外来已婚育龄夫妇享受计生均等化服务。

五、“公寓式”管理

2004年，县人口计生局积极探索“公寓式”管理新机制。在20家具有一定规模、经济效益好、职工相对稳定的企业推行“公寓式”计划生育管理。2005年，全县在实行公寓式管理的村、企业建立《出租房屋治安、计生责任书》《村、企业流动人口计划生育内部管理制度》，做到“六有”：一有管理人员。企业有1名计生分管领导和1－2名专兼职流动人口计生管理员，负责外来员工的登记、查验、服务等日常工作；二有档案台账。企业有外来员工登记档案，对外来已婚育龄妇女、未婚育龄妇女和男性员工进行分类登记，如实记录已婚育龄妇女的《流动人口婚育证明》号码、户籍地地址、外来时间、查验和服务情况；三有管理制度。制定《外来建设者计划生育管理制度》《计划生育专兼职管理员工作职责》等制度；四有宣传阵地。企业应建设计划生育宣传阵地，宣传计生政策、法律法规和避孕节育、优生优育等新型生育文化基本知识；五有计生服务。根据“三同”原则，外来已婚育龄妇女享受与本地已婚育龄妇女计划生育同等待遇，提供免费“三查”服务；六有持证要求。企业严把招工关，凭《流动人口婚育证明》查验证明招工，及时查验《流动人口婚育证明》或临时《流动人口婚育证明》。在“公寓式”计划生育管理中，落实计划生育专（兼）职管理员工作职责，专职管理员为企业工作人员，兼职管理员为外来流动人口“老乡”代表，协助专职管理员工作。专职管理员经常开展流动人口计划生育政策、法律、法规的宣传教育；规范流动人口计划生育信息档案，及时组织查验《流动人口婚育证明》，无证的督促补办，并在补办期间按规定要求为其办理临时《流动人口婚育证明》；开展已婚育龄流动人口避孕节育、优生优育、生殖健康等服务，落实《绍兴县避孕药具免费发放服务证》相关工作；开展流动人口计划生育巡查，发现可疑情况及时处理；完成公寓负责人交给的其他计划生育日常管理事务。是年，县人口计生局在马鞍镇、安昌镇、柯桥街道、福全镇、陶堰镇、钱清镇等20个流动人口相对集中的企业、村探索实行公寓式管理，在管理中注重维护外来建设者夫妻生活权，企业将配有水、电、卫、空调等设施的夫妻房专门安排给外来建设者夫妻入住，构建起“以企管外、以外管外”的“公寓式”流动人口计划生育管理模式，建立起“企业负责人－公寓长－计生管理者－外来联系员”的四级管理网络。

六、流动人口动态监测

2011年3月，全县根据国家人口计生委统一部署，开展流动人口动态监测。对5个镇8个监测样本点的流动人口就业、居住、接受计划生育、生殖健康服务等公共服务以及流动人口在居住地的社会参与、社会融合状况进行入户调查，掌握动态情况。各监测点选派好调查员，由县人口计生局统一培训后，调查员对各调查对象进行上门调查并把调查结果录入国家PADIS平台，所在镇（街道、开发区）按要求上报监测点实际外来人员名单，国家人口计生委根据上报名单抽取一定比例的调查对象。当年，抽取柯开委、柯岩、齐贤、钱清、福全5个镇（街道、开发区）共8个监测点160名调查样本。2012年，县人口计生局于3月至5月期间，在柯桥街道、华舍街道、齐贤镇、柯开委、马鞍镇、安昌镇六个镇（街道）的10个监测点抽查200名样本。2013年，在柯桥、柯岩、华舍、齐贤、马鞍、钱清、兰亭、陶堰的22个监测点，确定440名调查样本。

第八章　利益导向

全国计划生育工作起步于20世纪70年代初，在当时是一项“前无古人，后有来者”天下第一难的事业。计划生育工作一开始就依靠社会制约的行政手段与方法，对人口再生产过程中的生育行为进行有效控制和调节。到90年代初，短短20年时间，全国育龄妇女总和生育率从5.81下降到更替水平2左右，人口过快增长得到有效控制。1995年，提出计划生育利益导向机制与社会制约机制相结合的新的管理机制。进入21世纪以来，全国的计划生育工作从最初控制人口数量的过快增长,逐步转到统筹解决人口数量、素质、结构和分布,促进人口长期均衡发展上来。在这一历史性转变过程中，绍兴县计划生育利益导向政策成为引导群众生育意愿与生育行为的一项重要机制和工作方法。

第一节　建设背景

从20世纪70年代末国家推行计划生育政策以来，广大群众积极响应国家号召，自觉实行计划生育，为控制人口过快增长，促进人口与经济、社会协调发展做出巨大的牺牲和贡献。1990年，绍兴县的人口出生率为15.16‰，自然增长率为8.40‰。到2013年11月，人口出生率为6.96‰，自然增长率为0.47‰，人口出生得到有效控制。绍兴县广大群众有着典型的传统婚育观念，特别是在农村群众和少数城镇居民当中“多子多福”“养儿防老”“传宗接代”等传统观念根深蒂固，封建陈腐婚育观念仍然在人们的头脑中占有一定的市场。以行政手段为主的计划生育工作难度越来越大，从实行计划生育政策开始，计划生育工作都是依靠强有力的行政手段和经济处罚等限制性措施为主，把群众视为管理对象，工作方法简单粗暴，手段比较强硬，过多使用行政手段在一定程度上伤害群众的感情，严重影响党群干群关系，基层干部与群众之间的矛盾越来越突出。按政策生育的群众没有得到真正的实惠，主要是由于现实生产和生活条件的制约及相应的社会保障制度不完善，一部分计划生育家庭尤其是独生子女家庭因死亡、伤残等因素影响，陷入生活贫困、养老无着的局面，渐渐成为社会弱势群体。在计划生育进入低生育水平和优质服务的新时代，有效解决计划生育家庭的后顾之忧，切实稳定低生育水平，统筹解决人口问题，各级党委、政府责任重大。

历届绍兴县委、县政府始终把计划生育利益导向政策体系建设作为一项民心工程来抓，积极改变以往单靠行政处罚、重罚轻奖的做法，对计划生育家庭采取奖励办法和社会保障措施，兑现政府在20世纪80年代初对人民群众的承诺，用奖励、扶助、保险、救助、优惠等政策引导群众转变婚育观念，解决实行计划生育家庭的后顾之忧，让计生家庭政治上有地位、经济上有实惠，生活上有保障，有效调动群众实行计划生育的积极性和主动性。因此，加强利益导向机制的建设，用利导机制调节利益分配关系，从制度和机制上为计划生育家庭提供保障，既是党和政府义不容辞的责任，也是事关群众切身利益的根本大计，更是建立诚信政府、和谐社会的重要体现，是一项具有战略性的重要举措和德政善举，充分体现以人为本、执政为民的理念。

第二节　发展历程

绍兴县计划生育利益导向机制建设的发展历程，大致经历自发启动、政策推动、纵深发展三个阶段。通过领导重视、宣传倡导、财力保障、机制创新等，计划生育利益导向机制建设取得较好的社会经济效益和计划生育效益，社会反响很大，使计划生育天下第一难事变成第一好事。

一、自发启动阶段

1980年9月25日，中共中央、国务院发表《关于控制我国人口增长问题致全体共产党员共青团员的公开信》，掀开中国计划生育历史新的一页，采取一系列政策在入托、入学、就医、招工、招生、城市住房和农村宅基地分配等方面，照顾独生子女及其家庭。1982年3月，《浙江省计划生育条例》（试行）出台，大力提倡和推行计划生育，要求晚婚、晚育、少生、优生，并对实行晚婚晚育的青年、领取《独生子女证》家庭推出一系列奖励优惠措施。在国家和省力推计划生育利益导向的新形势下，全县广大共产党员和共青团员积极响应号召，带头实行计划生育，带头晚婚晚育，从此开启计划生育崭新时代。县计生委对经济条件略为困难的区、乡独生子女保健费实施补助，并按照市财政局、市计生委《关于独生子女保健费发放有关问题的通知》精神规定发放标准和渠道。1985年2月，县计生委请示省计生委办公室对农村自理口粮户口到城镇落户人员的独生子女保健费如何发放作出批复。1985年12月，县计生委、县财税局补贴各区独生子女保健费共13.13万元。1986年11月12日，对海涂、山区的24个乡（镇）补助独生子女保健费共3.58万元。1987年，对部分山区乡补助独生子女保健费2万元。1988年10月，因物价调整，县财政税务局对独生子女保育费补助标准进行修改和补充。1989年12月，县计生委、县财税局一次性补助各乡镇独生子女保健费2.9万元。这一阶段绍兴县全面开展计划生育工作，连续三年在全县开展大型的宣传服务月活动，提倡晚婚晚育和一对夫妇只生一个孩子，推行“节育措施政策”，控制人口过快增长，着重是对独生子女家庭的奖励。同时对那些孩子多、家庭穷的已落实节育措施的家庭，各级政府伸出温暖之手，开始制定慰问和优惠措施，对落实节育措施的家庭进行实物慰问和现金资助等等，在当时群众生活水平普遍较低、收入普遍不高的特定历史条件下发挥一定的作用，计划生育利益导向政策处于萌芽状态。

二、政策推动阶段

这一阶段，国家的生育政策是严格控制人口、提倡一对夫妻只生育一个孩子，计划生育工作以引导独生子女领证和落实期内手术措施为主。1989年的《浙江省计划生育条例》规定：“有条件的农村，可以推行独生子女父母和女儿户父母养老保险制度”“农村审批宅基地独生子女按两人计算”等。政府的明文规定，进一步推动计划生育利益导向机制建设。1990年5月，县计生委、县保险公司联合出台《关于对计划生育的父母实行养老保险的通知》，在南池乡试点的基础上，在全县推行。投保对象为独子户、独女户和二女户。1991年11月，县府办《转发县计划生育委员会等三单位关于在全县开办独生子女、二女户养老保金保险的意见的通知》，全县在双梅乡试点，520多对育龄夫妇和部分自愿终身生育一个孩子的夫妇主动办理投保手续。独生子女户、二女户父母养老金保险的投保费用为一次性缴纳，分300元、400元、500元三档，由各乡镇选择其中一档。养老金领取年龄为55周岁或60周岁，由被保险人自行选择，被保险人到达领取年龄后，可按月向县保险公司领取养老金。是年，全县计划生育工作把养儿防老转到保险养老，全县投保903户。1992年8月，县府办《转发县计生委等三单位关于在全县开办计划生育系列保险的实施意见的通知》，确定计划生育系列保险的主要险种及保险资金的筹集办法。农村独生子女父母和“两女”结扎户父母采取一次性投保的方法，资金为“乡（镇）村和企事业单位补助一点、超生罚款中提取一点、个人负担一点”的办法解决；机关、企事业单位的干部、职工和城镇非农业户口的居民，可由单位统一投保；连续从事计划生育工作三年以上的招聘乡（镇）专职干部和联系员，实行养老保险和人身意外伤害保险，保费由集体补一点、个人出一点的办法解决。保险利率按年复利8.8%计算，并随银行最高利率的调整而调整。参保工作由县保险公司委托县计生委和县计生协会代办，双方签订代理合同，明确权利和义务。同年8月，县计生委先后下发《关于下达计划生育系列保险保费计划的通知》《关于做好子女教育婚嫁金保险工作的通知》，各部门、单位干部职工的独生子女(年龄在15周岁以下)，保险储金为每人每年60元，机关、企业、事业单位的干部职工和城镇非农业户口的居民，已领取《独生子女父母光荣证》，原则上都参加子女教育婚嫁金保险。全县独生子女父母投保6000多例，保险金额达到200多万元。同年9月，县计生委下发《关于做好子女教育婚嫁金保险工作的补充通知》，对交纳保险储金、保险凭证、领取金额、领取年龄等进行重新明确。到1992年底，全县计划生育保险的险种有：独生子女父母养老保险、两女结扎户父母养老保险、独生子女养老金保险、独生子女安康保险、子女平安保险、子女婚嫁金保险及计划生育干部、专管员保险。1993年6月，县计生委、县保险公司列出计划生育系列保险的4类险种。是年，由于物价以及养老保险属远期效益等原因，计划生育保险处于停顿状态，全年仅投保1005人，金额17万余元。1994年6月，县计生委、县计生协会、县人民保险公司下发《关于在全县开展计划生育系列保险的实施意见》，主要险种为农村独生子女父母和“两女”结扎户父母养老保险、机关及企事业单位(包括乡镇村办企业)干部职工独生子女平安保险、金婚纪念保险、母婴安康返本保险、计划生育专职干部人身意外伤害保险及村妇女主任养老保险，全县下达25个镇计划生育系列保险任务266万元，635个行政村为村计生专管员办理养老保险。1995年5月30日，县计生委、县民政局、县公安局下发《关于做好独生子女、婴幼儿及其父母养老保险工作的通知》，凡本县农村户口独生子女（包括未入学少年儿童）、新生婴幼儿，独生子女父母均为保险对象，实行一次性缴费，以村为单位组织投保。9月27日，县计生委、县计生协会、县保险公司联合下发《关于下达1995年全县计划生育保险任务及考核奖励办法的通知》《关于表彰计划生育系列保险工作先进单位的决定》，是年，全县完成139万元保险额任务。全县近三年有13807人参加养老保险，总投保额达499万元。对作出显著成绩的孙端镇、华舍镇、兰亭镇、齐贤镇、钱清镇、马鞍镇、斗门镇、杨汛桥镇8个镇予以表彰。1996年，全县有22万人参加计划生育系列养老保险，占应保人数的80%，收取保费3300万元。为3500名农婚知青办理养老保险，每人4000元。1997年11月底，全县又有4834人参加计划生育系列保险，投保额达150万元，超额完成年度保险计划。其中受理计划生育赔偿案6起，赔偿金额3100元。1998年4月3日，县计生委、县计生协会、中国人寿保险县支公司联合下发《关于认真做好1998年计划生育系列保险工作的通知》，下达1998年计划生育系列保险指导性计划，共下达福寿安康保险养老金保险90万元、母婴安康保险27.50万元、幸福家庭保险22.50万元，三项合计140万元，截止10月，已投保130余万元。

1999年，全县共投保4230人，投保额30.08万元，理赔75人，赔偿额5.56万元。这一时期的计划生育利益导向机制建设开始形成“气候”。

三、深入发展阶段

2000年3月，中共中央、国务院颁发《关于加强人口与计划生育工作稳定低生育水平的决定》明确提出：建立和完善计划生育利益导向机制的要求、内容和途径。2006年12月17日，中共中央、国务院颁发《关于全面加强人口和计划生育工作统筹解决人口问题的决定》指出：建立和完善政府为主、社会补充的人口和计划生育利益导向政策体系。明确计划生育家庭为国家做出贡献，国家应使计划生育家庭优先分享改革发展成果，为建立计划生育利益导向机制提供强有力的思想武器和政策依据。这一时期，全县计划生育利益导向机制建设走上深入发展阶段，全面推行农村计划生育家庭优先优惠、养老保险、奖励扶助和特别扶助制度，建立计生公益金救助制度，落实独生子女父母奖励、计划生育免费基本技术服务、长效节育措施奖励等制度，计划生育利益导向制度日趋完善，构建起奖励、优先、优惠、扶持、救助、保障“六位一体”的计生利益导向政策体系，形成实行计划生育享利益、有保障的正确导向。

1. 独生子女父母奖励政策。2003年5月，绍兴县根据《浙江省人口与计划生育条例》出台《绍兴县人口与计划生育工作若干规定》，对独生子女父母奖励费标准从原来的30元提高到100元，从领取《独生子女父母光荣证》当年起至子女十四周岁止。但在具体实施过程中，有的因为受农村经济条件的限制，对独生子女父母的奖励是“纸上谈兵”。直到2008年6月，县府办出台《关于独生子女父母奖励费发放管理的意见》，规定从2008年起，独生子女父母奖励费按照每户一年不少于100元的标准发放。夫妻在机关事业单位工作的，奖励费由所在单位全数发放；不在机关事业单位工作的，由县、镇(街道)财政负责发放；属经济困难村(居)的由县财政全额负责发放。当年，全县向46746户独生子女户发放每户100元奖励费。这一新政的出台，实现全县独生子女父母奖励费发放全覆盖。2008年至2013年，全县累计发放独生子女父母奖励费2373.86万元。

2. 优先优惠政策。2002年，县人口计生局对原有的计划生育优先优惠政策进行梳理、修订和完善。同年12月6日，县府办出台《绍兴县计划生育优先优惠若干意见（试行）》，对自愿放弃生育二孩的家庭发放《绍兴县计划生育优惠证》，持证家庭可在就学助学、就医、社会保障、土地山林承包、涉农项目、司法援助、技能培训等方面享受优惠，在激励奖励、减免收费、社会保障等方面作出规定。17个部门联合出台新的计划生育优先优惠政策，在同等条件下各项政策向计划生育家庭倾斜，营造全县人口与计划生育工作良好政策环境。2003年，全县首次对96名双农独生子女女孩给予中考加5分的优惠。2008年7月，取消《绍兴县计划生育优先优惠证》，实行凭《绍兴县放弃再生育优惠证》优先优惠，优先优惠的主要内容有：独生子女家庭在村级集体经济收益分红和宅基地分配独生子女按2人计算，在《绍兴县农村合作医疗制度实施意见》中还特别规定，对“双农独女户”家庭提高5个百分点的救助比例。对持证家庭的“双农独女户”女孩给予中考加5分的优惠。到2013年底，全县累计有3491人获中考加分，引起社会极大关注。2008年至2013年，全县累计办理《绍兴县放弃再生育优惠证》3825本。

3. 养老保险制度。2002年，全县建立农村计划生育社会养老保险制度作为推进人口与计划生育工作综合改革的一个突破口，作为一项“民心工程”“实事工程”来抓。年初，全县先在杨汛桥镇进行试点，并通过大量的调查研究，征询各方意见，多次与有关部门沟通、协商，并及时向县领导汇报，拟定《关于实施农村计划生育社会养老保险工作的意见》，经县政府第47次常务会议讨论通过。同年10月，县政府出台《关于实施农村计划生育社会养老保险工作的意见》，规定凡符合《浙江省人口与计划生育条例》照顾生育二孩条件而放弃生育指标，领取《独生子女父母光荣证》并已落实避孕节育措施的农民夫妻中的一方（女方参保年龄须满35周岁，男方参保年龄须满45周岁），可以参加由劳动保障部门管理的农村计划生育社会养老保险。县人口计生局、县劳动和社会保障局、县财政局、县地方税务局等部门制定具体实施办法，按照“低门槛进入、低标准享受”的原则，在自愿的基础上，允许符合再生育条件而放弃生育的农村夫妻的一方比照城镇职工参加社会养老保险，并由县、镇（街道）、村三级每年每人给予补贴740元的养老保险费，累计补贴15年；对放弃参保对象一次性给予每户1500元的专项奖励。杨汛桥、马鞍、富盛等镇即为148位参保对象核发《养老保险手册》，为55户放弃参保对象发放一次性专项奖励。据统计，2002年，全县有860人参加农村计划生育社会养老保险，另有310人选择一次性奖励，参保总额达468万元。全县实施农村计划生育社会养老保险制度曾“一石激起千层浪”，在社会上引起强烈反响。2008年6月，县政府修订出台《关于独生子女家庭参加社会养老保险实行补贴的实施意见》，规定县内独生子女家庭在参加城镇职工基本养老保险时，满足“参加城镇职工基本养老保险（包括以自谋职业形式参加）；领取《独生子女父母光荣证》并已落实避孕节育措施；夫妻可任选一方，女方须年满35周岁，男方须年满45周岁”三个条件的参保对象，可享受政府给予的补贴。并制定具体的补贴标准：对符合《省条例》可以再生育一个子女而放弃生育的，每人每年补贴参加养老保险费1000元；对纳入县低保的参保人员每人每年补贴1500元；对女方年满45周岁或男方年满55周岁而放弃参加社会养老保险的对象，一次性给予每户2000元的专项奖励。同时，扩大补贴对象的范围，对已在企业参加城镇职工基本养老保险的，每人每年补贴100元；对以自谋职业形式参加城镇职工基本养老保险的，每人每年补贴300元。县政府还规定，参保对象可享受15年的补贴，经费由县、镇(街道)分级承担。至2012年12月，县政府再次进行提标，规定从2013年1月起，对“已在企业参加城镇职工基本养老保险的，每人每年补贴养老保险费由100元提高到300元。”据统计，2013年，全县共对52224户独生子女参保家庭进行补贴计1816.18万元。

4. 奖励扶助政策。2006年，县府办制定《绍兴县关于农村部分计划生育家庭奖励扶助制度的实施方案》，对同时符合“本人及配偶均为农业户口或界定为农村居民户口,户籍在本县的；1973年至2001年期间没有违反计划生育法规、规章或政策规定生育；现存一个子女或子女死亡现无子女；1933年1月1日以后出生，年满60周岁”的对象给予每人每年900元的奖励。奖励扶助金的发放标准，比省定的最低标准提高50%，即由每人每年600元提高到900元，为全省乃至全国最高。县人口计生局又与相关部门联合出台三个配套性文件，确保奖扶制度实施工作有序推进。2012年5月，县财政局、县人口计生局将“凡户口在本县，本人及配偶均为农业户口或界定为农村居民户口”修改为“凡户口在本县，本人为农业户口或界定为农村居民户口”，同时将奖励扶助金从900元调高到960元。2006年至2013年，全县累计发放奖扶金4529.56万元。

5. 特别扶助制度。2008年9月，县政府办公室出台《关于计划生育家庭特别扶助制度的实施意见》，对本县户籍城镇和农村独生子女死亡或伤、病残后未再生育或收养子女家庭的夫妻，同时符合“1933年1月1日以后出生；女方年满49周岁；只生育一个子女或合法收养一个子女；现无存活子女或独生子女被依法鉴定为残疾(伤病残达到三级以上)”，由政府给予每人每月200元的扶助金，直至亡故为止；独生子女伤、病残后未再生育或收养子女的夫妻，由政府给予每人每月150元的扶助金，直至亡故或子女康复为止。是年，全县有261人得到扶助，扶助金额48.75万元。2012年5月，县财政局、县人口计生局将独生子女伤残家庭的特扶标准由每人每月150元提高到每人每月160元，并将三级以上计划生育手术并发症人员纳入计划生育家庭特别扶助制度对象。2008－2013年，特别扶助对象为424名，累计发放771.44万元。

6. 特殊家庭关爱制度。2012年12月，县政府出台《关于建立独生子女特殊家庭关爱制度的意见》，规定自2013年1月1日起，具有绍兴县户籍的独生子女死亡或伤、病残后未再生育或收养子女家庭的夫妻，同时符合“1933年1月1日及以后出生；年满55周岁；只生育一个子女或合法收养一个子女；现无存活子女或独生子女被依法鉴定为残疾(伤病残达到三级及以上)”的可享受特殊关爱扶助金。属独生子女死亡的由政府给予每人每年6000元的关爱扶助金，直至亡故为止；属独生子女伤、病残的由政府给予每人每年4000元的关爱扶助金，直至亡故或子女康复为止。2013年，全县共有338名享受对象，累计发放关爱金138万元。

7. 公益金救助制度。2002年1月15日，县人口与计划生育领导小组下发《关于对弱势群体中计划生育户优先给予救助的通知》，要求各镇（街道）、县机关部门在深化弱势群体救助工作及春节前开展送温暖大行动和社会养老保险工作中，重点关注计划生育困难户的困难，加强对弱势群体中计划生育户的救助扶持工作。2003年2月，绍兴县被列为浙江省实施计划生育公益金制度试点县之一。县人口计生局即对全县独生子女发生意外伤残或死亡以及其他有特殊困难的计划生育家庭进行重点走访和调查，形成专题调研报告并向县政府汇报。同年3月4日，县府办下发《关于印发绍兴县计划生育公益金管理办法（试行）的通知》，成立由县人口计生局、县财政局、县民政局、县劳动保障局、县残联、县审计局等部门组成的县计划生育公益金管理办公室，印发《关于开展计划生育公益金制度宣传活动的通知》及《伸出援助之手、架起幸福桥梁》社会捐款倡议书。县财政拨款100万元，10个镇（街道）45个企业、村及个人资助达到72万元，总额172万元，主要用于补助独生子女发生意外伤残或死亡、夫妻不再生育和已实行计划生育的夫妻发生意外伤残或死亡以及其他有特殊困难的计划生育家庭，自此，绍兴县在全省率先建立县级计划生育公益金制度。同年4月3日，县人口计生局公布首批计划生育公益金受助对象名单，县政府于4月28日举行首批县计划生育公益金发放仪式，60户家庭得到1000－2000元不等的一次性救助，总额为6.3万元；10户家庭每月得到100－150元不等的生活补助，以银行卡方式每月发放和领取。据统计，全县当年共计救助133户，总额14.3万元。2005年4月，全县又扩大计划生育公益金救助范围，取消公益金补助对象的户籍限制，外来创业者只要符合救助条件也可得到救助，打破“区域歧视”，开全省乃至全国先河，共有21户外来人员家庭得到公益金救助计10500元，《中国人口报》、省政府《每日要讯》对此予以刊发。2007年9月，县计划生育公益金管理办公室修订完善《绍兴县计划生育公益金管理办法》和《绍兴县计划生育公益金日常管理制度》，将计划生育公益金的救助范围由原来的3类扩大到6类。新增由计划生育节育手术引起的并发症和后遗症患者、已实行计划生育的特困女孩户家庭、从事计生工作岗位的困难家庭等三类。同时提高一次性救助标准，由原来的2000元提高到5000元，计生公益金救助的受惠面更广，受惠额更高。截至2013年10月，11年间，全县累计救助2042人计229.4万元。

第九章 计划生育协会

绍兴县计划生育协会是全县性、非营利性群众团体。县计生协会坚持以人为本，按照健全组织、经常活动、示范带动、宣传服务的工作理念，全面加强计生协基层组织建设，协助政府动员广大群众参与人口与计划生育工作，发挥广大会员带头、宣传、服务、监督、交流的作用，引导广大群众自我教育、自我管理、自我服务，解决生产生活、生育中的实际问题，推动人口与经济、社会、资源、环境的协调发展。

第一节　历次会员代表大会

一、第一次会员代表大会

1986年7月5日，绍兴县计划生育协会成立，召开第一次会员代表大会，单燕玉当选为会长，李月兔、李杏芬当选为副会长，秘书长为宋引娣。

1988年1月，因人事变动，经常务理事会选举，章榴先当选为会长。

二、第二次会员代表大会

1993年6月18日，县计生协会召开第二次会员代表大会，选举产生第二届理事会。李德忠当选为会长，李杏芬为副会长，秘书长为范宝娟。大会审议通过《绍兴县计划生育协会章程》，制订《1994－2000年计生协会发展规划》。

三、第三次会员代表大会

1996年12月25日，县计生协会第三次会员代表大会在县政府二招会议室隆重召开。董根源代表第二届理事会作题为《发挥协会作用，做好计划生育协会工作》的工作报告。大会通过《绍兴县计划生育协会章程》，会议按照《绍兴县计划生育协会章程》，民主选举产生县计生协会第三届理事会。

名誉会长：章生建
会　　长：单燕玉
副 会 长：董根源　俞勇智　陈国莹
秘 书 长：范宝娟
副秘书长：金元泰　丁小华
常务理事：
丁小华　方水英　宋一平　宋和鑫　陈国莹　陈丽娟　余茂法　张国祥
赵小兵　范宝娟　金元泰　周青平　单燕玉　俞勇智　徐晁华　陶水根
董根源　濮耀胜
理　事：
丁小华　丁惠娟　方水英　史明舜　朱香花　杨秀娟　宋一平　宋和鑫
陈文娟　陈国莹　陈丽娟　余茂法　张国祥　张贺芬　赵　进　赵小兵
范宝娟　金元泰　周青平　单燕玉　胡美珍　俞勇智　钱彩文　徐晁华
陶水根　章曼倩　董根源　虞云香　濮耀胜

1998年11月9日，因人事变动和工作需要，根据《绍兴县计划生育协会章程》，经第三届三次常务理事会选举决定：增选王世梅、冯培东、裘黄富为县计生协会第三届理事会理事、常务理事。选举裘黄富为县计生协会专职副会长，免去范宝娟的县计生协会专职副会长职务。

四、第四次会员代表大会

2001年4月28日，县计生协会召开第四次会员代表大会，县第三届计生协会常务副会长董根源作工作报告，副县长吴晓作重要讲话。会议按照《绍兴县计划生育协会章程》，选举产生县计生协会第四届理事会。

第四届常务理事会：
会　　长：戴弋明
副 会 长：董根源　姚　明　孙建焕　裘黄富
秘 书 长：方国良
副秘书长：冯　鸣
常务理事：丁小华　丁洁青　方国良　孙建焕　冯　鸣　朱小坚　朱坤土
陈左右　杨秀娟　汪志娟　宋和鑫　施秀美　施保法　胡凤妹
姚　明　屠保卫　董根源　裘黄富　戴弋明　魏　明
理　　事：丁小华　丁洁青　方优美　王亚军　方国良　王雅美　王潮芬
孙建焕　冯　鸣　许义平　朱小坚　朱坤土　陈左右　陈文娟
杨秀娟　陆伟强　陈志林　汪志娟　宋和鑫　陈敏华　施秀美
周青平　范宝娟　施保法　单鹤标　胡凤妹　姚　明　赵建兴
高忆青　倪爱凤　徐利忠　谢国良　屠保卫　董根源　葛晓园

裘黄富　戴弋明　魏　明

五、第五次会员代表大会

2007年9月4日，县计生协会第五次会员代表大会在县行政中心一号会议室召开。朱潮美代表第四届理事会作《表达群众心声，维护群众权益，为推动群众做计划生育主人而努力奋斗》的工作报告。大会通过《绍兴县计划生育协会章程（修订草案）》。会议按照《绍兴县计划生育协会章程》，民主选举产生县计生协会第五届理事会。

会　长：章生建

副会长：朱潮美（常务）　郎煜江　金　强　姚兴海（专职）

秘书长：卢　红

常务理事（排列不分先后）：

章生建　朱潮美　郎煜江　金　强　姚兴海　冯鹏英　刘越英　胡建恩
吴坚祥　叶加林　李建忠　丁国灿　蒋元荣　胡小苟　胡尧钦　孙建华
朱坤土　葛孟华　卢　红　朱小坚　陈关亮　沈秀娣　于　琪　陈秀英
汤金尧　陈维良　马建刚　章金尧　冯华林

理　事（排列不分先后）：

章生建　朱潮美　郎煜江　金　强　姚兴海　冯鹏英　刘越英　胡建恩
吴坚祥　叶加林　李建忠　丁国灿　蒋元荣　胡小苟　胡尧钦　孙建华
朱坤土　葛孟华　卢　红　朱小坚　陈关亮　沈秀娣　于　琪　陈秀英
汤金尧　陈维良　马建刚　章金尧　冯华林　蒋金美　丁东萍　余春花
谭桂娟　王雅美　王月娟　娄伟荣　沈彩华　茅志娟　孟雁凤　徐珠珍
陈素娟　单宇然　俞林萍　金小英　陈敏华　秦绍波　石文娟　沈芝兰

2011年6月14日，县计生协会因人事变动、工作需要，根据《绍兴县计划生育协会章程》有关规定，经第五届理事会第四次全体会议选举决定，调整、补选后的理事会及其班子成员名单如下：

会　长：章生建

副会长：徐国娣　郎煜江　金 强　陈张球　姚兴海

秘书长：沈建华

常务理事（排列不分先后）：

章生建　徐国娣　郎煜江　金　强　陈张球　姚兴海　朱忠良　孙胜利
胡建恩　谭桂娟　缪水祥　李建忠　任宏亮　蒋元荣　吕铁辉　童叶军
赵奕芳　吴炎标　马国勇　沈建华　朱小坚　陈关亮　吴青青　谭　科
徐姗萍　余春花　徐佩娟　高丽萍　王钦良　陈立军　陈文娟　潘建华

理　事（排列不分先后）：

章生建　徐国娣　郎煜江　金　强　陈张球　姚兴海　朱忠良　孙胜利

胡建恩	谭桂娟	缪水祥	李建忠	任宏亮	蒋元荣	吕铁辉	童叶军
赵奕芳	吴炎标	马国勇	沈建华	朱小坚	陈关亮	吴青青	谭　科
徐姗萍	余春花	徐佩娟	高丽萍	王钦良	陈立军	陈文娟	潘建华
沈彩华	徐珠珍	王雅美	单宇然	孙挺军	李　菲	倪爱凤	蒋志芬
宋彦扬	董世江	陈月光	胡倡华	陈国庆	秦绍波	朱清尧	顾福林
丁永花	杨来荣	边林标	章国伟	张阿兔	杨　燕		

第二节　组织建设

绍兴县计划生育协会从1986年7月成立起，经历一个由小到大，由鲜为人知到家喻户晓的发展历程。截至2013年11月，全县镇村两级全部建立计划生育协会，354个村（居、社区）全部建立"会员之家"，显示出计划生育协会的强大生命力，在协助各级政府动员广大会员参与计划生育工作中发挥着不可替代的重大作用。

一、组织网络

（一）县计生协会

1986年5月6日，县计生委根据省、市计生委意见和工作需要，请示县政府要求建立中国计划生育协会绍兴县支会，未成立之前，成立筹备小组，由单燕玉任组长，李月兔、李杏芬任副组长，成员为宋和鑫、宋引娣、杨秀云，具体负责支会筹备工作。同年6月29日，县计生协会筹备小组经过一段时间的宣传、发动，完成筹备工作任务，经县委同意，下发《关于召开计划生育协会成立大会的通知》，定于7月5日召开计划生育协会成立大会，选举协会理事、常务理事、会长及副会长，并布置今后协会工作及活动。同年8月，县计生协会扩大基层计生协会成立面，要求在月底完成市下达任务的80%。

1988年1月16日，县计生协会在县计生指导站三楼会议室召开一届二次全体理事会议。副县长、县计生协会会长单燕玉，副县长章榴先到会并讲话。会议传达省、市计划生育协会会议精神，听取县计生协会副会长、县计生委主任李杏芬的1987年全县计划生育工作情况汇报，提出1988年县计生协会工作意见。根据工作需要，会议一致通过章榴先副县长担任县计生协会会长。

1989年8月25日，县计生协会召开第一届全体理事会议，研究第二届协会改选有关事宜。商议何时召开县计生协会会员代表大会，总结交流协会工作经验和开展计划生育宣传活动情况，选举产生新的理事，具体落实宣传活动月的各项任务。同年11月，县计生协会在省计生协会第二届二次理事扩大会议上作《情系育龄妇女、尽力开展服务》经验介绍。

1990年9月15日，县编委批复县计生委增加3名行政编制，规定1名属协会编制。

1992年12月24日至25日，县计生协会举办镇（乡）级计生协会秘书长培训班，学习《中国计划生育协会章程》。县计生协会总结推广富盛镇“抓好基础、搞好服务”的协会工作经验，介绍马山镇宋家娄村、鉴湖镇计生协先进经验。各镇、乡在重建协会时总结村厂协会经验，推动全县计生协会工作开展。按照“协会建村上、活动到组上”的精神，全县建会员之家194个，会员联系户86301户，发挥计生协会的桥梁纽带作用。

1993年6月，全县基层计生协会活动经常化，协会会员达到49282人。县计生协会、富盛镇计生协会受到省计生协会表彰奖励。县计生协会被评为全省计划生育协会先进集体。

1994年4月，县计生协会在皋埠、富盛、杨汛桥三个镇、九个村制定1994—1996年规划，并付诸实施，其余22个镇在8月底前制定规划。

1995年，县计生协会对基层协会实行分类指导，开展镇（乡）、村（厂）基层计生协会调查，提出分类指导意见：属于作用发挥好、会员比例占总人口6.5%以上的协会，开展宣传服务工作；对一般协会，重点完善制度，搞好活动。

1996年，县计生协会和中国轻纺城计生协会被评为全国计划生育协会先进协集体。县计生协会常务副会长（代）、县计生委主任董根源出席中国计生协会第四次会员代表大会。

1997年1月，县计生协会制订《绍兴县计划生育协会规范化管理办法（试行）》，开展基层计生协会年度工作评估活动，重点开展“远学和庄、近学淡竹坞”活动和“一流协会”评估活动。9月27日，县计生协会同县计生委向县委、县政府提交《关于进一步加强绍兴县计划生育协会工作的报告》。11月10日，县委办、县府办批转县计生协会报告，肯定成绩，同意增设编制和经费投入，提出开展创建“一流协会”活动的要求。11月15日，经县编委批复同意，在县计生指导站中增加事业编制2名，专职从事县计划生育协会工作。

1998年3月14日，县计生协会提出创建、巩固、提高“一流协会”和“合格协会”工作目标并达到省定标准，每个镇计生协至少有1—2个“和庄”式先进村级协会。推广富盛镇淡竹坞村、平水镇上灶村和东桃村的规范管理经验，开展“十、百、千”活动，即全县评选出10个镇级、100个村（居、厂）先进协会、1000名优秀会员。3月18日，根据县委组织部提名，县计生协会常务理事会议民主选举，范宝娟任县计生协会专职副会长。3月26日，县计生协会制定《开展优质服务，推进妇幼保健工作》（1998年10月—2001年10月）战略发展项目，选择齐贤镇50个村为项目点，达到提高育龄群众自我保健能力、自愿选择避孕方法能力，减少和杜绝意外怀孕，提高妇女健康水平。6月25日，县计生协会下发《关于在世界人口日组织协会会员开展活动的通知》，举办广播讲座、演讲比赛、黑板报评选，以及走访联系户等，提高协会影响力和社会地位。9月22日，县计生协会在斗门镇召开基层协会组织建设现场会，斗门镇、夏履镇、平水镇等计生协会分别作典型发言，推广基层协会建设、发展与整顿协会队伍、开辟计生协会项目基地建设的经验。11月3日，县计生协会召开计生协常务理事会，研究全县创建、评估“一流协会”及增补常务理事、专职副会长事宜。11月12日，县计生协会下发《绍兴县计生协会民主参与和民主监督实施办法》，明确民主监督的目的、内容、方法等，发挥计生协会带头、宣传、服务、监督、交流作用。12月10日，县计生协会制定《计划生育协会组织情况统计表》《计划生育协会活动经费情况统计表》，从1998年统计报表开始启用。

1999年4月14日，县计生协会请示县编委要求设立计划生育协会机构，下设县计划生育协会秘书科，为正股级，编制3人，为全民事业单位，按公务员有关规定管理，经费由县财政拨款。5月30日，县计生协会转发省计生协《关于计生协参与新家庭计划活动的意见》，发动会员广泛参与。

2000年6月30日，县计生委请示县民政局，要求将非法人社团登记转为社团法人登记。7月4日，县民政局批复，准予县计生协会社会团体法人登记，裘黄富为法定代表人。12月25日，县计生委再次请示县编委，要求设立绍兴县计划生育协会专门机构，属财政拨款全额事业单位，下设县计生协会秘书科（正股级），将原来编入县计生指导站专职从事计划生育协会工作的2名事业编制划入协会。

2001年5月17日，县计生协会拟定《关于进一步加强计划生育协会工作的报告》并上报县委，提出今后县计生协会工作的指导思想、主要任务、重点工作和工作举措。5月18日，县委办、县府办联合下发《转发县计划生育协会〈关于进一步加强计划计划生育协会工作报告〉的通知》，在全县各镇、县机关各部门中得到落实。6月18日，县计生协会召开例会，汇报交流上半年协会工作和“5·29”活动情况。以抽奖形式产生计划生育协会基础知识竞赛获奖名单，一等奖1名，二等奖3名，三等奖6名，纪念奖100名，组织奖5名。

2002年10月31日，全县镇级计划生育协会会长会议在福全镇召开，会议传达全市县级计生协会会长会议精神，听取各镇计生协经验介绍，参观福全镇畈里金村计生协会现场。县计生协会会长、县人大常委会副主任戴弋明，县计生协会名誉会长、副县长吴晓到会指导。

2003年5月，县计生协会举行计划生育协会基础知识竞赛活动。8月19日，绍兴市企业计划生育协会建设现场会在绍兴县安昌镇举行，省计生协会秘书长杨辉出席会议并讲话。副县长王义致欢迎词。

2005年，县计生协会加强组织建设，在安昌镇协会换届试点的基础上，全县19个镇（街道）先后完成协会换届工作。加强社区、企业及流动人口较多且集中的区域计划生育协会组建工作，镇级65%以上规模企业组建计划生育协会，每个镇（街道）都有1至3个企业示范协会。8月25日，县计生协会组织对镇(街道)创建省级示范协会进行“回头看”，警示工作出现滑坡的协会加强整改、巩固提高。

2006年，县计生协会发挥各级计生协会和广大志愿者宣传、教育、服务、带头的作用，围绕生产、生育、生活等服务开展协会工作。各镇（街）落实一名副书记分管计划生育协会工作，并定期听取协会工作汇报，解决具体问题。

2010年10月25日，全县进一步发挥计生协会在新时期人口计生工作以及社会主义新农村建设和构建社会主义和谐社会中的独特作用，县人口计生局《关于将绍兴县计划生育协会列入县编办管理机构编制的群众团体的请示》，要求将县计生协会列入群众团体序列，由县编办管理其机关机构编制，其人员编制和领导职数等维持不变。

2012年，县计生协会开展创建幸福家庭项目点活动，县委办、县府办下发《关于创建幸福家庭活动的实施意见》，县计生协牵头实施，确定富盛镇、柯岩街道为县级试点镇（街道），并于5月29日在富盛举行启动仪式，加强日常工作指导和工作推进。

2013年，全县有序推进“双进”（增进计生关爱、促进家庭幸福）活动，总结推广富盛镇、柯岩街道试点工作经验，通过典型引路，指导全县面上开展增进计生关爱、促进家庭幸福活动。柯桥街道实施幸福家庭“五项行动计划”，钱清镇“文化惠民”促进家庭幸福活动等“两进”活动的开展情况在《中国人口报》、中国计划生育协会网站、省《当代家庭》等媒体刊登。

（二）基层计生协会

1. 乡（镇）计生协会

1986年7月，东浦镇成立计划生育协会，成为绍兴县首个乡（镇）级计划生育协会。到1988年11月，全县建立26个乡计划生育协会，共有会员2566人，理事675人。1991年初，全县建立乡（镇）级计生协会60个。1992年6月，全县实行机构“撤扩并”后，马山镇将原三个乡镇计生协会进行重建，成为全县撤扩并后第一个镇级计划生育协会。1991年1月，安城乡计生协会在省计生协会二届三次理事扩大会议上作《发挥协会优势、搞好孕前服务》经验介绍。到1994年，全县乡（镇）计生协会组建率达100%，各类协会达到1351个。县计生协会首次印发《绍兴县计划生育协会会员证》2万本，在各镇、村计生协会骨干中颁发并在1996年全面推行。1996年，县计生协会提出壮大会员队伍要求，年末全县会员总数达到8万人以上，占总人口的8%以上。办好“会员之家”，到年末有80%的村（居）协会建有“会员之家”。1998年，全县25个镇、1079个村（居）全部建立计生协会，会员总数达到

9.88万人，占全县总人口的10.17%。1999年4月，齐贤镇计生协会被省计生协会评为省计划生育协会先进集体。全县25个镇全部配备计生协会专职副会长、秘书长和2名协会专职干部。到2002年，县计生协会加强“会员之家”阵地建设，创建乡镇示范协会5个。

2. 村级计生协会

1988年，县计生协会在平水镇上灶乡开展村级计生协会组织建设试点。同年3月27日，上灶乡铸铺岙村成立计划生育协会，在自愿申请下，首批26人参加协会，成为绍兴县、市第一个村级计划生育协会，通过村计生协会章程，选举理事会，由5人组成，并产生会长、副会长各1名。同年11月，全县建立157个村级计生协会，共有会员1924人，理事270人。1990年5月，全县村级计生协会建设迅速，共建村级（居委会）协会1034个。1992年，全县普遍抓计划生育协会建设，建立会员联系户制度，村、居计生协会达1057个，会员40197人，占总人口的4%左右。1994年，村（居）协会组建率达100%。1996年，全县会员总数达到7.97万人，占总人口的8.24%。有“会员之家”1385个，联系户1.97万户。1999年1月18日，25个镇、1074个村都建立计生协会，会员总数达10.35万人，占全县总人口的10.61%。同年6月21日和9月18日，县计生协会先后召开两次例会，汇报和部署村级协会整建工作，传达省、市村级协会整建工作现场会精神，有序推进村级计生协会整建工作，抓实“四重新一落实”工作，即计生协会会员重新履行入会手续、重新召开会员代表大会、重新划分会员小组、重新修订协会工作制度和落实协会会员优惠政策。2002年，全县积极创建示范协会、特色协会活动，12月18日，全县19个村计生协会被市计生协会命名为2002年度绍兴市村级计划生育“特色协会”。华舍街道计生协会被评为省级计划生育示范协会。2004年，柯岩街道新风村计生协会等19个村级计生协被绍兴市计划生育协会命名为2003年度绍兴市村级计划生育“特色协会”。

3. 外来人口计生协会

1990年5月，柯岩镇成立兴越姐妹协会，第一次代表大会56名会员参加，会长王玲英。2004年，全县有68家企业成立外来建设者计生协会，其中浙江华宇印染有限公司成立全市首个外来建设者计划生育协会。2013年9月，安徽省绩溪县驻绍兴县流动人口计生协会成立，在华舍街道沙地王村委举行成立仪式。

4. 轻纺城计生协会

1994年6月15日，中国轻纺城计划生育协会成立，成为全市首家大市场计生协会。市计生委主任宋梅玉，县委副书记赵六四、副县长傅建祥等领导到会祝贺。会上，通过《中国轻纺城计划生育协会章程》，选举产生首届协会理事，中国轻纺城工商行政管理处党总支副书记冯培东当选为会长，会上还宣读220名会员联名向全体客商发出的《文明经商，响应国策，争当实行计划生育的模范》倡议书，推进市场计划生育管理。

5. 企业计生协会

1990年，全县建立企业协会319个，到1999年累计达到922个，其中“三资”企业计生协会10个，流动人口计生协会8个。2004年7月5日，县计生协会出台《关于开展企业和流动人口计划生育协会组建工作的意见》，要求被省政府办公厅认定的2003年度50强企业在年内全部建立企业协会组织；规模以上企业计生协组建率年底力争达到50%以上。全县4家50强企业全部组建企业协会，做到有组织、有阵地、有活动。2006年，根据企业发展现状，壮大协会队伍，全县组建68家企业流动人口计生协会。2008年，县计生协会组织开展创建县级、市级企业计划生育示范协会活动，与企业生产发展、企业文化建设和职工培训等活动结合，开展适合职工特点的宣传教育活动，维护职工合法权益。至年底，全县创建县级企业计划生育示范协会10个，推荐申报市级企业计划生育示范协会4个。2009年，县计生协会积极组建流动人口计生协会，不断拓宽协会组织建设新领域，全县100人以上的规模企业和育龄妇女50人以上的民营企业计生协会组建率达到95%以上。2011年，县计生协会加强基层协会组织建设，基层合格协会组织达标率100%。积极抓好企业和流动人口计生协会组织建设，流动人口计生协会工作覆盖面达90%以上。

6. 合格村（居）协会建设

1995年4月20日，县计生协会转发市计生委《计划生育合格村协会条件及评估要求》，推进创建合格村协会活动，明确合格村协会标准：必须协会组织健全，有一支“五老”为骨干和以育龄群众为主体的会员队伍，利用会员活动小组和联系户开展宣传和思想互助活动，党群干群关系密切。合格村协会验收评估每年一次。是年，全县721个村协会达到合格村协会标准，新发展5655名会员，会员总数达到6.43万人，占总人口的6.69%。1997年11月，全县893个村协会达到合格协会标准。1998年2月4日，县计生协会下发《关于公布计划生育合格村协会的通知》，通过考评、抽查等形式，确认公布918个村计生协会达到省计生协会规定的合格协会标准，982个村（居）计生协会达到县合格协会标准。1999年1月18日，县计生协会公布1998年度计划生育合格村协会968个。1999年4月16日，县计生协会把村级协会整建作为一项重点工作，力争花2年左右时间，开展村（居、厂）计划生育协会整建工作，下发关于《实施绍兴县村级计划生育协会整建工作方案的通知》，明确整建标准、实施步骤和要求等，统一在安昌镇盛陵村、华舍镇人利村开展试点，以点带面指导华舍、马鞍等5个镇分期分批推进整建工作，全县共有620个村计生协进行整建，有30个村达到计划生育合格村协会标准，总数达到993个。同年12月3日，县计生协会在全县计划生育“双合格村(居)”建设中，抓住合格协会建设，加强网络建设，完善协会制度，加强协会活力，促进协会建设，认定柯桥镇永进村等1023个村(居)协会为“合格村协会”。富盛镇淡竹坞村、斗门镇杨望村计生协被评为省计划生育“百佳协会”。2000年，全县进一步明确村、组计划生育工作的职能和要求，完善计划生育村规民约，增强村民的自我管理意识和参与监督的责任意识，推进合格村协会建设。

7. “一流协会”建设

1996年10月，县计生协会下发《关于在全县各级计生协会中开展“学和庄、创一流、评百佳”活动的决定》，制定“组织建设、制度完善、活动经常和成绩显著”四项考评标准，要求当年有三分之一的乡镇达到“一流标准”，到1997年全部达到“一流标准”。1997年11月，县计生协会组织各镇、村计生协会开展自查自评，于12月6日至26日，对全县25个镇协会进行评估，采取查看档案、实地考察3个村等形式，全县25个镇共抽查75个村，有24个镇协会达到“一流协会”标准。1998年10月20日，县计生协会对1997年已建成的村（厂、居）合格协会进行“回头看”，深化“学和庄、创一流、评百佳”活动。1999年1月15日，县计生协会对全年工作提出调整配备好镇专职副会长或秘书，创建“一流协会”“合格协会”达到省定标准，每个镇至少有2－4个“和庄式”先进协会等目标。同年1月20日，县计生协会对照省“一流协会”标准，形成《关于创建“一流协会”的自查报告》，对1996年至1998年创建工作进行回顾总结，要求省、市计生协会对三年来县计生协会争创省“一流协会”工作进行评估。同年4月6日，县计生协会以创建“一流协会”和合格村协会为载体，加强协会基层基础工作，经申报、抽查考评，斗门镇等22个计生协会被市计生协命名为“一流协会”。2000年，绍兴县被评为全国“百佳协会”工作先进县。2001年5月24日，省计生协会会长座谈会在绍兴县召开，县计生协会作《开拓进取、争创一流》经验介绍。期间，中国计生协会常务副会长杨魁孚、省计生协会会长许行贯和与会人员考察齐贤、安昌两镇计生协工作，给予高度评价。

二、评先创优

1992年3月，县计生委、县计生协会发文，表彰在1991年度计划生育协会工作中成绩显著的8个“五佳协会”和64位“五佳会员”。至2013年，全县计划生育协会“五佳协会”“五佳会员”每年一评，“五佳协会”、“五佳会员”名额分别为8至14名和54至64名。

1999年4月6日，县计生协会在全县计划生育协会中开展争创全国计划生育协会先进单位和先进个人活动，挖掘先进事迹，提升全县计生协会工作水平。

2002年，全县23名村计划生育协会会长被评为2002年度绍兴市基层计划生育协会先进工作者。

2004年2月1日，县计生协会授予齐贤镇等5个镇“绍兴县计划生育协会先进集体”称号，授予黄社娄村等5个村计生协为“绍兴县村级计划生育协会先进集体”称号，授予25名个人为“绍兴县计划生育协会先进个人”称号。

2005年2月28日，县计生协会授予柯岩街道等19个镇（街道）“绍兴县计划生育协会先进集体”称号；柯桥街道办事处洪茶芬等45位同志为“绍兴县计划生育协会先进个人”。

2010年1月25日，县计生协会经各镇（街道）推荐、审核，授予浙江蓝天实业集团有限公司计划生育协会等19个单位为2009年度计划生育协会“优秀会员之家”称号，授予40位同志为2009年度绍兴县计划生育“五星级优秀会员”称号。此后，县计生协会在全县开展的“优秀会员之家”和“五星级优秀会员”评选活动每年一次，至2013年，共评选“优秀会员之家” 59个、“五星级优秀会员”120名。

第三节　宣传培训

按照计划生育协会的宗旨，县计生协会和基层各级计生协会在计划生育宣传服务中，突出宣传，增强计生协会的感召力、凝聚力，积极发挥计生协会在转变群众婚育观念、执行计划生育基本国策中的作用。

一、协会培训

1992年11月，县计生协会制订《基层计划生育协会工作人员培训计划》（1993-1995），确定基层计划生育协会工作人员培训项目课题，对基层理事、会员进行分期分批培训，90%以上会员参训，教育合格率达95%以上，经测试合格发结业证书，促使计划生育协会会员了解人口理论知识，掌握避孕节育、优生优育等知识，提高管理能力，增强服务能力。同年12月24日至25日，县计生协会举办乡镇计生协会秘书长培训班，学习十四大文件，中央、省委关于计划生育工作的两个《决定》，人口理论及《中国计划生育协会章程》等，提高各级计划生育协会秘书长的理论和业务水平。

1994年6月22日，县计生协会在马山镇召开镇(乡)协会秘书长培训班，传达省、市计生协会工作会议精神，组织有关镇计生协作工作介绍。

1995年，县计生协会加强业务培训工作，县、镇计生协会举办各类协会骨干培训班42期，受训人员达3122人次。各镇（乡）举办各种致富技术培训班68期，受益人数达3400人。

1996年9月23日，县计生协会举办乡镇计生协秘书长培训班，学习“和庄经验”和讨论“一流协会”标准。会同农办、林业、水产、乡镇企业等，共举办培训班45期，受训8968人次。

1997年8月20日，县计生协会举办镇级计生协秘书长培训班，学习中央“两办”

文件精神，讨论全县计划生育协会规范化管理办法，交流创“一流协会”经验等。

1998年6月9日，县计生协会建立绍兴县计划生育协会例会制度，以每季度末月的18日为例会日，由各镇计生协会专职副会长或秘书长参加，学习上级文件指示，交流工作经验，部署下阶段工作，促进协会建设，更好地发挥协会作用。

1999年9月23日，县计生协会举办镇（乡）协会秘书长培训班，深入学习“和庄经验”，讨论和制定“一流协会”标准。全县镇（村）计生协会共举办培训班45期，受训8968人次。

2002年，县计生协会组织协会干部分二批赴海南、大连学习考察协会工作先进经验。

2003年4月8日，根据省人口计生委、省司法厅、省法制办、省普法领导小组和省计生协“认真抓好培训教育工作，努力提高全体干部执行《人口与计划生育法》和《省条例》等法律、法规的水平”的要求，县计生协会举办为期5天的计划生育协会骨干与村计生专管员培训班。

2006年，全县415名村级计生协会秘书长参加培训，完善从会长到会员小组长的职责，做到人人有职责，人人有事做。

2012年，县计生协会加强基层计生协会组织建设和网络队伍建设，确定专(兼)职协会工作联系员并进行业务培训，对全县人口计生基层群众自治公约制订情况和执行情况进行督查，确保计划生育村（居）民自治章程或村规民约有效运行。

二、宣传活动

宣传咨询服务活动　1987年，县计生协会开展计生政策宣传，动用不同类型的典型进行现身说法，转变群众生育观念。1988年，县计生协会运用一切宣传工具，制作系列宣传挂图，到区、乡巡回展出。1989年，县计生协会把宣传教育服务作为重要工作，以典型事例宣讲实行计划生育利国利民利家的好处。1995年，县计生协会结合全县开展的计划生育宣传技术服务月活动，发挥协会宣传、服务的作用，大力宣传《公开信》和新修订的《浙江省计划生育条例》，开展“计划生育、丈夫有责”“生男生女一个样、女儿也是传后人”活动。注重组织群众进行自我教育，用身边活生生的事例转变群众婚育观念。在活动月期间，全县落实放环2139例，结扎999例，落实补救措施289例，推动计划生育孕前型管理工作。

“三下乡”活动　1999年1月26日，县计生委、县计生协会在平水镇开展“三下乡”服务，向农民朋友提供计划生育政策法规与技术知识。共发放计生宣传资料4700余份、避孕药具50盒和婴儿营养米粉300包，咨询人数1500余人。2000年，在科技、文化、卫生“三下乡”活动中，通过赠送书籍、现场咨询等形式，把计生政策和科普知识送到百姓的心坎里。2003年，县计生协会发放宣传资料5200份、避孕药具168盒。此后，县计生协会每年参与全县的“三下乡”活动，打造具体自身特色的计划生育宣传活动。

优生优育宣传活动　2010年，县计生协会在纪念中国计生协成立30周年之际，开展“生育关怀，促进优生优育优教”主题宣传活动，印制发放计划生育便民维权宣传卡5万余张，开展宣传活动60场次，发放免费避孕药具4500多盒，协助法律援助20人次。增印会员证10000本，不断提升基层计生协会服务能力和服务水平。

宣传咨询活动　1996年11月13日至15日，县计生协会在马山、平水、齐贤等镇开展“人口与环境、科技与二十一世纪”为主题的宣传活动，利用实物、标本、图像、录像等开展生殖健康保健咨询服务，观看人数达4500余人，接受咨询100余人。1998年6月25日，县计生协会在“世界人口日”期间，围绕人口与计划生育主题，开展多种形式的宣传服务活动。1999年6月2日，县计生协会开展“协会在您身边”活动，组织名医及计生工作人员在街头开展计划生育咨询活动，为群众义诊，提供避孕节育指导、优生优育和生育保健服务，开展计生政策咨询宣传，发放计生宣传资料1500余份、书籍500余册，接受咨询620人次。同年11月，在马山、齐贤、平水三个镇开展“人口与环境、科技”为主题宣传活动，参与群众达4500余人。2002年，在“5·29”期间，县计生协会与柯桥街道、柯岩街道、中国轻纺城计生协会联合举办大型宣传咨询活动，各镇（街道）计生协举行知识竞赛、《人口与计划生育法》万人签名活动。2008年，“5·12”四川汶川地震后，县计生协会发挥会员众多、组织网络健全优势,发动20场募捐活动，为灾区人民和小朋友送上温暖。2013年，县计生协会围绕“5·29”会员活动日、“7·11”世界人口日等节日的群众性宣传，共开展活动76场次，发放各类计生宣传资料4万份、计生宣传品5万份，发放避孕药具1万盒，提供咨询服务1000多人次。

第四节　协会活动

一、“5·29”会员活动日

1992年5月，县计生协会下发《关于开展“六一”服务活动的通知》，为儿童进行健康咨询、检查，传授人体生理卫生知识；为儿童捐款献物，购置图书、活动器具；为儿童讲革命故事，进行传统教育、改革开放教育等。

1994年，全县广大计生协会会员带头参与以“晚婚晚育、少生优生、文明幸福、勤劳致富”为主要内容的新家庭计划活动。富盛镇计生协会的做法在华东地区第七次计生协工作会议上经验介绍。

1998年5月18日，县计生协会开展“庆六一、做好事”活动。开展儿童健康咨询活动，到联系镇慰问特困儿童；发动会员为儿童做一件好事，献一份爱心。全县各地开展咨询活动8次，参与群众4870人次。慰问特困儿童206人，捐款44.95万元，捐赠衣服42套、书籍1280册、玩具462件、电子琴1台，为儿童健康体检4718人次。

1999年，中国计生协会规定每年的5月29日为全国会员集中活动日。县计生协会开展“协会在您身边”活动，为育龄妇女、广大儿童、老人以及生产困难户奉献爱心。

2000年5月25日，县计生协会开展庆祝中国计生协成立二十周年活动，学习宣传贯彻“两办”通知精神，召开基层计生协会秘书长、协会会员座谈会，组织人口与计生协会知识竞赛和学先进做好事等活动。

2001年5月15日，县计生协会开展“我为基本国策添光彩”主题会员日集中宣传活动，组织万名会员开展计划生育协会基础知识竞赛活动，扩大计生协会影响力，提高知名度，提高广大会员对计生协会作用的认识。

2002年，县计生协会、县人口计生局积极扶持弱势群体，做好结对帮扶工作，先后为柯桥街道大寺社区、平水镇祝家村捐资7000余元，为4名贫困老人和2名贫困儿童赠送慰问品和慰问金。

2003年5月20日，县计生协会在全县计生工作人员中开展计划生育协会基础知识竞赛活动，提高镇（街道）全体计生工作人员人口计生知识水平。

2005年5月29日，根据中国计生协会和省计生协会的部署，县计生协会以“围绕计生，服务基层，创新载体，增强活力”宣传主题，组织各镇（街道）开展形式多样的“5·29”协会会员集中日活动，庆祝中国计划生育协会成立25周年。全县共举办文艺演出、知识竞赛、趣味活动、上街咨询、广播讲座、座谈交流等大型活动21场次，参加人数达5万人，发放宣传资料10多万份，征集群众需求信息105条，为贫困计生家庭捐款1.1万余元。

2010年5月10日至6月10日，县计生协会在全县开展以“生育关怀·便民维权”为主题的“5·29”会员活动日活动。明确活动重点对象、活动内容和工作要求，提升绍兴县计生协会工作水平。

2011年5月3日，县计生协会下发《关于开展“5·29”会员活动日活动的通知》，在2011年5月10日－6月10日期间举行一次宣传服务、开展一次生育关怀慰问、组织一次宣教片收看、组织一次俚语俗语征集评选、组织一次演讲活动。以此纪念中国计生协成立31周年。

二、生育关怀行动

2005年9月，县计生协会积极倡导“生育传承希望，关怀相伴和谐”的理念，与县人口计生局联合开展“关爱女孩－助学献爱心”活动，拉开生育关怀行动序幕。2006年7月27日，县人口计生局、县计生协会联合下发《关于开展生育关怀行动的意见》，重点开展好“五关怀”活动，即：关怀计划生育家庭、关怀育龄群众生殖健康、关怀独生子女、关怀女孩健康成长、关怀基层计划生育工作者。接着开展“助学献爱心、励志促成才”关爱贫困女大学生活动。2008年，全县各级计生协会以“一切为了育龄群众”为宗旨，共走访、慰问关怀对象256人次，慰问金额达27.89万元，帮扶户数174户。2008年6月和2010年7月，又先后开展“生育关怀·情系女孩”和“生育关怀·帮扶女孩”系列活动，共助学慰问200人计10万元。2013年7月，开展“同在一片蓝天下、共融和谐计生情”关爱流动人口困难女孩家庭活动，慰问对象共100户计5万元。其中“生育关怀促和谐”被评为2007年度绍兴县行风建设十大工作亮点之一。2009年12月31日，县计生协会下发《关于在元旦、春节期间开展“生育关怀送温暖”活动的通知》，规定每年在元旦、春节期间开展一次以计生服务和生育关怀为主要内容的送温暖活动，推动全县生育关怀行动深入开展，促进生育文明建设和民生和谐。2011年，开展生育关怀、关爱女孩、青春健康教育和“5•29”会员活动日活动，通过政府资助、企业赞助、个人捐助等多种形式共募集资金80余万元，帮助“五关怀”对象877户（人次）。

三、生育关怀冠名基金

2007年11月10日，浙江华港集团染织有限公司成立首只200万“华港生育关怀冠名基金”。2008年，县计生协会动员社会力量开展企业公益金认捐活动。5月15日，全县在柯岩街道新风村举行生育关怀基金认捐仪式，发出企业参与生育关怀行动《倡议书》，向10名计生困难群众发放各1000元慰问金。省人口计生委副主任、省计生协会专职副会长严掌法，市人大常委会副主任、计生协会会长车晓端，县人大常委会副主任、计生协会会长章生建等计生协领导实地考察金舟轻纺有限公司、唐宋酒业有限公司2家生育关怀冠名基金认捐企业。全县认捐生育关怀冠名基金企业累计达到22家计4750万元，为实施生育关怀行动提供资金保障，全年有148人次受惠于生育关怀冠名基金。2010年，县计生协会系统走访慰问计生困难家庭885人次，共发放慰问金78.5万元，其中浙江华港染织有限公司在稽东镇龙西村为11户困难计生家庭送去每户1000元的慰问金及物品计价值1.5万元。2013年，县计生协会做好企业生育关怀冠名基金扩面，新增企业冠名基金3000万元，共走访慰问困难计生家庭670户（人），其中流动人口87户（人），发放慰问金和物品共计90万余元，让更多计生困难家庭得到帮助和救助。至2013年，全县生育关怀冠名基金认捐企业累计达53家，总额达2.13亿元。

四、计划生育系列保险

1995年，县计生协会积极为完善社会保障机制添砖加瓦，协助各级政府搞好计划生育养老保险，与县保险公司、县计生委联合下达保险任务及考核奖励办法，全年计划生育系列保险额达182.12万元。2002年6月28日，县计生协会与中国人寿保险公司绍兴县支公司联合召开全县计划生育系列保险工作会议，认真贯彻落实省、市计生系列保险工作会议精神，分析形势，统一认识，交流经验，总结和部署工作。2012年5月14日，县计生协会认真贯彻省保监局、省人口计生委、省计生协《关于进一步推进计划生育保险工作的意见》的精神，发挥计划生育家庭系列保险在建立计划生育利益导向新机制、完善社会保障制度中的积极作用，出台《关于进一步做好计划生育系列保险工作的指导意见》，重点解决计生家庭及基层计生工作者意外伤害所带来的风险。计生保险产品主要有独生子女平安保险（参保对象原则上为14周岁以下独生子女）、计划生育家庭意外伤害保险和基层计划生育工作者意外伤害保险。2012年，出台计划生育系列保险的相关工作指导意见，全县有2882名独生子女参加意外保险。2013年，县计生协会通过政府投入，以点带面，有序推进计生家庭的保险工作，5个镇（街道、开发区）参加独生子女意外保险5700多人，投保5.7万多元。

五、项目建设

少生快富项目　1995年，县计生协会积极创建县级项目活动基地，富盛镇“绿色坞工程”，由县计生协会投资，向村委会承包100亩养竹山，其中将50亩改为掘笋山，经济收入翻番增长。1999年5月25日至30日，县计生协会组织基层10名人员赴广西桂林市考察“三结合”项目建设情况，通过考察，加深对“协会的生命力在于活动、协会的凝聚力在于服务”的认识，推进计生协项目管理。2000年，全县各基层协会以项目为载体，深化协会服务工作，实施省、市立项的少生快富项目。省级立项的齐贤镇生殖健康服务和马鞍镇百亩养蟹基地等项目进展顺利，平水镇的水竹基地、安昌镇的麻鸭基地、王坛镇的杉木基地等发展势头良好。2011年12月8日，经县计生协会申报和市计生协会推荐，绍兴县陶堰镇无公害设施蔬菜产业化开发项目被立为省计生协2011年度生育关怀—少生快富项目，获补助资金5万元。是年，全县共列入省级“少生快富”项目1个，新增乡镇级“少生快富”项目3个。“少生快富”项目的实施，带动群众发展生产520户，年户均增收1.80万元，为困难计生家庭新增就业岗位22个，年人均收入达到1.20万元。举办各种生产技术、就业技能培训班12期，参加培训300人次，其中困难计生群众达80人次。2013年6月13日，绍兴县陶里田藕产加销一条龙基地建设项目被立为2013年度省计生协会生育关怀—少生快富项目，获补助经费4万元。项目新增就业人数15个，其中计划生育困难群众10个，人均增加经济收入2万元。带动周边群众发展生产100户，其中计划生育困难家庭32户，户均增加经济收入3万元。举办专业培训技术培训班2期，参加培训55人次。举办生殖健康培训班1期，参加培训80人次。救助贫困计生家庭户20户。

生殖健康项目　1999年，县计生协会作为全省“开展计划生育优质服务，提高育龄人群自我保健能力”的项目点，于7月1日建立由9人组成的“生殖健康项目点”领导小组。各镇因地制宜，以项目为载体，增强协会的活动力和凝聚力，齐贤镇计生协会“开展优质服务、推进妇幼保健”项目，被国家、省计生协会列项。同年8月28日，中国计生协会项目部生殖健康处、省、市计生协会有关领导和专家专程视察齐贤镇计生协会生殖健康服务中心。中心出台六项会员优惠措施：免收挂号费、免费一年二次B超监测、50岁以上妇女开展健康检查、发放宣传资料、指导连续5年以上服药者更换避孕方法、为不孕不育者导医和中介。学校在学生中开展人口与国情、生殖生理卫生等教育。共开展查孕查环1.67万人，查出妇科病326例；儿童健康检查2589人。

新家庭计划示范项目　2000年11月，马鞍镇“稻田养蟹”被省计生委、省计生协会确定为2000年省级新家庭计划示范项目，提供资助经费3万元。2002年，安昌、齐贤、马鞍、陶堰等镇建立新家庭计划项目示范基地。

六、计划生育优惠证办理

2002年12月9日，县府办下发《关于印发绍兴县计划生育优先优惠若干意见（试行）的通知》，规定独生子女户和农村二女户可以享受的一系列优先优惠，全县开始办理《计划生育优先优惠证》，由各镇（街道）负责办理和发放，持证家庭可在就学、就医、社会保障、涉农项目、司法援助等方面享受优惠，全县首批发放1200户（本），到2003年达2000余本。2008年7月28日，县人口计生局下发《绍兴县人口和计划生育局关于实施绍县政发〔2008〕23号等文件相关问题的补充说明》，取消《绍兴县计划生育优先优惠证》，改为办理《绍兴县放弃再生育优惠证》。规定《绍兴县放弃再生育优惠证》的办理机关为县人口计生局，具体由县计生协会秘书科负责办理。2009年，县计生协会严格做好《绍兴县放弃再生育优惠证》的审核把关与发放工作，全年共办理1022本，至2013年，累计办理1830本。2013年，县人口计生局下发《关于调整办理〈绍兴县放弃再生育优惠〉有关规定的通知》，明确办理《绍兴县放弃再生育优惠证》的条件：双方均为农民（包括失土农民），符合《浙江省人口和计划生育条例》第十九条第一款第二项规定可以再生育一个子女而放弃生育的夫妻；其他虽经批准可以再生育一个子女而放弃生育的夫妻均不作为领证对象（包括符合特殊情况生育审批条件的对象）；生育的第一个子女须在1980年1月1日以后出生。符合上述条件可以申请办理《绍兴县放弃再生育优惠证》，从2013年9月1日起开始执行。规定女方在1980年1月1日及以后出生的对象，不再申领《绍兴县放弃再生育优惠证》。已经申领的对象15个月后不再享受相关的待遇。女方在1980年1月1日前出生且已经按规定领取《绍兴县放弃再生育优惠证》的对象，继续享受相关的优惠政策。持有《绍兴县放弃再生育优惠证》的夫妻再生育子女的，应当收回《绍兴县放弃再生育优惠证》，并取消优惠政策。

第五节　基层群众村(居)民自治

一、计划生育村(居)民自治

1998年，县计生委制订《绍兴县计生协会民主参与和民主监督实施办法》，开始探索计划生育民主管理工作，积极发挥协会带头、宣传、服务、监督、交流的作用，协助政府做好计划生育工作，监督政府及其工作人员依法行政，维护群众合法权益，密切政府与人民群众联系。

2000年，县计生协会积极推进计划生育村民自治、民主管理工作。县政府在福全镇和杨汛桥镇试点，并在福全镇召开现场会。同年10月24日，县府办下发《关于转发县计划生育委员会绍兴县推行计划生育村民自治民主管理机制的实施意见的通知》，巩固基层基础工作，全面推行计划生育村民自治民主管理机制。到2001年，全县有778个村开展计划生育村民自治、民主管理工作，共签订计划生育合同16.55万份。

2002年，县政府在华舍街道开展深化计划生育村（居）民自治、民主管理再试点工作，确定亭东村为试点单位，以点带面，深化完善村规民约，规范计划生育民主决策、民主管理、民主监督程序。同年9月7日，县政府在华舍街道召开深化计划生育村民自治民主管理工作现场会，推广华舍经验，就贯彻《人口与计划生育法》、完善和落实村级计划生育民主管理机制、推进人口与计划生育工作综合改革作出部署，对实行计划生育村民自治民主管理的“深化村”进行放权：由村（居）委会全面负责本村（居）计划生育村民自治工作；与村（居）民实行契约化管理；镇（街道）不再下达计划生育目标管理指标；取消一年两次查孕查环；取消计划生育达标检查，实行宏观动态管理。计划生育村（居）民自治由各村（居）提出申请，经镇（街道）批准，报县人口计生局备案后予以实施。实施工作由县计生委、县计生协会评估，达不到自治标准的村（居），取消下一年度实行计划生育村（居）民自治的资格。同年10月8日，县人口计生局下发《关于印发绍兴县计划生育村民自治工作有关规定的通知》，制定《绍兴县关于实行计划生育村民自治民主管理工作的若干规定》《绍兴县计划生育村民自治民主管理标准》《绍兴县计划生育村民自治民主管理评估细则》。同年12月13日，全市计划生育村民自治民主管理工作现场会在华舍街道召开。同年12月24日，全县计划生育村（居）民自治民主管理经验在全省村民自治现场会上作典型介绍。是年，全县普遍推行计划生育村民自治机制，每个镇（街道）至少有2个以上“深化村”。

2004年，县人口计生局、县计生协会的村（居）民自治、民主管理工作着重在制度化、契约化、民主化上做文章，在完善政策和阵地建设上下功夫，在扩大基层自治面上求实效，通过整体联动、示范带动、政策推动、评估促动，做到重心下移，规范村（居）民自治、民主管理工作，充分调动群众实行计划生育的积极性，强化群众在计划生育工作中的主人翁地位，全县95%以上的村（居）达到省规定的计划生育村（居）民自治民主管理标准，20%的村（居）建立“两委会负总责，协会具体抓”的工作新机制。10月5日，县人口计生局、县计生协会联合下发《关于推行计划生育村（居）民自治工作新机制的意见》，在齐贤、平水两镇试点，重点在创新运行机制、工作模式、工作方式上积极探索，达到无违法生育、无大月份引产、无非法收养、无溺婴弃婴、无因选择胎儿性别的终止妊娠，树立科学文明进步的婚育观，力争用三年时间，极大部分村（居）开展计划生育村（居）民自治工作，真正使广大群众成为计划生育的主人。

2006年，全县开展以“四前四先”为主要内容的村（居）民自治试点工作，“四前”是指制度建设走在工作前、自治工作走在服务前、服务工作走在补救前、补救工作走在征收前。“四先”是指教育在先，优生优育早知道；服务在先，重点对象早了解；措施在先，苗头问题早消化；检查在先，违法生育早防范。初步建立起“政府指导、两委领导、群众参与、各方配合、优势互补、资源共享”的村（居）民自治工作新机制，保障村级人口计生工作“有人管事、有钱办事、有章理事”。

2007年11月5日，县人口计生局、县计生协会联合下发《关于进一步完善计划生育合同管理的意见》，成立村（居）计划生育合同管理领导小组，按照合法性、群众性、配套性和实效性的原则，规范制订计划生育合同文书。本着合法、自愿、公平的原则，采用书面形式规范其名称、内容和格式。合同主体一方是村（居）民委员会，另一方是已婚育龄夫妇。计划生育合同要求签订程序合法、内容合法规范且简明扼要，政策性强，便于操作。各镇（街道）的合同签订工作于12月30日前完成。通过开展村（居）民计划生育合同管理，全县人口和计划生育各项指标完成良好。

2008年，全县以健全自治网络为抓手，各村(居)成立村（居）民自治工作领导小组，健全由村计生协常务副会长、计生专干、协会小组长、协会会员组成的理事会、监事会，建立理事与重点服务对象的“一对一”联系制度，完善村民代表民主恳谈制度、村民监督制度、村民评议制度、政务村务公开制度、优质服务制度等“五项”制度。全面推行计划生育合同管理，赋予合同管理新内容，合同条款合法、公平、规范，全县38个村（居）修订完善合同管理文本，重新签订合同1.90万份。落实功能较完善的计生协会活动场所，规范上墙内容，真正发挥群众“自我管理、自我教育、自我服务”的功能。

2009年，县计生协会加强全县基层计生协评估认定工作，按照省《基层计生协评估认定表》的要求，以专题调研定方案、试点引路作带动、以会代训强指导、加强督查促推进的工作方法，开展基层协会评估认定和以“五好”为标准的村（居）民自治示范创建活动，召开基层计生协会评估认定工作推进会，促进基层计生协会的建设。全面实行计划生育合同管理，全县行政村合同签订率达到100%。

2010年10月，县府办制定《绍兴县推行计划生育村民自治民主管理机制的实施意见》，提出计划生育合格村的村委会建设好、村级计划生育组织建设好、村计划生育阵地建设好、计划生育工作任务完成好、制度建设好、计划生育经费保障好的“六个好”条件。县人口计生局、县计生协会按照“合法、民主、适宜、互约”的原则，要求各村（居）制定完善《人口和计划生育基层群众自治公约(章程)》，使之成为基层群众自治工作的行动准则。通过村民自治，不断加大对计划生育家庭的奖扶力度。全县各镇(街道)制定一系列重要政策，如城中村改造拆迁安置、股权分红政策，对“已领取独生子女父母光荣证的家庭，在拆迁安置和股权分红中可以增加一个人口。”县计生协会加强督查指导，全县19个镇（街道）394个村（居、社区）和760个企事业计生协开展评估认定。

2011年，全县完善计划生育村规民约，将各镇（街道、开发区）计生村规民约的修订完善和上报备案列入计生业务目标责任制考核，有389个村（居、社区）制订计划生育村规民约，制订率98.5%,已修订完善326个。到2013年，全县354个村（居、社区）全部修订完善，为基层自治提供“准法律”保障。

二、“双示范村(居)”创建

2009年3月4日，全县建立完善“两委负总责、协会当骨干，群众做主人”的村民自治工作新机制，全面提升人口计生工作整体水平。县人口计生局、县计生协会联合下发《关于开展计划生育村民自治示范村（居、社区）创建活动的通知》，明确指导思想、创建原则、创建标准和创建要求。2010年2月20日，县人口计生局、县计生协会命名柯桥街道福年社区等19个村（居、社区）为2009年度全县计划生育村民自治示范村（居、社区），推动全县计划生育村民自治示范村（居、社区）创建活动深入开展。同年8月23日，全县建立人口计生基层群众自治工作机制，推动人口计生工作重心下移，稳定低生育水平，促进社会主义和谐社会建设，县计生协会在全县范围内开展人口和计划生育基层群众自治“示范村（居、社区）企业”创建活动(下称“双示范”)，明确指导思想、基本原则、目标任务、示范村居“六个好”、示范企业“五到位”、“五到人”基本要求等内容。同年12月30日，在各镇（街道）申报推荐初审的基础上，经县级“双示范”创建活动领导小组抽查评估和审核确认，命名柯桥街道柯福社区等20个村（居、社区）和浙江华港染织有限公司等9家企业为全县首批人口计生基层群众自治示范村（居、社区）和示范企业。自

2010年至2013年，全县被命名为市级及以上基层群众自治示范单位95个，其中村居63个、企业32个；国家级示范村（居）5个、省级45个（包括村居28个和企业17个）、市级45个（包括村居30个、企业15个）。命名县级示范单位109个，其中村（居）80个、企业29个，推进全县计划生育基层群众自治，起到转变群众婚育观念、改善基层干群关系的积极作用。

第六节　计划生育协会章程

绍兴县计划生育协会章程经1993年6月18日召开的绍兴县计划生育协会第二届会员代表大会审议通过，章程共六章二十八条。后经历届代表会议修订，目前使用章程为2007年第五次代表大会通过，共六章四十条。

绍兴县计划生育协会章程

第一章　总则

第一条　绍兴县计划生育协会是中国计划生育协会的地方组织，简称为绍兴县计生协会，英文为 Family Planning Association Of ShaoXing County，缩写为 FPASX 。现住所为柯桥街道。常务副会长为法定代表人。

第二条　根据《中国计划生育协会章程》的基本原则，结合绍兴县实际，制定本章程。

第三条　绍兴县计划生育协会是在中共绍兴县委领导下的全县性、非营利性群众团体。坚持以人为本的科学发展观，协助政府动员广大群众参与全面建设小康社会、构建和谐社会、促进基层民主政治建设、做好人口与计划生育和性与生殖健康工作，推动人口与经济、社会、资源、环境的协调发展。

第四条　绍兴县计划生育协会遵守国家的宪法、法律、法规和各项方针、政策，以全心全意为人民服务为宗旨。

第五条　绍兴县计划生育协会坚持公平、公正、平等、民主原则，不以民族、种族、宗教、信仰、受教育程度、性别、残疾、年龄和财产状况为由存在歧视。

第六条　绍兴县计划生育协会组织会员带动广大群众实行自我教育、自我管理、自我服务，维护会员和群众的合法权益。发挥广大会员带头、宣传、服务、监督、交流等作用，为育龄群体和广大群众服务。

第七条　绍兴县计划生育协会接受上级计划生育协会和绍兴县人口和计划生育局的业务指导，接受有关部门的管理与监督。

第八条　绍兴县计划生育协会尊重基层计划生育协会的法人地位，指导和支持他们结合当地实际制定章程和工作规划，创造性地开展工作。

第二章　目标和任务

第九条　绍兴县计划生育协会协助政府稳定低生育水平，推行优生优育，提高出生人口素质，解决出生人口性别比偏高问题，实现全县人口与计划生育的目标和任务。

第十条　绍兴县计划生育协会根据广大群众的需求，努力提高服务工作水平和能力，组织和带动群众走少生、快富、健康、文明之路。

（一）贯彻落实国家人口与计划生育政策、法律、法规，动员和组织广大群众自觉实行计划生育；

（二）帮助广大群众尤其是贫困妇女、下岗失业人员、流动人口等群体，解决生育、生产、生活中的实际困难，发展人口福利事业；

（三）向广大群众尤其是青少年，提供性与生殖健康、预防性病、艾滋病等知识和服务；

（四）向广大群众传播避孕、节育等知识和信息，致力于杜绝不安全的人工流产；

（五）反映群众在计划生育、生殖健康等方面的诉求，履行民主参与民主监督职能，举报违法乱纪行为，维护群众尤其是妇女儿童的合法权益；

（六）倡导人与人和睦相处、男女平等、尊老爱幼、邻里互助和扶贫济困、明礼诚信、团结友善的新风尚，弘扬先进的人口生育文化。

第十一条　绍兴县计划生育协会按照新形势新任务新要求，不断更新观念，创新工作思路和方法，加强工作人员素质和工作机制建设，提高发掘整合社会资源的能力和办公现代化、信息化水平，确保工作目标和任务的实现。

第三章　会　员

第十二条　绍兴县计划生育协会会员分为个人会员和团体会员。凡承认并遵守本协会章程，热心计划生育事业，愿意缴纳会费的公民或组织、单位，均可以自愿申请成为计划生育协会会员。

第十三条　会员入会程序

个人须向居住地基层计划生育协会提出入会申请，经理事会半数以上同意，成为计划生育协会个人会员。

镇（街道）一级的组织、企事业单位，须向当地计划生育协会提出申请，经常务理事会半数以上通过，成为当地计划生育协会的团体会员。

县一级的组织、单位、企业，须向绍兴县计划生育协会提出申请，经常务理事会半数以上同意，成为绍兴县计划生育协会的团体会员。

个人会员、团体会员，由批准入会的计划生育协会颁发会员证。

会员有退会的自由。退会的个人、组织或单位，应书面通知批准入会的计划生育协会，并交回会员证。

第十四条　协会会员享有的权利

（一）个人会员的权利：

1.有选举权、被选举权和表决权；

2.听取和审议协会工作报告，了解协会工作和财务状况的权利；

3.享受有关会员优惠政策和表彰奖励的权利；

4.对本级协会工作提出批评、建议和对上级协会工作进行监督的权利。

（二）团体会员的权利：

享有参加协会活动，审议协会工作，受表彰与奖励，获得项目支持的权利。

第十五条　协会会员有下列义务：

（一）遵守协会章程；

（二）致力于实现协会的宗旨、目标和任务；

（三）按期缴纳会费；

（四）参加协会活动；

（五）反映群众诉求；

（六）协会规定的其他义务。

第十六条　会员如有严重违反章程的行为，经其所在计划生育协会理事会或常务理事会表决通过，取消其会员资格。个人会员因刑事犯罪被剥夺政治权利，会员资格自行取消。

对因病、外出等原因长期不能履行会员义务的个人会员，经所在协会理事会批准，可以劝其退会。对拒绝履行会员义务的团体会员，经所在协会常务理事会批准，取消其团体会员资格。

退会、被取消会员资格、被劝退会的个人，退会、被取消团体会员资格的组织、单位，两年后如具备入会条件，可以重新申请入会。

第十七条 绍兴县计划生育协会对为协会工作做出突出贡献的各界人士，经常务理事会批准，授予荣誉称号并颁发证书、证章。

第四章 组织机构

第十八条 绍兴县计划生育协会的工作和发展，由全县会员代表大会、理事会、常务理事会等决策机构民主决策，通过代表、理事、常务理事的作用，推动民主决策的实施和落实。

第十九条 绍兴县计划生育协会的最高权力机构是全县会员代表大会。其职权是：

（一）修改和通过绍兴县计划生育协会章程；

（二）审议和批准绍兴县计划生育协会发展战略；

（三）审议和批准上届理事会的工作报告；

（四）选举和罢免理事会理事；

（五）讨论和决定其他重要事项。

第二十条 绍兴县计划生育协会会员代表大会，每五年召开一次。必要时可提前或延期召开，提前或延期的时间不超过一年。

全县会员代表大会代表的条件、名额及分配，由常务理事会根据会议规模、各地会员总数和协会工作需要，综合考虑确定。基层协会的代表人选，由各镇（街道）计划生育协会协商推荐。县级机关、单位和团体会员单位的代表，由绍兴县计划生育协会负责联系与协商。

绍兴县计划生育协会重视会员代表的广泛性和性别平等。

全县会员代表大会由大会通过的主席团主持和领导。

第二十一条 绍兴县计划生育协会理事会，由全县会员代表大会从有被选举权的会员代表中，根据政治业务素质高，发掘整合资源能力强、年龄结构合理、性别平等的要求，选举不少于45人组成。在全县会员代表大会闭会期间，行使全县会员代表大会的职权，负责落实全县会员代表大会的决议。

理事会会议由常务理事会召集，每年召开一次。

第二十二条 理事会的职权是：

（一）筹备召开全县会员代表大会；

（二）审议和批准常务理事会年度工作报告；

（三）选举或罢免会长、副会长、秘书长和常务理事；

（四）审议和批准年度工作计划和财务决算、预算；

（五）发挥自身优势，发掘整合社会资源；

（六）决定协会发展中的其他重要事项。

理事缺额或需要更换时，由缺额或更换理事的县一级的单位和镇（街道）级协会提出补充或更换人选，经绍兴县计划生育协会常务理事会审查同意，由理事会确认。

第二十三条　绍兴县计划生育协会常务理事会，按照议事、决策、协调能力强的要求，由理事会在理事中选举不少于25人组成。在理事会闭会期间，行使理事会的职权，负责落实理事会的决议。

常务理事会会议由会长或由会长委托常务副会长召集，一般每半年召开一次，重大事项临时召开，情况特殊时可通过通讯等形式召开。

第二十四条　常务理事会的职权是：

（一）召开理事会；

（二）研究协会发展战略、发掘整合资源、加强制度建设等关系协会可持续发展的重要事项；

（三）聘任或解聘秘书长、副秘书长；

（四）听取办事机构的工作汇报，研究办事机构的重要建议，评估办事机构的工作；

（五）审议通过提交理事会的工作报告；

（六）调查了解计划生育协会工作情况，发挥自己的特长和优势，为改进协会工作提出建议；

（七）讨论和决定其他重要事项。

第二十五条　绍兴县计划生育协会理事会的理事、常务理事和会长、常务副会长、副会长、秘书长，每届任期为五年，连任不超过两届。超过任职期限的，须经理事会表决通过后，方可延长任期和任职。

第二十六条　绍兴县计划生育协会会员代表大会、理事会、常务理事会会议，实到人数达到应到人数2/3以上方能召开，其决议经到会人数2/3以上通过方能有效。

第二十七条　会长的职责是：

（一）代表理事会领导协会工作；

（二）召集并主持理事会、常务理事会等重要会议；

（三）组织研究和解决协会发展中的重要问题；

（四）检查全县会员代表大会、理事会、常务理事会决议的落实情况；

（五）履行理事会确定的其他职责。

第二十八条 副会长的职责

常务副会长协助会长工作，其职责是：

（一）协助会长组织研究、解决协会发展中的重大问题；

（二）受会长委托主持协会的日常工作，召开常务理事会等重要会议；

（三）组织落实理事会、常务理事会有关协会自身建设、提高素质、水平的决议；

（四）批准并签署或授权签署使协会承担责任的重要合同、文本、文件；

（五）协调其他副会长、常务理事开展工作；

（六）受会长委托领导、督促协会办事机构的工作。

专职副会长协助会长、常务副会长工作，分管协会办事机构的工作。

其他副会长协助会长、常务副会长工作，根据自己的社会影响和特长发挥作用。

第二十九条 会长办公会

协会日常工作中的重要事项由会长办公会议讨论决定，会长、常务副会长、专职副会长、有关副会长及相关人员参加。办公会议由会长委托常务副会长主持。

第三十条 绍兴县计划生育协会办事机构为秘书科。秘书长主持办事机构的日常工作。其职责是：

（一）协助专职副会长处理日常事务；

（二）加强同理事、常务理事的联系、协调，为决策机构提供服务；

（三）拟订协会年度工作计划，并督促和检查工作计划的实施；

（四）指导下级协会开展工作；

（五）加强协会制度建设以及协会办事机构的内部管理工作。

第三十一条 镇（街道）计划生育协会应制定本级协会《章程》，设立精干的办事机构，配备专职副会长、秘书长及必要的工作人员，对基层计划生育协会的工作进行指导。

第三十二条 农村村民委员会、城市社区居民委员会、机关和企事业基层单位、流动人口集聚地建立的计划生育协会为绍兴县计划生育协会的基层组织。

第三十三条 基层计划生育协会应根据工作需要，选配一名好会长，组织一个议事决策能力强的理事会，聘任专（兼）职秘书长，健全以会员小组和会员联系户为重点的组织网络，建设一支以老党员、老干部、老模范、老职工、老长辈、青年和科技致富带头人为骨干的会员队伍，围绕群众的需求开展工作，做到组织健全，活动经常，服务优良，并形成风尚。

第三十四条 基层计划生育协会应依据村（居）民委员会自治章程和协会章程，积极参与村（居）民自治，在计划生育群众工作和计划生育民主管理、民主监督中，发挥主力军作用。在推进社会主义新农村、和谐家庭、和谐社区、和谐村镇建设中，发挥骨干带头作用。

第五章　财务管理和审计

第三十五条　绍兴县计划生育协会经费的主要来源：

（一）政府拨付的经费；

（二）上级计划生育协会资助；

（三）社会和个人捐赠；

（四）国际组织和友好人士捐赠；

（五）依法开展有偿服务的收入；

（六）按照国家有关规定收取的会员费；

（七）其他合法收入。

第三十六条　绍兴县计划生育协会的经费必须用于本章程规定的业务范围，专款专用。绍兴县计划生育协会的经费、资产，任何单位、个人不得侵占、私分和挪用。

第三十七条　绍兴县计划生育协会依据国家财政法规、财务规章制度和审计规则，建立严格的财务管理制度。年度财务预、决算接受会员代表大会、理事会的审议、批准和监督。经费来源、使用接受有关部门的监督、检查和审计部门的审计管理。来源于国际捐赠的，还要接受捐赠组织的管理与审计监督和检查。

第三十八条　绍兴县计划生育协会专职工作人员的工资和保险、福利待遇，参照政府的有关规定执行。

第六章　附　则

第三十九条　本章程的解释权属于绍兴县计划生育协会理事会。

第四十条　本章程经2007年9月4日绍兴县计划生育协会第五次会员代表大会通过，有关部门核准之日起生效。

第十章 光荣榜

第一节 全国表彰的先进集体

受表彰单位	表彰时间	荣誉称号	授予部门
绍兴县	1986.3	全国计划生育先进集体	国家计生委
县广播站 柯桥镇 安昌镇 马鞍乡 大和乡 柯岩乡 双梅乡 斗门乡	1986.3	全国计划生育先进集体	国家计生委
绍兴县	1993.9	全国计划生育先进县	国家计生委
县计生协会 中国轻纺城计生协	1995.12	全国计划生育协会先进集体	中国计生协
绍兴县	2000.9	全国计划生育“百佳协会”工作先进县	中国计生协
县计生协会	2000.12	全国计划生育协会县级先进单位	中国计生协
绍兴县	2001.10	全国婚育新风进万家活动示范县	中宣部 国家计生委
县人口计生局	2003.9	全国人口和计划生育法制建设先进集体	国家计生委
绍兴县	2003.12	全国计划生育优质服务先进县	国家计生委
绍兴县	2005.11	2001－2005年全国婚育新风进万家活动先进县	中宣部 国家计生委
孙端镇	2005.11	2001－2005年全国婚育新风进万家活动先进乡（镇、街道）	中宣部 国家计生委
县人口计生局	2008.6	全国流动人口计划生育信息化建设先进单位	国家人口计生委
县人口计生局	2009.1	全国流动人口计划生育工作先进集体	国家人口计生委
钱清镇	2012.1	全国人口和计划生育依法行政示范乡镇	国家人口计生委
福全镇	2013.3	全国人口和计划生育依法行政示范乡镇	国家人口计生委

第二节　浙江省（厅）表彰的先进集体

一、中共浙江省委、浙江省人民政府表彰

<table>
<tr><th>受表彰单位</th><th>表彰时间</th><th>荣誉称号</th><th>授予部门</th></tr>
<tr><td>绍兴县</td><td>1983.10</td><td>省计划生育红旗单位</td><td>浙江省人民政府</td></tr>
<tr><td>绍兴县 县广播站</td><td rowspan="9">1983.10</td><td rowspan="9">省计划生育先进集体</td><td rowspan="9">浙江省人民政府</td></tr>
<tr><td>皋埠区 柯桥镇</td></tr>
<tr><td>安昌镇 马鞍公社</td></tr>
<tr><td>大和公社 柯岩公社</td></tr>
<tr><td>双梅公社 斗门公社</td></tr>
<tr><td>袍谷公社 陶堰公社</td></tr>
<tr><td>马海公社 县妇保院</td></tr>
<tr><td>富盛公社 漓渚公社</td></tr>
<tr><td>东湖公社 县计生办</td></tr>
<tr><td>绍兴县</td><td>1988.10</td><td>省计划生育红旗单位</td><td>浙江省人民政府</td></tr>
<tr><td>绍兴县</td><td>1991.4</td><td>“七五”期间全省计划生育红旗单位</td><td>浙江省人民政府</td></tr>
<tr><td>县人民广播站</td><td rowspan="5">1991.4</td><td rowspan="5">“七五”期间全省计划生育先进单位</td><td rowspan="5">浙江省人民政府</td></tr>
<tr><td>县第二医院妇产科</td></tr>
<tr><td>皋埠区 安昌镇</td></tr>
<tr><td>华舍镇 东浦镇</td></tr>
<tr><td>龙峰乡 南钱清乡</td></tr>
<tr><td>马山镇政府</td><td>1991.11</td><td>省计划生育宣传工作先进集体</td><td>省委宣传部 省计生委</td></tr>
<tr><td>绍兴县</td><td>1995.9</td><td>省计划生育孕前型管理达标县</td><td>浙江省人民政府</td></tr>
<tr><td>绍兴县</td><td>1996.10</td><td>“八五”期间浙江省计划生育红旗单位</td><td>浙江省人民政府</td></tr>
<tr><td>绍兴县</td><td>2001.4</td><td>省“九五”期间计划生育工作先进县</td><td>浙江省人民政府</td></tr>
<tr><td>绍兴县</td><td>2006.5</td><td>省“十五”期间人口和计划生育工作示范县</td><td>浙江省人民政府</td></tr>
</table>

二、浙江省人口计生委、省计生协及有关部门表彰

受表彰单位	表彰时间	荣誉称号	授予部门
齐贤镇人民医院 华舍镇 马海乡 横溪乡 马山区 安城乡 东浦镇 大和乡 齐贤镇 杨汛桥乡 红山乡 柯桥镇 陶堰乡 龙峰乡 兰亭乡	1988.10	省计划生育先进集体	省计生委
华舍镇	1992.9	省计划生育药具管理工作先进集体	省计生委
富盛镇	1993.10	省计划生育协会先进集体	省计生协
斗门镇 富盛镇 钱清镇 马山镇 柯桥镇 东浦镇 鉴湖镇 华舍镇	1996.10	省“八五”计划生育工作先进乡镇	省计生委 省人事厅
皋埠镇	1997.3	省“八五”期间计划生育宣传教育工作先进单位	省委宣传部 省计生委
县计生协会	1999.8	省计划生育“一流协会”	省计生协
齐贤镇计生协	1999.9	省计划生育协会先进集体	省计生协
县计生指导站	2001.4	省“九五”期间计划生育工作先进集体	省人事厅 省计生委
杨汛桥镇 浙江阻燃科技公司	2001.12	省婚育新风进万家活动先进镇（企业）	省委宣传部 省计生委
钱清镇人民政府	2006.5	省“十五”人口和计划生育工作先进集体	省人事厅 省人口计生委
县人口计生局 华舍街道办事处	2011.6	省“十一五”期间人口和计划生育工作先进集体	省人事厅 省人口计生委
县广播电视总台 柯岩街道办事处 齐贤镇人民政府 柯桥街道办事处	2011.7	省第三周期婚育新风进万家活动先进集体	省人口计生委
柯桥街道计生协会 福全镇尹家畈村计生协	2011.7	省“十一五”协会工作先进集体	省人事厅 省人口计生委 省计生协
绍兴县	2012.9	浙江省流动人口计划生育基本公共服务均等化示范县	省人口计生领导小组办公室

三、中共绍兴市委、绍兴市人民政府表彰

受表彰单位	表彰时间	荣誉称号	授予部门
绍兴县花边厂	1987.5	市计划生育工作先进集体	市人民政府
柯桥镇 华舍镇			
东浦镇 安昌镇			
加会镇 湖塘乡			
皇甫乡 南钱清乡			
横溪乡 皋北乡			
坡塘乡 管墅乡			
红山乡 马海乡			
县妇幼保健站	1988.3	市计划生育技术服务先进集体	市计生委 市卫生局
第二医院			
第四医院妇产科			
齐贤区卫生院			
斗门乡卫生院			
县计生委 安城乡	1991.5	市“七五”期间计划生育红旗单位	绍兴市人民政府
县第四医院	1991.5	市“七五”期间计划生育先进集体	绍兴市人民政府
马山人民医院			
县新兴塑料厂			
县群英纺机厂			
孙端乡 越峰乡			
兰亭乡 齐贤镇			
漓渚镇 大和乡			
钱清镇 上蒋乡			
新甸乡 王化乡			
皋埠镇 皋北乡			
坡塘乡 袍谷镇			
双梅乡 管墅乡			
马海乡 青陶乡			
绍兴县	1995.2	市计划生育先进集体	绍兴市人民政府

县计生委 县工商局 县妇保所 福全镇 杨汛桥镇 夏履镇 兰亭镇 孙端镇	1996.10	市“八五”期间计划生育先进集体	绍兴市人民政府
绍兴县	2000.9	市计划生育优质服务示范县	绍兴市人民政府
绍兴县	2001.6	市“九五”期间计划生育工作先进集体	绍兴市人民政府
绍兴县	2003.1	市计划生育优质服务示范县	绍兴市人民政府
县人口计生局 华舍街道 福全镇 夏履镇 齐贤镇 杨汛桥镇	2006.5	市“十五”期间人口计生工作先进集体	绍兴市人民政府
柯桥街道 钱清镇 柯岩街道 平水镇	2011.7	“十一五”期间人口计生工作先进集体	市人口计生委 市人社局

第三节　全国、省、市先进个人和劳动模范名单

1983年10月，陈丽娟、徐桂英、喻国英、沈阿菊、吴东海、张丽娟、杨经华被省政府授予“浙江省计划生育先进个人”称号。

1986年3月，徐桂英、陈丽娟被国家计生委授予“全国计划生育先进个人”称号。

1987年5月，孔水雷、徐世明、孙光荣、洪兰芬、黄翼翔、王定福、虞蓉香、钱霞珍、张春琴、李水虎、何华英被绍兴市人民政府授予“计划生育工作先进工作者”荣誉称号。

1988年3月，虞蓉香、应美娟、徐丽娟、周青平、徐剑凤、洪茶根、金绍英、徐月敏、马爱珠、孟松芝、金恩娟、童维琴、丁夏玲被评为“绍兴市计划生育技术服务先进个人”。

1988年10月，虞蓉香、叶仁苗、丁惠娟、孔水雷、陈忠良、汪金香、沈爱因、钱金瑛、王静娴被省计生委授予“全省计划生育先进个人”称号。

1989年3月，李杏芬、谢淑美、方国良被国家计生委、全国生育节育抽样调查领导小组授予“全国生育节育抽查调查先进工作者”称号。

1990年11月，李杏芬荣获国家人事部、国家计生委“全国计划生育系统劳动模范”称号。

1990年12月，沈天兴被评为“省计生协先进个人”。

1991年4月，宋引娣、潘美霞（雅）、何水洪、李仙珠、朱香花、汪金香、沈云水、邵松梅、严阿茂、任惠芝被省政府授予“全省计划生育先进工作者”称号。

1991年5月，谢文大、潘华美、潘芝英、金芝兰、王静娴、王张荣、冯鸣、王小妹、章国金、陈月琴、徐爱花、王潮芬、董水芬、汤厥仙、柳春娟、杨秀娟、汤彩英、裘娟娟、董素芬、王淑芳、董根源、何华英、李秀珍、陈丽娟、何文彩、金坤尧、章曼青、陈文娟、沈招仙、任爱珍、徐林祥被市政府授予“绍兴市‘七五’期间计划生育先进工作者”称号。

1992年9月，陈坤木、朱义桦、陈美娥、李蓉珍、何文彩、王淑芳被省计生委授予“全省计划生育药具管理工作先进个人”称号。

1991年11月，金元泰被省委宣传部、省计生委授予“全省计划生育宣传工作先进个人”称号。

1993年9月，胡美珍、徐林祥被省计生协授予“浙江省计划生育协会先进工作者”称号。

1994年12月，丁惠娟被中华全国妇女联合会、国家计划生育委员会授予“全国百名优秀女干部”称号。

1996年1月，陈丽娟被评为“全国计划生育协会先进个人”。

1996年10月，赵六四、董根源、倪阿泉、张贺芬、王雅美、徐国娣、何华英、周青平、金坤尧、章曼倩、董雅珍被省计生委、省人事厅评为“浙江省‘八五’计划生育先进个人”。

1997年3月，方国良被省委宣传部、省计生委评为全省“八五”期间计划生育宣传教育工作先进个人。

1997年7月，金小英被省计生委授予“浙江省优秀计划生育工作者”称号。

1998年11月，董根源被国家人事部、国家计生委授予“全国计划生育系统劳动模范和先进工作者”称号。

1999年9月，单燕玉被省计生协授予优秀会长称号，徐爱花被省计生协授予“优秀秘书长”称号。

2000年10月，章曼倩被国家计生委授予“全国乡（镇、街道）优秀计划生育工作者”荣誉称号，邵条仙获“全国村（居）委会优秀计划生育工作者”荣誉称号，倪月寅获“全国优秀计划生育中心户组长”称号。

2001年4月，张春琴、濮如松、杨秀娟、王潮芬、余春花被省人事厅、省计生委评为“浙江省‘九五’期间计划生育工作先进工作者”。

2001年10月，裘黄富、徐慧娟被中宣部、国家计生委授予“全国婚育新风进万家活动先进个人”称号。

2004年1月，董水芬被评为“全国计划生育协会先进个人”，戴弋明被评为“全国计划生育协会先进志愿者”。

2005年11月，吴晓被中宣部、国家计生委等10个部门授予“2001－2005年全国婚育新风进万家活动先进个人”称号。

2006年5月，余雅娟、宋天平、孙君、王月娟、金小英被省人事厅、省人口计生委授予“浙江省‘十五’人口和计划生育工作先进工作者”称号。

2006年5月，丁吉庆、孟招荣、黄化强、沈彩华、施欣意、徐叶娟、周丽萍、陈国芳、金荣堂、董芝红被绍兴市人民政府授予“绍兴市‘十五’期间人口计生工作先进工作者”称号。

2009年7月，孟万龙被国家人口计生委、《人口与计划生育》杂志社授予“人口和计划生育宣传工作先进个人”称号。

2011年6月，朱潮美、吴岳炎、徐佩娟、陈伟琴被省人事厅、省人口计生委授予“浙江省‘十一五’人口和计划生育工作先进工作者”称号。

2011年7月，俞林萍、潘建华、陶亚君被省人口计生委评为“浙江省第三周期婚育新风进万家活动先进个人”。

2011年7月，祝彩芳、蔡帮华、李学彪、高利萍、王水仙、滕瑛、陈祖琴、王潮芬、丁月琴被市人口计生委、市人力社保局评为“绍兴市‘十一五’期间人口计生工作先进工作者”。

2011年，章生建、徐珠珍、潘华娟被省人事厅、省人口计生委、省计生协授予“省‘十一五’先进协会工作者”称号。

第四节　省市县人口奖获得者名单

1999年4月，金小英荣获首届浙江省“马寅初人口奖（工作奖）”。

2002年，董根源、吴湘云被绍兴市人民政府授予第一届绍兴市人口奖，陈文娟获提名奖。

2002年，董根源获第二届浙江省“马寅初人口奖”提名奖。

2006年1月，胡小荀、冯玲娟、张爱红、陈敏华、宋跃进、吴善芬、姚兴海、钟婉珠、徐茂根、董水芬获首届绍兴县人口奖。

2006年1月，陈丽娟被绍兴市人民政府授予第二届绍兴市人口奖，方国良获提名奖。

2009年1月，章生建、朱潮美被绍兴市人民政府授予绍兴市第三届人口奖。

2009年6月，高青泉、蒋金美、丁小华、高永清、滕瑛、丁吉庆、王水仙、陈国芳、何文彩、何锡琼荣获第二届绍兴县人口奖。孟招荣、陈祖琴、徐叶娟、高小兰、董芝红获提名奖。

第五节　《计划生育工作者荣誉证书》名单

根据国计生人字〔1989〕63号文件（《国家计划生育委员会关于颁发〈计划生育工作者荣誉证书〉的通知》）精神，经各镇（街道）申报，县人口计生局审核，报市人口计生委核准公布。

1. 1991年4月公布，共5名。

浙江省计生委批准第一批专业从事计划生育工作满15年或工龄在30年以上、从事计划生育工作满10年的计生工作者获《计划生育工作者荣誉证书》，名单如下：

宋引娣　陶雪娟　孙礼贞　潘芝英　贺玉如

2. 1995年1月公布，共37名。

县计生委报市计生委核准，对专业从事计划生育工作满15年（或工龄满30年、从事计划生育工作满10年）的同志进行表彰，颁发由国家计生委签发的《计划生育工作者荣誉证书》。名单如下：

胡美珍　金调香　何华英　周亦法　丁惠娟　陈丽娟　何文彩　邵松梅
金芝兰　俞红专　钟孝红　柳春娟　丁文英　章曼倩　徐彩英　董素芬
陶素珍　陈彩香　胡莉丽　朱香花　何水洪　徐爱花　钱金英　缪美纯
任爱珍　王小妹　汤美琴　张贺芬　李雅琴　李仙珠　谢淑美　胡凤妹
金曼英　孟招荣　张春琴　马学林　汪金香

3. 2000年6月30日公布，共34名。

县计生委报市计生委核准，34位同志获《计划生育工作者荣誉证书》，名单如下：

董正志　范宝娟　方国良　胡春英　余雅娟　金荣堂　李惠军　金元泰
冯　鸣　钱彩文　吴利仙　徐婉珍　周雪英　朱美珍　金小英　沈霞红
潘素君　金利芳　王淑芳　许春丽　陶爱爱　孙伟英　丁佳玉　倪爱凤
王潮芬　宣阿凤　王水仙　何丽敏　任惠芝　陈文娟　曹菊香　吴菊英

周素瑛　蒋　煜

4. 2002年12月公布，共9名。

县人口计生局报市人口计生委核准，授予9位同志《计划生育工作者荣誉证书》。名单如下：

董根源　吴湘云　陆慧珍　茅幼珠　董水芬　陈敏华　王菊兴　吴幼美
冯金芬

5. 2005年9月29日公布，共26名。

县人口计生局报市人口计生委核准，授予26位同志《计划生育工作者荣誉证书》。名单如下：

王云珍　戴海涛　郑云珍　王杏梅　吴华平　余春花　鲍剑梅　李蓉珍
叶珍华　胡国娟　胡雪琴　徐惠英　盛云娟　赵美琴　金定珍　陈国芳
陈芳英　宋卫琴　程凤梅　黄苏娥　张秀娟　王月琴　屠小欢　徐建芳
洪茶芬　傅定珍

6. 2006年12月公布，共11名。

县人口计生局报市人口计生委核准，授予11位同志《计划生育工作者荣誉证书》。名单如下：

姚兴海　陈德兴　丁小华　沈水红　李为民　蒋红霞　钱菊珍　孙调红
冯玲娟　孟利娟　裘娟娟

7. 2007年12月28日公布，共8名。

县人口计生局报市人口计生委核准，授予8位同志《计划生育工作者荣誉证书》。名单如下：

裘黄富　宋士英　马建英　黄剑英　宋新雅　徐叶娟　张幼娟　张梅娟

8. 2009年2月12日公布，共13名。

县人口计生局报市人口计生委核准，授予13位同志《计划生育工作者荣誉证书》。名单如下：

李凤兰　单建华　王伟芬　王琴芳　施红梅　沈丽红　陈爱云　徐伟芬
金美凤　张爱红　王凤仙　潘华娟　陈祖琴

9. 2010年3月24日公布，共11名。

县人口计生局报市人口计生委核准，授予11位同志《计划生育工作者荣誉证书》。名单如下：

丁吉庆　濮逸平　陈雪英　金　燕　盛军英　朱赵琴　孙晓华　孟敏娟
冯海燕　张琴琴　王卫利

10. 2012年9月24日公布，共11名。

县人口计生局报市人口计生委核准，授予11位同志《计划生育工作者荣誉证书》。名单如下：

俞国祥　滕　瑛　鲍海霞　高小兰　方卫利　王剑文　杨丽萍　陈肖红

魏建凤　陶建娟　郑红娟

11. 2013年4月22日公布，共7名。

县人口计生局报市人口计生委核准，授予7位同志《计划生育工作者荣誉证书》。名单如下：

谢荷英　杜彩英　施欣意　金红华　陈玮芳　朱建萍　沈佳宇

附录

附录一　重要文件辑存

关于进一步完善计划生育政策的暂行规定

（1985年11月22日　绍兴县人民政府　绍县政〔1985〕133号）

各区公所，乡、镇人民政府，县政府各部门、县属各企业事业单位：

为使计划生育工作做到既有效控制人口增长，又密切党群关系，促进安定团结，根据中共中央〔1984〕7号文件精神和《浙江省计划生育条例》精神，结合绍兴县实际，对进一步完善计划生育工作的具体政策作如下规定：

一、在继续提倡一对夫妇只生育一个孩子的前提下，对绍兴县下列地区的农民，已生育一个女孩子的，确有实际困难，本人又有要求的，经批准，可有计划地照顾安排再生育一个孩子。

1. 山区乡，海涂区各乡。

2. 半山区乡的山区村（指人均山林面积在一亩以上）；个别村受地理环境影响，也可以适当放宽，但要考虑到左邻右舍；由乡研究确定。

以上两条，小孩间隔必须满48个月，方可安排生育。

3. 半山区乡中的平原村、平原乡（镇）的村，婴母1955年底以前出生的，孩子在1979年底以前出生的，符合这两项的，可照顾安排再生育一个孩子。

4. 个别婴母年龄偏大（在33周岁以上），虽孩子间隔未到，也可以适当照顾安排。

二、下列情况之一者，暂不列入农村“独女户”照顾再生育一个孩子的范围：

1. 夫妻双方是全民或者大集体性质的农场、林场、水库、电站等的正式职工。

2. 现有孩子已吃商品粮者，或现有孩子虽属农村户口，但婴母属吃商品粮者。

3. 夫妇双方因土地征用，被招工安置在全民或大集体单位，户粮关系仍在农村的。

4. 夫妇双方，一方为全民大集体单位正式职工，另一方已脱离农业并长期居住在城市的。

5. 未到法定婚龄非法同居生育的，婴母在26周岁以下，小孩虽到间隔的。虽到法定婚龄，未经登记结婚生育的，小孩虽到间隔，未办结婚手续的。

6. 已生育两个孩子，而其中一个孩子出生后不知去向或送他人抚养的。

三、凡符合可再生一个孩子规定条件的对象，经本人申请，村委会审核，乡（镇）人民政府批准，办理签订生育、节育合同，方可按规定时间怀孕生育。

四、已享受独生子女待遇，符合再生育条件，本人有生育要求者，在签订生育合同的同时，应缴回《一孩父母光荣证》和已发放的独生子女保健费。

五、继续落实一孩上环、二孩结扎为主的综合性避孕节育措施。凡符合照顾再生育一个孩子的，除特殊情况外，生育后，夫妇一方须施行结扎手术。

六、除上述规定的条件外，其他特殊情况有乡政府同意，报县计生委批准后，方可安排生育。

七、凡符合照顾再生育一个孩子条件的夫妇，而自愿只生一个孩子的，乡、镇、村和有关单位要给予表扬或奖励。

八、本规定自公布之日起执行。过去因无计划生育，已作处理的，不作重新处理。

九、各级领导要切实搞好计划生育工作，坚持“两种生产”一起抓，坚决贯彻执行《浙江省计划生育条例》，做到奖罚分明。

本规定由县计划生育委员会负责具体解释。

关于计划生育政策的补充规定

（1987年7月14日　绍兴县人民政府　绍县政〔1987〕69号）

各区公所，乡、镇人民政府，县政府各部门、县属各企业事业单位：

为了有效控制人口增长，顺利渡过新的生育高峰期，完成上级下达的人口计划指标，根据省政府〔1986〕41号文件精神和《浙江省计划生育条例》精神，结合绍兴县实际，对计划生育政策作如下补充规定：

一、大力提倡晚婚晚育，鼓励一对夫妇只生育一个孩子，严禁生育超计划二胎和多胎。要实行生育政策和生育指标的双轨控制，务必把人口的自然增长率控制在

10‰以内。

二、在继续提倡一对夫妇只生育一个孩子的前提下，对绍兴县下列地区的农民，已生育一个女孩子的，确有实际困难，本人有生育要求的，经批准，可有计划、有控制地照顾安排再生育一个孩子。

1. 山区、海涂、半山区的山区村。小孩间隔满48个月后，可安排生育。

2. 半山区乡中的平原村、平原乡（镇）的村，小孩间隔满六周岁的，婴母年龄到达30周岁，符合这两项可安排再生育。

3. 个别婴母年龄偏大（在33周岁以上），虽孩子间隔未到，也可适当照顾。

三、有下列情况之一者，暂不列入农村“独女户”照顾再生育一个孩子的范围：

1. 夫妻一方是国家干部、招聘干部、在编民办老师、全民或大集体所有制单位职工。

2. 现有孩子吃商品粮者，或现有孩子虽属农村户口，但婴母属吃商品粮者。

3. 夫妇双方因土地征用，被招工安置在全民或大集体单位，户粮关系仍在农村的。

4. 对未到法定婚龄非法同居生育的，婴母在26周岁以下，小孩虽到间隔的。虽到法定婚龄，未经登记结婚生育的，小孩虽到间隔，未办结婚手续的。

5. 已生育两个孩子，而其中一个孩子出生后不知去向或送他人抚养的。

四、凡符合可再生一个孩子规定条件的对象，经本人申请，村委会审核，乡（镇）人民政府批准，办理签订生育、节育合同，方可按规定时间怀孕生育。

五、已享受独生子女待遇，符合再生育条件，本人有生育要求者，在签订生育合同时，应缴回《一孩父母光荣证》和已发放的独生子女保健费。

六、继续落实一孩上环、二孩结扎为主的综合性避孕节育措施。凡符合照顾再生育一个孩子的，除特殊情况外，生育后，夫妇一方须施行结扎手术。

七、除上述规定的条件外，个别特殊情况有乡政府同意，报县计生委批准后，方可安排生育。

八、凡符合照顾再生育一个孩子条件的夫妇，而自愿只生一个孩子的，乡(镇)、村和有关单位要给予表扬或奖励。

九、各级领导要切实搞好计划生育工作，坚持“两种生产”一起抓，坚决贯彻执行《浙江省计划生育条例》，做到奖罚分明。

十、本补充规定不登报、不广播，由县计划生育委员会负责具体解释。

十一、县政府〔1985〕133号文件，与本补充规定有抵触的，一律按本补充规定执行。

关于贯彻《浙江省计划生育条例》的若干规定

（1990年6月29日　绍兴县人民政府　绍县政〔1990〕74号）

第一条　为依法推行计划生育，控制人口增长，提高人口素质，使人口的增长与经济和社会发展相适应，为执行《浙江省计划生育条例》（以下简称《省条例》），结合本县实际情况，特制订以下若干规定。

第二条　提倡晚婚，推行晚育。按法定婚龄推迟三年以上依法登记结婚的为晚婚；已婚妇女24周岁以上生育或晚婚后怀孕生育第一个子女的为晚育。严禁未到法定婚龄者结婚和生育；严禁非婚先孕，非法生育。

第三条　按照《省条例》规定，公民依法登记结婚后，必须有计划地生育，已婚公民的生育，须经所在地乡（镇）人民政府批准，领取准生证后，始得怀孕生育。

第四条　除本规定另有条件外，一对夫妻只生育一个子女，严禁计划外生育。实行生育政策和生育指标的双轨控制。

第五条　具备《省条例》第十一条规定之一的夫妻，经批准可以按计划再生育一个子女。夫妻均系农业户口的农民，符合《省条例》第十二条规定之一的，经批准也可以按计划再生育第二个子女。

第六条　夫妻均系农业户口的，只生育一个女孩，确有实际困难的，经本人申请，乡（镇）人民政府批准，可以按计划生育第二个子女，但下列对象除外：

1. 进城镇自理口粮落户的；
2. 一方为招聘干部、乡（镇）以上事业单位职工或在编民办教师的；
3. 一方为全民或县以上集体所有制单位职工、合同制工或一年以上临时工的；
4. 夫妻虽系农业户口，但孩子已吃商品粮者；
5. 在当地领取营业执照、从事个体工商业或私营企业一年以上的；
6. 双方离开居住地外出经商务工一年以上的；
7. 双方均系乡(镇)企业、村办企业职工的（包括个人承包企业）；
8. 早婚早育和非法生育者；
9. 弃婴、溺婴、第二个子女出生后去向不明者及批准生育而擅自引产者。

第七条　按国家规定，符合下列条件之一者，可以有计划地安排再生育一个孩子：

1.新回国定居的华侨，在国内外已生育两个以上子女的，不允许再生育，如入境时怀孕的，可允许其生育。

2.夫妻双方均系归侨，也应鼓励只生一胎，经说服仍要生二胎，而他们回国时间不满六年者，可允许生育第二胎。

3.归侨、侨眷所生子女已在国外定居，国内无子女的，可允许其再生育一胎。

第八条 对符合本规定条件，可以再生育一个子女，自愿终身只生一个子女，并落实可靠节育措施的，乡（镇）人民政府（或所在单位）要给予表彰和奖励。具体奖励办法，由乡、镇人民政府规定。

第九条 凡符合本规定可再生育一个子女的，经本人申请，村（居委会）审核，乡（镇）人民政府批准，签订生育、节育合同，领取准生证，方可怀孕生育。生育间隔期如下：

1.除小孩病残和依法领养者外，生育间隔必须在四年以上。

2.平原乡（镇）及半山区乡（镇）中的平原村的独女户，小孩间隔满六周岁的，婴母年龄到30周岁，符合这二项，方可安排怀孕生育；个别婴母年龄偏大（33周岁以上）或婴父在40周岁以上，虽孩子间隔未到，也可适当照顾，但必须满48个月。

第十条 推行优生、优育。禁止近亲结婚。开展遗传咨询门诊，推行婚前检查制度。夫妻双方或一方患有医学上认为不应当生育的遗传性疾病的，应当中止妊娠或接受绝育手术。

第十一条 必须落实一孩上环、二孩结扎为主的可靠节育措施。对手术禁忌症者，须县以上医院两个以上医生证明，方可缓行。对计划外怀孕的，必须落实补救措施。乡（镇）人民政府和主管部门可以制订具体规定，采取经济、行政和其他措施，保证节育措施的落实。

第十二条 对自觉落实节育手术的国家工作人员和职工，在国家规定的假期内，工资、奖金照发。

1. 放置宫内节育器：自手术日起休息2天，重体力劳动者，在术后一周内不作重体力劳动。

2. 取宫内节育器：当日休息1天。

3. 输精管结扎：休息7天。

4. 单纯输卵管结扎：休息21天。

5. 人工流产：休息20天。

人工流产同时放置宫内节育器：休息30天。

人工流产同时结扎输卵管：休息40天。

6. 中期终止妊娠，同时结扎输卵管：休息50天。

7. 产后结扎输卵管：按产假另加14天。

8. 国家工作人员和职工因配偶接受绝育手术，需要照顾的，经手术单位证明，所在单位可给予3－7天的假期，工资照发。

无业居民和农民由乡(镇)人民政府根据各地实际，给予适当的经济补贴。对当年施行结扎手术者，可免义务工。

第十三条 接受绝育手术的夫妻，因子女夭亡，并符合本规定的，经思想教育，本人仍坚持要求生育，乡（镇）人民政府同意，县计划生育委员会批准，可施行吻合手术。现有一个子女者，一切费用自理。无子女者，可免费手术。

第十四条 计划生育技术指导工作以卫生行政管理部门为主，计划生育部门协同进行。节育手术必须由持节育技术合格证的医务人员施行。施行节育手术的单位，必须严格遵守《节育手术常规》的规定，保证手术质量，确保手术者的安全。

第十五条 经县以上节育手术并发症鉴定小组确诊为节育手术并发症的，给予免费治疗。

经治疗仍不能从事体力劳动的，所在单位或乡（镇）人民政府应当妥善在工作上和生活上给予照顾。对丧失劳动能力的，生活确有困难的，民政部门和乡（镇）人民应当按规定给予社会救济，并免去义务工。

第十六条 流动人口的计划生育管理，按国家、省和绍县政〔1988〕152号《关于绍兴县流动人口和个体工商户计划生育管理细则》的有关规定执行。户籍地和暂住地要相互联系，双重管理，在本县范围内节育措施有暂住地负责落实，无计划出生各承担一半责任。

第十七条 各级计划生育部门和公安、工商行政管理、城乡建设、劳动、人事、民政、卫生、交通、乡（镇）企业、二轻公司、计经委、教委、供销社等部门必须按规定的职责和权限，落实对流动人口计划生育的管理责任。

第十八条 晚婚晚育的，应当给予奖励和照顾。国家工作人员和职工男女双方晚婚的，增加婚假12天；晚育的，男方可以享受5－7天护理假。对晚婚晚育的，分配住房应当在同等条件下优先照顾。男女双方均系农业户口，晚婚晚育的，具体办法有乡（镇）人民政府规定。

第十九条 《独生子女父母光荣证》发放条件、手续及奖励办法，按《省条例》第三十一条、第三十二条、第三十三条、第三十四条、第三十五条的规定办理。有条件的乡（镇），独生子女父母奖励费可以作为独生子女父母的养老保险金。

第二十条 对计划外生育的，由乡（镇）人民政府处以罚款。

1. 计划外生育第二个子女的，五年内处以夫妻双方年总收入20%－50%的罚款；计划外生育第三个以上子女的（含第三个下同），加重罚款。

2. 符合本条例规定条件，可以再生育一个子女，但未到生育间隔提前生育的，每年处以夫妻双方年总收入40%－50%的罚款，至间隔期满止，一次性交清。提前生育不到一年的，按一年计算。

3. 到法定婚龄非法同居生育第一个子女的，一次性处以500元至1000元的罚款；未到法定婚龄非法同居生育第一个子女的，处以1000元以上的罚款；非婚先孕及登记结婚后未经批准生育第一个子女的，处以500元以下的罚款。

第二十一条 计划外生育第二个以上子女的（含第二个，下同），除按前条第一项规定处以罚款外，并征收超生子女社会抚养费。子女系非农业户口为5000元，农业户口为3000元。

窝藏无计划怀孕者，处以1000元以内的罚款。提供计划外怀孕信息的，给予适当的奖励。

第二十二条 对外出躲避无计划出生的，必须同时负担一切寻找的旅差费用。

第二十三条 对计划外生育第二个以上子女的国家工作人员和职工，除按本条例有关规定处罚外，其他处罚按《省条例》第四十条、第四十一条处理。城乡个体工商户计划外生育第二个以上子女，情节严重的，由工商行政管理部门吊销营业执照。

第二十四条 对夫妻双方均系农业户口，已享受独生子女父母奖励和照顾，符合本规定条件要求再生育一个子女的，经批准后，须收回《独生子女父母光荣证》和已领取的奖励费。对已享受独生子女父母奖励和照顾，又计划外生育的，必须收回《独生子女父母光荣证》及已领取奖励和待遇。并按《省条例》有关规定处理。

第二十五条 对弃婴、溺婴及非法领养的问题，按《省条例》第四十二条、第四十三条执行。

第二十六条 严禁任何单位和个人未经市计划生育行政部门或卫生行政部门批准进行胎儿性别鉴定。对擅自进行鉴定的，由县计划生育行政部门没收其非法收入，对责任人处以5000元以上的罚款。卫生行政部门必须给予行政处分。已安排生育的，非病理性引产，须经县计划生育委员会批准。对围产期保健与来院分娩者，要验收《准生证》，并核对身份证。没有《准生证》的，医疗单位要及时与所在乡（镇）或单位联系。

第二十七条 突破计划生育控制指标的地区或出现计划外生育的乡（镇）与单位，当年不得评为全面先进。机关、团体、企业、事业单位出现计划外生育第二个以上子女的，由县计划生育委员会对单位处以500元至10000元罚款，并可提请有关部门对单位主管负责人给予行政处分。区、乡（镇）企事业单位及乡（镇）人民政府可以处以罚款，对主管负责人追究必要责任，具体由乡（镇）人民政府定。

第二十八条 当事人对处罚不服，可向上一级计划生育部门提出申请复议，具体办法按照《省条例》第四十六条规定执行。

第二十九条 依照本规定收处的罚款，应当按规定严格管理、使用。具体办法按省计划生育委员会和省财政厅的规定执行。

第三十条 对阻碍计划生育工作人员依法执行公务；侵犯计划生育工作人员人身、财产安全的，工作中玩忽职守，徇私枉法的，按情节轻重，由有关部门依法追究责任，具体按照《省条例》第四十八条规定执行。

第三十一条 县计划生育委员会主管本县的计划生育工作。各区成立计划生育协调小组，负责本区协调工作。乡（镇）人民政府及村（居民委员会）都应建立计划生育管理机构，并配备专兼职人员，具体负责本地的计划生育工作。在制订有关政策时，必须与本规定相一致，并切实抓好下属部门的计划生育工作。乡（镇）、村（居委会）、各企业单位要成立计划生育协会，发挥计划生育协会会员的作用。

各乡（镇）人民政府应加强计划生育工作队伍的建设，切实解决工作和生活中的实际困难。对多年从事计划生育工作作出显著成绩的，要给予表彰、奖励，并在各方面给予照顾。

第三十二条 为达到既有效控制人口增长，又稳定企业生产，本着从紧从严，照顾种田的原则，对夫妻双方属乡、村企业职工的，为生育而擅自离厂者，满间隔后，二年内不安排生育。各乡（镇）还可根据各自情况，再制订限制措施。

第三十三条 本规定自颁布之日起实行。原本县有关规定，凡不符合本规定，一律以本规定为准。本规定的具体应用问题由县计划生育委员会负责解释。

绍兴县贯彻执行《浙江省计划生育条例》的实施细则

（1996年11月26日 绍兴县人民政府 绍县政〔1996〕160号）

第一章 总 则

第一条 为依法推行计划生育，控制人口增长，提高人口素质，使人口的增长与经济和社会的发展相适应，促进建设富裕文明幸福家庭，根据《浙江省计划生育条例》（以下简称《省条例》），结合本县实际，特制订实施细则（以下简称《细则》）。

第二条 本细则适用于具有本县户籍或在本县居住的公民。

第三条 公民有被告计划生育的权利和义务。公民实行计划生育的合法权益受法律保护。

第四条 推行计划生育以宣传教育和鼓励为主，同时采取必要的经济、行政和法律措施。

第五条 从事计划生育工作的人员依法执行公务，受法律保护，任何单位和个人不得妨碍。

第六条 本细则由县镇（乡）人民政府组织实施。

镇乡人民政府制订本辖区生育计划，不得突破人口规划指标。

各级人民政府实行计划生育目标管理责任制，具体落实到村、居民区和单位。

第七条 一切机关、团体、企业、事业单位和其他组织都应当执行本细则，并实行法定代表人负责制。各级人民政府制定的有关政策必须有利于计划生育，有关部门应当按照各自的职责，认真做好计划生育工作。

第二章 生育节制

第八条 提倡晚婚，推行晚育。按照法定婚龄推迟三年以上依法登记结婚的为晚婚；已婚妇女24岁以上生育或晚婚后怀孕生育第一个子女的为晚育。严禁未到法定婚龄者结婚和生育。

第九条 已婚公民依照本细则规定经批准后始得生育。

第十条 除本细则另有规定外，一对夫妇只生育一个子女。违反本细则规定生育的，为计划外生育。严禁计划外生育。

第十一条 具有下列条件之一的夫妻，经批准，可以按计划再生育一个子女：

（一）双方均为独生子女，已生育一个子女的；

（二）已生育一个子女，经县级以上病残儿童鉴定机构确诊为非遗传性残疾，不能成长为正常劳动力的；

（三）婚后五年不孕，经县计划生育委员会指定的医疗单位诊断，并经县计划生育委员会核实为不孕症，依法收养一个子女后怀孕的；

（四）一方为烈士的独生子女，已生育一个子女的；

（五）一方未生育过，另一方再婚前已生育一个子女的；

（六）一方未生育过，另一方再婚前丧偶并已生育两个子女的；

（七）一方连续从事矿井井下作业五年以上，只生育一个女孩，并继续从事井下作业的。

第十二条 夫妻均系农业户口的农民和渔民，具有下列条件之一的，经批准，可以按计划生育第二个子女：

（一）一方两代以上均为独生子女的；

（二）女方父母只生育一个或两个女儿，男到女家落户并赡养女方父母的（只适用于姐妹中一人）。

第十三条 计划外生育得到有效控制的镇（乡），夫妻均系农业户口，只生育一个女孩，确有实际困难的，经批准，可以按计划生育第二个子女。但下列对象除外：

（一）进城镇自理口粮落户的；

（二）一方为招聘干部、镇（乡）以上事业单位职工或在编民办教师的；

（三）一方为全民或县以上集体所有制单位职工、合同制工或一年以上临时工的；

（四）夫妻虽系农业户口，但孩子已属非农业户口者（包括“A”字户、蓝本户、蓝印户、轻纺城居民户等）；

（五）早婚早育和非法同居生育者；

（六）弃婴、溺婴、第二个子女出生后去向不明及批准生育而擅自引产者；

（七）双方均系镇（乡）、村办、私营等企业职工的；

（八）从事个体工商业一年以上的；

（九）双方离开居住地外出经商、务工一年以上的。

第十四条 夫妻双方均系少数民族的，经批准，可以按计划生育第二个子女。

第十五条 按国家规定，符合下列条件之一者，可以有计划地安排再生育一个孩子：

（一）新回国定居的华侨，在国内外已生育两个以上子女的不允许再生育，如入境时怀孕的，可允许其生育；

（二）夫妻双方均系归侨，也应鼓励只生一胎，经说服仍要求生二胎，而他们回国时间不满六年者，可允许生育第二胎；

（三）归侨、侨眷所生子女已在国外定居，国内无子女的，可允许再生育一胎。

第十六条 对符合本细则规定条件，可以再生育一个子女，但自愿终身只生育一个子女的，应当提倡和表彰。

对符合本细则规定批准再生育一个子女的，除第一个子女被确诊为非遗传性残疾外，征收照顾生育社会抚养费。照顾生育社会抚养费由财政、物价、计生部门共同确定。照顾生育社会抚养费实行县收县管，财政、审计监督，全部用于计划生育事业。

第十七条 符合本细则规定可以生育的，应由夫妻双方提出申请，经双方所在单位或户籍所在地村（居）民委员会签署意见后，按下列规定报有关部门审批：

（一）生育一个子女的，报镇（乡）人民政府审批；

（二）生育第二个子女的，经镇（乡）人民政府审核后，报县计划生育委员会批准。其中，因第一个子女确诊为非遗传性残疾或因其他特殊情况申请生育第二个子女的，经县计划生育委员会审核后报市计划生育委员会批准。

第十八条 凡按本细则规定再生育一个子女的，生育间隔如下：

1. 除小孩病残和依法领养者外，生育间隔必须在四年以上。

2. 平原镇、村中的农村独女户，小孩间隔满六周岁，婴母年龄到30周岁，符合这二项，方可安排怀孕生育；个别婴母年龄偏大（33周岁以上）或婴父在40周岁以上，虽孩子间隔未到，也可适当照顾，但必须满48个月。

第十九条 推行优生、优育。禁止近亲结婚。开展遗传咨询门诊，实行婚前医学检查制度。

第三章 节育措施

第二十条 有生育能力的夫妻必须落实可靠节育措施。

计划外怀孕的应当采取措施中止妊娠。

第二十一条 对接受节育手术的国家工作人员和职工，在国家规定的假期内，工资奖金照发。

1. 放置宫内节育器：自手术日起休息2天，重体力劳动者，在术后一周内不作重体力劳动。

2. 取宫内节育器：当日休息1天。

3. 输精管结扎：休息7天。

4. 单纯输卵管结扎：休息21天。

5. 人工流产：休息20天。人工流产同时放置宫内节育器：休息30天。人工流产同时结扎输卵管:休息40天。

6. 中期终止妊娠，同时结扎输卵管：休息50天。

7. 产后结扎输卵管：按产假另加14天。

8. 国家工作人员和职工因配偶接受绝育手术，需要照顾的，经手术单位证明，所在单位给予3－7天的假期，工资照发。

集体企业、镇（乡）企业（包括租赁、股份制、合资、私营企业）参照执行。

农民由镇（乡）人民政府根据各地实际，给予适当的经济补贴。对当年施行结扎手术者，可免义务工。

第二十二条 接受绝育手术的夫妻，因特殊情况要求再生育一个子女，并符合本细则规定条件的，由镇（乡）人民政府或所在单位证明，经县计划生育委员会批准后，可施行吻合手术。现有一个子女的，一切费用自理。无子女的，可免费手术。

第二十三条 计划生育技术服务工作的综合管理，由计划生育委员会负责，计划生育的技术指导工作由卫生局与计划生育委员会共同进行。节育手术技术合格证分别由县级以上卫生行政部门、计划生育行政部门颁发。施行节育手术的单位，必须严格遵守《节育手术常规》的规定，保证手术质量，确保受术者的安全。

第二十四条 经县节育手术并发症鉴定机构确诊为节育手术并发症的，给予免费治疗。治疗期间参照本细则第二十条规定给予适当照顾。

经治疗仍不能从事体力劳动的，所在单位或镇（乡）人民政府应当妥善安排，在工作和生活上给予照顾。对丧失劳动能力，生活确有困难的，民政部门和镇（乡）人民政府应当按规定给予社会救济。

第二十五条 县计划生育宣传技术指导站和县、镇（乡）医院以及有条件的计生服务站要积极推广、应用高效、安全、简便、经济的节育新技术，使广大育龄人员放心、有安全感，以适应计划生育的需要。

第四章 流动人口计划生育管理

第二十六条 流动人口计划生育管理按国家和省规定执行，实行政府统一领导，计划生育部门主管负责，有关部门分工协作，并纳入流动人口的综合管理。

第二十七条 外出经商、从事劳务活动的育龄夫妻和按规定需要管理的其他外出育龄人员，外出前必须向常住户口所在地镇（乡）人民政府领取《流动人口计划生育证明》，并定期接受常住户口所在地镇（乡）人民政府的检查。

上述外来育龄人员在居住地申请暂住证、营业执照、就业证等证照前，必须在规定的期限内，到现居住地镇（乡）人民政府或街道办事处交验常住地镇（乡）人民政府出具的《流动人口计划生育证明》，并接受现居住地镇（乡）人民政府或街道办事处的计划生育管理。

第二十八条 各类外出承包、施工、经营单位必须与常住户口所在地镇（乡）人民政府或街道办事处签订计划生育责任书，并确定专人负责计划生育管理。

各类外来承包、施工、经营单位的负责人应当向现居住地镇（乡）人民政府交验与常住户口所在地镇（乡）人民政府或街道办事处签订的计划生育责任书副本。

第二十九条 流动人口的计划生育工作由常住户口所在地人民政府和现居住地人民政府共同管理。

常住户口所在地镇（乡）人民政府应当与外出育龄人员签订计划生育合同，督促落实节育措施，签发《流动人口计划生育证明》，建立计划生育档案，并负责与外出育龄人员及其现居住地联系，落实管理责任。

现居住地镇（乡）人民政府、街道办事处必须将外来人员的计划生育工作纳入本辖区的管理范围。对按规定应当领取《流动人口计划生育证明》的外来人员，应当查验证明，建立计划生育档案，并出具查验证明，落实管理措施。

第三十条 计划生育行政部门和公安、工商、城建、卫生、劳动、人事、民政、交通、乡镇企业等部门必须按规定的职责和权限，落实对流动人口计划生育管理责任。

有关部门审批暂住证、营业执照、就业证等证照时，应当核查外来育龄人口所持的现居住地镇（乡）人民政府、街道办事处出具的计划生育查验证明，并将审批结果通报暂住地镇（乡）人民政府或街道办事处计划生育办公室。对应当有而没有计划生育查验证明的外来育龄人员，有关部门不得为其办理暂住证、务工许可证、卫生许可证、营运证、航运证、采伐证、采矿证、营业执照、驾驶执照、就业证等证照，任何单位和个人不得录用、聘用、雇用，也不得为其办理租赁、买房手续。

外来人员较多的地方，可以由计划生育、公安、劳动等部门联合办公，统一办理外来人员的计划生育、暂住登记和劳动就业等事项。

第五章　奖励与处罚

第三十一条　晚婚晚育的，应当给予奖励和照顾。国家工作人员和职工男女双方晚婚的，增加婚假12天；晚育的，男方可享受五至七天护理假。对晚婚晚育的，分配住房应当在同等条件下优先照顾，35周岁以上未婚的应当视同已婚参加分房。

集体企业、镇（乡）企业（包括租赁、股份、合资、私营等企业）职工参照执行。

第三十二条　生育一个子女并已采取可靠节育措施的育龄夫妻，经本人申请，村（居）民委员会或所在单位核实，由镇（乡）人民政府发给《独生子女父母光荣证》。

有下列情况之一的夫妻，不再生育的，也应当发给《独生子女父母光荣证》：

（一）一方未生育，另一方再婚前已生育一个子女的；

（二）按规定条件已生育两个子女，死亡一个的。

第三十三条　国家工作人员和职工持有《独生子女父母光荣证》的，可以享受下列奖励和照顾：

（一）领取每年不低于一百元的独生子女父母奖励费，从领取《独生子女父母光荣证》当年起至子女14周岁止。女方产假期满后抚育婴儿有困难的，经本人申请，所在单位可以给予6个月的哺乳假，工资按本人工资的80%发放，不影响晋级、调整工资，并计算工龄。

（二）有条件的单位，可以给予女方产后一年假期（含法定产假），工资照发，不影响晋级、调整工资，并计算工龄。上述第（一）项、第（二）项不能同时享受。

第三十四条　独生子女父母奖励费由夫妻双方所在单位各发50%。夫妻一方是农民或夫妻一方亡故的，独生子女父母奖励费由另一方所在单位全数发给。夫妻一方为临时工、合同工等，且连续工作三个月以上的，用工期间独生子女父母奖励费由用工单位发给50%。夫妻离婚的，独生子女父母奖励费由与子女共同生活的一方所在单位发给50%。夫妻一方从事个体工商业的，独生子女父母奖励费由工商行政管理部门从个体工商管理费中列支50%。一方为城镇无业居民的，独生子女父母奖励费在计划生育经费中列支50%。

享受前条第（二）项奖励和照顾，夫妻不在同一单位工作的，男方所在单位应当在两年以内将按前条第（一）项规定应当承担的独生子女父母奖励费付给女方所在单位。

第三十五条 农民持有《独生子女父母光荣证》的，应当给予奖励和照顾，具体办法由镇（乡）人民政府规定。

农村应当逐步实行独生子女父母和女儿户父母养老保险制度。

农村年老丧失劳动力的独生子女父母，所在镇（乡）、村应当给予经济和生活方面照顾，实行养老金制度的地方可以适当增加养老金。

农村的独生子女，可以优先进镇（乡）企业工作。

第三十六条 单位和房管部门分配住房、农村审批宅基地，独生子女按两人计算。农村承包土地和山林等，在同等条件下优先照顾独生子女家庭。农村扶贫，应当把贫困的独生子女户和女儿户作为重点对象。

第三十七条 符合本细则规定可以再生育一个子女，有生育能力但自愿终身只生育一个子女，落实可靠的节育措施，并领取《独生子女父母光荣证》的夫妻，除享受本细则的有关优惠待遇外，一次性奖励800元（县、镇乡各承担50%），作为独生子女父母的养老保险金，如若该夫妻事后还要生二胎，奖励费需全部退回给集体。

第三十八条 对计划生育工作作出显著成绩的集体和个人，应当给予精神和物质奖励。对独生子女父母奖励费开支较大，集体经济负担过重的镇（乡），县财政应当给予适当补助。镇（乡）统筹费应当有一定比例用于计划生育事业。

第三十九条 对计划外生育的，由镇（乡）人民政府按以下标准征收计划外生育费：

（一）计划外生育第二个子女的，五年内每年按男女双方年总收入的20%—50%的标准征收；计划外生育第三个以上子女（含计划外生育第三个子女）的，加重征收。

（二）符合本细则规定条件，可以再生育一个子女的，但未满规定生育间隔期提前生育的，每年按男女双方年总收入的20%—50%的标准征收，至间隔期满止。提前生育不到一年的，按一年计算。

（三）未满法定婚龄非法同居生育第一个子女的，每年按男女双方年总收入40%—50%的标准征收，每年最低不少于2400元至依法登记结婚止。已满法定婚龄非法同居生育第一个子女的，一次性按男女双方年总收入30%—40%的标准征收，最低不少于1800元。

（四）登记结婚后未经批准生育第一个子女的，一次性按男女双方年总收入20%—30%的标准征收，最低不少于1200元。

（五）对办厂、经商、承包企业、外出打工和其他个体户的年总收入按实际收入计算，实际收入无法计算时，按所在镇（乡）的劳均收入的五至十倍计算。

第四十条 计划外生育第二个以上子女的（含第二个，下同），除按前第（一）项规定征收计划外生育费外，并征收超生子女社会抚养费。

超生子女社会抚养费，子女系城镇非农户口的，每一计划外生育的子女为5000元；农业户口的，每一计划外生育的子女为3000元。

第四十一条 外出躲避无计划出生的，必须同时负担一切寻找的旅差费用。

严禁包庇窝藏无计划怀孕生育者。为计划外怀孕者提供场所，造成计划外生育的，由镇（乡）政府按有关规定处罚。提供计划外怀孕信息的，给予适当的奖励。计划外生育的，10年内不得批给宅基地。

第四十二条 对计划外生育第二个以上子女的国家工作人员和职工，除按本细则有关规定征收计划外生育费和超生子女社会抚养费外，产假期间不发工资，妊娠、分娩、产褥期的一切费用自理，取消其他生育福利待遇，男女双方各处以降级以上行政处分，直至开除公职。城乡个体工商户计划外生育第二个以上子女，情节严重的，由工商行政管理部门吊销营业执照。

第四十三条 已享受独生子女父母奖励和照顾，符合本细则规定条件，要求再生育一个子女的，经批准后，收回《独生子女父母光荣证》和已领取的奖励费。

对已享受独生子女父母奖励和照顾，又计划外生育的，收回《独生子女父母光荣证》和已领取奖励费，并按本细则有关规定处理。

第四十四条 严禁弃婴、溺婴。婴儿死亡的，应当由镇（乡）、街道以上医院出具死亡证明；未经医院诊疗死亡的，其父母应当在48小时内报告镇（乡）人民政府，由镇（乡）人民政府查证核实。

弃婴、溺婴以及婴儿出生后去向不明或怀孕后胎儿下落不明的，按计划外生育处理。

弃婴、溺婴构成犯罪的，依法追究刑事责任。

第四十五条 禁止非法收养。非法收养的，按计划外生育处理。

第四十六条 严禁任何单位和个人未经市（地）计划生育行政部门或卫生行政部门批准进行胎儿性别鉴定。擅自进行鉴定的，由县计划生育委员会没收其非法收入，并按以下规定处理：

（一）对非法鉴定胎儿性别活动的鉴定人、介绍人及其他参与人，每例分别处以2000元至10000元的罚款，并由有关部门给予行政处分；情节严重的，由卫生行政部门依法取消执业资格；个体行医的，并没收其鉴定设备。

（二）对管理不严、出现非法鉴定胎儿性别活动的单位，每例处以2000元至10000元的罚款，由其主管部门予以通报批评，并对单位法定代表人给予行政处分。

非法鉴定胎儿性别，构成犯罪的，依法追究刑事责任。

第四十七条 突破计划生育控制指标的镇（乡）或出现计划外生育的单位，当年不得评为先进集体、先进（文明）单位。出现计划外生育第二个以上子女的男女双方所在机关、团体、企业、事业等单位，由县计划生育委员会每例处以1000元至10000元的罚款，并可以提请有关部门对单位法定代表人给予行政处分。

第四十八条 有下列行为之一的，由县计划生育委员会处以罚款：

（一）伪造、变造或骗取计划生育证明的，每例处以3000元至5000元罚款。

（二）为他人出具计划生育假证明、施行假节育手术，每例处以5000元至10000元罚款。

（三）擅自为他人取环或破坏其他节育措施的，每例处以5000元至10000元罚款。

（四）有其他破坏计划生育行为的，每例处500元至10000元罚款。

有上述行为的，可按有关规定给予行政处分；构成犯罪的，依法追究刑事责任。

第四十九条 当事人对镇（乡）人民政府、县计划生育委员会依照本细则作出的罚款和征收计划外生育费、超生子女社会抚养费的决定不服的，可以在收到决定书之日起15天内，向县人民政府或上一级计划生育行政部门申请复议。县人民政府或上一级计划生育行政部门应当在收到复议申请书之日起两个月内作出复议决定。

对复议决定不服或复议机关逾期没有作出复议决定的，当事人可以自接到复议决定书之日起或自复议期满之日起15天内，向当地人民法院起诉。

当事人逾期不申请复议或起诉，又不执行决定的，作出决定的机关可以申请人民法院强制执行。

第五十条 镇（乡）人民政府、县计划生育委员会依照本细则规定征收的计划生育费和超生子女社会抚养费，实行镇（乡）收县管，财政、审计监督，全部用于计划生育事业。

第五十一条 拒绝、阻碍计划生育工作人员依法执行公务或侵犯计划生育工作人员人身、财产安全，违反治安管理的，由公安机关依法处罚；构成犯罪的，依法追究刑事责任。

计划生育工作人员应当严格执行国家有关法律、法规和本细则，秉公执法。对滥用职权、徇私舞弊、玩忽职守的，依照有关规定予以行政处分；构成犯罪的，依法追究刑事责任。

第五十二条 任何单位和个人不得挪用计划生育经费及收取的计划外生育费、超生子女社会抚养费、照顾生育社会抚养费。对贪污、挪用、挥霍浪费上述费用的，按有关规定给予行政处分；构成犯罪的，依法追究刑事责任。

第六章　机构和人员

第五十三条　镇（乡）人民政府的计划生育办公室，具体负责本辖区的计划生育工作。

机关、企事业单位设计划生育管理机构或配备专（兼）职计划生育工作人员。村（居）民委员会设计划生育专管员，村（居）民小组设计划生育联系员。

第五十四条　县计划生育宣传技术指导站，隶属于县计划生育委员会，其任务是开展计划生育的宣传教育、技术服务、药具管理、人员培训等工作。

镇（乡）计划生育服务站、行政村的计划生育服务室，负责为育龄人群提供计划生育服务。

县计划生育宣传技术指导站负责对镇（乡）服务站、村服务室的业务指导。

第五十五条　镇（乡）、村（居）和企业事业单位成立计划生育协会，协助政府和单位推行计划生育。

第五十六条　镇（乡）人民政府应当加强计划生育工作队伍的建设，切实解决计划生育工作中的实际困难，落实计划生育工作人员的政治和经济待遇。

第七章　附　则

第五十七条　本细则的具体应用问题由县计划生育委员会负责解释。

第五十八条　镇（乡）、村（居）以及企业事业单位可以根据本地、本单位实际，在与本细则不相抵触的前提下，制订有关计划生育的守则、公约。

第五十九条　本细则自公布之日起施行。绍县政〔1990〕第74号《关于实施<浙江省计划生育条例>的若干规定》同时废止。

绍兴县人口与计划生育工作若干规定

（2003年5月9日　绍兴县人民政府　绍县政〔2003〕44号）

第一条　根据《中华人民共和国人口与计划生育法》（以下简称《人口与计划生育法》）国家《计划生育技术服务管理条例》《流动人口计划生育工作管理办法》《浙江省人口与计划生育条例》（以下简称《省条例》）等相关法律法规的规定，结合本县实际，制定本规定。

第二条 本规定适用于本县行政区域内的机关、团体、企业、事业单位、其他组织以及具有本县户籍或在县域内居住工作的公民。

第三条 鼓励公民晚婚晚育。晚婚晚育的，应当给予奖励和照顾。各镇人民政府（街道办事处）、企业、事业单位及其他组织除执行《省条例》奖励、照顾规定外，均可在各自的职权范围内制定其他奖励和照顾规定。

第四条 提倡一对夫妻只生育一个子女。各镇人民政府或街道办事处、企业、事业单位和其他组织，均可在各自的职权范围内，制定对独生子女父母特别是主动放弃照顾二孩生育的独生子女父母的奖励和优惠的规定。落实好上级政府部门有关对独生子女父母和农村二女户的奖励优惠政策。

建立和执行独生子女父母的基本养老制度、计划生育公益金制度。对有特殊困难的计划生育家庭可实行社会救助和提供基本生活保障，引导群众自觉落实计划生育基本国策。

第五条 农村独生子女户（指夫妻双方均属农民，已经领取《独生子女父母光荣证》的家庭）和农村二女户，除享受法律、法规、规章及本县已出台的有关奖励规定外，还可以享受下列优惠政策：

（一）优先参加有关部门举办的致富科技知识培训，并享受减免收费。符合低保条件的，优先享受最低生活保障救助金；

（二）在受到利益侵害时，司法部门应及时立案处理；在办理有关公证手续或代理民事、刑事诉讼时，要优先及时受理，对符合条件的免费提供法律援助；

（三）子女在本县范围内就学，在同等条件下，优先入托、入学，优先获得助学金；

（四）符合救济条件的，优先享受农村扶贫救济项目；

（五）在分配宅基地、自留山、自留地等时，独生子女按两人计算；

（六）在同等条件下，优先承包农村的土地、山林和种养殖项目；

（七）涉农部门为独生子女户优先优惠提供种子、市场信息和技术服务。

第六条 符合照顾生育二孩条件而主动承诺放弃生育，已领取《独生子女父母光荣证》的家庭，除享受法律、法规、规章及本县已出台的有关政策规定的待遇外，凭《计划生育优惠证》还可以享受下列优惠：

（一）子女在本县范围内就学的，初中升普通高中时总分给予加5分；

（二）放弃生育的夫妻及其独生子女可在县内各级计划生育指导站、服务站和约定的医疗单位享受咨询费、挂号费、诊疗费免收政策；可在计划生育指导站、服务站享受B超、X光透视和血、尿、便三大常规检查费减半的政策；

（三）独生子女意外伤残（按现行规定1－4级的）或死亡后，其父母不再生育或收养的，允许参加农村计划生育社会养老保险。

第七条 城市建设、“城中村”改造和其他建设拆迁移民工程中，在安排宅基地、村级集体经济收益分红等利益分配时，要落实好独生子女按二人计算的政策。

第八条 独生子女父母奖励费由夫妻双方所在单位各出50%。夫妻一方是农村居民或夫妻一方亡故的，独生子女父母奖励费由另一方所在单位全额发给。夫妻双方均为农村居民或城镇无业居民（失业人员）的独生子女父母奖励费，由各镇（街道）负责发放，所需经费由各镇（街道）统筹解决。所在村集体经济基础较好的农村居民的独生子女父母奖励费，也可以由村集体经济支付，具体由各镇人民政府或街道办事处确定。

第九条 流动人口的计划生育工作，要进一步落实现居住地管理为主的管理机制。要明确部门职责，齐抓共管，形成合力。

县公安、工商、劳动保障等部门在审批成年流动人口暂住证、出租房屋许可证、工商营业执照（含年检年审）、就业证等证件时，必须核查其现居住地镇人民政府或街道办事处出具的婚育查验证明，并将审批结果通报给现居地镇人民政府或街道办事处，没有婚育查验证明的，不得批准。

医疗保健机构在已婚育龄流动人口中的孕妇施行孕期检查或分娩前，应当要求其出示《生殖健康服务证》（或《生育证明》）；对没有《生殖健康服务证》（或《生育证明》）的，应落实补救措施及合适的避孕节育措施。

县建设、交通、柯桥开发委、柯岩旅游度假区、滨海工业区、城市投资等部门应督促建筑施工企业及其他用工单位与户籍地镇人民政府或街道办事处签订好计划生育责任书，确定专人负责所招用的成年流动人口的计划生育管理工作。

与流动人口计划生育有关的用工单位、私营企业主、房屋出租户等，应当明确管理责任，把流动人口计划生育管理责任层层分解落实到有关的岗位和个人，与招工、就业、房屋出租等管理措施有机地结合起来，体现“谁用工，谁主管，谁留宿，谁负责”的归口管理、条块结合原则，加强对流动人口计划生育的管理力度。

第十条 县、镇两级财政应将流动人口计划生育管理所需经费纳入计划生育事业费之中，保证对流动人口计划生育管理和服务的需要。

绍兴市内户籍流动人口的节育手术费，有用工单位的，由用工单位负责；无用工单位的，由现居住地镇人民政府或街道办事处垫付，县人口与计划生育局负责监督户籍地与居住地镇人民政府或街道办事处结算。对现居住地镇人民政府或街道办事处落实市内户籍流动人口计划生育外怀孕补救的，按照每例300元给予奖励，奖励经费由流动人口户籍所在地镇（乡）人民政府或街道办事处按季兑现，县人口与计划生育局负责监督落实。

非绍兴市内户籍流动人口的节育手术费，有用工单位的，由用工单位负担；无用工单位或用工单位落实有困难的，由现居住地镇人民政府或街道办事处为主承担，户籍地和上级主管部门适当补助。各镇人民政府或街道办事处为市外育龄人员垫付的四项手术经费，每年年终将发票复印件和身份证复印件上报县人口与计划生育局，由县人口与计划生育局向上级主管部门申请补助。

第十一条 积极创造条件，拓宽服务领域，促进计划生育优质服务的深入开展。

全面推进以技术服务为重点的计划生育优质服务。做好优生优育工作，实施出生缺陷干预工程，提高出生人口素质。

加强对从事计划生育技术服务机构的管理，改善服务条件，规范服务标准，增强服务功能，提高服务质量。

（一）计划生育服务机构，必须取得《计划生育技术服务机构许可证》方可从事计划生育的技术服务工作，并按照计划生育《技术服务许可证》的服务项目开展工作，未经批准，不得擅自增加技术服务项目；

（二）镇或街道计划生育服务站至少要有一名执业医师或执业助理医师资格的人员，按手术上岗证的项目开展计划生育相关的临床医疗服务；

（三）计划生育技术服务机构的人员，为育龄群众提供各类服务（包括培训、咨询、就诊、手术等）必须持有绍兴市人口与计划生育委员会核发的《计划生育技术服务合格证》；

（四）从事计划生育技术服务的机构施行避孕节育手术、特殊检查或特殊治疗时，应当征得受术者本人同意，并保证受术者的安全；

（五）个体医疗机构不得从事计划生育手术。

第十二条 对接受节育手术的机关、团体、企业、事业单位和其他组织的职工，在规定的假期内，工资、奖金照发。接受手术者，具体按照下列标准休假：

（一）放置宫内节育器（包括皮下埋植），休息两天，重体力劳动者，在手术后一周内不作重体力劳动；

（二）取出宫内节育器，当日休息1天；

（三）输精管结扎，休息7天；

（四）单纯输卵管结扎（包括银夹术），休息21天；

（五）药物流产，休息7天。人工流产，休息20天。人工流产同时放置宫内节育器，休息30天。人工流产同时结扎输卵管，休息40天；

（六）中期终止妊娠休息30天；中期终止妊娠同时结扎输卵管，休息50天；

（七）产后结扎输卵管，产假外另加休假14天。

接受节育手术的费用，在计划生育部门规定的范围内，回原单位报销。

对接受节育手术的农村居民，应当给予适当照顾，具体办法由各镇人民政府或街道办事处规定。

第十三条 实行计划生育家庭中的60岁以上“三无”老人，优先进敬老院，并给予定期慰问。

第十四条 对人口与计划生育工作作出显著成绩的单位和个人，应当给予精神和物质奖励。对人口与计划生育事业费开支较大，镇人民政府或街道办事处财政负担过重的，县财政要给予适当补助。

设立“绍兴县人口奖”，从2002年起每三年评选一次，奖励对象为对计划生育工作作出突出贡献的个人。对获得国家人口和计划生育委员会计划生育荣誉证书的计划生育工作者，每人一次性给予3000元奖励；对获得省部级以上计划生育劳动模范和计划生育先进工作者荣誉的一次性给予5000元奖励。奖励费由县财政支出。

第十五条 经查实有下列情况之一者，停止执行奖励和优惠政策，并按有关规定给予从重处理。

（一）当事人虚报瞒报的；

（二）违反有关规定，出现再生育子女或非法收养子女的。

第十六条 不符合法定条件生育者，除按《省条例》规定处理外，是农村居民的，十年内不得批给宅基地。

第十七条 本办法自公布之日起执行。绍县政〔1996〕160号《关于印发绍兴县贯彻执行〈浙江省计划生育条例〉的实施细则的通知》同时废止。

附录二　典型材料精选

建立联系员　服务到社员

——全国避孕药具工作会议经验介绍材料

绍兴县计划生育委员会

（1984年11月）

绍兴县地处宁绍平原，是个水网地带。全县有63个乡(镇)，88.6万余人。农村人口占97.10%。人均耕地0.65亩。三中全会以来，全县经济迅猛发展，是全国首批进入翻番县的单位。经济的繁荣有力地推动社会福利事业的发展和计划生育工作的深入开展。全县已办起幼儿园777个，托儿所291个，部分乡镇还办起敬老院，实行老年社员退休制度，逐步解决孤寡老人的“老有所养”问题。五年来，全县人口自然增长率一直稳定在6‰左右。通过去年的两个宣传月活动，国策教育更加深入人心，群众实行计划生育的自觉性普遍提高。全县已婚育龄夫妇15.21万对,有14.18万对落实节育措施，节育率达93.21%。今年1－9月，全县共出生4296人，其中一孩4153人，一孩率为96.67%，多孩出生6人，多孩率为0.16%，全县37个乡基本实现“三无”。

一、用改革的精神统一认识

多年来，绍兴县计划生育工作取得一定的成绩，但同十二大提出的奋斗目标和中央要求还有很大差距。正当全县研究如何缩短这一差距的时候，今年三月，省、市计生委确定在绍兴县进行避孕药具经费包干试点工作。为圆满完成试点任务，全县按照中央七号文件精神，从以下三个方面抓统一各级领导的认识问题：

1. 从控制人口增长、落实人口规划看加强避孕药具管理工作的重要性。实行计划生育是一项基本国策。按照十二大提出的“到本世纪末，力争把全国的人口控制在12亿以内”的要求，任务是十分艰巨的。有的乡领导认为本乡计划生育工作基础好，又是多年的先进单位，再搞什么药具管理没有必要。针对这一思想，全县分析落实节育措施的现状和发展趋势，1983年，全县采用各种节育措施的总人数是约14.18万人，其中采用药具的1.72万人，占12.11%，这说明采用药具避孕的人数还是比较多的。同时还应看到，随着一孩夫妇的逐年增多，农村经济的发展和科学知识的普及，各项综合措施之间的比例关系将会发生变化，采用药具避孕的人数还会逐年增多。通过分析，使他们认识到，如果不加强避孕药具的管理，这部分人的避孕措施得不到保证，造成计划外怀孕的可能性就很大，势必影响人口规划的落实，达不到控制人口的目的。健全基层计划生育工作网，建立员队伍势在必行。

2. 从节育措施的失败率看加强避孕药具管理工作的必要性。开始时，部分乡村干部认为，加强避孕药具管理，建立联系员队伍是有必要的，就怕“多扇门、多路风”给基层加强额外的经济负担。如不彻底解决这一认识问题，将会直接影响联系员队伍的建立。全县用算账对比的方法打动各级领导的心：首先算全县的大账，1983年，全县共做人流(引产)17969人，其中采用药具避孕失败的人流(引产)是1800余人，数字非常可观。这些人之所以失败，主要是服用不当、管理不严造成的，不仅给国家、给集体造成很大的经济负担，也给育龄妇女带来一定的痛苦。全县在樊江乡集体村搞点时帮助他们算一笔账：该村有一孩育龄夫妇92对，过去每2个月要查一次小子宫，牵动干部不少精力，单受检人数的误工补贴每年就要支付450余元。根据该村育龄妇女人数，只需配备6名联系员就行，每年支付报酬仅120元，每2个月查一次小子宫就可以改为有重点的进行。这样一算细账，村干部认为不论从哪个角度讲，这点代价是值得的。同时还深受广大育龄妇女的欢迎。

3. 从避孕药具管理工作存在的问题看加强避孕药具管理工作的迫切性。几年来，全县管理避孕药具虽然开展不少工作，也取得一定成绩，因长期吃“大锅饭”，只有供给制，没有责任制，因此带来不少弊端，主要表现在：管理工作不落实，浪费现象比较严重；底数不清，心中无数；组织不健全，措施不够有力等，大量的事实说明避孕药具供应、发放、管理工作一定要改革。通过多种形式的宣传，各级领导的认识得到统一，为加强避孕药具管理工作和建立联系员队伍打下思想基础。

二、坚持标准建好队伍

联系员队伍是乡、村计划生育工作的重要力量，为使这支队伍更好地为计划生育工作服务，全县注重抓以下四方面工作：

1. 确定标准选人员。为实现控制人口增长的目标，每个计划生育工作者，都应当树立高度的政治责任感和强烈的事业心。为此，全县对联系员确定四条标准：有较强的事业心，热心做计划生育工作；有一定的文化水平 ，能够做一般的文字记录；带头实行计划生育；为人诚恳，在群众中有一定威信。符合上述四条标准的，经村支部讨论审批，张榜公布。有的乡采取村委推荐，乡政府进行考核，然后予以批准。例如樊江乡有162个联系员，其中党员24人，团员12人，各队妇女干部107人，积极分子19人；有高中生15人，初中生64人，高小生52人，初小31人。这样的队伍不仅政治素质好，而且都有一定的文化，因此都能努力工作，较好地完成各项工作任务。

2. 及时培训勤指导。联系员是一支“年轻”的计划生育队伍，对党的计划生育政策、专业知识还比较生疏。为使她们尽快适应工作，承担起宣传党的方针政策、指导计划生育工作的重担，全县及时对她们进行培训，组织联系员学政策、学业务。在贯彻中央七号文件过程中，各乡都举办联系员培训班，组织她们领会中央文件精神，掌握政策，使她们成为宣传中央文件的骨干。为提高联系员的业务水平，各乡举办避孕节育知识、药物性能、副反应处理、优生优育等讲座。全县已举办培训班242次，有1.62万人参加学习。多数联系员已初步掌握避孕节育知识，应用到实际工作中去。例如阮社乡新兴村联系员胡三妹，得知联系对象魏某某二次上环，二次失败，改为吃药后，反应较重，呕吐得厉害，她就指导魏某某加服维生素B，慢慢见到成效，副反应减少。魏某某非常感激地说：“过去提起避孕，自己是寝食不安，非常害怕，总认为自己没有可用的方法，是联系员三妹为我解决一大心病，今后，我一定配合三妹做好计划生育工作。”

3. 因地制宜定报酬。联系员虽然都是计划生育战线的骨干，从长远考虑，必须妥善解决他们的劳动报酬。根据各乡的具体情况，全县联系员的报酬大体有三种形式：一是每包一个育龄妇女每年补贴2－2.5元；二是一年固定补贴18－25元；三是每月记两个误工。这种因地制宜落实联系员报酬的方式，联系员满意，干部乐意。

4. 落实责任定制度。管好、用好避孕药具并不是一件容易的事，要真正发挥避孕药具的作用，既要科学管理的方法，又要认真负责的工作精神，为此，全县确定联系员的工作责任，即：宣传好党的方针政策；了解育龄妇女的思想情况，做育龄妇女的贴心人；及时送药上门，定期查访，做好记录；发现问题及时汇报处理。同时建立四项制度，即：一是发放制度。避孕药具由县计生委每两个月按人定量、定型号向各乡发放一次；乡每月向村专管员发放一次；村专管员再发给联系员，联系员及时送到服药对象手中。二是查访制度。联系员对使用药具人员每月查访1－2次，了解是否按时服药，有无副反应，有无需要解决的思想问题等，并将查访情况登记在册，发现问题，及时处理，联系员每月定期向村专管员汇报，乡每月定期召开村专管员会议，互通情报，交流经验，布置任务。三是培训制度。由乡专职干部负责每月对村专管员培训一次，再由村专管员负责对所在村的联系员进行辅导。四是评比制度。为提高避孕药具管理、发放工作的质量，全县拟订六条乡联系员工作职责，规定村联系员基本工作要求，同时制订乡、村两级药具管理、检查评比条件，并将这些职责规定和评比条件印发到各区、乡，年终时，进行总结评比，表彰奖励成绩突出的先进集体和个人。

三、服务到家初见成效

经过半年来的尝试，全县不仅对整个避孕药具供应、发放、管理工作有较深刻的认识，感到联系员队伍是计划生育工作中一支不可缺少的力量，其作用在各个方面日益体现出来：

1. *建立乡村计划生育工作网，使基层工作真正落实到实处。*全县自加强避孕药具管理工作以来，共选配联系员4305人，较好地解决基层计划生育工作没有“脚”的老大难问题，由被动转为主动。过去，计划生育工作任务让专职干部苦煞，乡村干部忙煞，常常搞突击，工作往往处于被动应付。自加强避孕药具管理后，各乡都重新调整充实乡、村计划生育领导小组，各级领导既挂帅又出征。不少乡镇还从乡办企业抽来兼职人员，组织常年抓计划生育的工作班子，管发放避孕药具，管宣传教育，管技术指导，管档案。联系员队伍建立后，按照自然村和居住远近，每人分管8－12名育龄妇女，职责明确，任务到人，把工作做在怀孕之前，扭转整天围着“大肚皮”转的状况。阮三村妇女主任说：“过去碰到难题，是孤军作战，现在既有联系员，又有联系员的知心人，这样支持计划生育工作的人多，社会舆论强大，工作好做得多。”由于各级党委领导的重视和联系员的积极工作，上半年，全县就有37个乡基本实现无多胎、无计划外二胎、无大月份引产，促进计划生育“三为主”方针的落实，为计划生育工作逐步走向经常化、制度化创造条件。

2. *把党的政策、温暖送上门，改善党群关系。*联系员队伍建立后，必须在政治上信任她们，生活上关心她们，工作上支持她们，有任务大胆使用她们，让她们在实际工作中经受锻炼。通过她们把党的计划生育政策和温暖送到千家万户。在贯彻中央七号文件的过程中，联系员发挥着重要作用。中央文件还没有正式传达前，红山乡上旺、慈溪两村，有十五位育龄妇女听信“农村可生二胎”的谣言后，联系员送避孕药具上门都婉言谢绝，坚持要生第二个孩子。当她们摸清这些人的真正思想后，就一次次上门讲中央七号文件的精神实质，宣传生育二胎的政策要求，使她们明确控制人口的大目标没有变，提倡一对夫妇生一个孩子的政策没有变，生二胎是有条件的。她们表示一定按政策办，对上号的生，对不上号的坚决不闹，并主动领取避孕药具，决心落实好节育措施。陶堰乡径口村鲁某某因计生手术身体不好，服药又不适应，在避孕问题上引起夫妻不和，为此肚里有气，见到乡、村干部就骂。联系员知道后主动上门与她促膝谈心，帮她选择较满意的避孕措施，使夫妻关系得到改善。现在她肚里的气消了，看到干部不再扳面孔。

3. *提高节育效益，减轻国家和集体的经济负担，保护妇女健康。*联系员队伍建立后，由于各级有人管、层层有人抓，使避孕药具有效率明显提高。今年1－9月，全县采用避孕药具的有效率是95.5%，比去年同期提高6.37%，按今年有效率推算，比去年少做人流1094人。如按每个人流费用40元计算（包括手术费、误工费、旅差费、营养费）就可节约4.34万元。同时，由于联系员工作扎实细致，发现问题及时，全县引产人数大大减少，今年1－8月份比去年同期减少1112人次，如按每个引产费用60元计算（包括手术费、营养费、误工费、旅差费）就可节约6.85万元，两笔合计可为国家、集体减少开支11.23万元。尽管是一种推算，但依据是充分的。

而且多一个计划外怀孕，要牵动乡、村干部的不少精力，还会给妇女带来一定的痛苦。因此，这不仅仅是一个经济负担问题，更重要的是群众观点问题。基层干部、群众普遍都说："计划生育工作真正做好，既减轻经济压力，保护农村的生产力，又促进工农业生产的活力。"

4．送药上门，服务到家，做育龄妇女的贴心人。在开展计划生育工作中，联系员一心一意为育龄妇女服务，不计较个人得失，不计较报酬，甘当育龄妇女的贴心人。双梅乡双溪村6位联系员，不计较报酬，真心诚意为育龄妇女服务，月月送药上门，次次查访到人，对全村61名育龄妇女的思想、避孕节约措施了如指掌。今年有三个育龄妇女脱环不到5天，就被她们发现，并及时上门指导，采取措施。管墅乡中泽村联系员章阿娥，分工负责村办企业育龄妇女的联系工作，企业人员上下班不一，她经常放弃休息时间，送药具上门，有时为一个人送药到手要跑上门四、五次，不厌其烦地认真做好发药、查访工作，她联系的对象，今年没有一个因使用药具失败而流产的，受到干部群众的好评。富盛乡方岙村联系员金小芳，今年才21岁，是计划生育战线上的新兵，她刻苦学习，积极工作，肯动脑筋，在查访时，发现联系对象崔某某带环怀孕，马上报告村领导，自己又三番五次上门做工作，崔某某的爱人是全村有名的"牛皮筋"，这次他又以家中无人照料为由，不肯采取补救措施，金小芳就主动承担她的家务，洗衣服照料小孩；孕妇需要用煤油，她又挨家挨户找来煤油票，买来煤油，她用一颗真诚的心，感动崔某某一家，使其愉快地落实补救措施。

由于联系员经常和群众接触，掌握使用药具人数品种、型号变化，按需发放，保证供应，群众比较满意。

总之，通过加强避孕药具的管理和联系员队伍的建立，绍兴县初步尝到一点甜头，这是国家计生委鞭策鼓励的结果，是上级业务部门具体指导的结果。但是，由于试点的时间还不长，联系员队伍建立时间还比较短，因此，还有许多问题有待于在今后的工作中进一步用改革的精神探讨和摸索。绍兴县决心根据国家计生委领导的指示精神，对联系员的工作认真加以总结，并逐步扩大工作范围，使之不断完善，不断提高，为开创计划生育工作新局面发挥更大的作用。

欢迎各位领导到绍兴县检查、指导工作，并提出改进意见。

大力推进孕前型管理　努力提高计划生育工作质量

——全国计划生育基层工作经验交流材料

浙江省绍兴县计划生育委员会

（1990年11月）

绍兴县地处浙江北部的宁绍平原，全县共有62个乡（镇），92.18万人口。自1986年以来，全县通过抓基层，打基础，做好经常性工作，把宣传教育、避孕节育等各项措施落实在怀孕之前，从而既有效地控制人口增长，又进一步密切党群关系，计划生育工作质量也不断提高，逐步走上孕前型管理的轨道。全县计划生育工作实现三个转变。一是从以突击性工作为主，转变为经常性工作为主；二是从少数人做多数人工作，转变为多数人做少数人工作；三是工作从被动补救，转变为主动服务。全县1989年与1984年比较，计划生育率从98.13%提高到99.56%；已婚育龄妇女计划外怀孕率从4.61%降低到2.55%，出生人流比从1:1.04降到1:0.31，全县基本上杜绝多胎生育。今年1－9月份，全县计划生育率比去年同期又有提高，达99.79%。现将绍兴县在推进孕前型管理中的主要工作和体会汇报如下：

一、统一思想，提高认识，增强推进孕前型管理的紧迫感。

绍兴县是从七十年代开始抓紧计划生育工作的，到八十年代初，人口基本得到有效的控制。1984年，全县计划生育率就达到98.13%。这个成绩的取得，靠党的政策和群众的觉悟，但在相当程序上是以采取补救措施为代价的。1984年，全县已婚育龄妇女计划外怀孕率是4.61%，出生人流比达到1:1.04，当年有7000多妇女不得不做人工流产。大量的补救措施，牵制基层干部很多精力，也花不少钱，补救措施经费占四项手术经费的56%。干部工作难做，群众很不满意。如何扭转这种围着“大肚子”转的被动局面，达到既控制人口增长，又提高工作质量呢？1986年，县计生委认真总结前几年全县计划生育工作的经验和教训，分析情况，统一认识，研究对策。当时，有人说，计划生育工作，只要把人口控制住就行。计划生育工作是造福于人民的事业，应不断提高工作水平，逐步实现孕前型管理。要通过经常性的工作，把宣传教育，避孕节育等各项服务措施落实在怀孕之前，达到既有效地控制人口增长，又最大限度地减少计划外怀孕，进一步密切党群关系的这样一种计划生育工作的管理模式。实行孕前型管理是计划生育工作深入发展的需要，是必由之路。全县计划生育工作有较好的基础，向孕前型管理转化的条件已基本成熟。认识统一后，全县研究孕前型管理的工作标准和工作措施。孕前型管理的标准是：①完成市下达的人口控制计划，出生性别比控制在107以下；②计划生育率达到98%以上，杜绝多孩出生；③已婚育龄妇女计划外怀孕率控制在3%以下；引产占总补救人数的20%以下；杜绝大月份引产；出生人流比降到1:0.5以下；④已婚育龄妇女可靠节育率达到80%以上，一孩放环率达70%以上；⑤90%以上的村达到计划生育“六好”合格村，即：完成计划好（无计划外生育、无早婚早育、无大月份引产）；宣传教育好（宣传教育进村入户）；技术服务好（全村节育对象都落实节育措施并经常随访服务到家）；队伍建设好（基层工作网络健全）；建立制度好（有切实可行的管理制度）；党群关系好（党员干部带头、群众自觉实行计划生育）。在措施上，主要是各项工作落实到基层，落实在孕前。

县计生委实行孕前型管理的设想、具体要求和办法向县委、县政府领导作汇报，得到县委、县政府的高度重视和大力支持，使全县孕前型管理工作得以逐步顺利地开展。

二、加强宣传教育，在广度和深度上下功夫，为实行孕前型管理打下坚实的思想基础。

实行孕前型管理，推进计划生育工作，首先要有一个坚实的思想基础和良好的舆论环境。随着计划生育工作的深入开展，工作要求不断提高，宣传教育也有一个如何适应新形势的问题，特别是实行孕前型管理，思想教育更是一个基础工作，要在宣传教育的广度和深度上下功夫，使计划生育这项基本国策进一步深入人心，促进孕前型管理工作的开展。其主要做法是：

一是开展人口形势和国情、民情的教育，增强干部、群众的人口意识和人均观念。县委党校和全县62个乡（镇）党校都开设人口课，对各级干部、党员进行人口理论、人口形势和计划生育方针政策的教育。县委党校在县、乡干部换届后，及时举办短期培训班，进行计划生育上岗培训。乡（镇）党校对村党支部书记、村委主任进行轮训，讲授人口形势和计划生育方针政策。现全县村级干部已轮训一遍。从而使广大基层干部认识到控制人口增长的紧迫感和必要性，增强抓计划生育工作的自觉性。同时，全县通过层层算土地、人口、粮食账，组织计划生育知识竞赛活动，开展人口与计划生育基础知识教育等形式，对广大群众进行基本国情、县情、乡情、村情教育和现行生育政策的宣传，使群众明白实行计划生育对国家、对家庭都有好处的道理，更加自觉地执行现行生育政策。到目前为止，全县有706对符合照顾生育二孩条件的育龄夫妇自愿终身只生育一个孩子，有665对符合照顾生育二孩条件的育龄夫妇自愿推迟生育时间。如：东浦镇1989年安排照顾生育二孩对象200对，有35对自愿终身只生育一个孩子，72对自愿推迟生育时间，两种对象占当年安排照顾生育二孩数的53.5%，这对缓解出生高峰起到积极作用。

二是把生育指标、落实节育措施和计划生育工作进展情况“三上墙”，既起到宣传教育作用，又形成激励和监督机制。全县各乡（镇）政府门口的黑板报，定期公布“三上墙”的内容。这样一来，乡里各村的计划生育工作进展情况，谁可以安排生育指标，哪个该落实节育措施，一清二楚，干部群众都知道。马山镇海塘村有一名应放环对象，一段时间没有及时去放环，村妇女主任对她说，你的名字已写在镇政府门口的黑板上，如不去上环，你的名字会一直留在那里。这位妇女到镇政府门口一看，果然如此，感觉到很不好意思，三天后，就主动去落实上环措施。

三是把思想教育和普及避孕节育等科学知识结合起来，使群众不但自觉实行计划生育，而且懂得怎样计划生育。绍兴虽然是一个文化之乡，但多数农村妇女文化程度偏低，又受旧传统观念的影响，对常用的避孕知识，“纸上看看看不懂，口头问问难为情”，以致避孕失败。1985年下半年，组织力量对当年上半年人工流（引）产的3629名育龄妇女全面进行人工流（引）产的原因调查，发现66.3%的妇女确实不想再生孩子，却因避孕失败而人流。针对这种情况，自1987年以来，全县创建新婚、孕妇、家长学校62所，对未婚适龄男女青年、新婚夫妇、安排生育对象分别举办婚姻保健、避孕节育、优生优育讲座，因人施教，分类指导。到目前为止，全县共举办上述各类讲座100多次，受教育10万人次。县计生指导站制作34块画板，把生育政策、避孕节育、优生优育等知识融为一体，到各乡、镇巡回展出，并配以放映科教录像片和咨询服务，内容丰富生动，深受群众欢迎。这几年来，巡回展出70场次，观众达30万人次。全县还通过举办广播讲座，组织医务人员上街咨询服务，发放避孕节育知识卡片到人，基层计划生育专干、联系员上门面对面传授等形式大力宣传、普及计划生育科学知识。现在绝大多数育龄夫妇都能掌握常用的避孕方法，了解优生优育的基础知识。

四是坚持宣传教育和解决实际问题结合，逐步形成有利于计划生育的社会环境。农村群众实行计划生育，有思想问题，也有实际问题。近几年来，随着经济发展，各乡、村积极兴办社会福利保障事业，各乡和大多数村都开办常年幼儿园，现全县有乡、村常年幼儿园780所。59个乡（镇）、3个村办起敬老院，有的乡、村开办独生子女健康保险，设立养老基金。农村社会福利事业的发展，使计划生育宣传更有说服力。

通过广泛深入的宣传教育，现在全县大多数乡、村动员落实节育措施，一般只需广播通知一下或发一张通知书，群众就会自觉地去落实措施。

三、依靠科技，强化孕前服务，狠抓可靠节育措施的落实，把工作真正做在孕前。

把可靠节育措施真正落实到人，是实现避孕为主这一工作方针的有效途径，也是实行孕前型管理的一个关键性环节。近几年来，全县把落实“一孩放环”“二孩结扎”，提高避孕节育有效率，作为推进孕前型管理的一项重要措施来抓。从1987年起，全县各乡（镇）逐村、逐户排队，一个一个地落实节育措施，做到该放环的全部放环，应结扎的一个不漏。针对金属单环脱落率、带环妊娠率比较高的情况，全县依靠科技，大力推广节育新技术。县计生委与卫生部门共同研究，统一部署，积极引进、推广T铜等新型宫内节育器，逐步替代金属单环。在推广应用过程中，县计生委定期与卫生部门联合举办新型宫内节育器放置技术培训班，提高技术人员的放置技术，并要求认真做好术后随访和效果观察，发现问题及时处理。经常派技术骨干到基层进行现场示范和指导，还开展看谁放置宫内节育器有效率高的活动，从而促进新型宫内节育器的推广应用工作，提高宫内节育器的放置效果。1987年至1989年，全县共放置T铜等新型宫内节育器3.5万只，占总放置宫内节育器的83%。经过追踪调查，放环有效率提高到90%以上。对不适宜放置宫内节育器的一孩妇女，积极做好药具发放服务工作，药具的使用有效率一直保持在95%以上。

为推动"一孩上环""二孩结扎"措施的落实，既依靠科技，也辅以必要的行政措施。各乡（镇）在安排一孩生育和照顾安排二孩生育时，就与育龄夫妇分别签订"一孩放环"和生二孩产后结扎的合同。如对二孩产后结扎，全县在举办照顾生育夫妇讲座时，就讲明产后结扎是两次住院一次住，两次营养一次补，使他们明白产后结扎的好处。这样思想领先，干部工作好做，育龄夫妇也比较满意。全县还把落实当年出生的可靠节育措施情况，列入区、乡计划生育目标管理责任制的主要内容。各区、乡把这项工作作为经常性工作来抓，并制订一系列相应的奖惩办法，促使"一孩放环""二孩结扎"工作的开展。目前全县"二孩结扎"率到98%，"一孩放环"率从1985年的54.1%提高到现在的70.13%，从而提高避孕节育有效率，使已婚育龄妇女计划外怀孕率和出生人流比逐年下降。

在狠抓可靠节育措施落实的同时，全县强化各项孕前服务工作。乡、村定期对服药、上环对象进行随访，每季进行一次孕情检测，及时发现问题，解决问题。现在全县已形成婚前婚后、孕前孕后、产前产后、术前术后的系列服务。做到送避孕药具上门，查访到人，服务到户，为群众办好事，办实事，解决实际困难。南钱清乡九岩村有一名妇女，产后大出血，村妇女主任高阿仙连夜送她到区卫生院急诊，后又及时转送县人民医院诊治，并连续守护5个日夜。这名妇女恢复健康后，全家非常感激。由于高阿仙热心为群众服务，群众非常信任她，支持她的工作。连续8年来九岩村无计划外生育。

四、抓好基层队伍和规范化工作制度建设，发挥村级组织的作用，计划生育工作逐步形成"村自为战"的格局，走上科学管理的轨道。

实行孕前管理，最根本的是要工作经常化、制度化。这就需要有一支健全的基层工作队伍和一整套规范化工作制度来保证。特别是村一级要有人抓，这是实现孕前型管理的关键所在。这几年，全县除建立一支以计生指导站（服务站）为骨干的专业服务队伍，一支有4200多名育龄妇女参加的计划生育联系员队伍和一支有2万多人参加的基层计划生育协会队伍，队伍建设基本形成网络以外，着重抓村级班子的建设。在村级组织建设中，各乡（镇）优化组织人选，村支部书记负责思想工作，村主任负责行政及计划生育工作，村妇女主任作为村委成员，具体分管计划生育日常工作。全县把计划生育目标管理责任制逐级落实到村，通过层层签订责任书的形式，明确任务和职责，落实报酬，奖惩分明，调动村干部抓计划生育工作的积极性和责任感。村干部的报酬，村书记、村主任对照乡、村企业同等劳动力的工资、奖金总额，村妇女主任每年报酬300－1500元，村计划生育联系员报酬，除一般每月固定15元左右外，开会、培训等误工，实误实补。部分乡（镇）政府每年拨出专款重点补助经济薄弱的村解决联系员报酬。县政府还发文规定，对村退职干部（包括妇女主任）实行定期补贴，解决他们的后顾之忧。这样做，促进现职村干部抓计划生育工作的积极性。

为使这支队伍能胜任工作，全县对村妇女主任、计划生育联系员定期组织培训，提高他们的工作水平。培训内容由县计生委统一安排，师资由县计生委和指导站人员承担。通过这几年的培训，村妇女主任、计划生育联系员都掌握生育政策、避孕节育和优生优育的基础知识，并能在实践中应用。

抓队伍建设同时抓科学管理。全县除全面推行计划生育目标管理以外，还抓基础管理和制度管理。

基础管理主要是抓业务档案的建立和运用。这几年，全县建立“一孩夫妇”“二孩夫妇”“育龄夫妇婚育情况”“落实节育措施情况”“育龄人群变动情况”等十种档案，围绕“正确、完整、及时、应用”八个字不断完善。县里每季组织抽查，对不合格者限时改进。现在全县62个乡（镇）计划生育档案完整建立，人口和计划生育工作情况清楚明了。村级也建立相应的计划生育档案，为做好孕前型管理提供各种可靠数据。

全县计划生育工作基本形成一整套规范化制度，使工作真正落实到孕前，做到经常化。这些制度主要包括：①月会制。县、区、乡、村每月召开一次计划生育月会，交流分析一个月来的工作情况，及时汇总信息，解决出现问题。②定期业务培训制。对乡计划生育专干县里每年培训一次。村妇女主任、计划生育联系员，由区、乡负责每年培训两次。③孕情检查制。各乡（镇）每季度作一次孕情检查，及时发现问题解决问题。④定期随访制。村对服药和放置宫内节育器对象，每月随访一次，及时填写随访卡，汇总到乡。对节育手术后的育龄妇女，乡村干部及时到受术者家中或医院访问，帮助解决一些实际问题；对新婚夫妇进行随访，了解安排生育情况，增进感情。⑤定期检查制。县里每季度抽查一次计划生育工作，一般每次查9－10个乡，检查到村，核实到人。县里抽查前，区、乡自己先检查、评比、对检查结果进行定性、定量记分，年终统一考核，把竞争机制引入计划生育管理之中。

由于队伍和制度健全，充分发挥村级组织的功能，真正做到“村自为战”。皋埠镇党委书记、镇长说：“自己上任这三年，计划生育工作除重大问题党委政府进行研究、部署外，平常只需要在开会时出出场，讲讲话就可以，用不着再像前几年那样去做具体动员工作。一些村干部认为，把计划生育工作难题推给乡里解决。说明村干部没能力，讲出去脸上无光。”这说明，一方面，群众实行计划生育已经自觉和比较自觉，真正的“难通户”已经不多；另一方面，村干部真正把这项工作抓起来。目前全县1015个村，95%的村已达到合格村要求，能依靠自己的力量，做好计划生育工作，为开展孕前型管理打下良好的工作基础。

绍兴县在推进孕前型管理中，虽然取得一些成绩，但仍在不断探索之中。全县将沿着这条计划生育事业的必由之路走下去，进一步把工作做好。

推进孕前管理　提高工作质量

——全国计划生育工作“三为主”经验座谈会材料

浙江省绍兴县人民政府

（1993年9月16日）

绍兴县地处浙江北部平原，辖25个镇（乡），1015个行政村，总人口94.28万，1992年工农业总产值达155.06亿元，在农村综合实力百强县中居第八。多年来，绍兴县始终坚持“两种生产”一起抓，在大力发展经济的同时，坚持不懈地抓紧抓好计划生育工作，使人口增长也得到有效控制，取得可喜成果。“七五”以来，年均人口出生率为14‰，自然增长率为7‰，计划生育率保持在99%以上，杜绝多胎出生和大月份引产。计划生育工作由突击性工作转变为经常性工作，由孕后补救转变为孕前服务。绍兴县计划生育工作所取得的成绩，得益于打基层，打基础，坚持“三为主”，把工作做在孕前。因此，曾多次受到国家、省、市的表彰。

一、形成共识抓孕前

绍兴县从七十年代开始抓计划生育工作，到八十年代，人口过快增长基本得到有效控制。早在1984年，全县计划生育率就达到98.13%。在这样的基础上，是保持现有水平，还是开拓创新再上台阶，县委、县政府进行认真研究，经过分析，认为这个成绩的取得，在相当程度上是以采取补救措施为代价的。以1984年为例，全县已婚育龄妇女计划外怀孕率达4.61%，出生人流比为1:1.04，有2000多妇女不得不做人工流产。大量的补救，不仅牵涉基层干部的精力，消耗国家、集体的财力，而且增加育龄夫妇的痛苦，结果是干部工作难做，群众又不满意。如何扭转这种围着“大肚子”转的被动局面，达到既控制人口增长，又能减轻工作难度，改善党群关系，提高工作质量呢？为此，县委、县政府多次召开会议，进行认真的讨论分析。

大家从几年来的探索与实践中，找到一个共识，就是要在加强孕前管理上下功夫，既通过经常性的工作，把宣传教育、避孕节育等各项服务措施落实到怀孕前。认识统一后，县计生委从本县实际出发，在总结实践的基础上逐步完善提出实现孕前管理的五条标准：计划生育符合率98%以上，杜绝早婚早育，无计划外多孩出生；现行生育政策和避孕节育知识普及率80%以上；已婚育龄妇女可靠节育率80%以上，当年出生一孩放环率80%以上，二孩结扎率90%以上，药具使用率95%以上，有效率96%以上；已婚育龄妇女计划外怀孕率控制在3%以下，杜绝大月份引产；出生婴儿性别比在正常范围内。

为使孕前管理落实到实处，提高计划生育工作水平，县委、县政府采取三条措施：一是成立人口与计划生育领导小组，县委书记任组长，一名副书记和一名副县长具体分管。县委常委会每年两次研究、讨论计划生育工作。县委、县政府领导联系乡镇，既联经济工作，也联计生工作。二是不断完善计划生育目标责任制和干部岗位责任制。考核内容既注重控制人口数量，也注重工作质量，把落实避孕措施、抓好基层基础工作、转变群众婚育观念作为目标管理责任制内容之一。三是针对改革开放的深入，市场经济的确立，县委、县政府1992年再次作出《关于进一步加强计划生育工作的决定》，重申经济建设为中心坚定不移，执行基本国策常抓不懈，坚持党政“一把手”负总责，继续把计划生育工作作为考核各级政府与领导干部政绩的一项重要指标，实行“一票否决制”。

二、强化基础抓教育

实行孕前管理，推进计划生育工作，关键的一条是要打好群众基础。但要转变群众中长期以来形成的生育问题上根深蒂固的旧观念，这不是一件轻而易举的事。加强计划生育宣传教育工作、转变群众生育观念光靠计生部门抓不行，零打碎敲地抓更不行。为此，县委决定，建立由县委宣传部牵头，九个部门参加的计划生育宣传联联席会议制，定期开展活动，协调全县宣传力量，强化计划生育舆论宣传，并根据不同的对象采用不同的教育形式。

在干部教育中，主要抓两块：一是抓好县委党校和25个镇（乡）党校开设人口课。对各级干部、党员进行人口理论，人口形势和计划生育方针政策教育。县委党校仅1992年就培训1350名干部，镇（乡）党校的教育面更大。二是抓好上岗前的培训工作。为使新上任的干部了解计划生育政策、法规和全县的人口结构，人口发展趋势，全县适时组织上岗培训，对25个镇（乡）长、分管副镇（乡）长、计生办主任、1015个村委主任作上岗培训。

在对群众教育中，全县采用各种形式，把握好五个结合：

一是突击与经常相结合。根据农村工作的特点，县委、县政府在安排工作时，把每年的六月和十月作为大抓计划生育宣传的关键期，全县上下行动，大造计划生育声势，注重经常性的宣传教育，形成气候，利于计划生育工作的开展。计划生育宣传联席会议每季布置宣传重点，新闻舆论单位根据重点，组织宣传报道；各镇乡根据各自实际，组织知识竞赛，出黑板报、墙报，制作大幅标语，有的还开展计划生育新闻人物评选活动。

二是普及与提高相结合。在宣传中，首先注重普及，在普及基础上进行提高。从1989年开始，全县组织实施人口与计划生育基础知识的普及教育工作。县委党校培训师资，各镇（乡）组织宣讲组，分村分育龄人群进行宣讲。到1992年止，85%以上的育龄人员受到教育。为增强教育效果，近年来，全县25个镇（乡）相继建立新婚学校、孕妇学校、家长学校，普及避孕节育、优生优育知识。

三是正面引导与反面曝光相结合。以正面引导为主，大力宣传自觉实行计划生育的先进人物，县政府每年表彰、奖励300名计划生育先进个人和先进集体。1987年始，各镇（乡）每年对自愿终身只生一孩及十年无引、流产史的夫妇进行表彰。与此同时，对个别党员干部超生现象进行严肃处理并进行全县通报，从而进一步提高广大干部、群众遵守计划生育政策、法规的自觉性。

四是宣传教育与普及科学知识相结合。针对农村人群中由于不掌握避孕节育知识而导致避孕失败的状况，全县在宣传教育中，不但注重现行生育政策的宣传，也十分注重避孕节育、优生优育等基础科学知识的宣传，使广大育龄群众既懂政策，又懂知识，提高计划生育工作质量。

五是宣传教育与办实事相结合。农村实行计划生育有思想问题，也有实际问题。因此，全县在大力宣传基本国策的同时，逐步建立和健全社会保障机制，注重为群众办实事。全县已形成村有托儿所、幼儿园，镇有敬老院，县有光荣福利院的格局。近几年逐步开展计划生育系列保险，仅1992年一孩女父母养老保险一次投保额就达240多万元。社会保障机制的不断完善，使计划生育的宣传教育更有说服力。

宣传教育的加强，全县形成计划生育光荣的社会新风尚，增强群众计划生育的参与意识，基层计生协活动经常服务到家，会员人数占到全县总人口的5.26%；群众生育观念发生深刻变化，全县一孩夫妇达11.3万对，占已婚育龄夫妇总数的50.57%。

三、依靠科技抓服务

把可靠节育措施真正落实到人，是实现避孕为主的有效途径，也是实行孕前管理的关键性环节。近几年来，全县运用政策激励、舆论监督、利益导向、技术服务等手段，把落实“一孩放环、二孩结扎”作为推进孕前管理的一项主要服务措施来抓。为提高避孕节育有效率，全县以依靠科技为立足点，采取以下几条服务措施：

1. 由卫生部门牵头，加强对妇幼人员的避孕节育技术培训，积极探索和研讨避孕节育新技术、新方法。不断提高计划生育技术服务质量和服务水平。全县每月召开一次各镇（乡）医院妇幼人员月会，交流工作经验，定期召开避孕节育技术研讨会。

2. 重视县计生指导站和镇（乡）计生服务站建设。县财政二度拨款扩建和新建县计生指导站，添置必要的医疗设备，为各镇（乡）计生服务站配备一架小型B超诊断仪，同时，由县人事局协调配备技术服务力量。

3. 做好孕环情监测工作。各镇（乡）每年一次环透、孕检督查，检测手段由过去的普通尿妊娠试验和X光透视发展到现在的早早孕妊娠试验和B超实时显像。

4. 推广应用新技术、新办法。几年来，县计生委新引进多种新型宫内节育器，诸如金塑铜环、活性165型及R型含铜含药宫内节育器等，因人制宜地选用。同时，卫生部门积极探索最佳放环时间，逐步推广产后42天放环、产后即时放环、中引后放环等新技术，减少脱环，提高宫内节育器的避孕效果。

由于注重和依靠科技，育龄妇女避孕有效率得到不断提高。全县在已婚育龄妇女基数日益增加、一孩夫妇逐年增加的情况下，已婚育龄妇女计划外怀孕率逐年下降，从1984年的4.61%降至1992年的2.8%。

四、落实基层抓管理

实行孕前管理，最根本的是要工作经常化、制度化，这就需要有一支健全的队伍、一套规范化的管理制度与踏实的村级基础。十多年来，全县通过培训已形成一支具备较强战斗力，纵向到底、横向到边的行政管理、技术服务队伍。在抓紧抓好队伍建设的同时，还着重抓规范化管理，特别是去年全县撤区、扩镇、并乡后，面对地域扩大、人员增加的新格局，县政府及时责成县计生委进行计划生育规范化试点，制订三大规定、六个职责、八项制度，在取得试点经验的基础上向全县推广。三项规定是：关于执行《浙江省计划生育条例》的若干规定；关于安排生育对象的审批规定；关于做好结婚登记手续的审批规定。六个职责是：人口与计划生育领导小组职责；计划生育协调小组职责；计划生育办公室职责；各有关部门工作职责；脱产干部和计划生育专职干部联片分线职责。八项制度是：计划生育合同管理制度；月会月报制度；孕情检测制度；宣传工作制度；流动人口管理制度；业务培训制度；“四公开一监督”制度；镇（乡）干部岗位责任制。这样，镇（乡）计划生育管理走向系统化、规范化、制度化，工作有章可循。

村是计划生育工作的重点，也是实行孕前管理的基础。为加强村级工作，全县在选拔村级干部时，注意挑选那些敢做敢管计划生育工作的同志担任村支部、村委领导，并为他们搞好养老保险，解除后顾之忧。在工作方法上，引进竞争机制，创造条件，让他们学赶先进。1990年开始，全县开展创建计划生育合格村活动，把孕前管理的标准量化到村。对达标的村，县政府每年组织验收，年终由县政府授予计划生育“合格村”标牌。在“合格村”建设的同时，各村又组织开展创评计划生育“合格户”“标兵户”活动。到1992年底，全县有727个村达到计划生育“合格村”标准，评选计划生育“合格户”11.39万户、“标兵户”6811户，把计划生育工作任务真正落实到村、户。目前，全县已有85%的村做到孕检不出村，四项手术任务月月清。为使这一活动深入持久地开展下去，去年，县委在《决定》中又提出在开展创建计划生育“合格村”的基础上，开展创建“红旗村”的活动，力争在三年内有100个村成为计划生育“红旗村”，成为全县的典型、表率，把计划生育工作推向更高水平。

绍兴县在推进孕前管理中，虽然取得一些成绩，但随着改革开放的深入和社会主义市场经济的建立，计划生育管理中将会出现许多新课题，需要不断探索，全县将沿着孕前型管理这条计划生育事业的必由之路开拓、奋进！

构筑宣传教育网络　建设新型生育文化

——全省婚育新风进万家活动总结表彰会材料

中共绍兴县委　绍兴县人民政府

（2001年12月10日）

绍兴县地处浙江东北部，位于杭州湾南岸，县域面积1255平方公里，辖15个镇、4个街道，782个村、70个居委会。农村综合经济实力位居全国前列，工业经济总量已连续10余年位居全省之冠。2000年，全县实现国内生产总值185亿元，财政收入14.01亿元，自营出口5.14亿元。全县农民人均可支配收入和农民人均收入分别达5206元和5505元。今年以来，全县经济继续保持强劲的发展势头。

在人口与经济、社会可持续发展中，全县坚持计划生育基本国策，把深入开展婚育新风进万家活动作为加强社会主义精神文明建设和传播先进文化的重要组成部分，立足转变群众婚育观念，在强化渗透上做文章，在满足群众需求上下功夫，收到良好效果。2000年末，全县总人口为72.41万，人口出生率为9.79‰，人口自然增长率为3.06‰，育龄妇女总和生育率保持在更替水平以下，20世纪90年代以来一直保持在1.3以内，计划生育率连续多年保持在99%以上，人口再生产类型实现从“高出生、低死亡、高增长”到“低出生、低死亡、低增长”的转变，计划生育整体工作水平跃上一个新台阶。绍兴县的主要做法和成效是：

一、加强领导，构筑弘扬婚育新风的主题网络

1. *加强领导*。开展婚育新风进万家活动是抓计划生育的根本，是抓人的素质。绍兴县各级领导充分认识到这一点。县委、县政府每年都定期召开专题会议，县委书记、县长亲自到会听取汇报，提出要求，把婚育新风进万家活动作为年底计生工作目标列入全县农业和农村现代化建设目标责任制考核，把人口理论与人口形势列入县委中心组学习内容，把开展活动所需经费纳入财政预算。从政治上、生活上关心爱护计生干部队伍，在确保计生机构稳定、编制到位、人员配足的同时，对从事计生工作并获得国家计生委颁发的《计划生育荣誉证书》的工作人员给予一次性奖励2000元，逐步解决已转公务员的计生干部转为正式国家干部的编制，真正做到领导到位，责任到位，措施到位，投入到位。

2. 成立组织。成立由副县长吴晓任组长，县委宣传部和县计生委的负责人任副组长，各有关部门负责人为成员的建设新型生育文化指导组，负责全县生育文化建设的指导、协调、督促工作。与此同时，强调部门配合，把婚育新风进万家活动纳入各部门工作的组成部分，把婚育新风融入各级“文明家庭”“特色家庭”创建和“春风工程”“十佳好媳妇好公婆好邻居”评选等群众性精神文明创建活动中，努力形成齐抓共管，全社会参与的良好局面。

3. 建好阵地。重点建好五个宣传阵地，即：①抓各级党校阵地。加强对党政干部的人口理论教育和新型文化学习；②抓县镇村人口学校阵地。设立生育文化图书角，向广大育龄人群宣传计划生育、生殖健康等科普知识；③抓县计生指导站和镇服务站阵地。针对性地进行面对面的宣传教育；④抓中小学校阵地，对青少年进行人口与青春期健康知识教育，关注青少年的健康成长；⑤抓文化室阵地。通过电视、书籍宣传科学、文明、进步的婚育观念。三年来，县、镇财政共投入300多万元，用于五个阵地的宣传设备和基础设施建设。到2000年，全县已建成能开展电化教育的人口学校292所，建立宣教室540个。三年中，全县共办班6876期，培训人次达34.38万。

4. 搞好培训。分层、分批加强传播婚育新风基层骨干队伍的技能培训。近三年来，分别对180名镇计生干部与服务人员、1757名村委会（居委会）主任、849名村（居）计生专管员和676名计生协会理事以及计生工作通讯员、信息员分批到党校组织培训，去年共举办各类培训班31期，培训2057人次，极大地提高基层计生服务队伍的知识水平和服务技能。

二、着力于“进”，建设社会主义新型生育文化

绍兴县在开展婚育新风进万家、建设新型生育文化活动中，着力营造弘扬婚育新风的社会环境，在“进”字上下功夫，拓宽“进”的途径。

1. 运用大众传媒“进”。县电视台、县广播电台、县报社和镇有线电视、广播站都设有专题栏目，长年不断宣传婚育新风内容。如县电台的《天伦情缘》、电视台的《会稽山下父子情》等一批弘扬新婚育观念的专题节目播出后，在社会上产生良好的影响。

2. 结合综合服务“进”。首先，把技术服务与宣传结合起来，在开展技术服务的同时，向育龄人群讲解生殖保健、优生优育和生育政策等知识；其次，把咨询与宣传相结合，各镇（街道）服务站普遍设立悄悄话室、热线电话，为群众开辟温馨、和谐、舒畅的宣传服务环境；再次，把上门服务与宣传相结合，镇、村计生干部在上门发送药具的同时，把一些内容直观、通俗易懂、图文并茂的宣传资料送到育龄人员手里；第四，利用电教设备进行宣传，县计生指导站和各镇（街道）服务站经常播放录像，技术服务人员结合相关服务通过录像讲解相关知识；第五，结合“三下乡”活动开展咨询宣传服务，精心制作一些宣传图版和标本，比较直观地进行宣传。

3. 融于文化活动“进”。全县各镇、村、企业以文化活动中心（室）为阵地，把计生知识咨询、科普知识传授、计生政策学习融入于丰富多彩的文化活动、电视录像、阅览室图示资料中，培育人口文化。全县有256个文化活动中心还设立生育文化图书角，进一步满足群众对生育文化的需求。

4. 开展群艺活动“进”。通过广场文化活动、节日文化活动、社区业余文艺队演出活动和地方戏、猜灯谜以及知识竞赛等各类群众性活动，把婚育新风尚、新观念、新知识送入社区、送入农村、送到千家万户。

5. 营造环境氛围“进”。全县镇（街道）政府所在地都设置语言温馨、制作精美、含意丰富的婚育新风灯箱广告牌和宣传长廊。许多村在村主要道路也制作大型宣传牌和有较高品位的宣传灯箱，全方位营造弘扬婚育新风的宣传外环境，使群众在潜移默化中受到新型生育文化的熏陶。

6. 利用电脑网络“进”。随着绍兴县信息化建设的深入推进，目前全县宣传计生政策、传播婚育新风的网络系统已初步形成。如柯岩街道新风村投入100多万元，给每户补贴3000元用于购买电脑，建立村级电脑信息网络，把国家生育政策和生殖保健等知识上传到网页，通过局域网向村民进行宣传。

7. 采用板报橱窗“进”。把村（居）、企业、社区宣传窗、黑板报作为全县精神文明阵地建设的一项重要内容和任务，经过近三年的努力，全县各镇、村（居）、企业、社区和绝大部分企业都建立宣传窗和黑板报；县计生指导站每月编印、制作两期《生与育》作为宣传窗、黑板报内容，同时还为一些镇和企业制作流动展板进行展出。

8. 注重学校教育“进”。把新型生育文化列入各级党校教育安排，提高党政干部对新型生育观的认识；在人口学校开展计生知识和生殖保健知识教育，促使育龄群众的生育观转变；在全县中小学校普遍开展人口与青春期健康知识教育，用新型生育文化塑造一代新人。

9. 巡回科普宣传“进”。县和镇利用重要节假日和“三下乡”活动，经常性地开展计生政策、知识咨询活动，深入乡村巡回举行计生科普展。县每年要举办20多次，镇一年进行两次，深受群众的欢迎。

10. 赠送宣传资料“进”。三年来，县计生委自己动手制作计生系列小折页、紧急避孕、优生优育、避孕节育等各种宣传品215万份，免费向群众发放；积极征订《中国人口报》《当代家庭报》和各种计生宣传墙报。据不完全统计，全县每年用于向群众发放宣传品的投入达80余万元。

三、不断进取，努力把婚育新风进万家活动引向深入

近几年来，通过加强领导，构筑网络，立足于“新”，着力于“进”，全县婚育新风进万家活动取得明显实效：

1. 宣传内容与方式实现“三个转变”。即：实现由以宣传基本国策和相关法规为主，到宣传基本国策、法律法规和普及避孕节育科学知识并重的转变；由以墙式标语宣传为主，到以大众传媒全方位、面对面宣传的转变；由以单纯宣传向技术服务、咨询服务、开展丰富活动和宣传相结合的转变。

2. 群众掌握更多的避孕节育知识。根据抽样调查和年终考核结果显示，育龄群众避孕节育知识掌握率由1997年的90%上升到2000年的95.9%。

3. 群众的生育观念有很大的转变。突出表现为“五个多”，即：关心和支持计划生育工作的人多；了解和掌握人口与计划生育基础知识的人多；认为生男生女都一样的人多；自愿放弃生育指标，终身只生育一个孩子的夫妇多；自愿推迟二孩生育间隔的夫妇多。三年来，全县自愿终身只生一孩的夫妇有517对，自愿推迟二孩生育间隔的夫妇有1674对。

婚育新风进万家活动是一项抓根本的工作，绍兴县能够取得实效，与上级领导的正确指导和大力支持是分不开的，原国务委员、国家计生委主任彭佩云，副主任扬魁孚，现任国家计生委主任张维庆等领导都亲临绍兴县视察；省委宣传部、省计生委的领导也多次来绍兴县指导工作；一些国际知名人口学家也纷纷到绍兴县考察计划生育和生殖健康工作，为绍兴县的人口与计划生育工作传经送宝，使绍兴县受益匪浅。

绍兴县虽然在开展婚育新风进万家活动中取得一定的成效，但与“三个代表”的要求，与上级的要求，与兄弟县市相比，还有不少差距。全县决心以“三个代表”重要思想为指导，以这次会议为新起点，坚持以人的全面发展为中心，从群众的实际需要出发，在内容、方法、形式、手段、机制上不断创新，把婚育新风进万家活动进一步引向深入。

以人为本　优质服务
全面提升人口与计划生育工作水平

——全国计划生育优质服务先进县材料

绍兴县人民政府

（2003年11月26日）

绍兴县辖15个镇、4个街道，359个行政村、70个居委会，户籍总人口71万。改革开放以来，在邓小平理论和“三个代表”重要思想的指引下，绍兴县人民不断解放思想、改革创新，全县经济持续、快速、健康发展，2002年位居全国最发达县（市、区）第八位。今年以来，全县经济和社会又有很快的发展，预计全年可实现GDP272亿元，同比增长15.2%；财政总收入30亿元，同比增长24%；自营出口20亿美元，同比增长41%，总量保持全省第一。

近年来，在上级人口计生部门的悉心指导下，绍兴县围绕稳定低生育水平、提高出生人口素质这一总目标，坚持以人的全面发展为中心，不断深化优质服务，推进综合改革，全县人口与计划生育工作整体水平逐年提高。计划生育率连续10多年保持在99%左右，育龄妇女总和生育率稳定在1.3左右，出生性别比保持在正常范围。相继获得全国计划生育工作先进县、全国婚育新风进万家活动先进县、全国计划生育协会县级先进单位、全国人口和计划生育法制建设先进集体等称号；钱清镇等三家单位被评为全国婚育新风进万家活动先进单位；县计生指导站被评为省计划生育工作先进集体。

绍兴县开展以技术服务为重点的计划生育优质服务工作，是在1995年起步的，并于当年7月被省计生委确定为省计划生育优质服务试点县。1996年初，县政府就出台《关于开展计划生育优质服务的实施意见》。通过8年的努力，绍兴县的计划生育优质服务工作取得较为明显的成效，于2002年1月，被绍兴市政府命名为“计划生育优质服务示范县”，于今年10月被省计生委推荐为国家计划生育优质服务先进县候选单位，并接受评估。现结合国家人口计生委有关计划生育优质服务先进县评估的基本要求，就绍兴县创建活动的总体情况自查汇报如下，具体33项考核指标自我评估情况不再一一汇报，请各位领导、专家看书面汇报材料。

一、切实加强领导，为创建计划生育优质服务先进县提供保障

据统计，绍兴县经过20多年的艰苦努力，约少生30万人，人口出生率和总和生育率已处于较低水平，实现低出生、低死亡，低增长的人口再生产类型的转变。但

县政府清醒地意识到，人口增长的有效控制和低生育水平的实现，在很大程度上依靠强有力的行政管理手段。随着社会主义市场经济体制的建立完善和人们物质文化生活水平的不断提高，绍兴县经济社会的各个方面都在发生深刻的变化，“四个多样化”趋势日益明显。这既给人口与计划生育工作的健康发展创造有利条件，也对人口与计生工作提出不少新的课题。一方面，作为市场大县，流动人口急剧增强，流入人口达到20万人；企业改制后，下岗人员日趋增多；婚育观念的多元化，使离婚、再婚和非婚怀孕现象较前增多。另一方面，市场经济和依法行政的推进，行政管理手段逐渐弱化，而群众对计划生育、生殖健康的需求不断增加。如何解决这些矛盾，克服这些困难，必须适应形势，顺应民意，加强领导，加大改革，才能把基本国策落到实处，才能稳定低生育水平。为此，县委、县政府始终把人口与计划生育工作作为事关经济社会可持续发展的首要问题，摆到与经济工作同等重要的位置，纳入经济社会发展总体规划，建立综合治理的工作机制，认真落实人口与计划生育工作目标责任制，始终坚持党政一把手亲自抓、负总责，从政策、组织、投入等方面切实加强对人口与计划生育工作的领导。

1. *出台政策，为开展优质服务创造良好的条件。*近年来，以县委、县政府或县政府办公室名义出台的有关人口与计划生育的文件政策有：《关于进一步加强人口与计划生育工作稳定低生育水平的意见》《关于人口与计划生育工作综合改革的意见》《关于人口与计划生育工作若干规定》《关于实施农村计划生育社会养老保险工作的意见》《绍兴县计划生育优先优惠若干意见》《绍兴县计划生育公益金管理实施办法（试行）》《绍兴县计划生育行政执法责任制实施方案》《关于创建国家计划生育优质服务先进县的意见》《关于进一步加强流动人口计划生育管理的意见》，等等。以县委、县政府或县政府办公室名义出台的政策法规性文件的数量，居全县各个行业领域之最。

2. *加强领导，确保工作落实。*县和镇（街道）都成立人口与计划生育工作领导小组。每年年初，县委、县政府都要召开全县人口与计划生育工作会议。县委常委会、县政府常务会议经常研究人口与计划生育工作。今年3月，县政府第53次常务会议又专题听取县人口计生局有关争创省级、国家级计划生育优质服务先进县的情况汇报，认为创建计划生育优质服务先进县是全面深化优质服务、努力提高人民群众满意程度的有效载体，并具备一定的基础，务必争创成功，确保率先进入省和国家首批表彰行列。为此，成立以县长任组长的创建计划生育优质服务先进县工作领导小组，出台实施意见，召开全县创建计划生育优质服务先进县动员大会，并落实创建专项经费。

3. *健全组织，完善服务网络。*县、镇（街道）、村（居）三级计划生育工作机构和技术服务机构编制落实，网络健全，人员到位。县人口与计划生育局落实人员编制16名，实有15名；文化程度大专以上有11人，占73.33%；平均年龄40.27岁

（其中5位班子成员均系大专以上文化，平均年龄38.2岁）；县计生协会秘书科落实编制2名，参照公务员管理，实有1名；县计划生育指导站，占地15亩，建筑面积4800平方米，为财政全额拨款的事业单位，落实编制27名，实有25名，其中具有副高职称1人，中级职称15人；县流动人口计划生育稽查大队，为财政全额拨款的事业单位，落实编制3名，实有4名。19个镇（街道）都有单设的计划生育服务站和合署办公的计生文教卫办，共有140名计生干部，其中行政编制53名、事业编制41名、自聘干部46名，文化程度大中专以上115名、高中20名、初中5名。19个镇（街道）服务站，有13个为省级示范站，有2个为市级示范服务站，每个服务站至少有1名执业医师或执业助理医师。县域内的359个行政村、70个居委会都建立计划生育服务室。各个村、居都配备计生主任，平均年龄45周岁以下，文化程度初中以上，工作报酬足额落实。

4. 强化考核，严肃奖惩。每年，县、镇（街道）、部门、村（居）、企事业单位都要逐级签订人口与计划生育目标管理责任书，把责任制考核的结果作为评定先进的主要依据，作为衡量党政领导政绩的依据。县每年将人口与计划生育工作纳入对镇（街道）、部门年度岗位责任制考核主要内容，考核分值占20分左右。严格执行计划生育工作的“一票否决制”。去年，县人口计生局共审核15批次计612家单位和335名个人，否决7家单位和1名个人。今年已审核25批次，否决3家单位。

5. 加大经费投入。2002年，县财政除落实计划生育社会养老保险的专项资金外，还落实计划生育事业经费599万元，人均计生事业经费达8.26元；2003年又增加预算内事业经费45万元，并拨款750万元用于县计生指导站的建设。对获得省部级以上计划生育劳动模范、先进工作者和获得计划生育荣誉证书的计划生育工作者，给予一次性奖励5000元和3000元，奖励经费已全部落实到位。去年全县计划生育宣传经费投入达到374万元，并投入数千万元开展文化村创建活动，把新型生育文化建设纳入文化村创建活动之中。

二、坚持以人为本，全方位开展计划生育优质服务

多年以来，全县一度采取强有力的行政措施，注重各个环节的管理，使生育政策深入人心，从而有效遏制人口过快增长的势头。但是，在实际工作中很少考虑群众的利益，特别是一些过激的做法，在一定程度上伤害群众的感情，影响党群、干群关系，也给育龄群众特别是育龄妇女的身心健康带来损害。随着人们物质文化生活水平的提高，广大群众越来越多地把目标和期望值转向优生优育、生殖保健等方面，他们热切希望能生一个健康的孩子，培养教育一个聪明的孩子，并最终能够成才；要求提供更加安全、可靠、简便、经济的避孕节育技术服务。这些都要求转变观念，转变工作方式方法，淡化某些管理环节，不失时机地把优质服务摆上重要议事日程，从过去以政府的计划和决策者的要求为中心，逐步转变到以群众日益增长的需求和人的全面发展为中心，把群众当作计划生育的主人，开展计划生育优质服务，增强对群众的亲和性，切实维护和实现好人民群众计划生育方面的切身利益。重点深化三方面的优质服务。

（一）大力开展技术服务，提高群众满意度

全面实施以“知情选择”为重点的避孕节育服务工程、以预防生殖道感染为重点的生殖保健服务工程和以降低出生缺陷为重点的优生优育服务工程，开展一系列技术服务。

1. 实行生殖健康优质服务承诺制。主要内容有：定期向育龄群众提供计划生育政策法规、优生优育、生殖健康、避孕节育等宣传资料和基本药具；免费提供一年一次的生殖健康检查；常年提供计划生育的咨询和随访服务；对由于避孕失败造成意外妊娠而采取补救措施的给予免费优惠；建立规范的育龄妇女生殖健康档案，使已婚育龄夫妇免费享有基本的避孕节育技术服务。自2001年以来，全县有50.07万人次育龄妇女得到以查病为主的生殖保健服务，95%的育龄群众通过“知情选择”落实有效的避孕节育措施，落实避孕节育措施的妇女全部得到定期随访，有5777对夫妇实施优生检测；避孕药具发放渠道继续保持畅通、规范。

2. 提高服务质量。在各技术服务机构中，开展“四优一满意”活动，做到服务“到边、到底”。“到边”就是为育龄群众提供全方位的服务，服务内容到边；“到底”就是提供上门服务，跟踪服务到底，确保服务效果。多年来，县计生指导站每年都组织技术骨干到各镇、街道，巡回进行查孕查环查病服务，提供跟踪医疗服务；县计生指导站还积极开展不孕不育诊治，已成功治愈252对；新建的县计生指导站还增设生殖健康保健院牌子，开设男性科门诊。近年来，全系统没有严重医疗事故出现，并有效杜绝计划生育手术并发症的发生。规范“知情选择”的操作流程，从全面了解对方的身体状况－介绍各种避孕方法的优、缺点－征求对方意见－指导并提供最佳的避孕方法－签订知情选择协议书－落实避孕措施－定期随访、调整，每个流程都做到耐心、细致。

3. 优化生殖健康促进模式。充分利用服务站、人口学校、讲师团、志愿者队伍等网络优势和城镇社区卫生资源，加强预防性病、艾滋病的宣传、教育、培训，普及避孕节育科学知识。积极开展对避孕药具不良反应的收集工作，保证群众用药安全。在计生服务站、社区卫生服务站设立生殖健康服务点，积极推进男性和青少年生殖健康教育与服务，加强外来流动人口、老年人群和残疾人等弱势群体的生殖保健服务。

4. 建立育龄妇女信息系统。全县人口计生系统按照国家人口计生委建设“三网一库”（即人口与计划生育业务专网、办公业务资源内网、人口与计划生育公众网站、育龄妇女综合信息数据库）基本架构的要求，已建立起上联市人口计生委、下联各镇（街道），横向与相关部门互联互通的网络，初步实现全县范围内网上查询、网上迁移、网上信息交换。最近又率先安装优质服务系统管理软件，为提升全县计生优质服务科学管理水平创造条件。

（二）以深化婚育新风进万家活动为载体，开展宣教服务，建设新型生育文化

转变群众的生育观念是人口与计划生育工作的内在要求。全县以婚育新风进万家活动为载体，开展形式多样、内容丰富的计划生育宣传教育服务，引导群众学法、知法、用法，帮助群众掌握计划生育和生殖健康知识，使群众的生育观有显著转变，已婚育龄人群计生基本知识知晓率达到90%以上，基层管理和服务人员计生基本知识知晓率达到98%。是年9月15日，财政部、国家人口计生委组织专家对绍兴县婚育新风进万家示范项目进行为期6天的绩效评估，专家组对绍兴县项目实施给予高度评价，并获全国示范县绩效考评总分第一。在宣传教育服务中，重点突出“三化”。

1. 宣传内容个性化。针对育龄群众的不同层次需求，县计生指导站每月制作一期介绍避孕节育、生殖健康、优生优育知识的专题小报，发给各镇、街道，作为基层出黑板报的素材。每个镇、街道都制作生殖保健知识手册，部分镇、街道制作计生知识小折页，共计40万余份，送到包括流动人口在内的育龄群众手中。各镇（街道）还与县计生指导站一起在进行查孕查环查病的同时，向育龄群众讲解计划生育知识，使每个育龄群众都能得到近距离的宣传。

2. 宣传形式多样化。为在全县上下营造浓厚的计生宣传氛围，使计生政策、知识耳濡目染，潜移默化。全县各镇（街道）均建立计生宣传一条街，设立计生宣传长廊和灯箱广告，并制作大型宣传画；各村、居都设有计划生育宣传窗；同时，针对社会进入信息化和人们生活品位提高的特点，加强网上宣传和生育文化阵地建设，如柯岩街道建立全县第一所镇级网上人口学校，为进一步加强人口环境教育，提供政策法规咨询和优生优育、生殖健康、避孕节育等服务搭建工作平台；另有203个村(厂、居)建立生育文化图书室(角)，定期向群众开放；各级各部门还利用黑板报、宣传横幅、小区广播系统等进行宣传。县和镇（街道）及村（居）都成立人口学校。县、镇（街道）两级党校和各级人口学校坚持把人口理论教育作为农村干部培训的“必修课”，去年以来累计办班1901期，受训81440人次。

3. 宣传途径社会化。全县面向社会，开辟广泛的宣传途径，让更多的群众参与计划生育宣传，着重加强生育文化广场、生育文化一条街、生育文化宣传队、生育文化特色镇村和网上人口学校等生育文化“五大板块”的建设。结合全县特色文化镇、村建设，有序开展生育文化特色村的创建活动，如夏履镇投资100余万元，即将建成农村生育文化广场；结合“三下乡”活动，通过宣传牌展览、上街咨询、送宣传品到户到人等服务手段，加强对男性人群的宣传教育；结合协会会员活动日、世界人口日等活动，开展具有丰富生育文化内涵的知识竞赛、体育比赛、文艺演出等群众性文娱活动，提高男性参与率，使之在参与中受到生育文化的熏陶。如柯桥街道成立30支社区业余文艺队伍，共有800余名社区文艺骨干，分别组成舞龙队、

腰鼓队、管弦乐队、秧歌队等。各社区还以计划生育为宣传内容，把生育文化融入社区文化之中，创作并表演群众喜闻乐见的文艺节目，如莲花落《婚育新风进万家》、越剧《少生快富奔小康》等，丰富绍兴县社区生育文化建设的内涵。

（三）建立有利于计划生育的政策利益导向，为群众提供生产生活综合服务

新形势下开展人口与计划生育工作，必须围绕实现人的全面发展，正确处理好国家利益与群众利益、集体利益与个人利益，长远利益与眼前利益的关系，满腔热情地帮助计划生育家庭解决生产、生活中的实际困难和后顾之忧，让人民群众实实在在地感受到计划生育带来的好处。为此，全县建立全方位的社会保障和利益导向机制，确保计划生育户在经济上有实惠，在社会上有地位，在生活上有保障。

1. 实施计划生育社会养老保险制度。对符合《浙江省人口与计划生育条例》规定照顾生育二孩条件而放弃生育的农村夫妻，本着政府激励和群众自愿的原则，允许其一方参加比照城镇职工的社会养老保险，对参保者由县、镇（街道）和村集体每年补助740元，连续补助15年。目前全县除了所有企业实施城镇职工基本养老保险之外，另有1210名非企业职工的农民参加农村计划生育社会养老保险，有369人选择一次性奖励。县财政已按政策补助102.68万元，镇、村两级补助120.67万元，县、镇、村三级对选择一次性奖励者共补助55.35万元。

2. 实施计划生育公益金救助制度。由县财政拨款100万元，社会各界资助72万元，建立计划生育公益金，主要用于补助独生子女发生意外伤残或死亡、夫妻不再生育和已实行计划生育的夫妻发生意外伤残或死亡以及其他有特殊困难的计划生育家庭。全县已累计发放133户，总额14.3万元。

3. 落实计划生育优先优惠政策。对“双农独女户”承诺放弃生育二孩的家庭，发放《绍兴县计划生育优惠证》，持证家庭可在就学、就医、社会保障、涉农项目、司法援助等方面享受优惠，全县发放对象2000余户。今年全县有96名独生女享受到中考加5分的优惠（在绍兴县重点高中，离录取分数线每少1分，就意味着多交1万元培养费）。在县政府出台的农村大病医疗统筹实施意见中还特别规定，对双农独女户家庭提高5个百分点的救助比例。

4. 建立以现居住地为主的流动人口计划生育服务和管理的机制。县成立外来人口综合管理服务领导小组及其办公室（科局级），健全镇（街道）、村（居）外来人口管理服务站，把外来人口管理和服务工作列入镇、街道岗位目标责任制和县8个部门的岗位责任制考核；建立外来已婚育龄妇女个案信息系统；实行“一卡、二制、三率”全程管理，即：发放外来流动人口计划生育服务承诺卡，建立外来流动人口生育信息通报制度和例会制度，将外来流动人口的计划生育率、随访服务率、婚育证明持证率纳入系统目标评估内容；建立县流动人口计划生育稽查大队，加强对城区、大型企业、建筑工地等的检查、指导与督促；创办县外来民工子弟学校，全县所有公办学校接纳外来民工子女入学；全县各地还建造10万多平方米的外

来建设者公寓，为他们提供舒适的居住环境。全县所有的外来已婚育龄妇女享受到规范的现居地计划生育管理与服务，流动人口可凭婚育证明免费领取避孕药具。

5. 普遍实行计划生育村（居）民自治民主管理。目前，全县已有95%以上的村（居）达到省规定的计生村（居）民自治民主管理标准。在计划生育村民自治中，各村（居）都制定村民自治章程，村（居）委与村（居）民实行契约化管理，明确双方的责任、权利和义务，强化群众在计划生育工作中的主人翁地位。与此同时，必须高度重视城镇社区人口与计划生育管理工作，建立城镇社区人口与计划生育属地管理责任制、单位负责委托制、居民自治合同制和社区服务承诺制，探索城镇社区人口与计划生育工作管理服务新机制。绍兴县城镇社区人口与计划生育工作的经验得到上级领导的充分肯定和兄弟县市的高度评价，是年9月份，全省城镇社区人口与计划生育工作现场会在绍兴县召开。

绍兴县计划生育优质服务的开展，极大地促进全县人口与计划生育工作整体水平的提高，取得较好的效果。主要表现为：

——低生育水平保持稳定。连续十余年计划生育率为99%左右，全县育龄妇女总和生育率稳定在1.3左右,处于更替水平以下。

——群众的婚育观念发生深刻的变化。全县有22190对夫妇主动放弃生育二孩或推迟二孩生育时间，出生人口性别比保持正常范围，依法生育、少生优生的观念进一步增强。

——群众满意程度不断提高。全县取消并清退各种计划生育押金、保证金，杜绝计划生育“七不准”行为的发生。计划生育优质服务制度、社会保障制度和利益导向制度不断完善，历年群众对计划生育工作的满意程度测评表明，群众满意率达95%以上。

——促进人口与计划生育工作整体水平的提高。“依法管理、村（居）民自治、优质服务、政策推动、综合治理”的计划生育工作新机制有效运行，人口与计划生育综合改革向纵深推进，实现计划生育由行政制约为主向村（居）民自治为主、依法治育为主、以德治育为主、政策激励为主、提供需求型服务为主、部门齐抓共管为主的转变。计划生育村（居）民自治、城市社区计划生育管理体制的创新、建立计划生育社会保障和利益导向制度等具体做法在全省得到推广。

三、正视困难问题，把计划生育优质服务不断引向深入

在看到成绩的同时，更清醒地认识到，绍兴县人口与计划生育工作仍存在许多不足，面临着一些困难和问题：

思考之一：今后一个时期，绍兴县将面临劳动就业人口、老龄人口、流动和迁移人口这“三大人口高峰”的挑战。据“五普”资料显示，绍兴县劳动就业人口占总人口的71.63%，比全国高1.48个百分点；老龄人口占8.89%，比全国高1.93个百分点；流动人口达22万。特别是对流动人口的计划生育管理与服务仍是一个难题，

推行“现居住地管理为主”的工作机制后，管理的对象急剧增多，且这些对象情况复杂，很大一部分来自计划生育工作基础相对薄弱的地区（来自省外的有5.3万人），实行计划生育的自觉性不是很高，加之流动性很大，因而管理与服务的难度很高。

思考之二：随着国家加入WTO和依法治国、以德治国战略的实施，以及农村税费改革、城市管理体制改革等社会经济改革的广泛深入，人口与计划生育工作将在全方位的开放格局和改革环境中进行。近年来国家《人口与计划生育法》和《计划生育技术服务管理条例》以及《浙江省人口与计划生育条例》的相继颁布实施，加之新时期的育龄群众对计划生育的需求发生深刻变化，更加注重自身的生命质量、生育质量和生活质量。对人口与计划生育依法管理、依法行政和优质服务提出更新更高的要求。

思考之三：全县人口与计划生育工作自身的发展仍然存在着一定的矛盾和问题。

一是队伍素质有待进一步提高。随着经济社会的快速发展，人民群众思想观念发生深刻的变化，其民主意识、法制意识、服务需求日益增强，对计生工作人员的素质提出更高的要求。绍兴县的计划生育队伍，从总体而言，做到“稳”中有“新”，优化组合，但工作队伍有待进一步及时更新与补充，专业技术素质和文化程度有待进一步提高，工作方法有待进一步改进。

二是考核机制有待进一步完善。近年来，由于各级领导的重视，人口与计划生育工作的目标考核责任制得到有效的落实。然而，刚性的考核指标在一定程度上束缚基层的工作方法与手段，也制约基层干部的能动性和创造性，需要在实践中探索完善。

三是计生科普知识有待进一步普及。育龄群众对各种避孕节育和生殖保健知识掌握还不够全面；青春期健康知识教育、流动人口宣传教育的力度有待进一步加强；城镇社区、居委会、企事业单位计划生育网络建设、宣传教育活动有待进一步规范和深入。

四是生殖健康保健服务范围有待进一步拓展。根据群众日益增长的服务需求的现实，服务范围和项目尚需扩大，技术服务设施尚需完善，计算机信息服务管理有待开拓。全县将正视这些存在的不足、困难和问题，以创建国家计划生育优质服务先进县为起点，以广大育龄群众的根本利益为出发点和落脚点，以改革为动力，不断创新工作机制，不断优化服务手段，向着更高更远的目标迈进，为实现人口、资源、环境的协调发展和可持续发展作出积极的贡献。为此，下一阶段，将着重做好三件事：

第一，以国家人口计生委张维庆主任提出的“人口安全”的理论为指导，拓展人口计生部门的工作职能。依托信息资源优势，积极开展人口预警工作，在更高层次上谋求发展，将定期对全县人口总量、出生人口性别比、出生人口缺陷、老龄人口、就业人口、就学人口、流动迁移人口以及《省条例》出台后的实施情况与群众的婚育观念变化情况等进行综合分析，预测人口发展态势，作出人口环境评估，为绍兴县人口与资源、环境的可持续发展，与经济社会的协调发展及时预警，为县委综合决策提供科学的依据。

第二，以“国家婚育新风进万家基层示范县项目”的实施为抓手，坚持以人的全面发展为中心，不断深化计划生育宣传教育的改革与创新，增强渗透力，拓展绍兴县人口与计划生育事业发展空间。全县将举办首届生育文化节，征集人口与计划生育公益广告，大力弘扬现代生育文化，满足群众需求，使群众成为新型生育文化的建设者、受益者、实践者和传播者。

第三，以国家计划生育优质服务先进县的评估为动力，按照国家计划生育优质服务先进县的33项指标体系的要求和国家人口计生委领导、考评组专家的评估意见，认真分析存在的问题与不足。以“俯首甘为孺子牛”的精神、坚韧不拔的毅力，集中智慧，集中精力，加大投入，加强保障。不断完善“依法管理、村（居）民自治、优质服务、政策推动、综合治理”的工作机制。全面深化计划生育优质服务承诺制，提供诚信服务，提倡诚信生育。

总之，要在“知情选择”指导、群众需求信息分析上下功夫，在宣传教育上做文章，在村民自治、依法管理、政策导向上求得实效，使绍兴县的计划生育服务更优质，群众对计划生育工作更满意，为全县率先基本实现代化、全面建设小康社会创造良好的人口环境。

下活“一盘棋”　谋求新发展

——全国流动人口计划生育先进单位材料

浙江省绍兴县人口和计划生育局

（2008年7月）

绍兴县地处长江三角洲南翼，东接宁波，西邻杭州，县域面积1130平方公里，下辖4个街道、15个镇，现有户籍人口70.77万；外来登记在册人口55万人，其中育龄妇女达16.5万人；外出人口2万人，其中育龄妇女8000人，系全国农村综合经济实力十强县和全国首批计划生育优质服务先进县。多年来，县委、县政府十分重视流动人口服务管理工作，建立“党委政府抓保障，牵头部门抓协调，职能部门抓专项，村居企业抓基础”的工作机制。县人口计生局作为职能部门，围绕“一盘棋”

服务管理，善作参谋，尽心履职，较好地发挥作用，走出一条“政府主导、部门联动、属地负责、依法管理、情感服务”的流动人口计生服务管理新路子，为稳定低生育水平、统筹解决人口问题、促进经济社会又好又快发展作出不懈努力。

一、创新工作机制，实施综合治理

综合管理和服务是流动人口计划生育工作的发展趋势。县人口计生局积极当好党委政府的参谋，把流动人口计划生育服务管理工作纳入综合施治范围，从组织、经费、队伍、制度等方面加以保障。

1. *健全组织机构，落实工作队伍。*一是设立综合性服务管理机构。成立以县委副书记为组长的流动人口服务管理领导小组，下设办公室（明确为副科级单位），并从计生、公安等相关部门抽调人员组成工作机构。各镇（街道）也成立相应组织机构。二是建立流动人口计划生育联席会议制度，明确17个相关部门流动人口计划生育管理职责。三是专门设立县流动人口计划生育管理服务中心（定编3人），作为县人口计生局的下属事业单位，负责全县流动人口计划生育工作。四是落实相应的工作队伍。各镇（街道）按流动人口500:1的比例配备专职协管员，落实到村居（社区）、企业驻村包片开展登记查验、信息采集报送等工作；在流动人口50人以上的村居（社区）、企业再按一定比例配备兼职协管员，目前全县共有1100余名专职协管员和2000余名兼职协管员。同时在各镇（街道）计生干部中落实1－2名流动人口计划生育专职工作人员，做好与专兼职协管员的联系与日常服务管理工作。

2. *强化考核机制，落实工作责任。*一是由县流动人口办公室制定综合性考核办法，其中计生服务管理占23%的权重，每月进行考核通报。二是由县政府将流动人口计生工作纳入镇（街道）和部门人口和计生目标管理责任制，并列入镇（街道）综合性岗位责任制考核内容，形成一级抓一级，层层抓落实的考核责任体系。

3. *建立协作机制，落实经费保障。*一是加强部门之间协作。作为全省试点县，积极探索计生与公安协作新路子，出台流动人口服务管理协作工作意见，进一步明确计生、公安、流动办三部门的工作职责，初步形成信息统一采集、证件统一查验、数据统一应用和绩效统一考核的新机制。二是加强区域之间协作。建立区域协同管理制度，及时向流出地通报相关情况，在流动人口违法怀孕处理、社会抚养费征收、节育措施落实方面形成管理合力，逐步实现信息共享、责任共担。三是完善信息交换制度。建立流动人口信息月报告单制度，逐步完善流动人口信息库，以省流动人口信息交换平台和国家流动人口信息交换平台为依托，进行户籍地和现居地信息交换。

在经费投入上，一是县财政按每登记发证一名流动人口补贴20元的标准划拨工作经费给县流动办（上半年已划拨1200余万元），由县流动办根据考核结果定期划拨到镇（街道），镇（街道）再以15元的标准配套，主要用于专职协管员工资报酬、办公支出以及村级流动人口服务管理经费补贴；二是县财政按户籍人口标准划拨流动人口服务管理经费给县人口计生局，主要用于流动人口计划生育免费服务和县流动人口计划生育服务管理中心的工作经费。

二、创新管理模式，规范工作制度

在流动人口计划生育服务管理中，该县抓住已婚育龄妇女这一重点，实行个性化管理和服务。对外出已婚育龄妇女，实行动态管理、信息跟踪、主动服务、实时联系，做到持证外出、落实措施、签订协议、掌握去向；对外来已婚育龄妇女，实行全员登记、分类建档、同等服务、依法管理，做到送药具、送政策、送技术，把好外来已婚育龄妇女登记、验证、康检、信息四个关口。并相继建立外出育龄妇女计划生育联系管理制度、外来育龄妇女计划生育信息采集通报制度、出租房屋流动人口计划生育合同管理制度、计划生育有奖举报制度等一系列工作制度。同时，抓住用工、居住基本环节，积极探索外来流动人口管理模式：一是以房管人。公安、计生等相关部门借助对出租房房主的管理，建立以房管人的管理网络。二是以企管外。不少企业积极探索实践“以企管外、以外联外”的公寓式计生管理模式，建起“企业负责人－公寓长－计生管理者－外来联系员”的管理网络。三是以外管外。在流动人口相对集中的社区、企业、集贸市场建立600余家计划生育协会，实现外来建设者计划生育自我管理、自我服务。四是以站管人。依托村（居）、企业流动人口服务管理站，开展一站式登记、一条龙服务，为流动人口开辟登记与办证－咨询与查验－落实避孕方法与采取补救措施的绿色通道。目前，全县基本形成专管员、协管员“两员”管理，公安派出所、计生两方配合，流出地、流入地两地合作的管理网络。

三、创新服务手段，维护合法权益

树立外来人口是建设者的理念，按照“市民化待遇、亲情化服务、人性化执法、信息化管理”的要求，积极维护流动人口的合法权益。

一是开展宣教服务，维护流动人口知情权。通过发放公开信和宣传品，利用新闻媒体等，大力宣传计生法律法规和属地计生奖扶、救助、优惠等政策，提高外来育龄群众人口计生知识的知晓率和普及率，保障流动人口的知情权。据不完全统计，仅上半年共组织宣传活动80场次，举办计划生育知识讲座66场次，接受教育达2.53万人次，发放公开信及其他宣传资料近40万份，保障流动人口的知情权。同时，在绍兴县人口网上开设电子信箱、公布举报投诉电话，畅通诉求和监督渠道。

二是实施“三助”服务，维护流动人口生殖健康权。推行流动人口免费技术服务券制度，实行外来人口避孕药具“一卡通”制度，成立外来人员生殖健康服务救助中心，开展学习互助、咨询援助和技术救助服务，切实维护流动人口免费获得计划生育基本技术服务的权益。今年上半年，全县已有3000多人领取避孕药具“一卡通”，4100多名外来已婚妇女使用四项手术免费服务券，免费查孕查环10万人。

三是提供市民服务，维护流动人口的救助权。按照“市民化服务”的要求，自

2004年起把计划生育公益金救助范围扩大到流动人口特困计生家庭，把流动人口困难家庭女孩列入全县关爱女孩行动进行结对帮扶，全县已有近百名流动人口特困家庭女孩得到500元的公益金救助，有400多户流动人口计生困难户，享受到总额为20多万元的生育关怀金；在今年出台的“优生促进工程”实施意见中，又把外来流动人口列入“六免两补”的范畴之中，给予一定的补助。

通过创新工作机制、管理模式和服务理念，流动人口的计划生育服务管理得到进一步规范，工作制度更加完善，管理职责更加明确，亲情服务更加拓展，维权渠道更加畅通，切实增强流动人口的认同感和归属感，全县流动计划生育服务流动管理率达到98.14%。

做好五篇“文章”　推进“两进”活动

——全省“两进”活动汇报交流会议材料

绍兴县人口和计划生育局　绍兴县计划生育协会

（2013年4月1日）

去年以来，绍兴县按照国家人口计生委《关于开展创建幸福家庭活动试点工作的指导意见》和省人口计生委等部门《关于开展增进计生关爱促进家庭幸福活动的指导意见》的精神，通过构建政府主导、计生牵头、部门配合、社会协同、群众参与的工作机制，采取试点引领、逐步推进的工作方法，围绕“两进”活动的五项内容，着力做好五篇文章，取得初步成效。

一、主要做法

1. *顶层带动，做好“导”的文章。*县委、县政府将开展“两进”活动作为统筹民生事业和创新社会管理的重要举措，按照省、市要求，出台《关于开展幸福家庭创建活动的实施意见》，成立以县委副书记、副县长为组长，县委宣传部、财政局、妇联等10个部门为成员的工作领导小组，明确职责，加强领导和指导，形成共同推进创建幸福家庭活动的强大合力。

2. *广泛发动，做好“宣”的文章。*去年以来，全县围绕“人文关怀、幸福和谐”主题，开展系列宣传活动：一是在“5·29”活动日举行“创建幸福家庭、打造美丽乡村”为主题的创建幸福家庭活动启动仪式，在5—6月举行“人口、幸福、和谐”主题宣传服务月活动；二是在“7·11”举行绍兴县人口和计划生育知识竞赛活动，在县调频广播电台举行“政策心连心、幸福伴你行”广播行风对话活动；三是编印《幸福孕产期》等16册共8万份的宣传小折页，创建5个市级生育文化园区、6个特色文化村和32个县级新家庭文化屋。在全县上下营造开展“两进”活动的巨大声势。

3. 试点促动，做好“引”的文章。全县采取因地制宜、分步推进的方法，选择2个有代表性的平原地区经济较发达的柯岩街道和山区经济欠发达的富盛镇进行先期试点。富盛镇开展“幸福十月”“幸福宝贝”“幸福青春”“幸福农家”等十大行动，成立关爱老人、科技致富等5支志愿者队伍；柯岩街道通过文化惠民、全民健康、优生促进、人文关怀、家庭发展等载体推进“两进”活动。在试点引领下，全县各地因地制宜，探索推进，如兰亭镇开展“走进希望田野、建设幸福家园”主题活动；马鞍镇开展“心系流动人口、共建幸福滨海”主题活动，齐贤镇开展“关爱留守儿童和老人、携手共创幸福生活”主题活动，全县上下把“两进”活动逐步引向深入。

4. 上下联动，做好“促”的文章。为使“两进”活动更加惠民，富有实效，全县上下合力促进“两进”活动。一是三优促进。全县结合乡镇和村居服务站升级改造新建1个省级、1个市级和3个县级“三优”指导中心示范点，并赋予幸福元素。二是文化促进。在试点镇街，举办“幸福在身边”演讲、摄影和欢乐乡村全民才艺PK大赛等，评选表彰100户“绿色家庭”和100户“幸福家庭”。在县级层面，评选表彰77名“幸福水乡文明人”。三是致富促进。以“协会＋基地＋农户”申报省级少生快富项目2个，落实乡镇帮扶项目5个，利用乡镇成教中心进行农民实用技能就业培训17000多人。四是健康促进。全县组织农民健康体检和残疾人健康体检20多万人；在县计生指导站建立孕前优生健康检查中心，高位运行省“优生两免”政策，免费婚检率和优生检测率分别达到98.24%和100%。免费孕情、环情、生殖健康服务40.55万人，发放计生免费服务券3800张，奖励首次落实长效节育措施1915人计 16.08万元。五是服务促进。深化政务公开，开通“12356”阳光计生热线电话，以建设村居级基层便民服务中心和流动人口规范化服务中心为契机，把计划生育行政管理、审批、服务延伸到服务中心，方便群众办事。

5. 政策推动，做好“扶”的文章。一是创新利益导向机制。去年，县政府新出台《关于建立独生子女特殊家庭关爱制度的意见》，给予独生子女死亡或伤、病残后未再生育或收养子女家庭的夫妻每人每年4000－6000元不等的关爱扶助金；全覆盖发放由县、镇（街道）财政买单的独生子女家庭父母奖励费37909户计319.07万元；大额度补贴54219户独生子女家庭参加城镇职工养老保险费计1326.59万元；高标准对7997名奖励扶助和特别扶助制度对象发放扶助金计837.77万元。在柯岩街道探索计划生育系列保险2882名计28820元，在杨汛桥镇探索建立独生子女家庭“花甲之年”1000元“祝寿金”奖励制度。二是深化生育关怀行动。每年对100名14周岁以下贫困计生家庭女孩（含外来人口）发放500元的励志助学金累计500人；逐年壮大生育关怀冠名基金，去年新增8150万元，累计达1.825亿元，受惠1387名计

180余万元；不定期实施计生公益金救助制度，去年救助3批次182人计24.53万元。春节时开展“春风送暖”行动，走访慰问128户困难家庭计16.3万元。三是落实优先优惠政策。实施“双农”独女户女孩中考加5分的政策，去年新加分460人累计达到3031人。落实独生子女在农村宅基地审批、城中村改造拆迁安置和“三有一化”股权分红享受“两份”政策，共1万多人。

二、有益启示

绍兴县通过开展“两进”活动已取得阶段性成效，主要体现在“五个明显”：家庭婚育文明素质得到明显提高，家庭优生健康水平得到明显提升，家庭生育保障得到明显强化，家庭生育关怀得到明显深化，困难家庭生活得到明显改善。这些成果的取得，其体会有三条：

1. 开展“两进”活动必须坚持顶层倡导、群众参与的工作理念。抓“两进”活动关键在于加强领导，提供保障。根本在于树立以人为本的科学发展观和正确的政绩观。只有各级“一把手”亲自研究制定工作方案，亲自研究解决重大问题，亲自组织督促检查，才能使“两进”活动抓在手上，抓出成效。

2. 开展“两进”活动还必须坚持统筹协调、合力推进的工作原则。坚持把经济社会城乡转型发展与抓好“两进”活动有机统一，有效运行党政主导、计生牵头、部门协作、群众参与的工作机制，广泛宣传，统筹协调，形成工作合力。

3. 开展“两进”活动更必须坚持着眼民生、惠民利民的工作目标。在开展“两进”活动中，家庭是活动的受惠者。因此，“两进”活动必须广大群众支持参与，以分享改革开放成果、增进幸福感为共识。必须各级领导和干部深入群众，为民办事，为民谋利，彰显民本理念，实现广大群众最根本的利益。

三、下步打算

一是进一步改进工作，完善方案，促进活动的针对性。根据省工作意见和县委、县政府总体部署，突出增进计生关爱、促进家庭幸福这条主线，进一步完善方案，改进工作，拓展“两进”活动内涵，使活动更具特色，更有实效。

二是进一步学习借鉴，创新载体，促进活动的实效性。在试点的基础上，全县着重做好总结推广，特别是通过召开现场会、交流会和实地参观考察等形式，提取好的经验和做法，进一步提升工作水平。

三是进一步完善政策，强化措施，促进活动的长效性。要出台更为有效的政策措施，综合运行经济、政治、教育和精神慰藉等措施，使计生家庭获得更多实惠，努力提升幸福指数。

各位领导，同志们，绍兴县的“两进”活动已有一个良好的开端，但与上级的要求和社会民众的愿望还有一定的距离，绍兴将认真贯彻好这次会议精神，借鉴兄弟县（市、区）好的做法和经验，进一步构建职责分明、运转有序的工作体系，加强督查评估，努力推动“两进”活动深入开展。

编纂始末

2013年，根据《绍兴县志》编修工作会议要求，原绍兴县人口和计划生育局承纂《绍兴县志·人口与计划生育篇(1990—2013)》，于2014年11月完成。2013年11月，适逢绍兴县撤县设柯桥区。之后，绍兴市柯桥区人口计生局决定顺势编纂《绍兴县人口和计划生育志》，成立编纂委员会和编纂办公室，开始编纂工作，重点记述1983年成立计划生育行政职能机构以后至2013年的人口和计划生育工作史实。在编纂过程中，主要进行以下几项工作：

1. 拟定篇目。《绍兴县人口和计划生育志》篇目定为概述、大事记及机构设置、队伍建设、规划统计、科学技术、政策法规、宣传教育、流动人口、利益导向、计划生育协会、光荣榜十章。

2. 收集资料。编纂人员怀着强烈的修志问道之心，按照拟定的篇目要求，采取边收集资料，边整理编写的方法，完成篇目安排和文字纂辑。资料主要来源于四个方面：一是查阅县(区)档案局等有关单位及本局的文件、档案、资料；二是深入有关单位、地区访问收集资料；三是对从事人口与计划生育工作多年和退休人员进行资料征集；四是查阅过去发行、出版的有关人口与计划生育的书报、刊物等。

3. 编辑志稿。主纂人和各编纂人员于2016年8月底草成初稿。后由主纂人进行统稿、初审、补纂，于2017年4月完成总纂、编审，形成40余万字文稿，并两次专送局退休老领导、老同志审阅并征求意见。嗣后，报区史志办终审。根据终审意见进行补纂。2017年7月，完成志稿编纂工作。

《绍兴县人口和计划生育志》的编纂工作历经两年，在整个编纂过程中，得到各级领导的关怀，中共绍兴市柯桥区委书记沈志江在百忙之中为本志题词，副区长祝静芝为本志作序。退休老同志对本志的编纂给予热情支持，并提供相关史料，提出修订意见。县（区）档案局、史志办等部门给予大力帮助，特别是区史志办主任何鸣雷多次悉心指导并亲自终审。值此志书问世之际，谨向各方表示衷心感谢。

编纂《绍兴县人口和计划生育志》是一项新工作，也是历史赋予的重任。但因史料溯源久远，部分资料散失，以致志稿内容有所不全。同时，加之编纂人员第一次修志，经验水平有限，疏漏、遗误之处在所难免，敬请志界专家和读者指正。

编　者
2017年8月

图书在版编目（CIP）数据

绍兴县人口和计划生育志 / 绍兴县人口和计划生育志编纂委员会编. -- 北京 : 方志出版社，2017.11
ISBN 978-7-5144-2589-5

Ⅰ. ①绍… Ⅱ. ①绍… Ⅲ. ①人口－工作概况－绍兴县②计划生育－工作概况－绍兴县 Ⅳ. ①C924.255.54

中国版本图书馆CIP数据核字(2017)第256947号

绍兴县人口和计划生育志

编　　者： 绍兴县人口和计划生育志编纂委员会
责任编辑： 王　品
出 版 人： 冀祥德
出 版 者： 方志出版社
地址　北京市朝阳区潘家园东里9号（国家方志馆4层）
邮编　100021
网址　http://www.fzph.org
发　　行： 方志出版社发行中心
电话（010）67110500
经　　销： 各地新华书店
印　　刷： 浙江希望包装有限公司
开　　本： 787×1092　1/16
印　　张： 25.5
字　　数： 527千字
版　　次： 2017年11月第1版　2017年11月第1次印刷
印　　数： 0001～1000册
ISBN 978-7-5144-2589-5　**定价：** 130.00元